CARLSEN

Bart Kosko

fuzzy-logisch

Eine neue Art des Denkens

Aus dem Englischen
von Ernst Peter Fischer

CARLSEN

1. Auflage 1993

Die Originalausgabe erschien in den USA und Canada
by Hyperion, New York, unter dem Titel
»FUZZY THINKING, The New Science of Fuzzy Logic«

Die Übersetzung erscheint mit freundlicher Genehmigung von
Hyperion, New York
Umschlaggestaltung Susanne Schmitt, Büro Hamburg
Lektorat Wolfgang Schuler
Gesetzt aus der Times bei der KCS GmbH, Buchholz/Hamburg
Druck und Bindung Pustet, Regensburg
ISBN 3-551-85014-3
Printed in Germany

INHALT

Für die jungen Männer und Frauen,
die bei ihrer Ausbildung bleiben,
auch wenn ihre Jugend sich meldet.
Es ist schwer, es wird schwerer,
aber es bewegt die Welt.

Jedem sauberen Schema, das die Muster des menschlichen Lebens ordnet, muß notwendigerweise eine bestimmte Dosis Anarchismus eingeimpft werden.

Bertrand Russell *Sceptical Essays*

VORWORT

Eines Tages habe ich begriffen, daß mit der Wissenschaft etwas nicht stimmt. Ich erinnere mich nicht an den Tag, aber an den Augenblick. Der Gott des 20. Jahrhunderts war kein Gott mehr.

Es gab einen Fehler, und alle Wissenschaftler schienen ihn zu machen. Sie sagten, daß alles entweder richtig oder falsch ist. Sie waren nicht immer sicher, welche Dinge wahr und welche falsch waren. Aber sie waren sicher, daß alle Dinge entweder wahr oder falsch waren. Sie konnten sagen, ob das Gras grün ist, ob Atome vibrieren oder ob die Anzahl der Seen in Maine gerade oder ungerade ist. Die Wahrheit dieser Aussagen enthielt dieselbe Wahrheit wie Aussagen der Mathematik und der Logik. Sie waren entweder vollständig wahr oder gar nicht, weiß oder schwarz, 1 oder 0.

Dabei sind sie doch eine Frage der Abstufung, der alle Tatsachen unterliegen. Tatsachen sind immer unscharf, vage, ungenau bis zu einem bestimmten Grad oder eben »fuzzy«, wie es auf englisch heißt. Nur Mathematik ist schwarz und weiß, ein künstliches System aus Regeln und Symbolen. Wissenschaft ging mit grauen oder ungenauen Tatsachen so um, als handelte es sich um schwarzweiße Fakten der Mathematik. Dabei hat noch niemand eine einzige Tatsache in der Welt gezeigt, die hundertprozentig wahr oder hundertprozentig falsch gewesen wäre. Die Wissenschaftler behaupteten nur, daß sie alle so seien.

Dies war der Fehler, und mit ihm tauchten neue Zweifel auf. Wissenschaftler konnten sich in der Logik und der Mathematik irren. Und sie konnten diesen Irrtum mit allem Aufwand und aller Intoleranz eines religiösen Kults aufrechterhalten.

Während meiner Ausbildung als Doktorand in Mathematik, zum Elektroingenieur und auf dem Gebiet der Maschinenintelligenz begab ich mich auf die Spur der grauen Wahrheit. Zunächst arbeitete ich mit Symbolen über abstrakte mathematische Lehrsätze. Sie ließen die graue Welt wie eine trockene Übung in einem Lehrbuch aussehen. Dann fing ich an, darüber Kurse abzuhalten und die Mathematik mit den wirklichen Anwendungen der

Fuzzy-Ideen zu kombinieren. Die Studenten lernten rasch, wie graue Bilder einer grauen Welt zu malen waren. Einige von ihnen stellten reale Fuzzy-Systeme oder Softwarepakete zusammen, einige ließen ihre Ideen patentieren, und andere gingen sogar so weit, ihre Erzeugnisse zu verkaufen oder eigene Unternehmen zu gründen. In Japan entwarfen Ingenieure die ersten kommerziellen Produkte, die fuzzy und »schlau« waren. Bald schon würde es Fuzzy-Logic-Geräte geben: Camcorder, Waschmaschinen, Mikrowellenherde, Vergaser und Hunderte von weiteren intelligenten Produkten.

Daran wurde deutlich, daß die neue Weltsicht über die Facharbeit, das Lehrbuch und den Hörsaal hinausreichte. Die rasche Verbreitung von Fuzzy-Logic-Ideen im Fernen Osten und die Opposition ihnen gegenüber im Westen zeigten sogar noch mehr: Fuzzy Logic ist eine Weltanschauung. Sie betrifft Kultur und Philosophie ebenso wie Wissenschaft und Mathematik. Sie reicht bis zu so verschiedenen Denkern wie Aristoteles und Buddha zurück. Sie berührt Fragen von Abtreibung und der Natur der Intelligenz bis hin zur Perspektive, wie wir eines Tages unseren Frieden mit den Maschinen finden können, die uns in jedem Rennen schlagen werden.

In diesem Buch schildere ich meine Fuzzy-Logic-Weltanschauung. In seinem Mittelpunkt steht der Paradigmawechsel von Schwarzweiß nach Grau – von der Zweiwertigkeit zur Vielwertigkeit. Ich beschreibe die Entwicklung in einer Mischung aus Wissenschaft, Philosophie, Geschichte und eigener Erfahrung. Ich wollte keinen Text über Fuzzy Logic im engeren Sinne schreiben. Das habe ich bereits getan und dabei zu viele Formeln verwenden müssen. Ich will die Weltanschauung vorstellen, die in meinem Kopf und in meinem Blut ist. Voraussetzung dazu ist, daß man das Schlachtfeld erlebt und Kämpfe ausgetragen hat. Man muß den Gott der Wissenschaft bezweifelt und etwas von seinem vergehenden Geist gespürt haben.

ALLES IST EINE FRAGE DER ABSTUFUNG

Grau in grau

Insofern sich die Sätze der Mathematik auf die Wirklichkeit beziehen, sind sie nicht sicher, und insofern sie sicher sind, beziehen sie sich nicht auf die Wirklichkeit.

Albert Einstein
Mein Weltbild

Die fuzzy-logische Theorie ist falsch, falsch und gefährlich. Wir brauchen mehr logisches Denken, nicht weniger. Die Gefahr der Fuzzy Logic liegt darin, daß sie die Art von ungenauem Denken ermutigt, die uns so viel Ärger eingebracht hat. Fuzzy Logic ist das Kokain der Wissenschaft.

Professor William Kahan
University of California in Berkeley

»Fuzzifikation« ist eine Art von wissenschaftlicher Permissivität. Sie führt rasch zu sozial attraktiven Slogans, ohne sie durch die Disziplin harter wissenschaftlicher Arbeit und geduldiger Beobachtung zu begleiten.

Professor Rudolf Kalman
University of Florida in Gainesville

Fuzzigkeit ist getarnte Wahrscheinlichkeit. Ich kann ein Steuerelement entwerfen, das nach Wahrscheinlichkeit arbeiten und genauso wie Fuzzy Logic operieren kann.

Professor Myron Tribus
vom IEEE Institute im Mai 1988,
nachdem er von der Fuzzy-Logic-Steuerung
der Untergrundbahn in Sendai, Japan, gehört hatte

Nimm einen Apfel in die Hand! Ist es ein Apfel? Der Gegenstand in deiner Hand gehört zu den Klumpen der Raumzeit, die wir die Menge der Äpfel nennen – alle Äpfel irgendwo, irgendwann.

Nun beiß hinein, kaue ein wenig und schlucke den Bissen hinunter! Der Verdauungstrakt zerlegt die Moleküle des Apfels. Ist der Gegenstand in deiner Hand noch ein Apfel? Ja oder nein? Nimm noch einen Bissen! Ist das noch immer ein Apfel? Beiß noch einmal hinein und noch einmal – bis nichts mehr da ist.

Der Apfel wandelt sich von einem Ding zu einem Nichtding, zu einem Nichts. Wo aber überschreitet er die Grenze vom Apfel zum Nichtapfel? Wenn du einen halben Apfel in der Hand hältst, dann ist der Apfel ebenso da wie nicht da. Der halbe Apfel durchkreuzt die Alles-oder-Nichts-Beschreibungen. Der halbe Apfel ist ein ungenauer, ein *fuzziger* Apfel, das Grau zwischen dem Schwarz und dem Weiß. *Fuzzigkeit ist Grauheit.*

Der Philosoph René Descartes machte sich eines Abends vor seinem Kamin Gedanken über einen Klumpen Bienenwachs. Er pochte dagegen, hörte das dumpfe Geräusch, roch den Honigduft, fühlte die glatte Außenseite, die kühle Temperatur und versuchte durch seine milchige Oberfläche zu sehen. Dann brachte er das Bienenwachs in die Nähe des Feuers. Der harte, weißliche Klumpen wurde warm und weich, er dehnte sich, verlor seinen Duft, wurde klar, wurde flüssig und floß dahin. Ein Teil tropfte auf die heiße Feuerstelle aus Ziegel und löste sich zischend und verdampfend auf.

Wo war das Wachs geblieben? Wann hat sich der Klumpen aus Wachs in einen Klumpen aus Nichtwachs verwandelt? Wo befand sich seine Identität? In dem Klumpen? Auf der Feuerstelle? Dazwischen?

Wir stehen diesen Fragen jeden Tag gegenüber, wenn wir in den Spiegel schauen. Gesicht, Haare und Haut haben sich verändert. Sie ändern sich sogar geringfügig – auf der Ebene der Moleküle –, während wir uns betrachten. Wir gehen langsam vom Selbst zu einem neuen Nichtselbst über, wenn wir altern, eine Zelle nach der anderen, Molekül für Molekül. Moleküle bauen sich aus Atomen auf und zerfallen wieder, Atome bestehen aus Quarks und geben Quarks ab. Die Quarks selbst, unsere derzeit kleinsten Einheiten der Materie, bauen sich ebenfalls auf und ab, wie – das wissen wir noch nicht. Die Teilung der Materie mag sich bis hin zu Leibniz' Monaden erstrecken, den unendlich kleinen, aber intelligenten Punkten der Existenz.

Überall um uns herum ändern die Dinge ihre Identität. Die Atome des Universums wirbeln in ständiger Bewegung umher und stoßen zusammen. Alles fließt. Das Universum entfaltet sich wie ein Strom. Die kosmische Strömung scheint Einsteins Gesetze der allgemeinen Relativitätstheorie im Großen und den Gesetzen der Quantenmechanik im Kleinen zu folgen, und dazwischen hört sie auf etwas, das wir nicht kennen.

Die Dinge zerfließen allmählich zu Nichtdingen. Die Atome in unseren Fingerspitzen wirbeln über in die Atome der Luft. Es gibt Fingeratome und Nichtfingeratome. Und es gibt Atome dazwischen, die Atome, die zu einem gewissen Grad sowohl Finger- als auch Luftatome sind und zu einem gewissen Grad keines von beiden. Eine Rose ist eine Rose ist eine Nichtrose, wenn sich ihre Moleküle ändern. Die Finger gehen allmählich in die Hand über, die Hand geht in das Gelenk über, das Gelenk in den Arm. Unmerklich ist der Übergang von der Erdatmosphäre in den Weltraum. Die Berge verkrümeln sich in einen Hügel und nach einiger Zeit in eine Ebene. Der menschliche Embryo wächst zu einem menschlichen Wesen heran, und ein lebendes Gehirn zerfällt zum Tod hin.

Wir können den Dingen schwarzweiße Etiketten anheften; doch werden diese immer ungenauer, wenn sich die Dinge ändern. Die Sprache knüpft einen Strick zwischen einem Wort und die Sache, die es bezeichnet. Wenn sich die Sache zur Nichtsache wandelt, dehnt sich der Strick, oder er reißt, oder er verknotet sich mit anderen Stricken. »Haus« steht auch dann noch für ein Haus, nachdem es zerfallen oder verbrannt ist. Unsere Welt der Wörter sieht bald aus wie ein Fischerboot, das mit Tausenden von verhedderten und zerrissenen Leinen dahintreibt.

Wir wissen, daß sich Dinge wandeln. Die Wissenschaft zeigt eine Welt von gekerbten Kanten und Größen, die sich langsam verändern. Größere Genauigkeit nimmt den Dingen ihr Grau nicht – sie legt nur die Stufe fest. Die Fortschritte der Medizin haben es nicht leichter gemacht, die Trennlinie zwischen Leben und Nichtleben bei Geburt und Tod zu ziehen. Selbst wenn wir die Atmosphäre der Erde Molekül für Molekül beschreiben würden, könnten wir immer noch keine Linie finden, die die Atmosphäre vom »leeren« Weltraum scheidet. Detaillierte Karten der

Oberflächen von Erde, Mars und Mond zeigen uns nicht, wo genau Hügel aufhören und Berge beginnen.

Und doch haben wir in großen Teilen unserer Wissenschaft, Mathematik, Logik und Kultur eine Welt angenommen, die aus Schwarz und Weiß besteht und sich nicht ändert. Jede Aussage ist wahr oder falsch. Jedes Molekül im Kosmos gehört zu meinem Finger, oder es gehört nicht dazu. Jedes Gesetz, jedes Statut, jede Clubordnung gilt für dich oder gilt nicht für dich. Der Computer mit seinen rasend schnellen binären Folgen aus Nullen und Einsen ist Sinnbild des Schwarzweiß und seines Triumphes über den wissenschaftlichen Geist.

Der Glaube an Schwarz und Weiß, die *Zweiwertigkeit* (Bivalenz), reicht im Westen wenigstens bis zu den alten Griechen zurück. Demokrit reduzierte das Universum auf die Atome und das Nichts. Platon füllte seine Welt mit den reinen Formen des Rotseins, der Richtigkeit und der Dreieckigkeit. Aristoteles unterbrach die Ausbildung seines Schülers, Alexanders des Großen, um das niederzuschreiben, was er für die schwarzen und die weißen Gesetze der Logik hielt, Gesetze, die von Wissenschaftlern und Mathematikern noch heute benutzt werden, um das graue Universum zu beschreiben und zu diskutieren.

Die binäre Logik des Aristoteles ging auf ein Gesetz zurück: A ODER Nicht-A. Entweder dies oder das. Der Himmel ist blau, oder er ist nicht blau. Er kann nicht sowohl blau als auch nicht blau sein. Es kann nicht A UND Nicht-A geben. Das »Gesetz« des Aristoteles legte für mehr als 2000 Jahre fest, was philosophisch richtig war.

Der Glaube an die binäre Logik hat sich immer Zweifeln gegenübergesehen. Er hat immer zur kritischen Gegenreaktion geführt, einer Art von logischem und philosophischem Untergrund. Buddha lebte in Indien fünf Jahrhunderte vor Jesus und fast zwei Jahrhunderte vor Aristoteles. Der erste Schritt seiner Lehre bestand darin, die schwarzweiße Welt der Wörter zu durchbrechen, den bivalenten (zweiwertigen) Vorhang zu durchlöchern und die Welt so zu sehen, wie sie ist, erfüllt mit Widersprüchen, mit Dingen und Nichtdingen, mit Rosen, die sowohl rot als auch nichtrot sind, mit A UND Nicht-A.

Man findet dieses unscharfe oder graue Thema in alten und

neuen östlichen Glaubenssystemen, vom Taoismus des Laotse bis zum modernen Zen in Japan. Entweder-Oder gegen Widerspruch. A ODER Nicht-A gegen A UND Nicht-A. Aristoteles gegen Buddha.

Die Griechen nannten ihre Abweichler »Sophisten«. Wenn wir heute ein Argument »sophistisch« nennen, halten wir es für fehlerhaft oder töricht. Nachdem Platon eines Tages in seiner Akademie den Menschen als federlosen Zweibeiner bezeichnet hatte, brachte ein sophistischer Student am nächsten Tag ein gerupftes Huhn in den Unterricht mit. Zenon entfernte ein Sandkorn aus einem Sandhaufen und fragte, ob der Haufen nun noch ein Haufen sei. Er konnte nie das Sandkorn entdecken, das einen Haufen in einen Nichthaufen verwandelte, das aus A Nicht-A machte. Als er mehr und mehr Sandkörner wegnahm, schien er einen Haufen und einen Nichthaufen zu bekommen. A UND Nicht-A. Ein Kreter sagte, daß alle Kreter lügen, und er fragte, ob er lüge. Wenn es gelogen war, was er sagte, dann log er nicht. Wenn es nicht gelogen war, dann log er. Er schien zur gleichen Zeit zu lügen und nicht zu lügen. Moderne Philosophen wie Descartes haben über die Natur der Identität gebrütet und verzweifelt nach der umfassenden Substanz gesucht, die von einem Wachsklumpen in einen aus Nichtwachs übergeht. Für David Hume löste sich das Selbst in ein Nichtselbst-Bündel aus Wahrnehmungen auf. Werner Heisenberg wies nach, daß nicht alle wissenschaftlichen Aussagen entweder wahr oder falsch waren. Viele, wenn nicht die meisten Aussagen sind unbestimmt, ungewiß, grau – fuzzy. Der Logiker Bertrand Russell fand das Paradox des Lügners aus Kreta an der Basis der modernen Mathematik. Mathematiker und Philosophen haben seitdem versucht, die schwarzweißen Grundlagen zu flicken und zu verschieben, um die grauen Paradoxien loszuwerden. Doch sie sind geblieben, und wir brüten noch immer darüber.

Auch ich habe über das Grau gebrütet. Es führte mich aus der Philosophie über die Mathematik zur Elektrotechnik. Auf dem Weg dahin habe ich akademische Grade erworben und schließlich einen Lehrstuhl an der Universität von Südkalifornien erhalten, an der ich als junger Student der Komposition meine akademische Laufbahn begonnen hatte. Ich stolperte über Einsteins Zitat über die Fehlpassung von Mathematik und Wirklichkeit, als ich 21 Jahre alt war. Es brachte mich aus der Fassung, als ich sah, wie Einstein an genau dem mathematischen Rahmen zweifelte, den zu errichten er mitgeholfen hatte: »Insofern sich die Sätze der Mathematik auf die Wirklichkeit beziehen, sind sie nicht sicher, und insofern sie sicher sind, beziehen sie sich nicht auf die Wirklichkeit.« Also hatte auch Einstein über das Graue gebrütet.

Ich blätterte in der von Sir A. J. Ayer herausgegebenen Anthologie über den *logischen Positivismus*, die herrschende Wissenschaftsphilosophie unseres Jahrhunderts. Positivismus verlangt Evidenz, faktische oder mathematische Gewißheit, so wie ein Sicherheitsbeamter eine *positive* Identifizierung per Ausweis verlangt und sich nicht auf bloße mündliche Auskunft verläßt. Der logische Positivismus besteht darauf, daß das, was jemand sagt, nichts ist, wenn es sich nicht überprüfen oder mathematisch beweisen läßt. Der Positivismus ist gut für Mathematiker und Wissenschaftler, da er nur ihnen das Wort erteilt. Alle anderen geben »nichtssagende« Äußerungen über die Welt, das Leben, die Moral und die Schönheit von sich. Probleme mit Gott, der Metaphysik, der Güte und den Werten werden dabei zu bloßen »Pseudoproblemen«, zu Fragen, die von Leuten gestellt werden, die durch die Sprache in die Irre geleitet worden sind, die gar nicht wissen, was als Antwort zugelassen ist. Der Neopositivist Moritz Schlick beendet einen seiner Essays in jener Anthologie mit genau diesem Punkt: »Philosophische Autoren werden noch lange die alten Pseudofragen erörtern. Aber zuletzt wird man ihnen nicht weiter zuhören. Sie werden wie Schauspieler sein, die noch weiterspielen, bevor sie feststellen, daß das Publikum sich allmählich verabschiedet hat. Dann wird es nicht weiter nötig sein, von ›philosophischen Problemen‹ zu sprechen.«

Jeder Philosoph, den man fragt, wird den logischen Positivismus angreifen, entweder im Detail oder grundsätzlich. Dennoch bleibt er die Arbeitsphilosophie der modernen Wissenschaft, der Medizin und der Ingenieurskunst. Der logische Positivismus händigt den Wissenschaftlern die Zukunft aus und auch einen Großteil der Gegenwart.

Einsteins Zitat brachte die schwarzweiße Welt der Wissenschaft und Mathematik ins Wanken. Es klang wie eine positivistische Wehklage. Ich las das Zitat immer wieder und stellte fest, wie ich allmählich ein fuzzy-logischer Positivist wurde. Mathematik paßt nicht auf die Welt, die jene beschreibt. Die beiden Welten sind verschieden, die eine ist künstlich, die andere wirklich; die eine ist aufgeräumt, die andere ist durcheinander. Man muß der Sprache vertrauen und eine Menge Glauben aufbringen, um die beiden Welten passend zu machen.

Ich nannte dies das Problem der *Fehlpassung: Die Welt ist grau, aber die Wissenschaft ist schwarz und weiß.* Wir reden über Nullen und Einsen, aber die Wahrheit liegt dazwischen. Eine ungenaue Welt, eine präzise Beschreibung. Die Aussagen der formalen Logik und Computerprogramme sind alle entweder falsch oder richtig, 1 oder 0. Aber zutreffende Aussagen über die Welt sind anders.

Aussagen über Tatsachen sind nicht entweder alle falsch oder alle richtig. Ihre Wahrheit liegt zwischen der vollständigen Wahrheit und der vollständigen Unwahrheit, zwischen 1 und 0. Sie sind nicht *zwei*wertig (bivalent), sondern *viel*wertig (multivalent), grau, fuzzy. Sie sind nicht nur hypothetisch, sie sind ungenau und vage. Die logische Aussage »zwei ist gleich zwei« und die mathematische Aussage »$2 + 2 = 4$« sind genau und hundertprozentig wahr – wahr, wie die Philosophen sagen, »in allen möglichen Universen«. Doch das hat nichts damit zu tun, wie Atome umherwirbeln, wie Universen sich ausdehnen, wie Erdbeeren schmecken oder wie sich eine Ohrfeige anfühlt. Wir können die hundertprozentige Wahrheit wissenschaftlicher Aussagen oder der Behauptungen über Tatsachen wie »Der Mond scheint«, »Gras ist grün« oder »$E = m \cdot c^2$« niemals beweisen. Neue Evidenz kann jede wissenschaftliche Annahme zunichte machen, und die Gegenstände der Annahme unterscheiden sich nur ungefähr von ihrem Gegenteil. Die Grashalme können sich braun färben. Bald kann der Mond aufhören zu scheinen und in Flammen aufgehen oder auf die Erde stürzen oder ein gepriesenes Gesetz der Physik brechen und zu einem schwarzen Loch kollabieren oder zu einer Kugel aus Käse.

Die Gesetze der Wissenschaft sind überhaupt keine Gesetze, jedenfalls nicht im Sinne der logischen Gesetze, denen zufolge zwei plus zwei vier ergibt. Die Logik ist keine Legislative. Die

Gesetze der Wissenschaft halten Tendenzen fest, die wir vor kurzem in unserer Ecke des Weltraums beobachtet haben. So weit, so gut, das ist das Beste, was man über sie sagen kann. Schon im nächsten Augenblick kann sich jedes Gesetz der Wissenschaft ändern. Deren Wahrheit ist eine Frage der Abstufung und also immer umstritten. Dennoch ist die Sprache der Wissenschaft, die Sprache der Mathematik und der Logik und der Computerprogramme schwarz und weiß. Sie erfaßt nur Aussagen, die alle hundertprozentig richtig oder hundertprozentig falsch sind. Die Sprache der Mathematik unterscheidet sich auf ihre Weise von der der Wissenschaft. Aber die Wissenschaftler benutzten sie trotzdem.

Ich glaubte immer, Wissenschaftler und Philosophen würden das Problem der Fehlpassung als das zentrale philosophische Problem der modernen Wissenschaft betrachten. Doch sie ignorieren es offensichtlich. Einstein sprach es aus, ein ironischer Einwurf mitten im Treiben der Wissenschaft. Ein paar Philosophen mögen Einsteins Zitat anführen, um die von den Positivisten geliebte Spaltung zwischen Wörtern und Gegenständen, zwischen Logik und Tatsachen herauszustellen. Aber ich habe niemanden getroffen, der mit dem Problem der Fehlpassung gerungen hätte, und zwar aus einem einfachen Grund: Jeder glaubte an die Passung.

Aus der Sicht der Philosophen ist die Welt schwarz und weiß, zweiwertig, geradeso wie die Wörter und die Mathematik, mit denen sie die Welt beschreiben. Nach all den Jahren und der langen Ausbildung hörten sie noch immer auf die Anweisungen des Aristoteles und stellten ihn nicht in Frage. In der Theorie konnten sie Logik und Tatsachen auseinanderhalten. In der Praxis ignorierten sie die Spaltung und behandelten die unordentlichen Tatsachen so, als wären sie ordentliche Gegenstände der Logik. Dafür gab es zwei Gründe: Es war leicht, sie waren es gewohnt. Sie benutzten dieselbe künstliche Sprache, um über Logik und Tatsachen zu sprechen. Sie beschrieben die Mathematik und die Welt mit derselben schwarzweißen symbolischen Logik, die Aristoteles vor mehr als 2000 Jahren auf den Weg gebracht hatte.

Und auch ich machte davon Gebrauch. Im Sportunterricht schaffen die zähesten Kerle die meisten Liegestütze, sie laufen die schnellste Meile oder schlagen am härtesten zu. Im Philosophieseminar suchen sie die kürzesten Beweise für die Lehrsätze der symbolischen Logik. Das gleiche gilt in der Wissenschaft. Je mehr Mathematik ein Autor an sein Problem verschwendet, um so weniger wird er von seinem Publikum verstanden und um so mehr wird er respektiert. Die Geschicklichkeit im Umgang mit Logik und Mathematik bestimmt den Platz in der Hackordnung der Wissenschaft. Im Wettbewerb mit Kommilitonen und Professoren wollte ich nach oben kommen. Für mich war die formale Logik das Licht der Philosophen. Doch Einsteins Zitat fraß sich immer weiter in meinen Glauben an Logik und Wissenschaft.

Zuerst hatten meine Zweifel keinen Brennpunkt. Ich hatte keine Alternative zum schwarzweißen Formalismus von Wissenschaft und Logik. Was könnte es daneben noch geben? Jede Entfernung von Logik und Wissenschaft erschien mir als Unlogik und Unsinn in der Art des östlichen Mystizismus, des Lotuszeugs, über das sich junge Wissenschaftler lustig machen, wenn sie in ein chinesisches Restaurant essen gehen.

Selbst Einstein hatte keine Alternative zur Bivalenz. Statt dessen fügten er und die Liga der Wissenschaftler der alten Theorie der Zweiwertigkeit eine neue Theorie hinzu: die der Wahrscheinlichkeit, die mathematische Theorie von Zufall und Zufälligkeit (Randomisierung). Danach kann jedes Ereignis mit einer kleinen Zahl versehen werden, die die Wahrscheinlichkeit ausdrückt, daß das Ereignis eintritt. Beim Wurf einer Münze zum Beispiel gibt es die Wahrscheinlichkeit, daß sie mit dem Kopf nach oben landet, und die Wahrscheinlichkeit, daß sie mit der Zahl nach oben zu liegen kommt. Beide Wahrscheinlichkeiten addieren sich zu 1. Ganz allgemein summieren sich die Wahrscheinlichkeiten, daß ein Ereignis eintritt oder nicht eintritt, zu 1. Dies ist die ganze Theorie der Wahrscheinlichkeit. Ereigniszahlen ergeben zusammengezählt 1, und die Ereignisse sind schwarz und weiß, die treten entweder ganz ein oder gar nicht.

Die Wahrscheinlichkeit änderte das schwarzweiße Bild der Welt nicht, ja, sie stellte sie noch nicht einmal in Frage. Sie zeigte nur, wie man darin und damit sein Spiel betreiben kann. Das Gesetz des Aristoteles – A ODER Nicht-A – gilt auch in der Wahrscheinlichkeit. Die neuen Physiker sahen Wahrscheinlichkeit, wohin auch immer sie blickten. Doch Einstein fühlte sich nicht wohl dabei, was er mit dem Satz ausdrückte: »Gott würfelt nicht.« Die Quantenmechanik, die Physik der subatomaren Ereignisse, legte etwas anderes nahe. Das Universum schien nichts anderes als Wahrscheinlichkeit zu sein.

Ich kam gut zurecht mit der Mathematik der Wahrscheinlichkeit, wenn auch nicht mit der ihr zugrundeliegenden Idee. Was ist Wahrscheinlichkeit? Wie sieht sie aus? Wie mißt man sie? Wie überprüft man ihre Aussagen? Ich halte eine Münze in der Hand und behaupte, daß es »fair« zugehe – die Wahrscheinlichkeit, daß die Münze mit dem Kopf nach oben landet, beträgt 50 Prozent. Ich werfe die Münze hoch, und sie kommt tatsächlich mit dem Kopf nach oben zu liegen. Wird dadurch meine Behauptung bestätigt? Wenn ja, dann gilt auch die Wahrscheinlichkeit von 55, 90 oder sogar 100 Prozent für Kopf. Wir könnten sogar »Kopf oben« als Evidenz für die Behauptung ansehen, daß die Wahrscheinlichkeit für Kopf oben 45, 10 oder sogar 0,0000000001 Prozent ist. Einfach bloß das »Glück« des Wurfs. Ein Wahrscheinlichkeitsexperiment kann auf jede Weise ausgehen, und man weiß nie, auf welche. Wenn ich einen weißen Schachbauer in der Hand hinter meinem Rücken halte und frage, in welcher Hand er ist, dann weiß ich, wie das Experiment ausgeht, aber der andere muß raten, schätzen und Wahrscheinlichkeiten berechnen. Für ihn ist die Wahrscheinlichkeit »real« oder sinnvoll, daß meine rechte Hand den Bauern hält. Für mich ist sie eine Illusion, ich weiß mit »Sicherheit«, was herauskommt.

Die Wahrscheinlichkeit verflüchtigt sich mit zunehmender Information. Geht die Information rauf, geht die Wahrscheinlichkeit runter. Die Gesetze der Physik legen fest, ob eine Münze mit Kopf oder Zahl nach oben landet. Für ein superkluges, superempfindliches, superschnell rechnendes Lebewesen sind alle Wahrscheinlichkeitsexperimente Illusion. Vielleicht gibt es gar keine Wahrscheinlichkeit, vielleicht gibt es etwas ganz anderes, etwas, das fuzzy ist, das wir manchmal Wahrscheinlichkeit nennen, das aber in der Natur der Dinge und der Nichtdinge liegt oder in den Beziehungen zwischen ihnen.

Ich suchte nach der Antwort, wie sich Wahrscheinlichkeit von Fuzzigkeit unterscheidet, aber ich konnte sie nicht finden, weil ich noch nicht wußte, was Fuzzigkeit ist. Ich hatte die Mathematik der Fuzzigkeit noch nicht kennengelernt. Später schrieb ich meine Doktorarbeit über Fuzzy-Mathematik, doch das war noch nicht genug. Ich wollte eine mathematische Linie zwischen Wahrscheinlichkeit und Fuzzigkeit ziehen. Doch in meinem Herzen hatte ich den Verdacht, daß das eine das andere enthielt. Kritiker hatten es die ganze Zeit gesagt: Fuzzigkeit ist verkleidete Wahrscheinlichkeit.

Ich vermutete, daß es genau umgekehrt war. Seit den Tagen der alten Sumerer haben Männer und Frauen Wahrscheinlichkeitswörter verwendet, um komplexe Muster des Verhaltens in Umwelt und Gesellschaft zu erfassen – wird es regnen, wird das Bier verderben, der Jäger eine Beute finden, das andere Dorf angreifen, die Ehefrau schwanger werden. Viele Wissenschaftler haben diese Tradition fortgesetzt und nicht in Frage gestellt. Statt dessen haben sie die Wahrscheinlichkeitssprache in Mathematik übersetzt und sie allen Wissenschaften übergezogen. Dies machte mich nun noch skeptischer. Die Wahrscheinlichkeit, daß der Pfeil des Bogenschützen einen Hirsch trifft oder nicht trifft, steckt weder im Pfeil noch im Wild. Wenn sie irgendwo ist, dann im Kopf des Jägers, in seinem Hirnzustand oder in unserem. Mathematik oder keine Mathematik – ich fragte mich, wie vernünftig es ist, diese Gehirnzustände in die Grundlagen der Quantenmechanik einzubauen, in die Theorie subatomarer Teilchen, in die grundlegende Beschreibung des Universums.

Das waren schon genug Probleme. Aber es gab noch das Hauptproblem, die Wahrscheinlichkeit auf die reale Welt anzuwenden: Wahrscheinlichkeit löste keinesfalls das Problem der Fehlpassung. Sie machte es nur komplizierter. Sie errichtete eine neue Theorie auf der Spitze einer schwarzweißen Theorie der Zweiwertigkeit. Und das hatte seinen Preis: Die Welt füllte sich mit dem neuen Phantom der »Zufälligkeit« (Randomisierung), eines Konzepts, das Mathematiker jahrelang zu definieren versucht haben.

Wahrscheinlichkeit handelt von Schwarz und Weiß – Kopf oder Zahl, Erfolg oder Versagen, im Kasten oder außerhalb davon. Sie gibt Chancen für diese präzisen Ereignisse an, aber sie überwindet nicht ihre Präzision, ihren Beigeschmack der Zweiwertigkeit. In der Tat runden Wissenschaftler graue Dinge zu schwarzen und weißen Sachen ab, bevor sie die Wahrscheinlichkeitstheorie anwenden. Das Elektron umrundet den Atomkern, oder es umrundet ihn nicht. Der Zellhaufen wird krebsartig, oder er wird nicht krebsartig. Der Löwe erwischt die Gazelle, oder er erwischt sie nicht. Der Kunde wartet in der Schlange, oder er wartet nicht. Die Wolke ist ein Nimbostratus, oder sie ist kein Nimbostratus. Der Stern gehört zu der Galaxie, oder er gehört nicht dazu. Das Universum ist offen, oder es ist geschlossen. Auf der konzeptionellen Ebene hat die Wahrscheinlichkeitstheorie das Universum mit dem undefinierbaren, unbeobachtbaren Gas der »Zufälligkeit« gefüllt. In der Praxis führt sie dazu, daß die Wissenschaftler nicht weniger, sondern mehr Linien zwischen Dingen und Nichtdingen ziehen. Die Wahrscheinlichkeit hat die moderne Wissenschaft in ein wahres Casino verwandelt.

Diese Praxis hat vor fast einem halben Jahrtausend begonnen, als Wissenschaftler die Mathematik der Wahrscheinlichkeit beim Spiel entwickelten, bei Spielen mit Zufällen, bei denen es künstlich präzise Regeln und Grenzlinien gibt. Zwei oder drei Jahrhunderte später wandten sie die Wahrscheinlichkeit auf Krankheiten oder Todesstatistiken von Stadtpopulationen an, eine mathematische Wiedergeburt im Versicherungswesen. Entweder hatte man eine Krankheit, oder man hatte sie nicht, entweder war man verheiratet, oder man war nicht verheiratet, man war über oder unter 20 Jahre alt, man lebte oberhalb oder unterhalb der Armutsgrenze, man war tot oder lebendig. Heute starten Kommandeure Angriffe oder keine Angriffe, je nach Tötungswahrscheinlichkeit. Wahrscheinlichkeit hat sich als mächtiges Werkzeug für soziale Vorhersage und Kontrolle erwiesen. Aber ich konnte nicht erkennen, wie sie die Fehlpassung zwischen Logik und Tatsachen abschwächte.

Nehmen wir einmal an, jemand parkt sein Auto auf einem Parkplatz mit 100 markierten Stellflächen. Nach dem Wahrscheinlichkeitsansatz stellt er sein Auto auf einer der Stellflächen ab und hat jeder markierte Platz eine bestimmte »Chance«, daß er auf ihm parkt. Alle diese Parkplatzwahrscheinlichkeiten ergeben zusammen 100 Prozent. Wenn der Parkplatz voll ist, ist die Wahrscheinlichkeit null, daß man dort sein Auto abstellt. Wenn nur ein Platz frei ist – sagen wir der mit der Nummer 34 –, wird er seinen Wagen dort mit hundertprozentiger Wahrscheinlichkeit abstellen. Wenn der gesamte Parkplatz leer ist und wenn wir nichts weiter über die Stellflächen wissen, wird er die gleiche kleine Chance haben – nämlich 1 Prozent –, irgendeinen der Plätze zu besetzen.

Der Wahrscheinlichkeitsansatz besagt, daß das Parken auf einer Stellfläche eine saubere und bivalente Sache ist. Jemand parkt sein Auto dort oder parkt nicht dort, alles oder nichts, rein oder raus. Ein Spaziergang über ein wirkliches Parkdeck zeigt aber etwas anderes. Autos quetschen sich in engste Lücken und stehen oft quer. Ein Auto braucht gleich anderthalb Stellflächen und zwingt damit die Fahrer anderer Autos, die Parklinien zu überschreiten. Um das Wahrscheinlichkeitsmodell anzuwenden, müssen wir abrunden und sagen, daß nur ein Auto pro Platz erlaubt ist.

Aus der Nähe betrachtet, sind die Dinge unscharf. Grenzen sind ungenau, und Dinge koexistieren mit Nichtdingen. Man kann seinen Wagen zu 90 Prozent in der 34. Stellfläche und zu 10 Prozent in dem Feld rechts davon abstellen, dem mit der Nummer 35. Dann ist die Aussage »Er hat sein Auto im 34. Feld abgestellt« nicht völlig wahr, und die Aussage »Er hat sein Auto nicht im 34. Feld abgestellt« ist nicht völlig falsch. Zu einem großen Teil hat er auf dem 34. Platz geparkt, und zu einem weniger großen Teil hat er das nicht getan. Bis zu einem gewissen Grad hat er auf *allen* Plätzen geparkt. Doch für die meisten waren es eben 0 Grad. Diese Aussage ist unscharf und doch genauer. Sie nähert sich besser der Tatsache, daß er sein Auto auf dem 34. Platz geparkt hat.

Ich stieß auf ein anderes Beispiel, als ich im Philosophiehörsaal saß. Der Professor stellte eine Frage, an die ich mich nicht mehr erinnere, außer, daß ich die Schlußfolgerung ablehnte, daß man die Antwort entweder wußte oder nicht wußte und daß man, falls man sie wußte, seine Hand erhob und die richtige Antwort gab. Kinder stoßen zum erstenmal auf diesen bivalenten Filter, wenn sie in den Kindergarten oder in die Vorschule gehen. Entweder weißt du es, oder du weißt es nicht. Melde dich, oder melde dich nicht! Die Antwort ist richtig oder falsch. Sprich, oder sei still! Ich meinte eine partielle Antwort auf die Frage zu wissen. Ich kannte nicht die ganze Antwort oder keine mit einer

Wahrscheinlichkeit, um mich dafür zu entscheiden. Ich hatte gerade vielwertige Logik und Fuzzy Logic studiert, und so glaubte ich, es sei sinnvoll, meine Hand nur ein wenig zu heben, um den Grad anzudeuten, zu dem ich die Antwort wußte. Die Innovation scheiterte. Der Professor forderte mich auf, die Antwort entweder ganz oder gar nicht zu geben.

Seitdem habe ich diesen Trick oft beim Publikum angewendet, um ihm eine »tatsächliche« unscharfe Menge zu zeigen. Wie viele von Ihnen sind männlich? Heben Sie die Hand! Männliche Hände gehen hoch, weibliche Hände bleiben unten. Das ergibt eine Menge, die nicht unscharf ist. Das A ODER Nicht-A des Aristoteles gilt hier nach wie vor. Wie viele von Ihnen sind weiblich? Heben Sie die Hand! Und wieder sind die Zuhörer in zwei schwarzweiße Mengen geteilt, männlich und nichtmännlich oder weiblich und nichtweiblich.

Dann kommt eine schwierigere Frage: Wie viele von Ihnen sind mit dem Arbeitsplatz zufrieden? Die Hände springen rauf und runter, und bald kommen sie zur Ruhe, wobei die meisten Ellbogen gekrümmt sind. Ein paar Selbstbewußte halten den Arm steil nach oben, oder sie heben ihn gar nicht hoch. Doch die meisten tun etwas dazwischen. Das definiert eine unscharfe Menge, nämlich die Menge derer, die mit ihrem Job zufrieden sind. Nun alle Hände runter! Wie viele von Ihnen sind mit dem Arbeitsplatz nicht zufrieden? Viele derselben Hände gehen wieder nach oben, verharren und kommen erst mit gekrümmten Ellbogen zur Ruhe. Das definiert eine weitere unscharfe Menge, diejenige der mit ihrer Arbeit Unzufriedenen. Sie ist das Gegenteil oder die Negation der ersten unscharfen Menge. A UND Nicht-A. Nun trifft bis zu einem gewissen Grad das Gesetz Buddhas zu. *Fuzzy Logic ist das Argumentieren mit unscharfen Mengen*.

Die Jobmengen unterscheiden sich von den Männlich-Weiblich-Mengen. Die Gruppe »Männer« überschneidet sich nicht mit der Gruppe »Frauen«. Niemand ist sowohl männlich als auch weiblich (jedenfalls in den meisten Fällen). Jeder ist entweder männlich oder weiblich, A ODER Nicht-A. Doch die meisten Menschen sind sowohl zufrieden als auch unzufrieden mit ihrer Arbeit, A UND Nicht-A. Nur wenige sind hundertprozentig zufrieden oder hundertprozentig unzufrieden.

Das Beispiel zeigt das Wesen der Fuzzigkeit: Fuzzige Dinge ähneln fuzzigen Nichtdingen. A ähnelt Nicht-A. Fuzzige Dinge haben unscharfe Grenzen zu ihrem Gegenteil, zu den Nichtdingen. Je mehr eine Sache ihrem Gegenteil ähnelt, desto fuzziger ist sie. Im fuzzigsten Fall stimmt sie mit ihrem Gegenteil überein: das Glas Wasser, das halb leer und halb voll ist, der Kreter, der sagt, daß alle Kreter lügen, und sowohl lügt als auch nicht lügt, die Kunden an der Grenze zwischen zufrieden und unzufrieden. Hier entsprechen sich Yin und Yang, beide befinden sich im Gleichgewicht, wie es in dem alten Symbol der Taoisten zu sehen ist.

Lange Zeit quälte ich mich in meiner Jugend mit diesem offensichtlichen Mystizismus in einer Welt ab, die die Wissenschaft weißgewaschen und schwarzgewaschen hatte. Wissenschaftler hatten graue Dinge erst zu weißen und schwarzen Dingen abgerundet, dann die Abrundung vergessen, und nun sahen sie nur eine Welt aus Weiß und Schwarz. Die Welt ist so viel einfacher, wenn man das Universum immer in zwei exakt gleiche Teile zerlegen kann – wenn stets A ODER Nicht-A zutrifft. Moderne Wissenschaftler und Philosophen würden neben jeden Satz in diesem Buch eine 1 oder eine 0 setzen, WAHR oder FALSCH, anstatt ihm einen Bruchteil von Wahrheit zuzugestehen, der irgendwo dazwischen liegt. Männer und Frauen der Wissenschaft klammern sich an die Frage der Zweiwertigkeit, sie ist ihr Standpunkt. Sie erklettern die Leiter der Bivalenz und vergessen, daß sie darauf stehen. Ihre Praxis sieht viel eher wie eine Religion und weniger wie eine Wissenschaft aus. Sie verwandeln ihre Annahme der Zweiwertigkeit in eine Aufnahmeprüfung und lassen alle durchfallen, die anderer Meinung sind, und sie verbannen sie mit allen Einschüchterungen, die der modernen Wissenschaft zur Verfügung stehen: Schlampige Argumentation! Nicht streng genug! Unwissenschaftliche Messung! Ein ungeübtes Auge! Ein schlechter experimenteller Ansatz! Paßt in keinen Computer! Hier spricht nur der gesunde Menschenverstand! Vulgärpsychologie! Sie wüßten es besser, wenn Sie mehr Mathematik könnten!

Ich hatte meinen Glauben an den Wissenschaftsbetrieb verloren und fand mich selbst in einem Zustand des umgekehrten Atheismus wieder. Ich hatte die Aufnahmeprüfung der Zweiwertigkeit zwar bestanden, aber Herz und Kopf scheiterten daran nach wie vor. Ich lernte, wie man die Regeln der Wissenschaft anwenden muß, aber ich glaubte nicht, daß sie richtig waren. Ich lernte, wie man mit der Wahrscheinlichkeit umgeht, aber ich glaubte nicht, daß es sie gab.

Vor allem aber erschien mir die schwarzweiße Welt der Wissenschaft als eine *unvernünftige* Annahme, als würde ein eifriger Richter oder Staatsanwalt die Buchstaben und nicht den Geist des Gesetzes anwenden und dich ins Gefängnis stecken, weil du auf einen Bürgersteig gespuckt hast, ein normales Abendessen von der Steuer abziehst oder ein verbotenes Magazin per Post bestellst. Die Sprache, vor allem die mathematische Sprache der Wissenschaft, schafft künstliche Grenzen zwischen Schwarz und Weiß. Die Vernunft oder der gesunde Menschenverstand heben sie weitgehend auf. Die Vernunft arbeitet mit Grautönen.

Ich suchte nach einer Alternative, die die zweiwertige Wissenschaft mit ihren eigenen Waffen herausfordern konnte. Wenn Wissenschaft auf Mathematik basiert, sollte das auch die Alternative tun. Kritik scheitert ohne funktionierende Alternative. Fuzzy Logic liefert eine solche Alternative. Sie umweht derselbe mathematische Hauch wie die Wahrscheinlichkeit, sie operiert mit Prozentangaben zwischen 0 und 100, aber sie beschreibt Ereignisse, die bis zu einem gewissen Grad stattfinden, und sie beschreibt nicht, ob »zufällige« Ereignisse entweder vollständig oder gar nicht stattfinden. Man malt ein Bild von der Welt, wenn man sagt, daß es eine fünfzigprozentige Chance gibt, einen Apfel im

Kühlschrank zu finden. Man malt ein anderes, wenn man sagt, ein halber Apfel befindet sich im Kühlschrank. Dieselben Zahlen, verschiedene Welten.

Ich verfolgte die Fuzzigkeit durch die Kanäle der Wissenschaft und der akademischen Welt. Ich las und schrieb Arbeiten über Fuzzigkeit, hielt Vorlesungen darüber, lehrte sie und nahm neue Kurse und Seminare zum Thema auf Video auf, schmuggelte sie in die Kurse über Wahrscheinlichkeit, die ich an der Universität von Südkalifornien hielt, half, Konferenzen darüber in den USA und in Japan zu organisieren, und schrieb ein Lehrbuch. Ich mußte wissen, ob es Fuzzigkeit gab. Ich war wie ein gläubiger Mensch, der wissen muß, ob es Gott gibt. Wenn es ihn gab, würde ich sein Priester sein. Wenn es ihn nicht gab, würde ich zur Opposition überlaufen und ein fanatischer Atheist werden.

Ich suchte nach Fuzzigkeit und fand sie in einer Gruppe neuer mathematischer Lehrsätze der Geometrie des Rubik-Würfels, wie wir noch erörtern werden. Die Mathematik war so einfach, daß ich nicht glauben konnte, daß sie bislang nicht schon irgend jemand, daß sie nicht schon längst jeder erkannt hatte. Doch bald begriff ich, warum selbst die ersten Theoretiker der Fuzzy Logic diese Art von Mathematik übersehen haben oder warum sie sie für einen schlichten Fehler hielten, wenn sie sich überhaupt um sie gekümmert haben. Sie setzte seltsame Konzeptionen voraus wie etwa die Vorstellung, daß das Ganze in seinen Teilen enthalten ist, daß große Dinge in kleineren stecken. Ich konnte verstehen, warum westliche Wissenschaftler Fuzzy Logic nicht in die unverdorbene Welt der schwarzweißen Perfektionen eindringen lassen wollten, an der sie seit Jahrhunderten gebaut hatten. Ich konnte ihre Angst vor den Widersprüchen verstehen, ihre manische Reaktion auf Ding und Nichtding, auf A UND Nicht-A.

Ich konnte das kulturelle Vorurteil und die emotionalen Reaktionen verstehen, die alle in der technischen Sprache und den Manierismen der Wissenschaft verkleidet waren, aber ich konnte sie nicht verzeihen. Fuzzy Logic löste uralte Paradoxien der westlichen Gedankenwelt und öffnete mit Hilfe der mathematischen Unendlichkeit neue Türen, indem sie die schwarzweiße Mathematik auf einen Sonderfall von Grau zurückführte.

Vor allem aber machte Fuzzy Logic die Maschinen schlauer.

Sie erhöhte den *Intelligenzquotienten (IQ) der Maschinen* in Dutzenden von Produkten der Konsumgüterelektronik: Kameras, Camcorder, Fernsehgeräte, Mikrowellenherde, Waschmaschinen, Staubsauger, Gangschaltungen, Motorregler, U-Bahn-Schaltungen. Doch sie erhöhte den Maschinen-IQ in dem Land von A UND Nicht-A, im Fernen Osten, in Japan. Hier setzte sich in den frühen neunziger Jahren die Fuzzy Logic im Fernsehapparat und auf seinem Schirm durch, wobei selbst Nachrichtensprecher und Politiker die Bedeutung der Fuzzigkeit diskutierten. Klar, dachte ich, das Geld spricht zu den Wissenschaftlern, da es alles in der Wissenschaft und der akademischen Welt antreibt. Doch die westlichen Wissenschaftler und Ingenieure reagierten nur mit Das-können-wir-auch-Sätzen auf die kommerziellen Erfolge der Fuzzy Logic in Japan. Früher hatten sie der Fuzzy-Theorie vorgeworfen, es gebe für sie keinerlei Anwendung. Nun kritisierten sie die praktischen Anwendungen mit dem Argument, ihnen fehle die Theorie.

Während westliche Wissenschaftler und Ingenieure Fuzzy Logic entweder ignorierten oder angriffen, wandten ihre östlichen Gegenspieler sie eifrig an und eröffneten das lange erwartete Zeitalter der kommerziellen Maschinenintelligenz. Ich mußte mich oft von westlichen Wissenschaftlern beschimpfen lassen – vor allem von den älteren unter ihnen, einschließlich meiner eigenen Mitarbeiter an der Universität von Südkalifornien: Je grauer das Haar, desto mehr sahen die Argumente schwarzweiß aus. Doch in Japan gab ich Autogramme, leitete Konferenzen und winkte in Fernsehkameras. Als wir Fuzzy-Logic-Theoretiker endlich die erste amerikanischen Konferenz zustande brachten – im Juni 1991 in Austin, Texas (bei der Firma MCC, der Microelectronics and Computer Technology Corporation) –, hatten die Japaner bereits mehr als eine Milliarde Dollar Umsatz mit Fuzzy-Logic-Produkten gemacht und einen weiteren großen Schritt bei ihrer weltweiten Führerschaft auf den Gebieten der Konsumgüterelektronik und dem High-Tech-Ingenieurwesen und -Fertigung vollzogen. Kulturelle Präferenzen haben eben ihren Preis.

Hier kommt ein Intelligenztest für alle, die Fuzzy-Logic-Ideen skeptisch gegenüberstehen. Kannst du erklären, wie ein Fuzzy-Chip funktioniert? In der Welt der Technik teilt diese Frage die

Menschen in zwei Nicht-fuzzy-Klassen ein: Die einen wissen es, die anderen wissen es nicht. Information achtet nicht auf Rang, Besitz oder Falten. Logik hilft Leuten, mit Information umzugehen. Fuzzy Logic hilft Maschinen, damit umzugehen.

Ich glaube nicht, daß irgendein menschliches Gehirn nach den aristotelischen Syllogismen oder mit der Präzision eines Computers arbeitet. Da herrscht ein viel größeres Durcheinander. Die Tage des symbolischen Argumentierens von Computerprogrammen mit »künstlicher Intelligenz« sind vorüber. Sie wurden zusammen mit HAL einfach abgeschaltet, dem Computer aus dem 1968 gedrehten Film »2001: Odyssee im Weltraum«. Wenn uns Arnold Schwarzeneggers Cyborg in »Terminator II« mitteilt, daß er neue Verhaltensweisen lernen kann, denn »mein CPU (›central processing unit‹ = zentraler Prozessor) ist ein neuronales Netz, ein lernender Computer«, dann ist damit nicht Aristoteles in einem Kasten gemeint. Wie wir noch sehen werden, bleibt für Aristoteles kein Platz in einem Kasten, dafür aber in den Ecken eines fuzzy-logischen Würfels, in denen es die seltenen schwarzweißen Augenblicke einer ansonsten grauen Welt gibt.

Wenn unsere Argumente logisch sind, dann bestenfalls, wenn sie fuzzig sind. Wir verfügen über nur eine Entscheidungsregel: *Ich tu es, wenn ich das richtige Gefühl habe.* Die formale Logik, die wir erstmals im Geometrieunterricht lernen, hat nur wenig damit zu tun.

Fuzzy Logic beginnt, wo westliche Logik am Ende ist.

Das fuzzy-logische Prinzip

Alles ist eine Frage der Abstufung.

Anonym

Shuzan (926–992) hielt einmal einen Stock aus Bambus vor einer Versammlung seiner Schüler in die Höhe und erklärte: »Nennt dies einen Stock, und ihr bejaht. Nennt dies nicht einen Stock, und ihr verneint. Nun, wenn ihr nicht bejaht oder nicht verneint, was würdet ihr ihn dann nennen? Redet! Redet!« Einer seiner Schüler kam nach vorne, nahm seinem Meister den Stock weg, brach ihn in zwei Teile und rief aus: »Was ist das?«

Daisetz Suzuki
An Introduction to Zen Buddhism

Das fuzzy-logische Prinzip besagt, *alles ist eine Frage der Abstufung*. Dieses Buch beschäftigt sich mit der Fuzzigkeit im menschlichen Leben und damit, wie sie unsere Welt und unsere Weltanschauungen durchzieht. Wir führen weniger Argumente für das fuzzy-logische Prinzip an und suchen mehr nach ihm in allem, was wir anschauen.

Einige Dinge werden nicht fuzzig, unabhängig davon, wie dicht wir an sie herangehen. Sie kommen häufig aus der Welt der Mathematik. Hier haben die Menschen oder Gott die Fuzzigkeit von vornherein aus dem Spiel gelassen. Wir stimmen überein, daß »zwei plus zwei gleich vier« ist, und zwar zu 100 Prozent. Doch wenn wir uns aus dieser künstlichen Welt der Mathematik entfernen, regiert die Fuzzigkeit. Sie verwischt räumliche und zeitliche Grenzen, als schnitten unsere Wörter das Universum mit einem stumpfen Messer in Stücke.

Fuzzigkeit hat in der Wissenschaft einen formalen Namen: Vielwertigkeit oder Multivalenz. Das Gegenstück dazu ist Bivalenz oder Zweiwertigkeit, zwei Möglichkeiten, eine Frage zu beantworten, wahr oder falsch, 1 oder 0. Fuzzigkeit bedeutet *Viel*wertigkeit. Es heißt, man hat drei oder mehr, vielleicht ein unendliches Spektrum an Möglichkeiten, anstelle von nur zwei Extremen. Es bedeutet analog statt binär, unendlich viele Schattierungen von Grau zwischen Schwarz und Weiß. Es bedeutet alles, was der Anwalt oder der Richter in einem Verfahren auszuschließen versuchen, wenn sie fordern: »Antworten Sie mit Ja oder Nein!«

Die Logiker arbeiteten zum erstenmal in den zwanziger und dreißiger Jahren eine *viel*wertige Logik aus, um mit dem Unbestimmtheitsprinzip von Werner Heisenberg zurechtzukommen, das in der Quantenmechanik gilt und das wir in einem späteren Kapitel betrachten. Dieses mathematische Prinzip besagt: Wenn man einige Größen genau mißt, dann kann man andere Größen nicht ebenso genau messen. Es besagt weiter, daß wir es in der Tat mit einer *drei*wertigen Logik zu tun haben: Aussagen können wahr, falsch oder unbestimmt sein. Schon bald danach zerhackte der polnische Logiker Jan Lukasiewicz die »unbestimmte« Mitte in viele Stücke und stellte eine vielwertige oder multivalente Logik vor.* Er machte nun den nächsten Schritt, indem er durch die Unbestimmtheit ein Kontinuum definieren ließ, ein Spektrum zwischen Unwahrheit und Wahrheit, zwischen 0 und 1. In dieser »fuzzigen« Logik können Aussagen wie »Gras ist grün« oder »Anwälte schlichten Streitfragen« jeden »Wahrheitswert« zwischen 0 und 1 annehmen, jeden Prozentsatz zwischen 0 Prozent wahr und 100 Prozent wahr. Der Ausdruck »fuzzy« tauchte im wissenschaftlichen Vokabular erst etwa dreißig Jahre später auf. Bis dahin hatten die Logiker wie Bertrand Russell den Ausdruck »Vagheit« (»vagueness«, Ungewißheit) benutzt, um die Vielwertigkeit zu beschreiben. 1937 veröffentlichte der Quantenphilosoph Max Black eine Arbeit über vage Mengen, und er meinte das, was wir nun unscharfe oder fuzzige Mengen nennen. Wissenschaft und Philosophie ignorierten die Arbeit Blacks, sonst würden wir heute die Geschichte der vagen Logik erörtern und nicht die Geschichte der Fuzzy Logic.

1965 veröffentlichte Lotfi Zadeh, der damals einen Lehrstuhl am Institut für Elektrotechnik der University of California in Berkeley hatte und später zu meinen Doktorvätern gehörte, einen

* Lukasiewicz hatte auch Aristoteles im griechischen Original studiert und eine frühe Version seiner vielwertigen Logik Anfang der zwanziger Jahre vorgelegt.

Text mit dem Titel *Fuzzy Sets* (»Fuzzige Mengen«). Die Arbeit wandte Lukasiewicz' vielwertige Logik auf Mengen – also Gruppen von Gegenständen – an. Zadeh gab diesen vagen oder vielwertigen Mengen den Namen »fuzzy« – es waren Mengen, deren Elemente ihnen nur bis zu einem gewissen Grad angehörten, so wie die Menge der Leute, die mit ihrem Job zufrieden sind –, um das Konzept von der überstarken binären Logik seiner Zeit zu trennen. Zadeh hatte beobachtet, wie die Wissenschaftler immer mehr Mathematik für Probleme heranzogen und Wissenschaft mit den schwarzweißen Argumenten betrieben, die die Computer und Rechenmaschinen verwendeten.

Der Ausdruck »fuzzy« forderte den Zorn der Wissenschaft heraus, und er kam reichlich. Er konfrontierte das neue Fachgebiet mit all den Problemen, denen sich »ein Junge namens Susanne« gegenübersieht. Es gab keine staatlichen Fördermittel für die Forschung. Nur wenige Zeitschriften oder Konferenzen akzeptierten Arbeiten über Fuzzy Logic. Akademische Institutionen förderten kaum die Fakultätsmitglieder, die sich damit befaßten, am wenigsten diejenigen, die das ausschließlich taten. Die Fuzzy-Bewegung dieser Tage war ein kleiner Kult, der schließlich in den Untergrund ging. Er wuchs und reifte ohne die übliche Förderung der subventionierten Wissenschaft. So wurde er stärker.

Fuzzy Logic reifte nicht an den Universitäten heran. Sie wurde auf den kommerziellen Märkten entwickelt und übersprang dabei spielend die philosophischen Einwände der westlichen Wissenschaftler.

Das fuzzy-logische Prinzip war nach fast 3000 Jahren westlicher Kultur aufgetaucht, nach 3000 Jahre langen Versuchen, es zu leugnen, zu ignorieren, zu widerlegen, es umzubenennen und wegzuaxiomatisieren. Doch die Fuzzigkeit hielt sich trotz aller Bemühungen, sie loszuwerden. Unser Nachdenken bleibt fuzzig. Und nun können wir unsere Maschinen schlauer machen, indem wir ihre Schlußweisen ebenso fuzziger machen wie die Konzepte – zum Beispiel *kühle* Temperatur oder *langsame* Geschwindigkeit –, mit denen sie umgehen müssen. Diese schleichende Fuzzigkeit verwirrt und verärgert viele Wissenschaftler, die annehmen, daß Maschinen mit der schwarzweißen symbolischen Logik und Mathematik ausgestattet sein müßten.

Es folgen später drei große Abschnitte: »Die fuzzige Vergangenheit«, »Die fuzzige Gegenwart« und »Die fuzzige Zukunft«. Die Kapitel zur fuzzigen Vergangenheit beschäftigen sich mit den historischen Wurzeln der Fuzzigkeit und der Antifuzzigkeit – ausgehend von der Frage, wie die Welt des Aristoteles sich von der Welt Buddhas unterscheidet –, und sie gehen auf die Natur der Wahrheit ein, auf Heisenbergs Unbestimmtheitsprinzip der Quantenmechanik und die logischen Paradoxien des antiken Griechenland und der modernen Mathematik, die zur Fuzzigkeit geführt haben. Die Kapitel zur fuzzigen Gegenwart befassen sich mit fuzzigen Mengen und Systemen, welche Wiedergeburt sie kürzlich in den USA und Japan erfahren haben und wie sie auf adaptive fuzzy-logische Systeme ausgedehnt werden können, die von neuronalen Netzen oder »hirnartigen« Systemen durch Erfahrung lernen oder ihre Regeln von Beispielen ableiten. Die Kapitel zur fuzzigen Zukunft beschreiben, wie Fuzzy Logic und die höhere Maschinenintelligenz die Gesellschaft in naher und ferner Zukunft beeinflussen können.

Mehrere Themen tauchen bei unserer Reise aus der fuzzigen Vergangenheit in die fuzzige Zukunft auf. Vier davon ragen am deutlichsten hervor, und sie wollen wir vorab im Überblick vorstellen:

1. Zweiwertigkeit oder Vielwertigkeit: Einfachheit oder Genauigkeit
2. Genauer – verschwommener
3. Fuzzige Schlußfolgerung erhöht die Maschinenintelligenz
4. Man sollte Wissenschaft nicht mit Wissenschaftlern verwechseln

Das erste Thema ist das wichtigste. Es formuliert den zentralen Konflikt der Fuzzy-Erfahrung.

Zweiwertigkeit oder Vielwertigkeit: Einfachheit oder Genauigkeit

Zweiwertigkeit tauscht Genauigkeit gegen Einfachheit ein. Binäre Ergebnisse in Form von ja und nein, weiß und schwarz, wahr und falsch vereinfachen die Mathematik und die Computerverarbeitung. Man kann mit Reihen aus Nullen und Einsen leichter arbeiten als mit Bruchteilen. Doch die Bivalenz erfordert einige Gewalt, um anzupassen, auf- und abzurunden, so als wenn man sagte, man sei für oder gegen einen Politiker oder man sei zufrieden oder unzufrieden mit seinem Job.

Das Zeitalter der Information basiert auf der Zweiwertigkeit, auf der »digitalen Revolution« in der Signalverarbeitung und bei den Mikroprozessoren in den Computerchips. Wir messen Größen – Töne, Blutdruck, Lichtintensität, Spannungen, Temperaturen, Erdbeben –, die sich kontinuierlich mit der Zeit ändern. Aber wir müssen die Signale sammeln und quantifizieren – oder auf- und abrunden –, um sie dem binären Computer anzupassen, der nur Nullen und Einsen kennt. Man kann sich ein Zeitsignal als Kurve vorstellen, die sich von links nach rechts bewegt. Die Kurve könnte den Anstieg der Temperatur an einem Nachmittag oder die Zunahme von Ozon in einem Jahrzehnt darstellen. Die Digitalisierung legt ein Gitter über die Kurve. (Abb. auf Seite 37)

Die Digitalisierung zerlegt die Grundlinie in viele diskrete Zeitscheibchen – den Abschnitten, in denen ein Mensch oder ein Sensor eine Ozonprobe vermißt und die Zeit notiert. Wissenschaftler haben Tausende von Arbeiten über die Frage geschrieben, wie die Zeitlinie zu zerlegen sei. Das Ergebnis: Man soll die Zeitscheiben gleichmäßig weit voneinander entfernt wählen, und je mehr Scheiben man schneidet, desto besser ist es. Eine Compact Disc liefert einen sanften Klang, weil er »aus 44 100 Mustern pro Sekunde umgewandelt« oder erzeugt wird.

Die Digitalisierung zerlegt die vertikale Linie in eine Menge von Zahlen. Dabei rundet das System die Signale zum nächsten Scheibenwert ab – es »quantisiert« sie. Danach schiebt das System die Realität beiseite, es hält sich nur noch an die digitalisierten Zahlen (den schwarzen Punkten auf dem Gitter) und wandelt jede Zahl in eine eindeutige Liste von Einsen und Nullen um

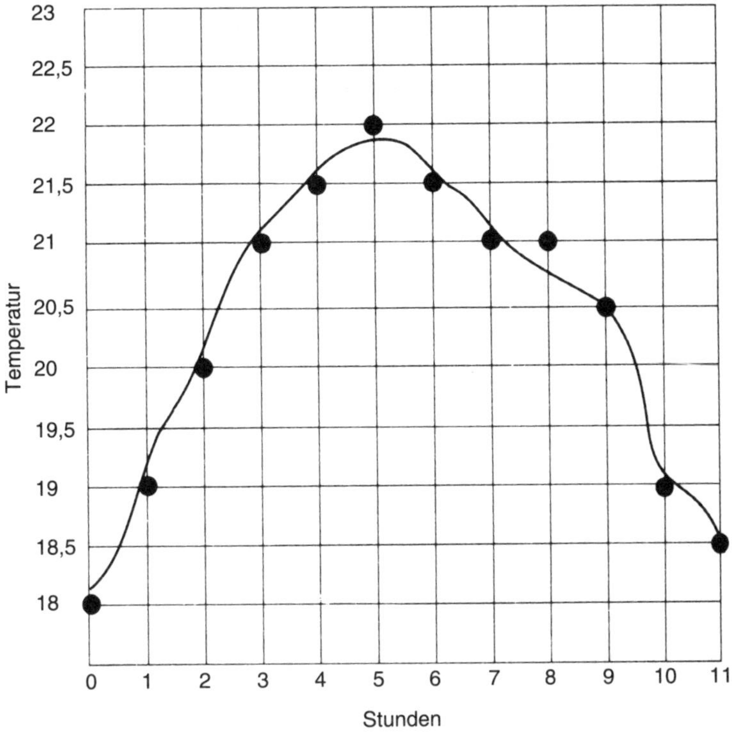

(32 = 100000, 35 = 100011). Dann werden die Zahlen mit hoher Geschwindigkeit verarbeitet, der Rest besteht aus kompakten Laserdisks, zellulären Telefonen, Faxmaschinen und neuen Bildern von Neptun und Venus.

Die westliche Kultur betrachtet die binäre Präzision inzwischen als Teil der wissenschaftlichen Methode. Die digitale Revolution scheint auch unseren Geist digitalisiert zu haben. Man stelle sich einen Computer vor, der eine Frage mit »Mehr oder weniger« beantwortet! Wir würden annehmen, daß der Computer einen schlechten Tag hat, daß er von einem Weißkittel programmiert worden ist, damit er zu uns so spricht, wie wir es untereinander tun. Wir würden nicht glauben, daß der Computer es ernst meint, daß er die Wahrheit sagt, daß das Universum so ist, daß sich die Atome und der leere Raum »mehr oder weniger« zusammenfinden.

Es ist die Logik des Aristoteles, die hinter unseren bivalenten Instinkten lauert. Wir erwarten, daß jede »gut formulierte« Aussage wahr oder falsch ist, nicht mehr oder weniger wahr oder irgendwie falsch. A ODER Nicht-A. Dieses »Gesetz des Denkens« durchzieht unsere Sprache, unseren Unterricht und unsere Gedanken. Der existentialistische Philosoph Sören Kierkegaard nannte sein Buch über Entscheidungen und freien Willen *Entweder-Oder*, und er sah den Menschen als kosmischen Sklaven seiner binären Alternative, etwas zu tun oder nicht zu tun. Heutzutage nimmt jeder Maschinenbaustudent einen Kurs in digitaler Konstruktion und lernt, wie Tabellen von binärer Logik in elektrische Schaltkreise übersetzt werden.

Jede Philosophie oder Religion hat ihren Schurken oder Teufel, den sie zu vermeiden oder zu zerstören versucht. Der Schurke der Zweiwertigkeit ist der logische Widerspruch: A UND Nicht-A.

In der bivalenten Logik folgt aus einem Widerspruch alles andere. Damit kann man jede beliebige Aussage beweisen oder widerlegen. Die Mathematiker polieren ihre Axiome, um sie vor Aussagen zu bewahren, die sich gegenseitig widersprechen. Bislang hat noch niemand beweisen können, daß die Axiome der modernen Mathematik nicht zu Aussagen führen, die sich widersprechen. Das kann sich morgen ändern und das Gebäude der Mathematik zum Einsturz bringen. In der Zwischenzeit setzen sich der Schrecken und der Wahnsinn fort. In der Wissenschaft gibt es somit wenig Spielraum für Ansichten, die Widersprüche zulassen, die zugeben, daß sich die Dinge und die Nichtdinge überschneiden. Fuzzy Logic konfrontiert uns mit dieser Intoleranz. Fuzzigkeit beginnt, wo Widersprüche auftreten, wo A UND Nicht-A bis zu jedem Grad gilt.

Die östliche Mystik bietet die einzigen großen Glaubenssysteme, die Widersprüche akzeptieren, Systeme, die mit A UND Nicht-A operieren. Rund 200 Jahre bevor Aristoteles lebte, ließ sich Buddha von seinen Zuhörern nicht durch Entweder-Oder-Fragen in die Falle locken. Er blieb bei seinem »vornehmen Schweigen«, wenn ihm binäre Fragen gestellt wurden, wie zum Beispiel die, ob das Universum endlich oder unendlich sei. Heutige Mönche des Zen-Buddhismus trainieren ihre Studenten, über einen Koan zu meditieren – »Wie sah dein Gesicht aus, bevor du geboren wurdest?«, »Wie klingt es, wenn eine Hand Beifall klatscht?« – , um die schwarzweiße Schale der Wörter zu durchbrechen und einen Zustand der Erleuchtung des Bewußtseins – *satori* – zu erlangen. Selbst der große Vorsitzende Mao Tse-tung schrieb Essays über Widersprüche.

Die folgende Liste zeigt einige der wichtigsten dualen Ideen und Systeme im menschlichen Denken, mit denen sich dieses Buch befaßt:

ZWEIWERTIGKEIT	VIELWERTIGKEIT
Aristoteles	Buddha
A ODER Nicht-A	A UND Nicht-A
Genau	Partiell
Alles oder nichts	Graduell
0 oder 1	Kontinuum zwischen 0 und 1
Digitaler Computer	Neuronales Netzwerk
Fortran	Deutsch (natürliche Sprache)
Bits	Fits

Das Wort »Fits« in der letzten Zeile ist eine Abkürzung für »fuzzy units« – also die »Einheiten der Fuzzigkeit« –, es ist ebenso gebildet wie das bekannte »Bits«, das durch Zusammenziehung von »binary units« – also von »binären Einheiten« – entstanden ist. Fit ist ein Wert, der durch ein Grad oder eine Zahl zwischen 0 und 1 angegeben wird. Ein Bit-Wert antwortet auf eine schwarzweiße Frage: Verdienst du mehr als 80 000 Mark im Jahr? Besitzt du einen eigenen Wagen? Bist du verheiratet? Ein Fit-Wert antwortet auf dieselben Fragen, aber nur bis zu einem gewissen Grad. (Der Fit-Wert 70 Prozent bedeutet zu 70 Prozent Ja *und* Nicht-Ja oder Nein zu 30 Prozent.)

Schauen wir uns nun wieder den Apfel an, den wir in der Hand halten und in den wir hineinbeißen. Zuerst ist er zu 100 Prozent ein Apfel. Oder 100 Prozent des Apfels sind da. Unser Apfel gehört zu 100 Prozent zu der Menge der ganzen Äpfel. Wenn man nun Stücke herausbeißt, sinkt der Prozentsatz von 100 Prozent bis hinunter zu 0 Prozent, wenn man den Apfel aufgegessen hat. Etwa auf halbem Wege hält man einen halben Apfel oder 50 Prozent davon in seiner Hand. Fit-Werte beschreiben den Abstieg des

Apfels von seiner vollständigen Anwesenheit bis zu seiner vollständigen Abwesenheit, von dem Bit-Wert 1 bis hinunter zum Bit-Wert 0. In diesem Sinne füllen die Fits die Lücke zwischen den Bits aus. Wenn wir aufzeichnen, wie der Apfel von 100 Prozent auf 0 Prozent fällt, sehen wir, daß die Fit-Werte die Zahlenlinie zwischen 0 und 1 ausfüllen.

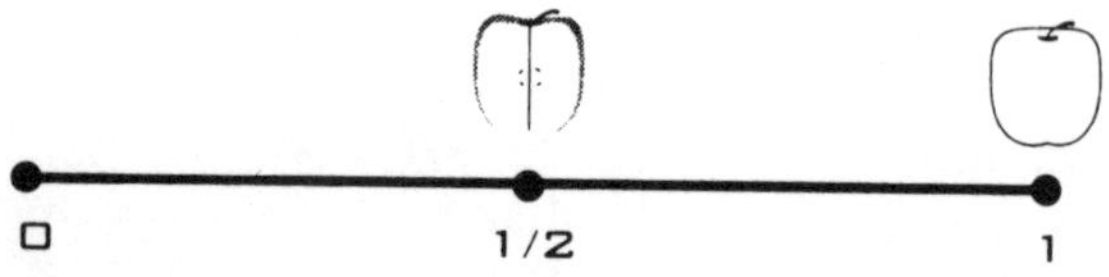

Die Zahlenlinie zeigt den mathematischen Konflikt zwischen Zweiwertigkeit und Fuzzigkeit. Bivalenz gilt nur an den Enden der Zahlenlinie. Die Bit-Werte 0 und 1 stehen sich gegenüber. Fuzzigkeit oder Vielwertigkeit gilt überall dazwischen. Sie schließt die beiden Enden als Spezialfälle ein. Wenn ein Glas zwar noch etwas Wasser enthält, wir es aber »abrunden«, und es als »leer« bezeichnen, dann zerdrücken wir ein Fit zu einem Bit, 5 oder 10 Prozent zu 0 Prozent. Das bedeutet, daß wir auf der Zahlenlinie einen Fit-Wert bestimmen und dann zum nächsten Ende springen, um einen Bit-Wert zu bekommen.

Man kann nun fragen, wie man das Gegenüber zu einem Fit-Wert auf der Linie findet. Das Gegenüber zu 0 ist 1 und umgekehrt. Sehen wir uns erneut die Linie an. Die Gegensätze A und Nicht-A spiegeln sich im Mittelpunkt, dem Fit-Wert ½ . Die Bit-Werte 0 und 1 haben den gleichen Abstand vom Mittelpunkt. Dasselbe gilt für einen Fit-Wert und sein Gegenstück. Das Gegenstück von ¾ ist ¼, das von ⅓ ist ⅔ und so weiter. (Das heißt, daß das »Gegenüber« zu ½ wieder ½ ist. A ist im Mittelpunkt gleich Nicht-A.) Man kann mit Fits genauso arbeiten wie mit Bits. Nur daß man sie nicht mehr auf- oder abzurunden braucht.

Die Rundung von Fits klappt gut an den Enden der Zahlenlinie. Was aber passiert im Mittelpunkt? Runden wir 50 Prozent zu 0 Prozent ab oder zu 100 Prozent auf? Die Frage heißt nicht, ob das Glas halb leer oder halb voll ist. Wenn wir alles oder nichts sagen müßten, dann lautete die Frage, ob das Glas voll oder leer ist.

Der Mittelpunkt der Linie stellt ein Paradoxon der modernen Mathematik dar. Die Mathematiker verwenden wohl auch deshalb dieses Wort am Mittelpunkt, um anzudeuten, daß Mittelpunkte oder Randpunkte Ausnahmen sind, einfache Probleme, die man mit ein wenig Aufwand reparieren kann. Dabei tauchen sie tatsächlich auf den Fundamenten der bivalenten Mathematik und Logik auf.

Zu Beginn des 20. Jahrhunderts hat der Logiker Bertrand Russell, der das erste Friedenszeichen entworfen hat, gezeigt, welche Paradoxien die Mengentheorie plagen, also die mathematische Theorie, die von Mengen aus Gegenständen und von Teilmengen aus Gegenständen handelt. Er hat dies am Beispiel des Barbiers deutlich gemacht.

Russells Barbier ist ein Mann mit Backenbart, der ein Schild mit der Inschrift aufstellt: »Ich werde nur die rasieren, die sich nicht selbst rasieren.« Die Frage lautet, wer den Barbier rasiert. Wenn er sich selbst rasiert, dann dürfte er das seiner Ankündigung nach nicht tun. Wenn er sich aber nicht rasiert, dann müßte er es gerade seinem Schild nach tun. Es sieht so aus, als würde er sich gleichzeitig rasieren und nicht rasieren.

Oder sehen wir uns den kalifornischen Stoßstangenaufkleber »Vertraue mir« an. Wir können dem Fahrer vertrauen oder nicht vertrauen oder bis zu einem gewissen Grad vertrauen. Aber was ist, wenn wir auf ein Auto mit dem Aufkleber »Vertraue mir nicht« treffen? Vertrauen wir dem Fahrer? Wenn ja, dann tun wir es nach seinen Instruktionen gerade nicht. Wenn wir ihm nicht vertrauen, dann haben wir den Instruktionen zufolge dem Fahrer vertraut. Wir stehen zuletzt so da, daß wir dem Fahrer zugleich vertrauen *und* nicht vertrauen – nicht gerade eine aristotelische Lage der Dinge.

Aus fuzziger Sicht sind das Glas, der Barbier und der Fahrer Phänomene des Mittelpunktes. Aussagen, die sie als buchstäbliche Halbwahrheiten beschreiben. Sie sind zu 50 Prozent wahr, nicht zu 100 Prozent oder zu 0 Prozent. Wenn wir auf ein hundertprozentig volles Glas oder eine einhundertprozentige Rasur oder ein hundertprozentiges Vertrauen bestehen, dann landen wir bei einem bivalenten Paradoxon. Das halbleere/halbvolle Glas führt das vor Augen. Das Wasser macht 50 Prozent in dem Glas aus. Das ist der tatsächliche Zustand der Welt. Wir meinen auch ein halbes Glas. Wir meinen nicht, daß es eine fünfzigprozentige Wahrscheinlichkeit gibt, daß ein Glas voll ist. Wir meinen ein halbes Glas. Wenn wir aus irgendeinem kulturellen Grund das, was wir sagen, auf die bivalenten Möglichkeiten »alles« oder »nichts« beschränken, dann zahlen wir dafür einen Preis und bekommen es mit einem wirklichen Widerspruch zu tun, einem Fall von A UND Nicht-A.

Unterhalb des Streits zwischen Bivalenz und Multivalenz ruht eine Gleichung. Die Zweiwertigkeit sagt, daß es die Gleichung entweder nicht gibt oder daß sie nicht sinnvoll ist. Die Vielwertigkeit sagt, daß es die Gleichung bis zu einem gewissen Grad gibt. In extremen Fällen gibt es sie entweder ganz oder gar nicht. Herausgeber entfernen Gleichungen aus populären Wissenschaftsbüchern wie Gärtner Unkraut aus ihren Rosenbeeten. Um nun die Gewalt dieser Gleichung zu mildern, gebe ich ihr einen Namen, über den sich Wissenschaftler und Mathematiker gleichermaßen lustig machen werden. Ich nenne sie die *Yin-Yang-Gleichung*: A = Nicht-A.

Das ist ein Widerspruch in Form einer Gleichung. Anstatt »A UND Nicht-A« oder »A ist Nicht-A« zu schreiben, setzt das Gleichheitszeichen die beiden Propositionen mit aller Strenge der formalen Mathematik gleich. In der Logik nennt man das eine Bikonditionalität: A impliziert Nicht-A, und Nicht-A impliziert A. Somit reduzieren sich die Paradoxien des bivalenten Argumentierens auf die Yin-Yang-Gleichung: Die halbleere Tasse impliziert, daß die Tasse halb voll ist, und umgekehrt.

Wir können ein Bild zeichnen, das die Yin-Yang-Gleichung vor Augen führt, oder genauer, eine Folge von Bildern, in denen die Yin-Yang-Gleichung zu einem gewissen Grad gilt. Vielleicht erinnert man sich an die Diagramme, mit denen in der Schule Mengenlehre unterrichtet wurde. Wir schneiden ein Rechteck oder einen Kasten in zwei Stücke, das A-Stück und das Nicht-A-Stück, die A-Menge und die Nicht-A-Menge. Wir teilen die Kiste Äpfel in rote und nichtrote Äpfel. Das sorgt für einen scharfen Schnitt zwischen den beiden Mengen A und Nicht-A.

Dies ist der bivalente Fall, die schwarzweiße Welt der Mathematik und des Aristoteles. Die Yin-Yang-Gleichung gilt hier über-

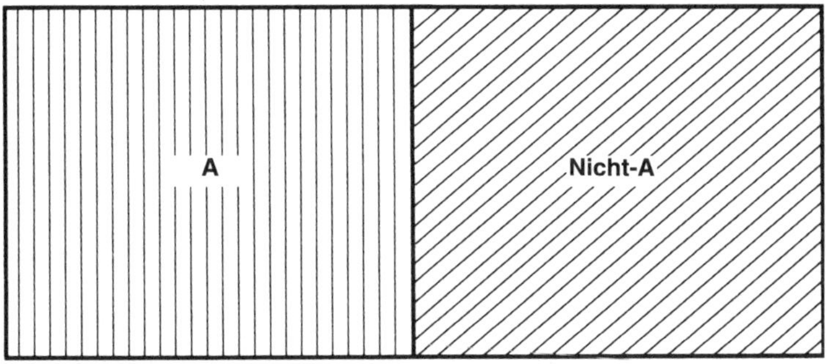

haupt nicht. Genauer gesagt, sie gilt hier zu 0 Grad. Es gibt keinerlei Überlappung, und überall finden sich genaue Grenzen.

Nun nehmen wir an, daß einige Äpfel nicht vollkommen rot sind – einige haben orangefarbene oder grüne Streifen. Wenn wir einen Obsthändler bitten, die Kiste mit den Äpfeln auszupacken und zwei Haufen daraus zu machen – rote und nichtrote Äpfel –, dann könnte er zwei Haufen bilden und einen dritten daneben, in dem sich die Äpfel befinden, die nur schwer als rot oder nichtrot bezeichnet werden können. Die Äpfel in dem dritten Haufen sind rot oder nichtrot bis zu einem gewissen Grad. Die meisten Obsthändler werden einen dritten Haufen aus »Äpfeln in der Grauzone« errichten, die sie schwer zuordnen können. Diese Äpfel durchbrechen das Entweder-Oder-Gesetz des Aristoteles. Im Diagramm der folgenden Abbildung überlappen sich die Mengen A und Nicht-A zu einem gewissen Teil. In diesem Fall trifft die Yin-Yang-Gleichung zu einem gewissen Grad zu. Der Betrag, um den A und Nicht-A überlappen, gibt ein Maß für diesen Grad an. (Abb. auf Seite 44 oben)

Nehmen wir an, daß unser Obsthändler eine neue Kiste mit Äpfeln auspackt. Dieses Mal ist jeder Apfel ebenso nichtrot wie rot. Wir fragen nicht, wie der Händler das Rotsein oder das Nichtrotsein ermittelt, solange er nur die Äpfel auf einen Haufen legt. Nun wird der dritte Haufen zum einzigen Haufen. Es gibt keine vollständig roten oder vollständig nichtroten Äpfel. Das Diagramm zeigt zwei sich völlig überlappende Rechtecke. (Abb. auf Seite 44 unten)

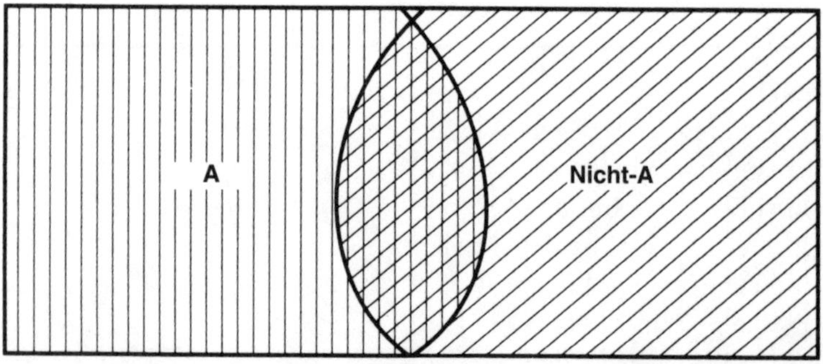

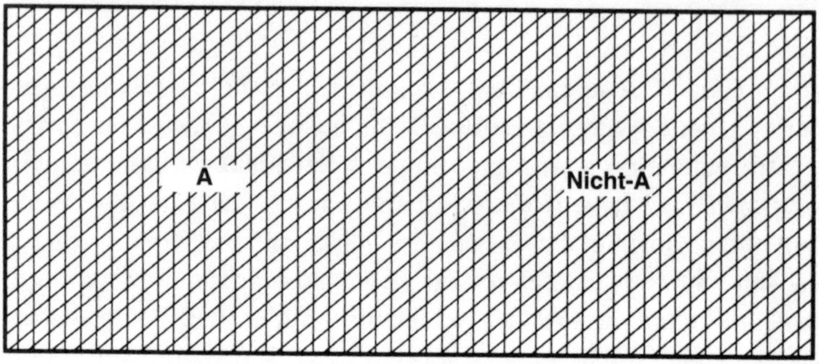

Hier sind die Gegenstücke einander gleich. Die Yin-Yang-Gleichung gilt also zu 100 Prozent : A = Nicht-A. Wir können das Ding A nicht von seinem Gegenstück Nicht-A unterscheiden, die Menge der roten Äpfel nicht von der Menge der nichtroten Äpfel, die Menge der zufriedenen Kunden nicht von der der unzufriedenen, die Menge derer, die ihren Job gern haben, nicht von der Menge derjenigen, die ihren Job nicht gern haben.

Die drei Diagramme zeigen abermals, daß Schwarz und Weiß Sonderfälle von Grau sind, daß sich Vielwertigkeit in extremen Fällen auf Zweiwertigkeit reduziert. Im Leben wie in den Diagrammen tauschen wir Kraft und Genauigkeit der Fuzzigkeit gegen abgerundete Einfachheit der Zweiwertigkeit ein.

Während ich Mitte der achtziger Jahre Fuzzy Logic an der Universität unterrichtete, suchte ich nach einem Bild, mit dem man die Tauschgeschäfte zwischen Fuzzigkeit und Zweiwertigkeit verdeutlichen konnte. Ich fand es im Rubik-Würfel. Dessen bunte kleine Quadrate waren nicht Teil des Bildes, obwohl sie Teil eines komplizierteren Fuzzy-Systems sind, dem des Lernens nämlich, das wir in einem späteren Kapitel erörtern wollen. Ein Rubik-Würfel sieht wie ein dreidimensionaler Würfel aus – ein dreidimensionaler fuzziger Würfel. Jede der sechs Flächen eines Rubik-Würfels sieht wie ein zweidimensionaler Würfel oder wie ein solides Quadrat aus – ein zweidimensionaler fuzziger Würfel. Und jede der zwölf Kanten eines Rubik-Würfels sieht wie ein eindimensionaler Würfel oder eine gerade Linie aus, die oben erwähnte Zahlenlinie [0, 1] – ein eindimensionaler fuzziger Würfel. Man kann sich das anhand von Äpfeln verdeutlichen.

Sehen wir uns drei rotc Äpfel an. Wie viele Untermengen gibt es davon? Acht: eine mit allen drei Äpfeln, drei mit je zwei Äpfeln, drei mit je einem Apfel und eine ohne Apfel, die »leere Menge« also. Auch ein Rubik-Würfel hat acht Ecken oder Scheitelpunkte. Zufall? Nein, Zusammenhang! In der Mathematik reden wir von einem »Isomorphismus« – die beiden Objekte haben dieselbe Struktur oder Morphologie.

Man kann von irgendwelchen drei aufeinander senkrecht stehenden Kanten des Würfels annehmen, daß sie Länge, Breite und Höhe messen. Oder man kann sich die drei Kanten als Maß für die Röte der drei Äpfel denken. Jede senkrechte Kante rangiert von 0 Prozent bis zu 100 Prozent Röte, von 0 nach 1, von keinem Rot zu reinem Rot. Wenn wir die Röte auf die zweiwertigen Extreme von 0 und 1 reduzieren, erhalten wir acht Kombinationen von Nullen und Einsen an den Ecken des Würfels.

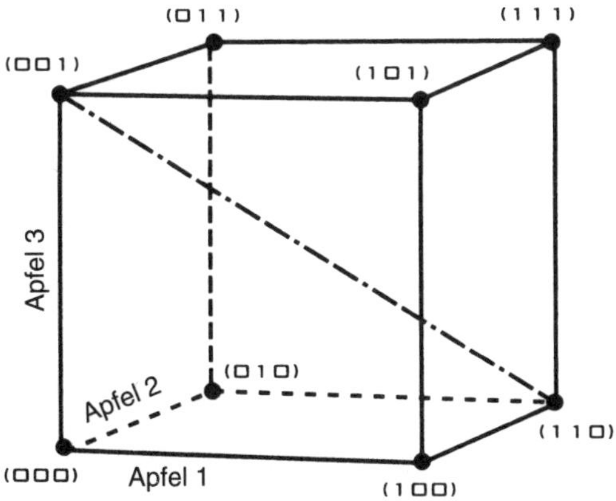

Die Einsen und Nullen stehen für die vollständige Röte oder Nichtröte eines Apfels. Die binäre Folge (1 0 1) bedeutet, daß der erste und der dritte Apfel zu 100 Prozent rot sind, während der zweite Apfel zu 100 Prozent nichtrot ist. Die binäre Nullfolge (0 0 0) bedeutet, daß kein Apfel rot ist, die leere Menge von roten Äpfeln. Wenn man sich den Würfel einige Zeit anschaut, sieht man die schwarzweiße Aristotelische Logik bei der Arbeit. Lange Diagonalen (die Linie aus Strichen und Punkten) verbinden Gegenstücke. In der Abbildung verknüpft eine lange Diagonale (0 0 1) – die Menge, die den dritten roten Apfel enthält – mit (1 1 0) – der Menge, die nur den ersten und zweiten Apfel enthält. Man erhält bivalente Gegenstücke, wenn man die Einsen durch die Nullen und umgekehrt ersetzt.*

Wenn bivalente Mengen an den Ecken eines Würfels liegen, was liegt dann in seinem Inneren? Unscharfe oder vielwertige Mengen. Davon sind die Äpfel nur zu einem gewissen Grad rot, der zwischen 0 und 1 variiert. Die unscharfen Mengen füllen den Würfel aus. Die Menge (0 0 ¾) gibt an, daß nur der dritte rote Apfel vorhanden und daß er nur zu 75 Prozent rot ist. Die Menge der halbroten Äpfel (½ ½ ½) liegt im Mittelpunkt des Würfels. Sie gleicht nicht nur ihrem eigenen Gegenstück – der Menge der halb-nichtroten Äpfel –, vielmehr hat sie – und nur sie – die gleiche Entfernung von allen acht Ecken des Würfels. Man kann den Mittelpunkt nicht zur nächsten Ecke hin ab- oder aufrunden, da jede Ecke gleich nah und gleich weit ist.

* Das Gesetz der ausgeschlossenen Dritten (A ODER Nicht-A) gilt, denn wenn wir die Bit-Listen (0 0 1) und (1 1 0) nebeneinanderlegen und das größte Bit in den entsprechenden Spalten herausfischen, erhalten wir als Vereinigungs-Bit-Liste (1 1 1): (0 0 1) oder (1 1 0) = (1 1 1). Somit ist jeder Apfel in der ersten oder zweiten Menge von Äpfeln.
Diese Vereinigungs-Bit-Liste kommt auch zustande, wenn wir die entsprechenden Bit-Werte addieren. Das Gesetz vom Nichtwiderspruch Nicht- (A UND Nicht-A) gilt, weil wir die leere Menge (0 0 0) bekommen, wenn wir den jeweils kleinsten Bit-Wert in den entsprechenden Spalten aus (0 0 1) und (1 1 0) wählen: (0 0 1) und (1 1 0) = (0 0 0). Somit ist kein Apfel sowohl in der ersten als auch in der zweiten Menge von Äpfeln.
Diese Überschneidungs-Bit-Liste kommt auch zustande, wenn wir die entsprechenden Bit-Werte multiplizieren.

Sehen wir uns eine Zuhörerschaft aus zwei Personen, eine Frau und ein Mann, an. Jede kann eine Hand heben, um eine Frage zu beantworten. Wir fragen sie, ob sie mit ihrer Arbeit zufrieden sind. Im Extremfall der schwarzweißen Aristotelischen Logik können vier Dinge eintreten: (1) Beide Hände gehen ganz nach oben; (2) beide Hände bleiben unten; (3) die erste Hand geht nach oben, und die zweite bleibt unten; (4) die erste Hand bleibt unten, und die zweite geht nach oben. Diese vier bivalenten Fälle entsprechen vier Paaren von Bit-Werten, nämlich (1 1), (0 0), (1 0) und (0 1). Der dreidimensionale fuzzige Würfel hat eine Dimension verloren und ist ein zweidimensionales Gebilde geworden, ein Einheitsquadrat.

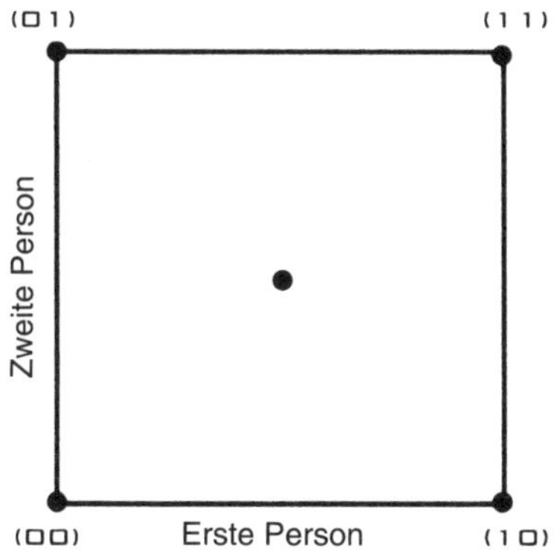

Die horizontale Achse mißt den Grad, bis zu dem die erste Person ihre Hand hebt. Die vertikale Achse mißt den Grad, bis zu dem die zweite Person ihre Hand hebt. Der Mittelpunkt steht noch immer im selben Abstand von jeder der vier bivalenten Ecken.

Ungenaue Reaktionen des Publikums füllen den Rest des Quadrats aus. Die Reaktion ($\frac{1}{3}$ $\frac{3}{4}$) ist eine Liste von Fits (Fuzzy-Einheiten) anstatt von Bits. Hierbei hebt die erste Person ihre Hand nur etwas (zu etwa 33,3 Prozent). Sie macht ihren Job eher ungerne als gerne. Der Mann hebt seine Hand zu 75 Prozent. Er macht seine Arbeit eher gerne als ungerne. Um das Ergebnis im

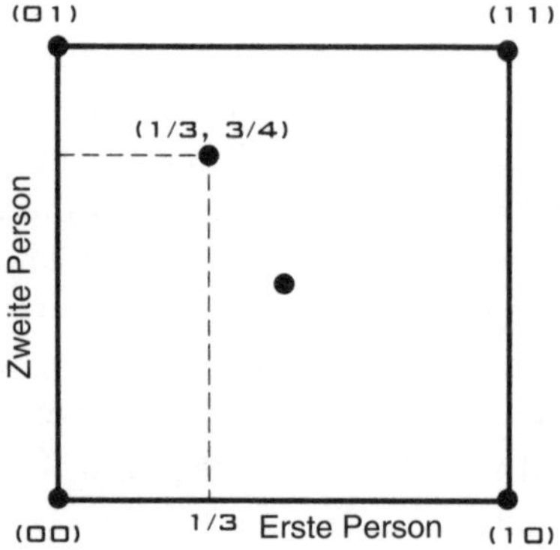

Fuzzy-Würfel unterzubringen, beginnen wir in der unteren linken Ecke und gleiten hinüber zum Wert ⅓ entlang der horizontalen Linie und hinauf zum Wert ¾ der vertikalen Linie.

Das Gegenstück der Reaktion des Publikums wäre (⅔ ¼). Hier macht die Frau ihre Arbeit eher gerne als ungerne, und der Mann erledigt die seinige eher ungerne als gerne. Wenn der Buchstabe A für die erste unscharfe Menge (⅓ ¾) steht, dann bezeichnet Nicht-A das Gegenstück (⅔ ¼). Was passiert nun mit dem Gesetz des Aristoteles? Das Entweder-Oder-Gesetz gilt nicht mehr: A ODER Nicht-A ist gleich (⅔ ¾) Das Ergebnis erreicht das bivalente Extrem (1 1) nicht. Auch das Gesetz vom Nichtwiderspruch versagt: A UND Nicht-A ist gleich (⅓ ¼) und nicht gleich (0 0). Wir bekommen nicht die »leere Menge« (0 0). Aristoteles hat einigen Boden gegenüber Buddha verloren – wenn einer aufsteigt, geht der andere unter. Wenn wir diese vier Punkte innerhalb des Fuzzy-Würfels einzeichnen, sehen wir, daß sie ein inneres Quadrat festlegen. (Abb. auf Seite 49)

Ich nenne dies »das Fuzzy-Quadrat vervollständigen«. Wenn die Antworten des Publikums weniger ungenau werden, bewegt sich das innere Quadrat auf die Nichtfuzzy-Ecken zu. Im Extremfall, wenn wir der bivalenten Methode folgen und die Fuzzy-Reaktionen (⅓ ¾) auf die nächsten Bit-Werte zurückführen, erhalten wir (0 1), also die obere linke Ecke. In diesem Fall gleicht das innere Quadrat den Ecken des Würfels, und Aristote-

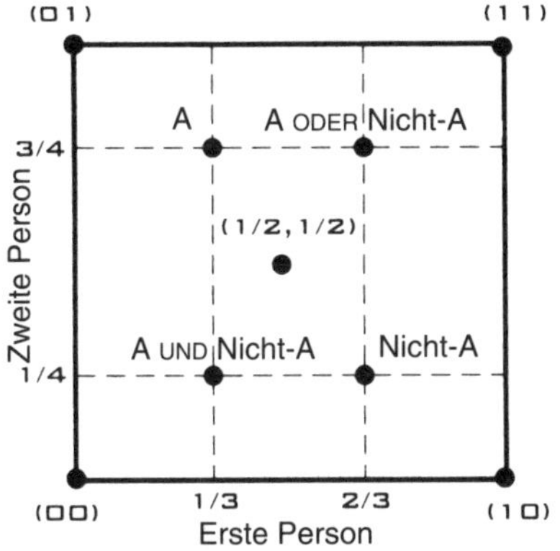

les regiert. Die moderne Wissenschaft und die Mathematik bestehen auf genau diesen seltenen Fällen, in denen alle Antworten schwarz oder weiß sind – Aristoteles, in die Ecken abgedrängt.

Die Antworten werden noch fuzziger. Angenommen, die Zuschauer neigen dazu, ihre Hände mehr oder weniger als nur zur Hälfte hochzuheben. Dann schrumpft das innere Quadrat aus A, Nicht-A, A ODER Nicht-A und A UND Nicht-A auf den Mittelpunkt zusammen. Wenn im Publikum 50 oder 100 Leute sitzen, dann passiert das gleiche in einem Hyperwürfel mit so vielen Dimensionen, daß wir uns dies nicht mehr vorstellen können.*

Je fuzziger die Antworten sind, um so mehr sieht A ODER Nicht-A aus wie A UND Nicht-A, desto stärker schrumpft das innere Quadrat. Im Extremfall, wenn sich jede Hand nur zu 50 Prozent hebt, wenn jede Person ebenso zufrieden wie unzufrieden mit ihrem Job ist, kollabiert das innere Quadrat auf den Mittelpunkt des Würfels. Dann und nur dann gilt die Yin-Yang-Gleichung zu 100 Prozent innerhalb des Würfels. Dann ist das Ding A seinem eigenen Gegenstück Nicht-A gleich:

A = A ODER Nicht-A = A UND Nicht-A = Nicht-A

* Der Würfel für 50 Personen hat 2^{50} Ecken, wobei 2^{50} gleich $2 \cdot 2 \cdot 2 \cdot 2 \cdot \ldots \cdot 2$ ist, fünfzigmal. Der Würfel für 100 Personen hat 2^{100} Ecken. Alle Würfel haben genau einen Mittelpunkt. Er allein hat von allen Punkten im Würfel dieselbe Entfernung von allen Ecken.

Im Mittelpunkt kann man ein Ding nicht von seinem Gegenstück unterscheiden, genauso wie man ein halbleeres Glas nicht von einem halbvollen Glas unterscheiden kann. An den Ecken des Würfels kann man ein Ding mit hundertprozentiger Klarheit von einem Nichtding unterscheiden. Dazwischen befinden sich alle Schattierungen von Grau.

Die Zweiwertigkeit gilt nur an den Ecken des Würfels. Die Vielwertigkeit gilt überall sonst. Aristoteles regiert an den Ecken des Fuzzy-Würfels, in den seltenen Fällen von schwarzweißen Optionen in einem Kontinuum von grauen Möglichkeiten. Buddha herrscht an keiner Ecke. Er herrscht bis zu einem gewissen Grad überall im Inneren des Würfels. Er herrscht zu 100 Prozent im Mittelpunkt des Würfels, dort, wo die Yin-Yang-Gleichung zu 100 Prozent gilt. Man kann sich dies so vorstellen, daß an jeder Ecke eines Würfels ein kleiner Aristoteles sitzt, während Buddha im Mittelpunkt in seiner Lotushaltung Platz genommen hat. Der Mittelpunkt des Würfels steckt voller Paradoxien. Er ragt wie ein erhobener Mittelfinger aus der schwarzweißen Welt der Wissenschaft hervor. Ganz gleich, wie angestrengt Wissenschaftler der Bivalenz es auch versuchen, sie werden es nie schaffen, den Mittelpunkt zu einem Eckpunkt auf- oder abzurunden. Man kann ein halbvolles Glas Wasser nicht zugleich auffüllen und ausleeren. Der Mittelpunkt ist das schwarze Loch der Mengentheorie.

Genauer – verschwommener

Mit Information kann man ein Bild der Welt entwerfen. In jeder Sekunde übertragen unsere Augen dem Gehirn Millionen Bits an Information. Unser Verstand wird von Zeitungen, Fernsehsendungen, Telefonanrufen, Briefen, Faxübermittlungen und Geschwätz gefüttert. Wir erweitern unsere Sinne mit Mikroskopen, Kontaktlinsen, Ferngläsern, Thermometern, Barometern, CAT-Scannern, Teleskopen und Hunderten von anderen Gerätschaften, die es uns ermöglichen, die Welt in Information zu verwandeln.

Jede neue Eingabe ändert unser Denken. Innerhalb unseres Gehirns ändern die Daten die Art, in der die Nervenzellen aktiv werden. Dadurch ändert sich geringfügig das Muster, mit dem Synapsen, die »nassen« Verdrahtungen unserer Hirnzellen, lernen oder etwas behalten. Wenn wir mehr Informationen bekommen, erhalten wir ein klareres und genaueres Bild der Welt, ein klareres Bild der Tatsachen. Doch nimmt dies den Tatsachen ihre Fuzzigkeit?

John ist Anfang Dreißig. Ist John alt? Ja oder nein? Ist er jung? Ja oder nein? Fügen wir noch Informationen hinzu. Legen wir das Alter von John genauer fest. Sagen wir, John ist genau 30 Jahre alt (er hat heute Geburtstag). Ist John nun alt oder jung? Was teilt uns die genauere Information über John mit? Sie sagt uns, daß John älter als heute sein wird, wenn er seinen 35. Geburtstag feiert. Dies macht deutlich, daß ALT und JUNG Fragen der Abstufung sind. Es sind fuzzige Konzepte. ALT und JUNG repräsentieren unscharfe Untermengen in der menschlichen Population.

Die Frage lautet letztlich: Wo ziehen wir eine Trennlinie? Diese Frage peinigt die schwarzweißen Argumente in einer Welt voller Graustufen. Die amerikanische Regierung erklärt, daß man in der ersten Sekunde nach seinem 18. Geburtstag erwachsen wird. Die Regierung zieht diese Linie für uns, und wir machen das Beste daraus. Wir können uns diese Trennung als imaginäre Linie vorstellen, die ERWACHSENE von NICHTERWACHSENEN entlang der Zeitachse separiert.

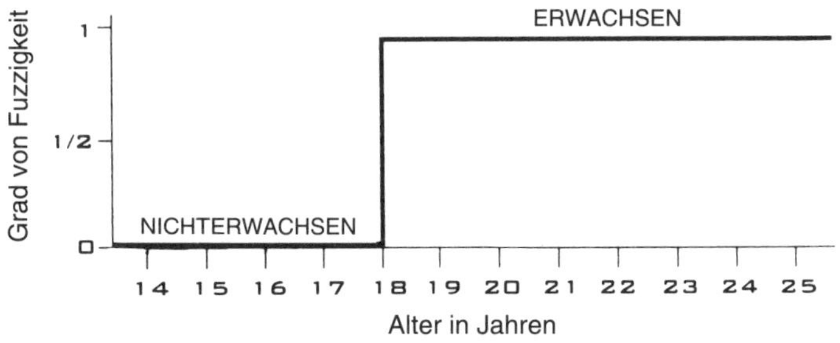

Wir können verschiedene Linien für unterschiedliche Altersstufen in der Nähe der 18 zeichnen, aber wir können dafür keine guten Gründe angeben. Wir wissen, daß Vierzehnjährige kaum, wenn überhaupt, erwachsen sind und daß Fünfundzwanzigjährige es gewöhnlich, wenn nicht überhaupt, sind. Wir wissen auch – wie bereits beim Fuzzy-Konzept ALT –, daß der Grad des Erwachsenseins mit zunehmendem Alter wächst. Das fuzzy-logische Prinzip betrachtet ERWACHSEN als fuzziges Konzept und zeichnet es als ansteigende Kurve, nicht als scharfe Linie.

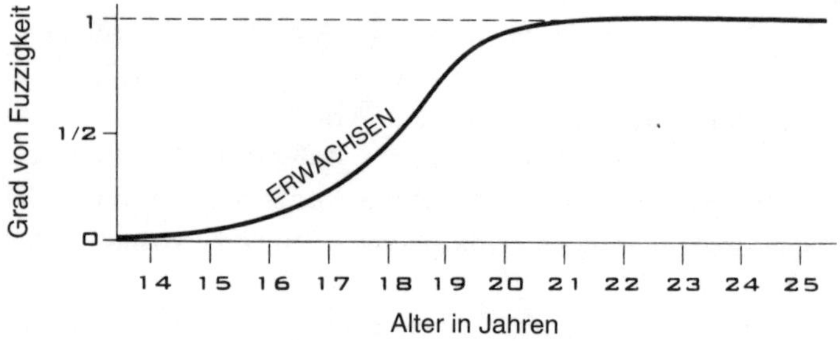

Die Fuzzy-Theorie *zeichnet eine Kurve* zwischen Gegenstükken, zwischen A und Nicht-A. Weitere Informationen, mehr »Tatsachen« helfen uns, diese Kurve zu zeichnen. Wenn wir genug Informationen haben, können wir unsere vagen Vorstellungen von ALT und JUNG in Kurven unscharfer Mengen übertragen.

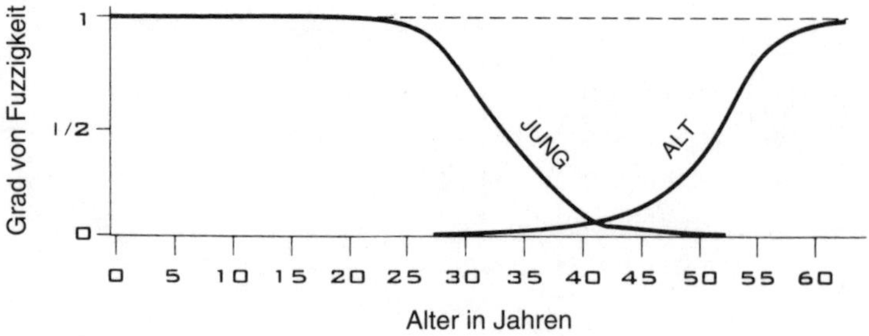

Je mehr Informationen wir haben, desto mehr Buckel hat die Kurve, desto realistischer ist sie.

Die Trennung von Ding und Nichtding nimmt kompliziertere Formen an, wenn das Ding relativ ist. Betrachten wir zum Beispiel die »Linie« zwischen Kunst und Nichtkunst. Können mehr Informationen einem Zensor entscheiden helfen, welche Gemälde, Körperbewegungen, Gedichte, Filmsequenzen Kunst sind und welche als »obszön« oder als Nichtkunst gelten? Zu guter Letzt ist die Trennung die Entscheidung des Richters. Und sie liegt da bereits von Anfang an. Objekte und Verhalten sind zu einem bestimmten Grad Kunst und Nichtkunst zugleich, das hängt vom Geschmack, von der Tradition und von den Launen ab. Kunsthändler und Kritiker bewerten und schätzen Gemälde, Zeichnungen und Skulpturen nach dem ein, was sie als *Schönheit* des Gegenstandes erkennen.

Schönheit ist zugleich fuzzig und relativ. Schönheit hängt vom Sprecher und von der Kultur ab. Ähnliche Gebilde oder Melodien oder Handlungslinien in Erzählungen oder Ausdrücken leiten einen kulturellen Trend ein, oder sie enden mit dem Nachweis eines Plagiats. Popkünstler und Komödianten übertreffen sich darin, die Grenzen zwischen Schönheit und Unterhaltung, zwischen Einsicht und Absurdität oder zwischen Kunst und der von einem Zensor implizierten Definition von Obszönität zu verwischen. Schönheit liegt nicht einfach im Auge des Betrachters, sie liegt dort nur zu einem gewissen Grad.

Rechtsentscheidungen sind ebenfalls fuzzig und relativ. Die Waage der Justiz kann sich unterschiedlich neigen. Gerichte verurteilen Personen, die Verbrechen mit ausreichender Absicht begangen haben, und sie sprechen alle frei, die sie ohne ausreichendes Urteilsvermögen begangen haben. Richter, Juristen und wir alle suchen nach der Grenzlinie zwischen persönlicher Freiheit und staatlicher Kontrolle, zwischen Individuum und Staat, zwischen Wahlfreiheit und Anordnung. Witze können zu Beleidigungen, zu Pöbeleien oder zu Ärgernissen werden. Man mag zwar den Grund besitzen, auf dem ein Haus steht, wem aber gehört der Luftraum darüber? Gehören Ihnen die Dutzende von Radio- und Fernsehsignalen, die gerade jetzt Ihren Körper durchlaufen? Wem gehören die Ozeane, der Mond, die Sonne oder die Wolken? Was passiert, wenn wir alte Markierungen ausgraben, die vor Millionen oder Hunderten von Millionen Jahren Besitztum festlegten? Und was ist mit Fremden aus dem All, die gerade unseren Planeten einer anderen Rasse verkaufen oder die hier unser Leben gepflanzt haben und planen, es demnächst zu ernten?

Legale Konzepte variieren zwischen und innerhalb von Kulturen. Selbst die größte Zunahme an Information im 20. Jahrhundert hat uns nicht ermöglicht, eine Linie zwischen Gerechtigkeit und Ungerechtigkeit zu ziehen, zwischen fair und unfair, zwischen richtig und falsch, zwischen absichtsvoll und absichtslos, zwischen Vertragsbruch und Vertragseinhaltung, zwischen privat und öffentlich, zwischen mein und dein. Die Information wird noch jahrhundertelang zunehmen. Doch anstatt legale Entscheidungen zu vereinfachen, wird die vermehrte Information nur die Verschwommenheit (»Fuzz«) vergrößern, die in und zwischen rechtlichen Dingen und Nichtdingen steckt. Sie vergrößert nur den rechtlichen Sumpf. Mehr Genauigkeit, mehr Information. Mehr Information, mehr Verschwommenheit.

Ist das Leben ein Fuzzy-Konzept? Werden mehr Wissenschaft und mehr Messungen die Debatte um die Abtreibung klären? Werden die medizinischen Wissenschaften oder der Staat eine Trennlinie zwischen Leben und Nichtleben bei der Empfängnis oder bei der ersten oder der zweiten Dreimonatsfrist legen? Irgendwann, so vermute ich, werden wir das Leben als eine fuzzige Kurve zeichnen.

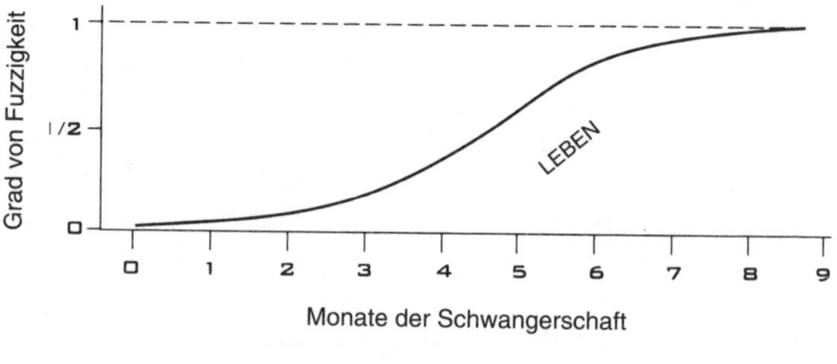

Wir können die Kurve mit Daten von medizinischen Konferenzen, nach Umfragen von Zeitschriften, nach nationalen Wahlen oder nach Abstimmung per Kabel zeichnen. Was wir dann mit der Kurve anfangen, ist eine andere Sache – eine andere Sache des Grades.

Mehr Information bedeutet mehr Tatsachen. Mehr Information wird die Tatsachen besser beschreiben. Sie wird uns ein klareres Bild der Tatsachen aus mehr Blickwinkeln geben. Dennoch verspricht die Verschwommenheit ein dauerhafter Bestandteil dieser Bilder zu bleiben. Die Zukunft sieht in vieler Hinsicht fuzzig aus.

Fuzzige Schlußfolgerung erhöht die Maschinenintelligenz

Fuzzy-Logic-Ingenieure entwerfen Software und Chips, um Computer dazu zu bringen, mehr wie Menschen zu denken. Dann wären sie intelligenter, und man könnte leichter mit ihnen arbeiten. Heute kann man fuzzige Software-Systeme auf englisch oder auf japanisch programmieren und die Details Software-Ingenieuren überlassen, die man vielleicht niemals sieht. Zukünftige fuzzy-logische Systeme werden es uns erlauben, sie durch gesprochene Sprache anstelle von eingetippten Befehlen zu programmieren. Andere, adaptive fuzzy-logische Systeme, die wir in einem späteren Kapitel behandeln werden, lernen aus Erfahrung und programmieren sich selbst.

Fuzzy-Logic-Kenntnisse stecken auch in Regeln, die fuzzige Konzepte in Form von Konditionalaussagen zusammenbringen: Wenn X A ist, dann ist Y B. Wenn STARKER Verkehr herrscht, dann laß die Ampel LÄNGER auf Grün! Gewöhnlicher Menschenverstand. Diese Regel verbindet die unscharfen Mengen STARK und LÄNGER. Wir können sie als Kurven oder als Punkte in großen Fuzzy-Würfeln zeichnen. Jeder Verkehr ist bis zu einem gewissen Grad STARK. Wir können die Zeit, in der eine Ampel Grün zeigt, immer zu einem gewissen Grad LÄNGER machen. Es gibt unendlich viele Kombinationen aus Verkehrsdichte und Ampelzeit. Dennoch verbindet eine fuzzy-logische Regel sie alle – und erhöht dadurch den maschinellen Intelligenzquotienten des Verkehrsreglers, der sie benutzt.

Fuzzige Systeme speichern Dutzende, Hunderte oder Tausende von diesen unmittelbar einleuchtenden Regeln. Alle neuen Daten aktivieren alle Regeln bis zu einem gewissen Grad (wenn auch zumeist gar nicht, also zu 0 Grad). Das fuzzige System mischt dann die Leistungen (Outputs) und gibt einen abschließenden Output – die Antwort. Auf einem Fuzzy-Chip findet dieses »parallele« Urteilen tausend- oder millionenmal pro Sekunde statt. Wir zählen es in Form von FLIPS (»fuzzy logical inferences per second«, fuzzy-logische Folgerungen pro Sekunde).

Fuzzy-logische Systeme, die mit Hochgeschwindigkeit arbeiten, sind intelligent. In Japan steuern sie Untergrundbahnen und stabilisieren Hubschrauber, und zwar besser, als es Menschen könnten. Die Fuzzigkeit ihrer Regeln führt zur gleichmäßigen Kontrolle. Das reduziert die turbulenten Über- oder Unterreaktionen der alten mathematisch kontrollierten Systeme: Die Klimaanlage, die es zu kalt oder zu warm macht, die Kamera, die zu weit vorne oder zu weit hinten scharfstellt und das Bild verschmiert. Bald werden wir Fuzzy-Gerätschaften in unseren Wohnungen, unseren Büros und Autos und in den Flugzeugen haben. Wir werden es vielleicht nicht wissen, und die Werbung wird uns nicht darauf aufmerksam machen, aber sie werden dasein. Wir werden Armeen von winzigen, mit hoher Geschwindigkeit operierenden Fuzzy-Experten haben, die sich nie irren, nie klagen oder ermüden.

Die Sensortechnik beschleunigt die Fuzzy-Logic-Revolution. Die winzigen fuzzigen Fachleute brauchen eine Menge Daten, und je schneller und genauer diese geliefert werden, um so besser arbeiten sie. Eine Fuzzy-Waschmaschine benötigt einen speziellen Sensor, um die Menge und das Gewebe der Waschladung zu erfassen, und einen pulsierenden Lichtsensor, um den Schmutz im Waschwasser zu bestimmen. In jeder Sekunde wandeln ein paar fuzzy-logische Regeln die Messungen in Muster der Wasserbewegung für unterschiedliche Zeiten um. Fuzzige Staubsauger benutzen Infrarotsensoren, um die Schmutzdichte auf dem Teppichgewebe zu messen. Dementsprechend wird die Saugkraft verändert. Fuzzy-Fernsehapparate ermitteln die relative Helligkeit, den Kontrast und die Farbe auf jedem Fernsehbild, um die Einstellung dieser Werte für jeden Teil des Bildes zu ändern und so eine schärfere Gesamtwiedergabe zu erzielen. Während man fernsieht, drehen sich die entsprechenden Knöpfe geringfügig von selbst, als beobachtete ein Hochgeschwindigkeitsfachmann den Bildschirm und arbeitete die beste Mischung der Einstellungen für jedes der rund 30 Bilder aus, die pro Sekunde aufscheinen.

In älteren Fuzzy-Systemen lieferte ein Experte die gemeinverständlichen Regeln: Wie man eine Linse fokussiert, eine Linkskurve macht oder einen Hubschrauber stabilisiert. In *adaptiven* fuzzy-logischen Systemen erzeugen »hirnähnliche« neuronale Netzwerke – Computersysteme, die nachahmen, wie ein Gehirn lernt und Muster erkennt – die Fuzzy-Regeln aus Trainingsdaten. Sie lernen durch Erfahrung. DIRO: Daten rein, Regeln raus (»data in, rules out«), das heißt, gibt man Daten in das System hinein, kommen Regeln heraus. Das neuronale System verhält sich wie die Augen und die Ohren des Systems. Es »sieht« Muster in den Daten und entwickelt nach und nach die Regeln, die die Muster miteinander in Verbindung setzen. Die Muster sind unscharfe Mengen, und ihre Relationen sind Fuzzy-Regeln. Das System verwendet diese Regeln, um mit den Mustern zu überlegen. Man würde einem adaptiven fuzzy-logischen Verkehrsregler Beispiele dafür geben, wie ein Verkehrspolizist oder eine Ampel den Verkehr kontrolliert. Mehr Daten rein, bessere Regeln raus!

Adaptive fuzzy-logische Systeme saugen die Gehirne der Experten aus. Diese müssen dem System nicht sagen, was sie zu Experten macht; sie müssen nur als Experten handeln. Das liefert die Daten, die neuronale Netze benötigen, um die Regeln zu finden und abzustimmen. Systeme der Zukunft mit äußerst hoher Maschinenintelligenz – in schlauen Autos, in raffinierten Waffen, in winzigen Robotern, im Blut, im Gewebe, auf den Zähnen – können vielleicht alle ihre fuzzigen Regeln mit neuronalen Netzen selbst zustande bringen. Schließlich – wir können das.

Man sollte Wissenschaft nicht mit Wissenschaftlern verwechseln

Viele Wissenschaftler haben die Fuzzy-Theorie und ihre Vertreter schlecht behandelt. Einige von uns hat das herausgefordert, doch alle geht es an. Zu guter Letzt gingen Fuzzy Logic und ihre Theoretiker gestärkt daraus hervor. Angriffe haben nun mal diese Wirkung.

In der Zwischenzeit haben viele von uns ihr Vertrauen in die

Wissenschaft verloren, eine tiefe Enttäuschung für alle, die zuvor ihr Vertrauen in Religion und Staat verloren hatten. Die Wissenschaft war keine Rettung. Wissenschaftskarrieren hängen – wie politische Karrieren – ebensosehr von Taktiken, Selbstdarstellung und Winkelzügen ab wie von der Forschung und der Suche nach Wahrheit. Nur wenige wissen das, wenn sie mit dem Spiel der Wissenschaft beginnen. Doch sie lernen es schnell genug.

Am schwersten fiel mir einzusehen, daß der modernen Wissenschaft eine wahrhaft neue Idee nicht willkommen ist. Und dabei unterlaufen ihr sogar Fehler auf der »unmittelbar einleuchtenden« Ebene der Logik und Mathematik.

Die Wissenschaft bevorzugt kleine Schritte vor großen kreativen Sprüngen. Und sie verhält sich heute oftmals nicht besser als die römisch-katholische Kirche, als sie Galilei zwang, seiner Überzeugung abzuschwören, daß sich die Erde um die Sonne dreht. Im Gegensatz zur Kirche behauptet die moderne bivalente Wissenschaft nicht, daß sie alles weiß. Sie beansprucht aber, der einzigen Straße zur Wahrheit zu folgen. Und durch einen Glücksfall der Kultur – die Blüte des antiken Griechenland – gelang es ihr, die schwarzweiße Logik in diesen Weg einzuarbeiten. Die Wissenschaft hielt die Zweiwertigkeit für wahr und die Fuzzigkeit für unwissenschaftlich. Ich habe einmal den Herausgeber einer Zeitschrift angerufen, nachdem er meine Fuzzy-Antwort auf eine Arbeit über Wahrscheinlichkeit abgelehnt hatte. In seinem Brief hatte er geschrieben, daß seine Zeitschrift keine Arbeit publizieren könnte, in der A UND Nicht-A akzeptiert würde. Ich fragte ihn nun nach dem Grund. Er kam sofort zur Sache: »Weil ich der Herausgeber bin.«

Meine Arbeit und mein Kampf für Fuzzy Logic haben mir auch gezeigt: Wissenschaft unterscheidet sich von Wissenschaftlern. Wissenschaft erzeugt Wissen. Wissenschaftler wollen Anerkennung.

Jeder sucht in gewisser Weise nach Ruhm und Macht. Wissenschaftler sind dabei aus wenigstens zwei Gründen einzigartig: Einmal geht es ihnen um Reputation, und im übrigen antworten sie keiner höheren Autorität. Die Institution Wissenschaft versorgt sie mit den Mitteln, mit denen sie persönlich berühmt und mächtig werden, und sie wiederum bilden viele junge Leute dazu aus, in diese Institution aufgenommen zu werden. Wenn alles gut läuft, erwerben sich Wissenschaftler hohe Anerkennung, und sie lassen wissenschaftliche Arbeiten, Lehrbücher, Monographien, Konferenzbeiträge, Software und manchmal auch Gerätschaften zurück. Sie nehmen dafür Gehälter an, Berufsauszeichnungen, einen kräftigen Händedruck nach einer gelungenen Rede, Beraterhonorare, Plätze im Verwaltungsrat, vor allem aber entwickeln sie Stolz.

Fuzzy Logic oder, eindeutschend, Fuzzy-Logik hat der Wissenschaft etwas gegeben: Sie hat die binäre Mathematik ausgeweitet, die der Wissenschaft zugrunde liegt. Sie hat uns geholfen, das Problem der Fehlpassung zu lösen, indem sie uns erlaubt, grau abgestufte Bilder einer grau abgestuften Welt zu malen. Wie wir im nächsten Kapitel erörtern werden, hat die Fuzzigkeit die alten und undefinierten Konzepte der »Zufälligkeit« (»randomness«) und »Wahrscheinlichkeit« auf eine natürliche Relation zurückgeführt, die zwischen Mengen besteht. Fuzzy-Logik hat zur Entwicklung der Maschinenintelligenz beigetragen, indem sie uns gezeigt hat, wie wir Maschinen dazu bringen, ihren »Verstand« mehr so einzusetzen, wie wir den unseren gebrauchen – der gesunde Menschenverstand lernt aus Erfahrung –, auf diese Weise hat sie den Intelligenzquotienten der Maschinen erhöht. In vielen Fällen hat sie diese Beiträge auf Kosten der Reputation von Zehntausenden von lebenden und toten Wissenschaftlern geliefert, die im Glauben an Bivalenz erzogen worden waren. Da, wie es allgemein heißt, 70 bis 90 Prozent aller Wissenschaftler, die jemals gelebt haben, heute leben, wird der größte Teil dieser Kosten von modernen Wissenschaftlern getragen.

Im letzten Jahrhundert hat John Stuart Mill festgestellt, daß neue Ideen durch drei Phasen der Verleugnung hindurch müssen. Zuerst gelten sie als falsch, dann als gegen die Religion gerichtet. Schließlich sind es nur noch alte Nachrichten, trivial, gemeinverständlich, und wir alle hätten sie uns selbst ausgedacht, wenn wir nur Zeit, Geld und Interesse gehabt hätten. Fuzzy-Logik, die an den raschen Informationsumsatz dieser Gesellschaft gebunden ist, befindet sich zwischen der ersten und der dritten Phase, im Westen aber noch zwischen erster und zweiter Phase. Die meisten Wissenschaftler attackieren sie noch immer, weil sie sich gegen die Zweiwertigkeit richtet. Nur die kommerziellen Erfolge der Fuzzy-Produkte haben sie zu einem Thema gemacht. Ansonsten würde sie immer noch im Untergrund leben und in Artikeln obskurer Zeitschriften veröffentlicht werden. Im Fernen Osten ist sie schon fast in Phase 3 angekommen. Hier haben die Einwände gegen Fuzzy Logic mehr mit technischen als mit philosophischen Fragen zu tun: Expertenwissen, Trainingsdaten, Software-Entwicklung, Computerchips, Sensordaten. Im Grunde sind Fuzzy-Logik und Vielwertigkeit Weltanschauungen oder Ideologien. Auch die Zweiwertigkeit ist eine Ideologie, und genau da kommt es zum Konflikt.

Wissenschaftliche Konflikte werden in der politischen Arena ausgetragen. Ich weiß, dieses Thema paßt meinen Kollegen nicht, doch es wird zu oft mit Schweigen übergangen, und irgend jemand muß es einmal aussprechen. Die Geschichte der Fuzzy Logic ist eng mit dieser Politik verquickt. Außenseiter mögen Politik und wissenschaftliche Vorgehensweise verwechseln – falls sie mit der technischen Sprache zurechtkommen und sich durch die dicken Bände hindurchwühlen können. Der Mensch ist laut Aristoteles ein politisches Wesen. Die Politik verläuft nun ohne Kontrolle, da sowohl die Wissenschaftler als auch die Nichtwissenschaftler ersteren den Mantel der Wahrheitssuche umgehängt haben, den Schild des spezialisierten Wissens.

Die Presse durchdringt nur selten diesen Schutzschild. Wenn es ihr aber gelingt, dann wissen die Journalisten oft nicht, wie sie die technischen Schwierigkeiten umgehen und wem sie beim Disput glauben können. Somit redet die Presse oft von einer namenlosen »Mehrheit« der Wissenschaftler, sie druckt die Meinung von ein paar ab und gibt das Thema auf. So leichtfertig gehen sie keineswegs mit der Politik der Regierung, der Industrie, dem Sport, der Unterhaltung oder der Presse selbst um. Wie viele Fernsehsendungen hat es über Betrügereien und Intrigen im Wissenschaftsbetrieb, über Mißbrauch von Doktoranden, über die staatliche Zuteilung und die Verwaltung von Forschungsmitteln gegeben?

Jeden Tag treffen Wissenschaftler zahlreiche Entscheidungen. Politik steckt hinter Zitaten oder deren Auslassung in der Literatur, hinter akademischen Beförderungen, staatlichen Berufungen,

Preis- und Mittelverteilungen, Konferenzeinladungen, Herausgeberschaften für Journale oder Buchreihen, der Auswahl von Begutachtern für Fachpublikationen, Vertragsvorschlägen und -verlängerungen, vor allem aber hinter dem sogenannten »peer-review«, dem Vorgang, bei dem entschieden wird, ob eine Arbeit publiziert wird oder nicht: Hinter verschlossenen Türen liest und bewertet ein Wissenschaftler, der unbekannt bleibt, die Arbeit seines Konkurrenten. Wie man auf Fachkonferenzen sagt, wenn alle, denen Zeit für einen Vortrag verweigert wurde und die nun ihre Ergebnisse auf einem einsamen Poster präsentieren müssen: Publiziere oder geh zugrunde (»publish or perish«) – hilf deinen Freunden zu publizieren und deinen Feinden einzugehen!

Zu welchem Zweck und Ziel? Ein akademischer Grad, ein Job, eine Beförderung, eine Dauerstellung, eine Gehaltserhöhung, Forschungsmittel, bessere Beraterverträge, eine Auszeichnung, eine Berufung, volle Vorlesungen, ein berühmter Name, postume Anerkennung, eine Erklärung vor Politikern, vielleicht eine Karriere als Politiker, um Rache zu nehmen, Freunden zu helfen, die Freunden helfen, die Schadenfreude, seinen Konkurrenten zu schlagen. Und das alles für den guten Ruf.

Kernwaffen haben Wissenschaftler und Juristen zusammengebracht. Damals war die Rangfolge klar: Juristen vor Forschern. Die meisten Wissenschaftler waren Physiker und Ökonomen. Sie brachten für die Politiker neue politische Optionen ins Spiel. Sie haben sie nicht diktiert, und nur wenige sind Politiker geworden.

Das hat sich heute geändert. Mehr Wissenschaftler aus mehr Bereichen helfen der Regierung, sich neuen Problemen zu stellen und neue politische Optionen auszuarbeiten. Wir leben in einer Zeit von Juristen *und* Wissenschaftlern. Treibhauseffekt. Weltwirtschaft. Globale Erwärmung. Karzinogene Lebensmittel. Psychisches Trauma. Gentechnik. Abtreibung. Raumfahrt. Krieg gegen Drogen. Intelligente Waffen. Lebensverlängerung und Kryogenik (die Technik, Lebewesen einzufrieren mit dem Ziel, sie zu einem späteren Zeitpunkt wieder aufzutauen und zum Leben zu erwecken). Bis zu einem gewissen Grad beschäftigen sich gesellschaftliche Themen oder die Spätnachrichten mit den Meinungen von Wissenschaftlern und Ingenieuren. Politiker unterstützen und begutachten wissenschaftliche Studien, fordern Wissenschaftler auf, sich vor ihnen zu erklären, und legen Regeln und Gesetze fest. Journalisten, die einen fuzzigen Schritt von den Regierungspolitikern entfernt und im Scheinwerferlicht stehen, zitieren die letzten »wissenschaftlichen« Umfragen, um ihre Ansichten zu stützen. So entsteht die öffentliche Meinung.

Demnächst werden die Wissenschaftler den Juristen vorausgehen. Auf diesen Tag freue ich mich nicht, obwohl es mir als Wissenschaftler in einem Wissenschaftsstaat gutgehen könnte, falls er denn kommt. Meine fuzzige Vergangenheit macht mich skeptisch: *Falls Wissenschaftler sich auf der »unmittelbar einleuchtenden« Ebene der Logik und Mathematik irren können, dann können sie sich überall irren.* Das ist die eigentliche Lektion der Erfahrung mit Fuzzigkeit, und wir sollten sie laut von den Dächern rufen. Wie es ein politikwissenschaftliches Sprichwort sagt, ich würde mich lieber von den ersten 1000 im Telefonbuch aufgeführten Leuten regieren lassen als von der Fakultät einer Universität.

Es gibt noch ein weiteres Thema, das sich durch das Buch zieht: der Streit zwischen Wahrscheinlichkeit und Fuzzigkeit. Wissenschaftler haben seit langem behauptet, daß letztere nur eine verkleidete Wahrscheinlichkeit sei und daß man alles, was man mit Fuzzy Logic bewirkt, auch ohne sie erreichen könne.

Ich habe einen Teil meiner Jugend mit diesem Streit zugebracht, und er hat viel zu meiner Weltanschauung beigetragen. Dies soll in einem eigenen Kapitel erzählt werden, und es führt uns zur tiefsten und seltsamsten Idee der Fuzzy Logic, zum Ganzen im Teil.

Das Ganze im Teil

Die Methode, etwas zu postulieren [anzunehmen], was wir wollen, hat viele Vorteile. Es sind dieselben, die Diebstahl vor ehrliche Mühsal hat.

Bertrand Russell
Einführung in die mathematische Philosophie

Im Kopf des Anfängers finden sich viele Möglichkeiten, im Kopf des Fachmanns nur wenige.

Shunryu Suzuzi
Zen Mind, Beginner's Mind

Seit Jahren wollte ich wissen, in welchem Verhältnis Fuzzigkeit zur Wahrscheinlichkeit steht, zur mathematischen und philosophischen Theorie von Zufälligkeit und Zufall. Ist Fuzzigkeit »Wahrscheinlichkeit in Verkleidung«? Was ist Wahrscheinlichkeit? Kann man das eine ohne das andere definieren? Was ist überhaupt Zufall?

Eines Nachts, als ich gerade ein heißes Bad nahm, fand ich eine Antwort: das Ganze im Teil. Diese Antwort steht am Ende einer langen Jagd nach Wahrscheinlichkeit. Sie bildet auch die Grundlage der Fuzzy Logic. Um mit der Jagd zu beginnen, legen wir uns folgende Frage vor: Kann ich einen Kreis zeichnen?

Niemand hat jemals einen Kreis gesehen. Niemand hat jemals ein Quadrat, ein Dreieck, eine Ellipse oder irgendein anderes geometrisches Objekt gesehen. Wir kennen nur Annäherungen, ungenaue Grauformen anstelle der reinen Schwarzweißformen. Wenn man nur nah genug herangeht, wird man die Abweichungen der Zeichnung, des Drucks, der Gravierung oder der Ansammlung subatomarer Teilchen von der Idealform sehen. Vielleicht können Gott oder irgendwelche Superaußerirdische perfekte Kreise und Quadrate bis hin zum letzten Quark und noch weiter malen. Aber vielleicht können sie es auch nicht.

Dies hat mit der Wahrscheinlichkeit auf eine einfache Weise zu tun. Finden Sie die Wahrscheinlichkeit in dem rundlichen Gebilde der folgenden Abbildung.

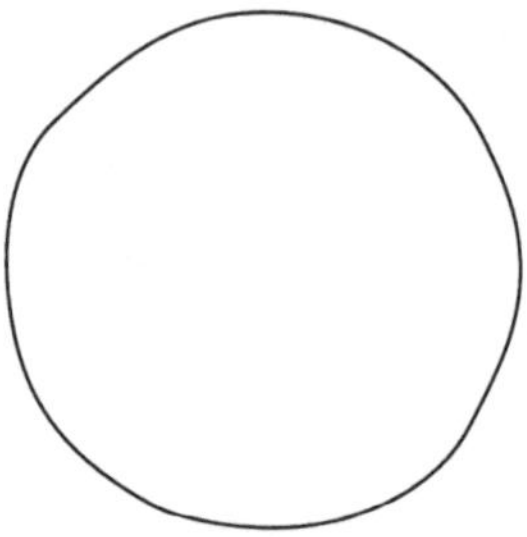

Man kann das ungenaue kreisförmige Rund auf zweierlei Art betrachten. *Die Sicht der Wahrscheinlichkeit:* Es ist wahrscheinlich ein Kreis. *Die Fuzzy-Sicht:* Es ist ein fuzziger Kreis. Was trifft die Sache genauer?

Die Wahrscheinlichkeit verläßt sich auf eine Eigenschaft, die im Rund nur schwer zu finden ist. Wo steckt die Zufälligkeit? Die Abbildung liegt fest und ist statisch. Sie vibriert nicht auf der Buchseite. Wir können das Gebilde vermessen, bis alle Informationen vorliegen, doch dadurch wird die Zufälligkeit nicht erfaßt. Je mehr Informationen wir über eine Tatsache haben, desto weniger neigen wir dazu, die Tatsache der Wahrscheinlichkeit oder dem Zufall in die Schuhe zu schieben. Vollständige Information läßt nur wenig Raum für Wahrscheinlichkeit.

Wir reden oft dann über Wahrscheinlichkeit, wenn wir uns einer Sache nicht sicher sind: Er wird sich wahrscheinlich einen Sportwagen kaufen. – Du wirst wahrscheinlich eine Erkältung bekommen. – Napoleon hat wahrscheinlich gedacht, daß die Preußen nicht rechtzeitig bis Waterloo vordringen würden. – Da haben Sie wahrscheinlich recht.

Jahrhundertelang haben wir in Wahrscheinlichkeiten gesprochen, um ungewisse Vorgänge oder Ereignisse zu beschreiben. Man findet sogar Wahrscheinlichkeitszeichen in den Keilschriften der alten Sumerer und Babylonier. Wahrscheinlichkeit ist zur kulturellen Schuld für Ungewißheit geworden, die für alle Größen gleich passende Beschreibung für alles und jedes, über das wir nicht sicher sind. In einem gewöhnlichen Gespräch oder in einem wissenschaftlichen Text, der mit Mathematik überladen ist, könnten wir das Adverb »wahrscheinlich« verwenden, um die Ungenauigkeit des abgebildeten Ovals zu beschreiben, seine Abweichung vom idealen Kreis. Was für ein seltsames Adverb doch »wahrscheinlich« ist. Es legt eine Stimmung von Ungewißheit über unsere Verben, Beschreibungen und Gedanken. Es führt uns aus dem einfachen Status des Daseins, in dem »Das ist so« herrscht, in eine neue Welt aus zittrigem Zufall, in der »Das ist wahrscheinlich so« gilt.

Nun untersuchen wir die fuzzige Sicht des ungenauen rundlichen Gebildes. Das Adjektiv »fuzzig« bedeutet, daß die Abbildung bis zu einem gewissen Grad ein Kreis und bis zu einem anderen Grad kein Kreis ist. Sie ist aber mehr ein Kreis als kein Kreis. »Fuzzig« erinnert uns daran, daß wir keine scharfe Linie zwischen Kreisdingen und Nichtkreisdingen ziehen können. Sie überlappen sich. In diesem Bereich gehen Kreise in Nichtkreise über. Die fuzzige Sicht zeigt eine Vieldeutigkeit oder Vagheit zwischen Ding und Nichtding, Kreis und Nichtkreis, A UND Nicht-A. Dies unterscheidet sich davon, ob ein perfekter Kreis zufällig zustande kommt oder ob wir, falls wir uns in der Wahrscheinlichkeitstheorie und in der Statistik auskennen, ein Zufallsexperiment mit Münzwürfen in unserem Kopf durchführen und glauben, daß das ungenaue Rund dabei als Ergebnis herauskommt.

Als Doktorand habe ich eines Tages ein ungenaues kreisförmiges Rund gezeichnet und es angestarrt. Ich konnte keine Wahrscheinlichkeit oder zufallsartige Ungewißheit darin finden. Die ganze Wahrscheinlichkeitsmathematik, die ich auf der Universität gelernt hatte, half nicht weiter. Ich konnte keine Wahrscheinlichkeit entdecken. Ich konnte nicht finden, was mich zunächst hätte sagen lassen wollen, daß das Rund *wahrscheinlich* ein Kreis sei. Und das war keine Ausnahme. Ich konnte keinerlei Wahrscheinlichkeit finden, niemals, nirgendwo.

Und doch schien die Wahrscheinlichkeit überall vorhanden zu sein. Physiker behaupteten, daß sich jedes Ding, jedes subatomare Teilchen und jede Wechselwirkung zwischen Teilchen aus einem Zufallsexperiment ergebe. Max Born erhielt den Nobelpreis für Physik für seine Behauptung, daß die Wellen der Quantenmaterie Wahrscheinlichkeitswellen sind.* Erwin Schrödinger fand die Gleichung dafür, wie sich die Materiewellen im Verlauf der Zeit ändern. Born verstand die Materiewellen als den Inhalt der Wahrscheinlichkeit. Materiewellen brennen als Wahrscheinlichkeitsfeuer. Es gab keine Materie, nur die Wahrscheinlichkeit von Materie. Sie beschrieb ihre eigene Wahrscheinlichkeit. Einstein: Alles ist relativ in Abhängigkeit vom Standpunkt, von dem aus man Zeit und Entfernungen bestimmt. Born: Alles ist wahrscheinlich. Er meinte dies in dem Sinne, daß alles Wahrscheinlichkeit *ist*. Die Wissenschaft belohnte die radikale Metaphysik des Zufalls mit ihrem höchsten Preis. Ich bin froh, daß Dr. Born seinen Preis bekommen hat, doch ich befürchte, daß damit die Einsprüche zur Sache aufgehört haben.

Zurück zur Jagd. Wo steckt die Wahrscheinlichkeit? Überall. Wo findet sich die Zufälligkeit? Überall. Beispiele gibt es ebenso viele wie Quarks, Leptonen und Wasserstoffatome. Wir finden aber nur die Spuren der Wahrscheinlichkeit. Wir finden die Ergebnisse von Zufallsexperimenten nur im nachhinein. Wir erwischen die Wahrscheinlichkeit nie auf frischer Tat.

Der Gott der höchsten Wahrscheinlichkeit

Wissenschaftler haben die Weltanschauung der Wahrscheinlichkeit im 20. Jahrhundert verfeinert. Wir beobachten nicht nur wahrscheinliche, sondern *höchst*wahrscheinliche Ergebnisse, die wahrscheinlichsten Resultate. Alles, was wir feststellen, ist das Ergebnis von komplexen physikalischen, chemischen, biologischen, sozialen und kosmologischen Vorgängen. Jeder Vorgang

* In der Quantenmechanik repräsentiert der Psi-Operator Ψ die stationäre Materiewelle in einem infinitesimalen Volumen dV. Max Born interpretierte das Absolutquadrat der Materiewelle, $|\Psi|^2$, als Maß für die Wahrscheinlichkeit. Dann mißt die infinitesimale Größe $|\Psi|^2$ dV die infinitesimale Wahrscheinlichkeit dafür, daß ein Materieteilchen, zum Beispiel ein Elektron, sich in einer unendlich kleinen Region dV aufhält. Dies impliziert, daß alle infinitesimalen Teilchen zufällige Punkte sind. Im Gegensatz dazu betrachtet die fuzzige Sichtweise $|\Psi|^2$ dV als den *Grad*, bis zu dem das Teilchen sich im Volumen dV aufhält. Das Teilchen sitzt in allen Regionen des Raumes bis zu einem gewissen Grad. Dies bedeutet, daß die Teilchen deterministische Wolken sind.

entfaltet sich als eine Kette von Ereignissen, wovon jedes einzelne auf Millionen oder Trillionen verschiedenen Wegen zustande kommen kann. Die Wissenschaft behauptet, daß verschiedene Wege mit unterschiedlichen Wahrscheinlichkeiten ausgestattet sind und daß man erwarten sollte, daß die wahrscheinlichsten Wege genommen werden.

Die Sicht der *höchsten Wahrscheinlichkeit* findet sich an der Basis der modernen Wissenschaft und Technik und fügt sich weitgehend dem gesunden Menschenverstand: Wir »neigen« dazu, die wahrscheinlichsten Ereignisse zu beobachten. Wir sagen »möglicherweise, aber nicht wahrscheinlich«, wenn es um die Frage geht, ob ein schon lange sich bemühender Kandidat die Wahlen gewinnt, ob es in Los Angeles schneit oder ob Außerirdische die Erde vor Jahrmillionen besucht und mit gentechnischer Hilfe aus Affen Affenmenschen gemacht haben. Wir erwarten, daß das Ergebnis mit der höchsten Wahrscheinlichkeit eintritt, auch wenn wir heimlich einen Lottoschein ausfüllen, an einem Automaten spielen oder eine Zigarette rauchen. Wir verlassen uns auf Prozente.

Die Wissenschaft verläßt sich ebenfalls auf Prozente. Sie hält den Blickwinkel der maximalen Wahrscheinlichkeit für das große Organisationsprinzip der wissenschaftlichen Weltsicht. In der nächsten Sekunde könnten alle Luftmoleküle in einem Zimmer sich in Form einer dichten Luftblase im Zentrum des Raumes zusammenballen und das übrige Zimmer als Vakuum zurücklassen, so daß alle Anwesenden ersticken. So etwas könnte passieren, aber nur mit sehr geringer Wahrscheinlichkeit. Es ist möglich, aber nicht wahrscheinlich. Derartige Verteilungen der Moleküle als Luftblasen stellen nur einen winzigen Bruchteil aller möglichen Verteilungen von Luftmolekülen im Raum dar. Die große Mehrheit der Molekülverteilungen sind einheitlich im ganzen Raum. »Somit« beobachten wir einheitliche Verteilungen von Luftmolekülen und atmen sie ein.

Aus demselben Grund stellen die meisten Buchstabenfolgen keine Wörter dar. Wir können zum Beispiel jeden Buchstaben des Alphabets hundertmal auf Tischtennisbälle schreiben, sie in einen großen Topf werfen und dort durcheinandermischen. Nun greifen wir aufs Geratewohl hinein und fischen die ersten sechs, acht oder zehn Bälle heraus. Die Chancen sind groß, daß die dabei entstehende Reihe aus sechs, acht oder zehn Buchstaben kein Wort aus dem Wörterbuch ergibt.

Der Blickwinkel der höchsten Wahrscheinlichkeit durchzieht die Wissenschaft von der subatomaren bis zur kosmischen Ebene. Unser Universum mag zwar nicht – wie Leibniz sagte – die beste aller Welten sein, aber sie ist die wahrscheinlichste. Leibniz irrte, die Statistiker hatten recht.

Kosmologen wie Stephen Hawking argumentieren mit der »höchsten Wahrscheinlichkeit«, wenn sie erklären, warum unser Kosmos mit einem Urknall begonnen hat, der unregelmäßige Materieklumpen oder Galaxien hervorgebracht hat anstatt einer expandierenden einheitlichen Blase aus Materie. Es gibt viele mögliche Anfangsbedingungen oder Startpunkte eines Urknalls, theoretisch gibt es unendlich viele davon. Verschiedene Anfangsbedingungen entwickeln sich genauso zu unterschiedlichen Universen wie verschiedenartige Kirschkerne unterschiedliche Kirschbäume hervorbringen, nur sehr wenige führen zu einem Universum mit gleichförmiger Masseverteilung. Da sie so selten sind, sind sie »unwahrscheinlich«. Sie sind möglich, aber nicht wahrscheinlich. Die meisten sind uneinheitlich. Sie sind daher »wahrscheinlich«. Uneinheitliche Anfangsbedingungen sind höchst asymmetrisch, unstrukturiert und ähneln zerklüfteten Abschnitten einer Ozeanküste. Unser Universum scheint sich aus einem dieser Angebote uneinheitlicher Anfangsbedingungen entwickelt zu haben.

Wer hat die unseren ausgewählt? Der Gott der höchsten Wahrscheinlichkeit. Irgend jemand oder niemand hat in die Kiste mit den Universumsamen gegriffen und einen herausgefischt. Und nun sind wir da, das zufällige Ergebnis einer Ziehung.

Glaube und Nichtglaube

Je mehr ich an der Hochschule studierte, desto mehr Wahrscheinlichkeitsansprüche tauchten vor mir auf. Es schien überhaupt keine Frage zu sein, daß die Wissenschaft die Metaphysik der Wahrscheinlichkeit akzeptierte, alles begründet durch raffinierte mathematische Axiome oder Annahmen, geradeso wie die Wissenschaft das Problem der Fehlpassung ignorierte und annahm, daß unser tatsächlich graues Universum schwarz und weiß sei. In mir regte sich der Verdacht, daß die Schwarzweiß-Annahme und die der Wahrscheinlichkeit ein Pärchen waren. Die eine unterstützte die andere, und beide hatten keinen äußeren Konkurrenten. Alles ist schwarz oder weiß, nur wissen wir nicht, wer oder was was ist. Daher ordnen wir den schwarzweißen Alternativen Wahrscheinlichkeiten, Quoten oder Häufigkeiten zu. Nur Gott oder niemand weiß, welche dafür in Frage kommen.

Auf der Hochschule war ich davon überzeugt, daß wir eine graue oder fuzzige Wissenschaft brauchten, um ein besseres Modell der grauen Welt zu entwerfen. Die Frage war nun, ob die Wahrscheinlichkeit in den Fuzzy-Rahmen paßte. Das war die nächste Stufe der Jagd. Die Frage war nicht mehr, ob es Fuzzigkeit gab. Ich hatte einen mathematischen Beweis dafür gefunden, daß sie existierte. Die Beweisführung ergab, daß man Wahrscheinlichkeit und Fuzzigkeit nicht gleichsetzen konnte. Es gibt immer mehr Maße der Fuzzigkeit oder Typen »fuzzy-logischer Entropie« als Maße der Wahrscheinlichkeit. In einem späteren Kapitel werden wir uns ein solches Maß für fuzzy-logische Entropie ansehen, und im letzten Kapitel werde ich damit die große Frage in Angriff nehmen, warum es überhaupt etwas gibt und nicht nichts. Doch im Augenblick geht es darum, wo die Fuzzigkeit ins Bild kommt.

Ich erinnere mich noch an die verwirrten Gesichter, als ich eines Tages in einem Seminar über Lernen mit neuronalen Netzen die Frage entwarf: *Gibt es überhaupt Wahrscheinlichkeit?* Es war, als liege man zum Bräunen am Strand in der Sonne und würde gefragt, ob die Sonne existiert. Jeder Vortrag zuvor hatte Wahrscheinlichkeit vorausgesetzt. Ein Forscher versuchte die wahrscheinlichste Trendlinie oder Lernkurve zu finden, die einem zerstreuten Haufen von Daten angepaßt war. Ein anderer stellte Lernen als Minimalisierung einer probabilistischen Entropie vor – Hirnzellen ändern sich, um die Information zu vermehren, die sie durch Erfahrung gewinnen. Noch ein anderer modellierte Lernen als ein Wahrscheinlichkeitsspiel, das von einer Lernmaschine oder einem Menschen gegen die feindselige Natur gespielt wird und bei dem Handlungen dadurch belohnt oder bestraft werden, daß deren Wahrscheinlichkeit vermehrt oder vermindert wird. Wie es ihre Lehrer zuvor getan hatten, nahmen auch diese Wissenschaftler den Standpunkt der Wahrscheinlichkeit ein. Und sie kamen damit zurecht, sie publizierten, lehrten und ließen Studenten Prüfungen darüber bestehen oder durchfallen.

Bei einem anderen Treffen wurde ich es leid, einem Physiker zuzuhören, der vollmundige Behauptungen über die »wissenschaftliche Methode« aufstellte und darlegte, wie sie sich vom gesunden Menschenverstand und vom religiösen Weg zum Wissen unterschied. Physiker reiten gerne auf der »wissenschaftlichen Methode« herum, wenn sie von ihrem allseits bestätigten Königsthron der Wissenschaft hinabschauen. Als ich ans Podium trat, schob ich einige Kommentare gegen die Wahrscheinlichkeit und für die Fuzzigkeit ein. Und dann stellte ich aus heiterem Himmel die große Frage: Woran läßt sich leichter glauben, an Wahrscheinlichkeit oder an Gott? Keine Antwort. Kein Lächeln oder Stirnrunzeln. Dann schaute ich den Physiker an, der nun im Publikum saß. Als Professor für Elektrotechnik wollte ich das Publikum fragen: »Was hat ein Physiker zuletzt Gutes für Sie getan?« Doch ich hatte eine bessere Idee, schaute den Physiker lächelnd an und ließ meinen Worten freien Lauf: »Den größten Betrug begeht der wissenschaftliche Atheist, der an die Wahrscheinlichkeit glaubt.« Etwa die Hälfte der Zuhörer lachte, während die anderen eher gequält aussahen und ihre Köpfe schüttelten.

Im College hatte ich zum erstenmal meinen Glauben an die bivalente Wissenschaft verloren. Nun war ich einen Schritt weiter gegangen und hatte meinen Glauben an den Gott der Wahrscheinlichkeit verloren, dem Hüter der schwarzweißen Konzepte, der Unsicherheitsmauer, die immer sagte, »nicht A, aber wahrscheinlich A und unwahrscheinlich Nicht-A«. Wahrscheinlichkeit sah wie Dichtung aus, die auf der Fiktion eines schwarzweißen Universums beruhte. Kein Wunder, daß Wissenschaftler sich auf die Wahrscheinlichkeit beriefen, als sie die Fuzzigkeit kritisierten. Wenn man den Nebel der »zufälligen Chance« wegblies, blieb nur eine unrealistische Welt der schwarzweißen Extreme übrig. Wahrscheinlichkeit glättete die rauhen bivalenten Ecken. Wahrscheinlichkeit ließ Zweiwertigkeit vernünftig aussehen. Sie verkaufte Bivalenz. Doch ich fand dies nicht vernünftig, denn ich konnte sie nirgendwo finden.

Ich bestritt nicht die Mathematik der Wahrscheinlichkeitstheorie. Ich bestritt, woher die Mathematik kam, wie wir sie kennen und anwenden. Die Mathematik steht auf schwachen Füßen, und wir wenden sie überall an. Die Mathematik der Wahrscheinlichkeit gründet sich auf reinen Annahmen und nicht auf einer allgemeineren Theorie. Die Wahrscheinlichkeit hat ihre psychologischen Wurzeln im Glücksspiel. Bislang fehlen ihr noch logische Wurzeln. Wir können ihre Axiome ebenso leicht leugnen wie akzeptieren. Wissenschaftler und Mathematiker leiten sie nicht von irgend etwas ab. Sie kommen auf sie weder durch Beobachtung noch durch Deduktion, weder durch ein Experiment noch durch einen mathematischen Beweis. Sie gelangen zu ihnen durch ihren Willen, durch Festsetzungen, durch willkürliches Dahersagen, durch Annahmen. Sie haben gern, wohin die Axiome sie bringen, und so haben sie die Axiome gern und halten sie für frei. Wie Bertrand Russell einmal gesagt hat, Annahmen unterscheiden sich von Ableitungen so wie Diebstahl von ehrlicher Arbeit.

Ich wollte wissen, woher die Wurzeln der Wahrscheinlichkeit, woher ihre Axiome kamen. Was implizierte sie? Warum ihnen eher glauben als mißtrauen? Warum beharrten Wissenschaftler aller Länder so emotional auf Wahrscheinlichkeit? Welche Psychologie steckte hinter der Festlegung auf Wahrscheinlichkeit? Welche Mathematik steckte hinter der Psychologie? Die moderne Wissenschaft hat nur wenige theoretische Anfänge, nur wenige Konzepte, die keine kausalen oder logischen Vorgänger haben. Gravitation bleibt der zentrale physikalische Ausgangspunkt. Einstein erriet, daß Energie und Materie die Raumzeit krümmen. Diese Krümmung nennen wir die Kraft der Gravitation. Doch wir wollen immer noch »Warum?« fragen und einen tieferen Grund finden. Warum krümmt die Materie den Raum? Einstein hat nicht bewiesen, daß die Materie den Raum krümmt. Er hat seine Krümmungsgleichungen nicht abgeleitet. Er hat sie erraten.*

* Anm. d. Übers.: Es stimmt nicht, daß Einstein seine Gravitationsgleichung erraten hat. Im Gegenteil! Er hat zehn Jahre gebraucht, um sie aus Axiomen über die träge und schwere Masse abzuleiten. Allerdings hatte

Doch bislang sieht es so aus, als ob er richtig geraten habe – das Licht der Sterne wird von der Sonne umgelenkt, und massive schwarze Löcher im Zentrum von Galaxien oder überhellen Quasaren überall im Kosmos senden starke Strahlung aus. Es scheint, daß die Materie den Raum tatsächlich krümmt. Aber warum? Wir werden es vielleicht nie erfahren. Falls wir es jemals herausfinden, werden wir als erstes wieder »Warum?« fragen. In der Zwischenzeit haben wir es immer und überall mit Gravitation zu tun, wofür es zahllose Beispiele gibt.

Wir können aber nicht auf Beispiele für Zufälligkeit oder Wahrscheinlichkeit verweisen. Das Beste, was wir tun können, besteht darin, auf das langfristige Verhalten von Münzen, die in die Luft geworfen werden, von eingeschalteten Glühbirnen oder zerfallenden Atomen hinzuweisen. Auf frischer Tat ertappen können wir die Wahrscheinlichkeit nicht. Dadurch wird es schwieriger, die Axiome der Wahrscheinlichkeit auf Treu und Glauben als unerklärte Grundlage zu akzeptieren. Wir wollen nicht nur wissen, warum die Axiome gelten, wir sind nicht einmal sicher, ob sie tatsächlich gelten. Und doch glauben die Wissenschaftler an sie und projizieren die dunkle Psychologie der Wahrscheinlichkeit auf die Natur.

Als Kind wollte ich wissen, was Wahrscheinlichkeit ist; da hatte ich zum erstenmal von »Wettchancen«, von »Zufall« und vom »Gesetz des Durchschnitts« gehört. Damals begann die Jagd. Als ich vier Jahre alt war, spielte ich ein Würfelspiel mit meinem älteren Bruder und seinen Freunden. Der Zauber des Zufalls schien die Würfel zu beherrschen. Und doch wußte ich, daß die Hand die Würfel schüttelte und daß die Würfel gegen den Deckel einer braunen Kiste aus Pappe stießen. Mit zehn oder elf Jahren debattierte ich mit meiner katholischen Cousine über Gott und die Ursprünge des Planeten Erde. Sie sagte, Gott habe die Welt gemacht. Ich sagte, die Welt habe sich »durch Zufall« aus kleinen

Einstein keinerlei experimentelle Hinweise auf die Richtigkeit seiner Annahmen. Seine Theorie der Gravitation ist eine reine Geistesleistung. Sie ist allein seiner Phantasie entsprungen. Wer will, kann dann sagen, Einstein hätte sich die Theorie ausgedacht – das ist etwas schwieriger als erraten. Wie dem auch sei, die Materie krümmt tatsächlich den Raum, wie der Autor schreibt.

Weltstücken und Gas entwickelt. In meiner Phantasie konnte ich die schwarze Leere des Raumes sehen, darin runde, braune Felsbrocken, und unsere Welt war einer von diesen Klumpen. Es mag andere Klumpen geben, wo jemand wie sie und ich dieselben Argumente austragen oder ausgetragen haben. Doch ich konnte meine Cousine nicht dazu bringen, sich diesem Bild anzuschließen. In der Bücherei der Dorfschule, die ich in Kansas besuchte, habe ich oft ein Buch über Wahrscheinlichkeitstheorie und ihre Anwendung auf die Spieltheorie ausgeliehen. Der Text war ziemlich verwässert und die Mathematik zu einfach, um mich in Staunen oder Schrecken zu versetzen. Dennoch war das Buch meine einzige Verbindung zum Geheimnis des Seins. Damals, wie schon vorher und seit dieser Zeit, schien mir die Wahrscheinlichkeit voller Zauber, Wunder und Kraft. Sie faszinierte und verwirrte mich zugleich. Ich glaubte an die Wahrscheinlichkeit und glaubte auch wieder nicht an sie.

Meine ersten Zweifel an der Wahrscheinlichkeit tauchten mit den kurzen Filmen im Wissenschaftsunterricht auf. Ich erinnere mich daran, wie wir in der dritten Klasse einen Dokumentarfilm anschauten, der davon handelte, wie man Äpfel pflanzt, erntet und vermarktet. Als die Rolle abgelaufen war, spulte der Lehrer den Film zurück, allerdings ohne die Lampe abzuschalten. So sah die Klasse den letzten Teil des Filmes rückwärts. Äpfel hüpften zurück auf die Bäume, und Wasser lief einen Berg hinauf. Wir lachten so laut, daß der Lehrer den ganzen Film rückwärts laufen ließ. Irgendwann zwischen all diesen Bildern der umgekehrten Kausalität, als das Gelächter längst verebbt war, stellte ich mir vor, wie ich das Universum rückwärts laufen ließ, um zu sehen, wo ich gewesen war, ob Moses und Jesus getan hatten, was die Bibel berichtete, um zu sehen, was aus den Bäumen Afrikas, den Urozeanen oder den wirbelnden Galaxien gestiegen war, ob jemand oder niemand dies alles in Gang gesetzt hatte. Es war ein grandioser Einfall. Die Idee brachte eine Frage mit sich, die mich seitdem nicht losläßt: Wohin ist die Zufälligkeit verschwunden? Bevor die roten Äpfel vom Baum fielen, gab es eine Wahrscheinlichkeit, daß ein bestimmter Apfel zu einer bestimmten Zeit in der Zukunft vom Baum fiel. Doch in der Umkehrung tauchte diese Wahrscheinlichkeit niemals auf.

Wahrscheinlichkeit schien ein psychischer Nebeneffekt von nach vorne schauenden Kreaturen zu sein, geradeso wie der freie Wille. Im Rückblick sehen wir viele kausale Ketten, die unseren Handlungen und Ideen vorausgehen. Wir gewinnen Informationen, wenn wir zukünftige Ereignisse erleben. Wenn die Information zunimmt, nimmt die Wahrscheinlichkeit ab. Fuzzigkeit funktioniert anders herum. Wenn die Information zunimmt, nimmt auch die Fuzzigkeit zu. Mehr Daten helfen uns, die graue Grenze zwischen Ding und Nichtding festzulegen. Die Wahrscheinlichkeit hingegen schmilzt mit mehr Daten dahin.

Das paßt nicht zur wissenschaftlichen Sicht, daß die Wahrscheinlichkeit in der Natur der Dinge liegt. Die meisten Gleichungen der Wissenschaft haben keine zeitliche Richtung. Man kann Differentialgleichungen für die Vergangenheit ebenso lösen wie für die Zukunft. Die Zeit sieht dabei wie eine Illusion aus. In diesem Sinne kann man das Universum ebensogut rückwärts laufen lassen, wie es »von selbst« vorwärts läuft. Das bringt die Jagd eine Stufe weiter. Wenn die Wahrscheinlichkeit nicht außerhalb unserer Schädel in der Natur der Dinge liegt und wenn wir dennoch denken, daß es so sei, wo könnte sie dann liegen?

Der Wahrscheinlichkeitsinstinkt

Es sieht so aus, als habe Kant mit der Annahme recht, daß unser Geist unsere Wahrnehmung strukturiert. Die Wahrscheinlichkeit ist in unsere Köpfe eingebaut worden. Unser Geist, die elektrochemische Symphonie, gespielt von unserem gerade erst entwickelten Nervensystem, erlegt unserem Denken eine Infrastruktur auf. Er errichtet einen Hintergrund von Zeit, Raum und Kausalität. Wissenschaftler haben Kausalität niemals in »freier Wildbahn« erlebt. Sie haben nur Ereignisse in Raum und Zeit gesehen – und solche sagen sie voraus –, die Ereignissen in Raum und Zeit folgen. Äpfel am Baum, dann Äpfel in der Luft, dann Äpfel auf dem Boden. Gleichungen und Korrelationen haben Ursachen abgelöst, gerade so, wie die Wissenschaft Philosophie und Religion als eine Theorie der Dinge abgelöst hat. Kein kausaler Keim eines Ereignisses entfaltet sich zu einem anderen Ereignis. Nur der Geist – so die Beobachtung David Humes, des

Philosophen aus dem 18. Jahrhundert – läßt dies so aussehen, und er baut die kausalen Verbindungen in die Kette der Ereignisse ein.*

Wahrscheinlichkeit scheint Teil der Infrastruktur unseres Gehirns zu sein. Sie bildet zusammen mit Zeit, Raum, Kausalität, Ähnlichkeit und ihren topologischen Konzepten wie Kontinuität und Verbundenheit einen Teil unseres geistigen Wahrnehmungshintergrunds. Wir sehen die Wahrscheinlichkeit deshalb überall, weil sie in unserer Brille steckt.

Ich glaube, daß die Wahrscheinlichkeit oder Zufälligkeit ein psychischer Instinkt, ein Jungscher Archetypus oder eine mentale Neigung ist, die uns hilft, unsere Wahrnehmungen, unser Gedächtnis und die meisten unserer Erwartungen zu organisieren.** Die Wahrscheinlichkeit strukturiert unsere konkurrierenden kausalen Vorhersagen darüber, wie die Zukunft sich im nächsten Augenblick, am kommenden Tag, in der kommenden Saison oder im nächsten Millennium entwickelt.

Wahrscheinlichkeit bewertet oder gewichtet die zukünftigen Alternativen. Unsere Erwartungen mischen oder mitteln diese Alternativen zu einem einzigen wahrscheinlichkeitsgewichteten Durchschnitt. Die Wahrscheinlichkeitsgewichte gibt es außerhalb unserer Köpfe nicht. Sie besitzen keine physikalische, jedoch eine mächtige psychologische Realität, die in unserer neuronalen Mikrostruktur verwurzelt ist. Hume glaubte, daß wir auch die Wahrscheinlichkeit konstruieren, wenn wir darangehen, die

* Anm. d. Übers.: Diese Diskussion der Kausalität läßt den ontologischen Unterschied zwischen regelmäßigen und kausalen Zusammenhängen außer acht, nämlich den des Energieübertrags. Es ist sinnvoll, von einer kausalen Beziehung zu sprechen, wenn ein Energieübertrag nachzuweisen ist – zum Beispiel von meiner Hand auf einen Stein und von ihm auf die Scheibe, die dann zerspringt. Zufall ist dann ein nachfolgendes Ereignis ohne Energieübertrag. Diese Unterscheidung geht auf Konrad Lorenz zurück.

** Anm. d. Übers.: Die Idee des Instinkts geht auf den erwähnten David Hume zurück, der von einem Instinkt für Kausalität gesprochen hat. Kant wollte sich damit nicht zufriedengeben, und die Diskussion der Kausalität ist über diesen Standpunkt hinausgekommen (vgl. Anm. oben). Es bleibt abzuwarten, ob die Idee gut ist, daß wir einen Instinkt für Wahrscheinlichkeit haben. Die Gedanken zur Fuzzigkeit, dem eigentlichen Thema des Buches, gelten unabhängig davon.

Lücken in unseren geistigen Schemen oder Weltansichten zu füllen: »Obwohl es so etwas wie den *Zufall* in der Welt nicht gibt, hat unsere Unkenntnis von der wirklichen Ursache irgendeines Ereignisses denselben Einfluß auf das Verstehen und bringt eine gleiche Art von Glauben hervor.«

Dieser *Wahrscheinlichkeitsinstinkt* scheint die Kulturen und vielleicht auch die Arten zu durchziehen. Neben der Wahrscheinlichkeitsmentalität der Wissenschaftler und der meisten Nichtwissenschaftler legen es die weitverbreitete Spielleidenschaft und die Glücksspiele in primitiven und modernen Zivilisationen nahe, daß das Operieren mit Wahrscheinlichkeit eine kulturelle Konstante ist, vergleichbar mit der Heldenverehrung, den Fruchtbarkeitsritualen, den Inzest- oder den Ehebruchtabus. Eine kulturelle Konstante weist auf ein biologisches Substrat hin, und das setzt eine evolutionäre Entwicklung voraus.

Die Bewertung zukünftiger Alternativen kann dabei helfen, Gene weiterzugeben. Wer das konnte, hat möglicherweise die aufgefressen, die das nicht konnten. Solche Bewertungen erlauben es uns, Wetten abzuschließen, bevor wir handeln, und somit das Ergebnis unseres Handelns zu verbessern. Diese Fähigkeit, nach vorne zu sehen, hat in der biologischen Evolution höchste Bedeutung für das Überleben. Sie beeinflußt die genetische Vielfalt und die natürliche Selektion, die in den letzten paar Millionen Jahren unsere Gehirne geformt hat und die in der Evolution zuvor über 220 Millionen Jahre lang die Gehirne unserer tierischen Vorläufer geprägt hat. Die natürliche Selektion filtert Organismen heraus, wenn sie die fuzzige Grenzlinie zwischen Gegenwart und Zukunft überschreiten. Sie bevorzugt Hirnmechanismen, die einem Organismus helfen, den nächsten Schritt in einer sich wandelnden und gefährlichen Welt zu tun. Diese nach vorne schauenden Mechanismen können tief in den Strukturen des Säugetierhirns und selbst des Reptilienhirns eingegraben sein. Weitere Analysen werden vielleicht herausfinden, daß die Gehirne von Schimpansen und anderen Affen sowie der Säugetiere mit kleineren Hirnen einen nach vorne gerichteten Wahrscheinlichkeitsinstinkt besitzen. Dann sollten wir auch nicht zu überrascht sein, daß Wissenschaftler die Wahrscheinlichkeit zu ihrem höchsten Organisationsprinzip gemacht haben. Sie folgen ihrem Wahrscheinlichkeitsinstinkt wie unsere hominiden Vorfahren dem ihren. Wissenschaftler können nur mehr Mathematik.

Teilmengigkeit

Der Wahrscheinlichkeitsinstinkt erklärt die Mentalität von Wissenschaftlern, aber nicht, woher die Wahrscheinlichkeitsaxiome stammen. Er liefert keine Einsicht in die formale Natur der Wahrscheinlichkeit. Wer hat das Kind Wahrscheinlichkeit gezeugt? Wessen Baby war es? Die letzte Stufe der Jagd war daher die Suche nach den Eltern.

Ich konnte einen Elternteil finden. Es mag noch andere in den unendlichen Labyrinthen der Mathematik geben. Doch einen habe ich ausgemacht: die reine Fuzzigkeit. Er ist so fuzzig, daß frühere Fuzzy-Logic-Theoretiker ihn übersehen haben, wie es auch mir passiert ist. Wir haben ihn übersehen, weil wir annahmen, er wäre bivalent, und so haben wir uns nie ernsthaft darum gekümmert.

Wir hatten die fuzzige Idee des *Enthaltenseins* (»containment«) übersehen, wieviel von einem Ding in einem anderen Ding, wieviel von einer Menge in einer anderen enthalten ist. Unscharfe Mengen entstehen, wenn eine Menge ein Element zum Teil enthält, wenn in einem Publikum eine Person sitzt, die mit ihrem Job etwas zufrieden ist, oder wenn ein Faß einen etwas verfaulten Apfel oder ein Chromosom ein etwas verändertes Gen enthält. In gewisser Weise ist nicht die Menge unscharf, ihre Elemente sind es. Ich nannte dies die *Elementigkeit* (»elementhood«). Die alte fuzzige oder vielwertige Logik handelte nur von Elementigkeit.

Was passiert, wenn eine Menge eine andere Menge enthält? Man stelle eine kleine Kiste in eine große Kiste. Dann enthält die große die kleine Kiste. Sie enthält die kleine Kiste zu 100 Prozent. Kann das Enthaltensein zu einem gewissen Grad möglich sein? Natürlich. Man stelle die kleine Kiste nur zur Hälfte in die große Kiste. Dann enthält die große Kiste die kleine Kiste zu 50 Prozent. Die kleine Kiste ist sowohl innerhalb als auch außerhalb der großen Kiste.

Ich nannte dieses fuzzige Enthaltensein *Teilmengigkeit* (»subsethood«), was den Grad bezeichnet, bis zu dem eine Menge die

Teilmenge einer anderen Menge ist. Die traditionelle Fuzzy-Logic-Theorie nahm an, daß Teilmengigkeit bivalent war, ganz oder gar nicht, 100 Prozent oder 0 Prozent. Dies schien ebenso extrem wie jede andere Schwarzweißaussage zu sein. Sehr große Männer bilden eine hundertprozentige Teilmenge der großen Männer. Das konnte ich akzeptieren. Jeder sehr große Mann ist groß. Doch dem alten Bild zufolge sollten große Männer nur 0 Prozent der Teilmenge der sehr großen Männer ausmachen. Das konnte ich nicht akzeptieren. Jeder große Mann ist zu einem gewissen Grad ein sehr großer Mann, wenn auch manchmal nur zu einem geringen Grad.

Im Rückblick war die Teilmengigkeit der nächste Schritt nach der Elementigkeit der unscharfen Mengen. Elementigkeit plaziert Bälle in Kästen, und zwar zu einem gewissen Grad. Teilmengigkeit plaziert Kästen in Kästen. Im speziellen Fall, wenn die zu plazierende Kiste auf einen Ball schrumpft, findet man wieder die alte Idee einer vagen oder unscharfen Menge, deren Elemente ihr zu einem gewissen Grad angehören. Dennoch unterscheidet sich die Teilmengigkeit von der Elementigkeit. Teilmengigkeit gilt *zwischen* Mengen, Elementigkeit *innerhalb* von Mengen.

Daß Teilmengigkeit zwischen Mengen gilt, bedeutet, daß sie auch auf reguläre, zweiwertige Mengen zutrifft. Aristoteles kann die bivalente Struktur innerhalb der Mengen kontrollieren, aber Buddha beherrscht sozusagen immer noch die Struktur zwischen ihnen. Wir können uns irgendwelche zwei Mengen aus der Welt der Mathematik schnappen und fragen, bis zu welchem Grad die eine die andere enthält. Im Rahmen der Bivalenz können wir das nicht fragen. In den meisten Fällen enthält keine Menge eine andere vollständig. Das bedeutet, daß hier niemand genauer hingeschaut hat. Zweiwertigkeit hatte den Blick getrübt. Ich habe die verschlossene Tür geöffnet, und da wurde meine Jagd nach der Wahrscheinlichkeit zu einer mathematischen Jagd.

Zen des Spiels: das Ganze im Teil

Eine neue Theorie der Wahrscheinlichkeit muß unseren Erfahrungen beim Spiel Rechnung tragen. Sie muß die alten Formeln wiederbringen, mit denen wir Chancen ausrechnen und Wetten abschließen. Sie muß sie als Spezialfälle von allgemeineren Formeln zurückbringen. Kann Teilmengigkeit das? Ich habe nicht daran geglaubt. Das teilweise Enthaltensein schien eine rein fuzzige Angelegenheit zu sein, die außerhalb der schwarzweißen Welt der Wahrscheinlichkeit lag. Doch ich hatte mich geirrt.

Die meisten von uns erfahren etwas über Wahrscheinlichkeit, wenn sie Münzen werfen, um einen Streitfall zu entscheiden oder festzulegen, wer als erster an die Reihe kommt. Oder wir spielen in der Lotterie, Poker oder wetten beim Pferderennen. Unser Wahrscheinlichkeitsinstinkt schwingt an den Spieltischen von Las Vegas mit, bei der Prämienhöhe von Versicherungspolicen oder beim russischen Roulette. Die Axiome des russischen Wahrscheinlichkeitsmathematikers Andrei Kolmogorow lassen sich nicht mit der Erfahrung im Würfelspiel vergleichen.

Im Zentrum des Glücksspiels und unseres Wahrscheinlichkeitsinstinktes steht die relative Häufigkeit. Wenn man eine Münze 100mal wirft, 46mal Kopf oben erhält, ist die relative Häufigkeit für Kopf oben 46 pro 100, also 46 Prozent. Im allgemeinen gilt, daß *die relative Häufigkeit gleich der Zahl der erfolgreichen Versuche, dividiert durch die Zahl aller Versuche ist.* Jeder Versuch ist entweder ein Erfolg oder ein Mißerfolg, ein Gewinn oder ein Verlust. Die Zahl aller Versuche ist also gleich der Zahl der Erfolge plus der Zahl der Mißerfolge. Daher nennen Statistiker die relative Häufigkeit manchmal auch den *Erfolgsquotienten*, den Quotienten aus Kopf und Würfen, aus Toren und Schüssen.

Wo steckt dabei die Fuzzigkeit? Die Frage hat mich jahrelang beschäftigt. In einem Wahrscheinlichkeitsrahmen sind von vorneherein alle Ereignisse schwarz oder weiß. Das Gesetz des Aristoteles vom ausgeschlossenen Dritten – A ODER Nicht-A – gilt immer. Das Ergebnis ist bivalent, 1 oder 0. Auch Mengen von Münzwürfen sind zweiwertig. Wenn es 46 Erfolge bei 100 Versuchen gibt, dann gibt es 54 Mißerfolge. Die Menge der erfolgreichen Versuche überlappt nicht mit der Menge der gescheiterten Versuche. Und die beiden Mengen zusammen füllen den »Raum« der Versuche vollständig aus. (Abb. auf Seite 80)

Die schwarzen Punkte bedeuten Würfe einer Münze, Schüsse auf ein Tor oder ähnliche Versuche.

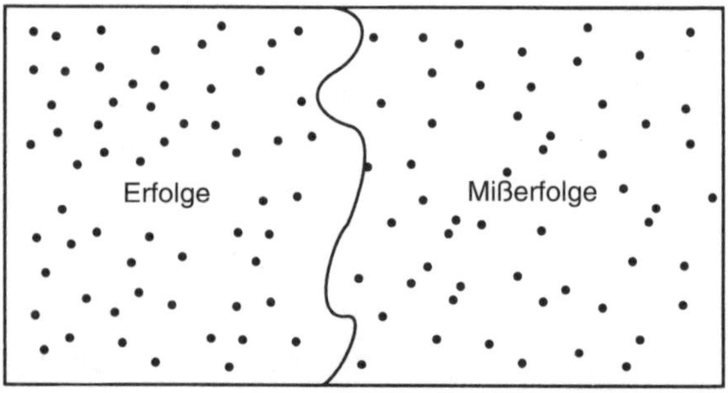

Versuche

Wo steckt nun die Fuzzigkeit in einem solchen Diagramm? Wenn A ODER Nicht-A gilt, wo kann sie denn sein? Die Lösung liegt in der Frage, wieweit eine Menge eine andere enthält, in der Teilmengigkeit. Aber wo? Die Menge der Erfolge hat nichts mit der Menge der Mißerfolge gemeinsam. Die beiden Mengen sind getrennt und überschneiden sich nicht. Wir können eine scharfe Linie zwischen ihnen ziehen. Keine der beiden Mengen enthält die andere außer zu 0 Grad. Die einzige andere vorhandene Menge ist die Menge aller Versuche, das ganze Rechteck. Auch diese Menge ist bivalent. Sie enthält alle ihre Teilmengen zu 100 Prozent. Das Ganze enthält immer seine Teile, und zwar vollständig. Besonders die Menge aller Versuche enthält vollständig sowohl die Menge der Erfolge als auch die Menge der Mißerfolge. Die zwei Stücke des Rechtecks sind Teile des ganzen Rechtecks. Wo ist nun das fuzzige Enthaltensein?

Ich bin immer und immer wieder auf diese Frage zurückgekommen. Was nützt hier die Teilmengigkeit? Alle Mengen enthalten einander oder enthalten einander nicht. Die Teile haben sich gegenseitig überhaupt nicht zum Inhalt. Das Ganze umfaßt die Teile vollständig. Was bleibt übrig? Es gab nur eine Möglichkeit, aber sie ergab keinen Sinn. Sie mußte falsch sein. Ich hielt sie für einen Irrtum. Die ganze Idee erschien wie ein schlechter östlicher Mystizismus. Meine Wahrscheinlichkeitsjagd schien in Unsinn zu enden. Doch die Idee wollte nicht weichen. Sie war die einzig verbleibende Alternative. Ich kehrte viele Male zu ihr zurück. Zuletzt entschied ich, daß vielleicht meine Intuition falsch und die Idee richtig war.

Das Ganze im Teil. Jedes Ganze enthält seine Teile. Doch enthalten Teile auch das Ganze? Direkt betrachtet, nein. Die Frage klingt absurd. Wie kann der Teil das Ganze enthalten? Die einzige Ausnahme ist der degenerierte Fall, wenn der Teil das Ganze selbst ist. Doch im allgemeinen unterscheidet sich der Teil vom Ganzen. Hier kann der Teil das Ganze nicht vollständig enthalten. Es enthält das Ganze aber immer *partiell.* Der Teil enthält das Ganze zu einem gewissen Grad. Sehen wir uns ein weiteres Diagramm an, in dem die nichtfuzzige Menge A in der größeren Menge X sitzt, die wir uns als »Raum« oder Ganzes vorstellen können.

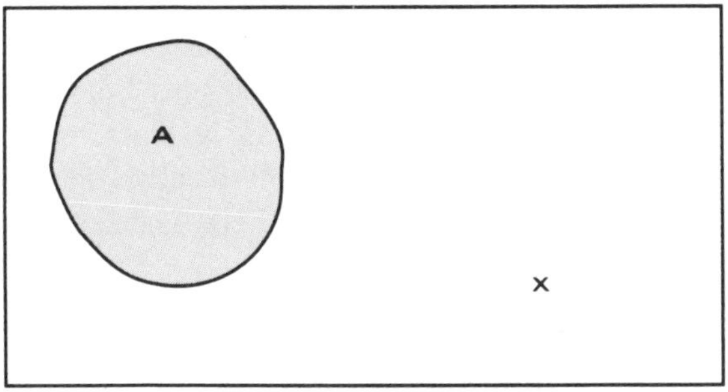

Die Menge A ist eine Teilmenge von X. Sie ist ein Teil von X, und sie ist nicht unscharf. Sie hat nichts mit ihrem Gegenstück oder ihrem Komplement Nicht-A zu tun, dem weißen Rest des Rechtecks. A steht hier für die Menge der Erfolge in der Abbildung auf Seite 80.

Nun machen wir ein Gedankenexperiment. Wir nehmen an, die Menge A schrumpft auf einen Punkt zusammen und verschwindet ins Nichts oder als leere Menge. In diesem Extremfall enthält der Teil – die leere Menge – offenbar das Ganze überhaupt nicht. Nichts kann nicht etwas enthalten und erst recht nicht alles. In diesem Fall liegt das Enthaltensein oder die Teilmengigkeit bei 0 Prozent. Nun nehmen wir an, A erwacht wieder zu Leben und wächst. Zuletzt wächst A so weit, daß es das ganze Rechteck ausfüllt. Dann ist der Teil A dem Ganzen X gleich. In diesem extremen Fall enthält der Teil das Ganze zu 100 Prozent, da der Teil das Ganze ist. Was passiert zwischen diesen Extremen? Das Enthaltensein nimmt verschiedene Grade an. Es wächst kontinuierlich von 0 bis 1, während A an Fläche zunimmt. Je größer die Teilmenge A wird, um so mehr enthält sie das Ganze.

Das war es nun. Der Teil kann das Ganze nicht vollständig enthalten, es sei denn, der Teil gleicht dem Ganzen. Dies – und nur dies – hatten die Wissenschaftler richtig hinbekommen. Im übrigen enthält der Teil das Ganze partiell.

Der Teil enthält das Ganze direkt proportional zu seiner Größe, seiner Masse oder seiner Überlappung mit dem Ganzen. Das hatten sie nicht richtig hinbekommen. Jahrhundertelang hatten die Wissenschaftler und Mathematiker diese einfache Idee übersehen, und zwar aus demselben Grund, aus dem ich sie übersehen hatte: Aristoteles hatte genau diesen Gedanken für ungesetzlich erklärt. Wir hatten einfach angenommen, das Enthaltensein sei entweder ganz oder gar nicht, weiß oder schwarz, bivalent. Wir haben diese Annahme nie überprüft. Wir haben die Graustufen direkt durch unsere Brillen herausgefiltert. Dabei trifft Grau in den allermeisten Fällen zu.

Und nun kommt die eigentliche Überraschung. Was ist denn das Ganze im Teil? Das Konzept ist zwar neu, aber allgemein. Es muß sich an vielen Stellen des formalen Urteilens, der Mathematik und in unserem Alltag gezeigt haben. Wenn es auftauchte, hatten wir keine Erklärung dafür. Wir hatten es als theoretisch unbedeutend hinzunehmen und es durch die Art seines Funktionierens und seine Konsequenzen gerechtfertigt zu sehen, durch seine praktische Nützlichkeit und seine theoretische Fruchtbarkeit. Wir haben es benannt und nahezu mystische Institutionen um es herum aufgebaut, und wir haben Beispiele dazu gefunden, wo auch immer wir hingesehen haben.

Das Ganze im Teil ist Wahrscheinlichkeit. Es ist die Wahrscheinlichkeit des Teils. Was ist die Wahrscheinlichkeit von Erfolg? Der Grad, bis zu dem alle Versuche erfolgreich sind, der Grad, zu dem die Menge der erfolgreichen Versuche die Menge aller Versuche enthält. Ein kurzer mathematischer Beweis zeigt, daß diese seltsame Teilmengigkeitsrelation gleich der relativen

Häufigkeit ist, die wir alle verwenden, ohne sie abzuleiten.* Im allgemeinen gleicht die Wahrscheinlichkeit einer Menge oder eines Ereignisses A dem Grad, zu dem der Teil A den »Probenraum« X enthält. Die Wahrscheinlichkeit von A ist der Anteil, mit dem das Ganze X in dem Teil A steckt oder zu ihm paßt.

Dies alles kann man bündeln, und zwar in der Form des von mir »Teilmengigkeitstheorem« genannten Lehrsatzes (in dem gezeigt wird, daß der Grad der Teilmengigkeit dem gleicht, was die Wahrscheinlichkeitstheoretiker eine »konditionale Wahrscheinlichkeit« nennen, also zum Beispiel die Wahrscheinlichkeit, daß ein Baum umstürzt, wenn man ihn halb durchsägt). Das Theorem beruht auf der direkten Ausweitung des Satzes von Pythagoras für rechtwinklige Dreiecke. Dieser Lehrsatz, der die Länge der Diagonale eines Rechtecks (c) mit der Quadratwurzel aus der Summe der quadrierten Seitenlängen (a, b) gleichsetzt ($a^2 + b^2 = c^2$, $c = \sqrt{a^2 + b^2}$), gehört zu den wichtigsten Sätzen der Mathematik. Wenn der alte Pythagoras um 500 v. Chr. in die richtige Richtung geschaut hätte, hätte er zweifellos diese Erweiterung erkannt und damit der Fuzzy-Theorie mehr als ein Jahrhundert vor Aristoteles' Geburt auf die Sprünge helfen können. Die Ausdrücke »wahrscheinlich« und »zufällig« hätten die nächsten zwei oder drei Jahrtausende der kulturellen Evolution nicht überstanden. Heute können wir das Ganze im Teil die »Wahrscheinlichkeit« des Teils nennen, doch fügt dieses Etikett keinen gedanklichen Inhalt hinzu. Die Größe, um die es geht, ist der Grad der Teilmengigkeit. Dies gilt so bereits seit dem Urknall

* S (X, A) soll für den Grad stehen, zu dem X eine Teilmenge von A ist. Da A eine vollständige Teilmenge von X ist, gilt S (A, X) = 1. Im allgemeinen liegt die umgekehrte Teilmengigkeit S (X, A) zwischen den bivalenten Extremen 0 und 1: $0 < S(X, A) < 1$. Nehmen wir an, X enthält N Versuche und A enthält N_A erfolgreiche Versuche. Dann impliziert das Teilmengigkeitstheorem, daß gilt:

$$S(X, A) = \frac{(\text{Anzahl der Element in } A \cap X)}{(\text{Anzahl der Elemente in } X)} = N_A/N$$

Dies ist die relative Häufigkeit der erfolgreichen Versuche.

(»Big Bang«) und wird noch gelten nach dem Endknall (»Big Crunch«), zumindest dann, wenn die Mathematik weiter in einem Universum gilt, daß ins Nichts hinein kollabiert ist. Zufälligkeit ist tot, weil sie nie lebte. Die Jagd endet mit einer Tötung.

Der Beweis des Teilmengigkeitstheorem fiel mir ein, als ich mich in einem heißen Bad räkelte. Plötzlich sah ich seine Geometrie. Die mathematischen Einzelheiten waren danach kein Problem mehr. Das Teilmengigkeitstheorem war der Wendepunkt für meine geometrische Arbeit zur Fuzzy-Theorie, für meine Karriere und meine Weltanschauung. Daher möchte ich die Entstehung des Teilmengigkeitstheorems ausführlicher erzählen.

Ende Oktober 1989 schrieb ich zum drittenmal meine Arbeit mit dem Titel »Fuzziness vs. Probability« (Fuzzigkeit vs. Wahrscheinlichkeit) um. Ich kam bis zum Abschnitt über Teilmengigkeit und blieb einfach stecken. Ich konnte die Geometrie nicht richtig hinbekommen. Ich saß da und schaute den Computerschirm in meinem Büro zu Hause an und überlegte, ob ich nicht lieber ein Nickerchen auf dem Wasserbett machen sollte, das in der anderen Ecke des Zimmers eingekeilt stand. Doch ich machte kein Nickerchen. Es war noch früh am Abend, und ich wollte noch eine Berechnung anstellen. Ich kämpfte ein wenig mit der Geometrie und entwarf Einheitsquadrate auf einem Blatt. Ich konnte die Antwort in mir spüren wie jemand, der einen Namen auf der Zungenspitze liegen hat oder dem eine schlagfertige Antwort nach einer Beleidigung einfallen soll. Eine Lösung hat ihre Art, rumorend aus dem Unbewußten aufzusteigen, wenn man nur lange genug über dem Problem gebrütet hat.

Ich beendete meine Arbeit zu Hause und ging in die Sporthalle. Fünfzig Minuten lang trat ich die Pedale einer Fahrradmaschine; dabei schloß ich meine Augen und meditierte etwa zehn Minuten lang, und zwar gegen Ende der Übung, wenn man schwitzt und die Beta-Endorphine reichlich fließen. Sportliche Anstrengungen stören die Konzentration, sie klopfen die Gedanken in deinem Hirn los, bevor sie sich festsetzen können. Irgendwann versuchte ich einfache mathematische Sätze wie die binomischen Formeln aufzustellen und zu beweisen. Doch selbst dies ist so schwer wie das Ausfüllen eines Formulars im Freien bei einem Sturm.

Als ich nach Hause kam, stieg ich in mein Bad hinter meinem

Haus in einem Avocadowäldchen. Die sportliche Anstrengung hatte meine Hirnzellen mit Sauerstoff versorgt und die Endorphine auf maximales Niveau gehoben. Viele kreative Ideen sind mir im Bad eingefallen. Keine von ihnen hat sich in meinem Büro gezeigt. Kreativität und Verantwortlichkeit passen nicht zusammen.

Ein heißes Bad nach einem harten Tag bringt einen Teil der Höhepunkte der Arbeit zurück. Und zwar dann, wenn der Kopf klar ist und ich sehr lange ohne Schmerzen in der Lotusposition sitzen kann, die Beine gekreuzt, die Füße hoch in der Nähe der Hüften.

Ich saß in einer stillen Zazen-Meditation. Dabei ist man ganz ruhig, weder zählt man seinen Atem, noch absolviert man irgendwelche Übungen. Man wiederholt keine Mantras, die einem ein Guru verkauft hat, und probiert keine New-Age-Hypothesen aus. Du sitzt einfach da und denkst. Du versuchst die Ideen von B. F. Skinner zu widerlegen, indem du zeigst, daß du mehr kannst, als auf deine Umgebung zu reagieren, die außerhalb und innerhalb deiner Hauthülle liegt, daß du nämlich nichts tun kannst, daß du deinen »Geist reinigst« und nach der leeren Menge suchst.

Du sitzt ganz still und läßt deinen Gedanken freien Lauf, bis sie sich auflösen wie Rauchkringel. Zazen verlangt größere Mühe als anstrengende Sportübungen, und es wirkt besser, wenn du es richtig machst und nicht schwindelst. Zazen kostet nichts, und niemand kann es dir nehmen. Wenn die Schwerkraft gewonnen hat und du dein Aussehen, deine Muskeln, deine Figur, Haltung, Haare, Zähne, Energie, Gesundheit, Freunde, deinen Sex, dein Einkommen und deine Familie verloren hast – wenn alle äußeren Reize verschwunden sind und die inneren schmerzen –, dann hast du immer noch Zazen, wenn du es willst. Doch dann kann es sein, daß du nicht mehr die volle Lotusposition einnehmen kannst.

Ich hatte ein leeres Zazen, das beste, das es gibt. Ich weiß nicht, wie lange ich dasaß, schwitzte und die chaotischen Schaum- und Dampfwirbel anstarrte, die sich auf der Oberfläche des Wassers bildeten. Doch dann meldete sich ein Eindringling und ruinierte mein Zazen. Mein geistiges Auge sollte blind sein, doch nun war es das nicht. Ich »sah« ein graues Wasserbett, das mitten in einem Zimmer über mir hing, wie auf einem surrealistischen Gemälde. Wie *nahe* ist es, fragte ich mich selbst oder mein Nichtselbst. Da brach das Zazen zusammen, und ich war ganz auf Mathematik konzentriert. Im nächsten Augenblick hielt ich mehrere weiße Stricke in der Hand, die alle mit verschiedenen Punkten am Wasserbett verbunden waren. Es ähnelte einem fliegenden Drachen oder einem landenden Fallschirm. Wie nah ist das Wasserbett? Der kürzeste Strick, natürlich. Welcher ist es? Der *senkrechte* Strick. Das richtige Dreieck. Der Strick, der ein richtiges Dreieck beschreibt mit dem Strick als dem einen Schenkel oder der einen Kathete des Dreiecks, mit einem anderen Strick von mir bis zur Ecke des Bettes als Hypotenuse und mit dem Liniensegment von dieser Ecke bis zu der Stelle, an der der erste Strick das Wasserbett erreicht, als die andere Kathete. Eine »orthogonale Projektion«, wie man in der Mathematik sagt. Dies war die Antwort. Keine Frage. Senkrechte Linien. Orthogonalität. Der Satz des Pythagoras.

Ich bin nicht aus dem Wasser gesprungen, um wie Archimedes »Heureka!« zu rufen, nachdem er gesehen hatte, wieviel Wasser er aus seiner Badewanne verdrängte, und dabei einen Grundsatz der Hydrostatik entdeckt hatte. Ich war zu Tode erschrocken, als ob mir eingefallen wäre, ich hätte meine Brieftasche in einem Supermarkt liegengelassen. Ich hatte nämlich eine algebraische Lösung des Teilmengigkeitstheorems publiziert und diese Lösung im ersten Teil meiner Arbeit »Fuzzigkeit vs. Wahrscheinlichkeit« wiederholt. Doch das dabei verwendete Maß für die Teilmengigkeit unterschied sich von dem jetzigen. Und dies hier war richtig. Der Gedanke, meine eigene Arbeit über die Teilmengigkeit öffentlich zurückziehen zu müssen – ein Teil davon stand in meiner Dissertation –, fing allmählich an, die Freude über die Entdeckung zu überwiegen. Ich sprang aus dem Bad und rannte ins Haus.

In meinem Büro legte ich mich auf das Wasserbett, das soeben noch mitten im Raum geschwebt hatte. Ich notierte das neue geometrische Maß der Teilmengigkeit und verglich es mit dem alten algebraischen Maß. Ich setzte dieselben Werte bei jedem Maß ein und erhielt dieselben Antworten. Dies konnte bedeuten, daß sie dieselben Maße waren. Ich erinnere mich, wie mein Herz vor

Aufregung zu klopfen anfing. Andere Werte führten zu denselben Ergebnissen. Doch dann kam die Tragödie: Ein weiterer Wert führte zu zwei verschiedenen Ergebnissen. Alles war aus. Mein Herz klopfte nun aus anderen Gründen.

Ich hatte die Rechnungen mit der Hand ausgeführt. Nun wiederholte ich sie, um sicher zu sein. Diesmal waren alle Ergebnisse gleich. Die scheinbare Abweichung war ein Rechenfehler gewesen. Verzweiflung verwandelte sich in Triumph.

Ich vermutete, daß die beiden Maße der Teilmengigkeit in der Mathematik tatsächlich dieselbe Sache waren. In wenigen Minuten konnte ich das als Theorem beweisen. Das neue Maß war dem alten gleich. Die Welt war gerecht. Die beiden Maße der Teilmengigkeit waren dieselbe Sache, nur in unterschiedlichen Schreibweisen, wie dieselbe Nachricht einmal auf englisch und einmal auf chinesisch. Das geometrische Maß war einfacher und basierte auf weniger Annahmen. Ich notierte den Beweis noch einmal mit aller Sorgfalt, diesmal mit schwarzer Tinte und mit viel Platz zwischen den Symbolen und den Linien. Die beiden Maße der Teilmengigkeit blieben dieselben. Ich hatte das Teilmengigkeitstheorem bewiesen – oder in gewisser Weise erneut bewiesen –, und zwar mit wenigen Annahmen. Ich hatte die Geometrie richtig hinbekommen, und die Theorie war vollständig.

Ein wenig später habe ich einige Nebensätze (Korrolare) ausgearbeitet, die aus dem Teilmengigkeitstheorem folgen. Ein Korrolar zeigt, daß sich die Teilmengigkeit im speziellen Fall des Ganzen im Teil auf Wahrscheinlichkeit reduziert. Das war ein herrlicher Bonus. Ich rief meinen Freund Fred Watkins an, der die Fuzzy-Software-Firma HyperLogic in Escondido betreibt, schickte ihm ein Fax mit dem neuen Theorem nebst Beweis und erinnere mich daran, daß ich Fred den fuzzigen Witz erzählte: Was sagt ein Fuzzy-Theoretiker zu dem Wahrscheinlichkeitstheoretiker? Danke schön!

Das Ganze im Teil. Das ist genau so, wie es sein sollte. Gerade diese Idee enthält den antiwissenschaftlichen Glauben der östlichen Mystik, den die Wissenschaftler verachten. Und doch ist es Wissenschaft. Es ist reine und elementare Mathematik, Buddha gewinnt diese Runde. Und Einstein hat wieder recht: Gott braucht nicht zu würfeln. Das Universum ist nicht zufällig. Man kann eine Stufe tiefer gehen und die Zufälligkeit loswerden. Das Universum ist deterministisch, wenn auch grau. Die Chaostheorie hatte den deterministischen Teil bereits richtig erkannt. Die Fuzzy-Theorie bestätigte das nun und sollte noch hinzufügen, daß alle Dinge auch eine Sache des Grades waren.

Meine Suche war beendet. Wieder einmal hatten sich die Wissenschaftler auf den »selbstverständlichen« Ebenen der Logik und Mathematik geirrt. Sie hatten ihre Vermutungen, Instinkte und konditionierten Reflexe über »Wahrscheinlichkeit« und »Zufälligkeit« zu einer heidnischen Gottheit aufgeblasen und sie in jeder Ecke der Universums untergebracht, so wie sie ein Jahrhundert zuvor alles mit diesem unsichtbaren »Licht-Äther« vollgepackt hatten, um die Lichtwellen durch das Weltall laufen zu lassen. Ich hatte meinen Glauben an die Wissenschaft verloren. Ich konnte Wissenschaftlern nicht mehr vertrauen. Ich konnte mich nicht einmal mehr auf meine eigenen Instinkte und Intuitionen verlassen. Das Ganze im Teil zeigte mir das.

Wem kann man denn nun vertrauen? Ein Fuzzy-Theoretiker kann darauf nur eine Antwort geben: Vertraue nicht mir!

DIE FUZZIGE VERGANGENHEIT

Es geschieht nichts Neues unter der Sonne. Geschieht etwas, davon man sagen möchte: Siehe, das ist neu? Es ist zuvor auch geschehen in den langen Zeiten, die vor uns gewesen sind.

Der Prediger Salomo 1: 9-10

Alle Ideen kommen von anderen Ideen. Fuzzy-Logik ist nicht fertig entwickelt in die Welt der Wissenschaft und Technik hineingeplatzt, auch wenn es die Presse so geschrieben hat. Der Name »Fuzzy Logic« ist hübsch und neu, und er hat sich durchgesetzt. Er ist weniger formal und weniger genau als die alte Bezeichnung »Vagheit«. Und man muß den Mund nicht so voll nehmen wie bei »Multivalenz« (Vielwertigkeit). Der Name bezeichnet eine Idee oder eine ganze Gruppe von Ideen: Grauschattierungen, verschmierte Grenzen, Grauzonen, ausbalancierte Gegenstücke, sowohl wahr als auch falsch, Widerspruch, vernünftig und nicht logisch. Das alles ist uralt und hat viele Vorläufer.

Dieser Abschnitt beschreibt, wo die Fuzzigkeit in der fernen und nahen Vergangenheit aufgetaucht ist, wer sie verfeinert und wer sie verdammt hat. Ich habe mich auf das frühe 20. Jahrhundert konzentriert, weil sich damals ein Großteil der modernen Wissenschaft, Mathematik und Philosophie herausgebildet hat. Russells neue Logik und Heisenbergs Quantenmechanik haben die Wissenschaft erschüttert und ihre Vertreter gezwungen, die Mathematik, die Methoden und die Art zu überdenken, in der sie die graue Welt schwarzweiß beschrieben, und zu überlegen, wie teuer sie das zu stehen gekommen ist. Das Eis war gebrochen, und die Fuzzigkeit sickerte ein. Eine moderne Generation mußte sich zum erstenmal seit der griechischen Antike mit der Fuzzigkeit auseinandersetzen und sie akzeptieren oder verwerfen. Sie zu akzeptieren hieß, eine Weltanschauung auf den Kopf zu stellen. Sie zu leugnen bedeutete harte Arbeit und Streit um Worte, um alte Löcher zu stopfen, während sich neue auftaten.

Die alte Geschichte der Fuzzigkeit reduziert sich auf die Logik des Westens und die des Ostens. Im Westen gab uns Aristoteles die binäre Logik und einen großen Teil unserer heutigen wissenschaftlichen Weltsicht. Er zeigte uns, wie die Logik immer zwei Gegenstücke herausschneidet und zwischen ihnen eine Linie zieht, zwischen Ding und Nichtding, zwischen A und Nicht-A. Je besser man diese Linien zog, desto logischer arbeitete der Verstand und desto genauer war die Wissenschaft.

Im Gegensatz dazu waren die Geistesgrößen des Ostens Mystiker. Sie nahmen Doppeldeutigkeiten und Vagheiten hin und förderten sie sogar manchmal. Buddha verwarf die schwarzweiße Welt der Wörter auf seinem Weg zur spirituellen oder seelischen Erleuchtung, während Laotse uns das Tao gab und sein Yin-Yang-Emblem aus Gegenstücken, das sowohl Ding als auch Nichtding war, sowohl A als auch Nicht-A. Die Geschichte hätte ganz anders verlaufen können, wenn Buddha und Laotse die Mathematik und Logik der alten Griechen studiert hätten.

Aristoteles oder Buddha

Alles muß entweder sein oder nicht sein, entweder in der Vergangenheit oder in der Zukunft.

Aristoteles
De Interpretatione

Ich habe nicht erklärt, daß die Welt ewig oder nicht ewig ist. Ich habe nicht erklärt, daß die Welt endlich oder unendlich ist.

Buddha
Majjhima-Nikaya

Die grundlegende Idee des Buddhismus besteht darin, über die Welt der Gegensätze hinauszugehen, eine Welt, die aus intellektuellen Unterscheidungen und emotionalen Entweihungen besteht.

Daisetz T. Suzuki
The Essence of Buddhism

Aristoteles und Buddha treffen sich in der Fuzzy Logic. Der Prophet von A ODER Nicht-A steht dem Propheten von A UND Nicht-A in Mathematik, Wissenschaft und Technik gegenüber. Dies mag der erste Zusammenstoß von westlichen und östlichen Glaubenssystemen auf der technischen Ebene sein. Es wird nicht der letzte bleiben.

Die USA und Japan sind in der Welt führend in Wirtschaft und Technik – in Moneten und Mathematik. Beide Länder haben Kulturen, die aus anderen Ländern stammen: das antike Griechenland im Falle der USA und des größten Teils von Europa sowie das alte China und das alte Indien im Falle von Japan.

Aristoteles und Buddha personifizieren diese beiden kulturellen Wurzeln. Buddha kam aus Indien und nicht aus China, und er ist nie dort gewesen. Doch seine Weltanschauung ist durch China gekommen. Sie durchlief den Filter des chinesischen Taoismus und wurde schließlich zum Zen-Buddhismus, der die Gedankenwelt Japans, seine Kultur, Geschichte und Wirtschaftspraxis durchdringt. Das folgende Kapitel untersucht einige der alten und neuen Einflüsse der beiden großen Denker.

Die Soziologie der schleichenden Fuzzigkeit

Wieviel wissen wir im Westen über Aristoteles und Buddha? Wieweit haben diese beiden Männer die Kultur der Welt verändert?

Die Logik des Aristoteles und seine wissenschaftliche Auffassung haben den modernen westlichen Geist zum großen Teil gestaltet und die Bandbreite seiner Parameter festgelegt, seine Grenzen und seine Vorstellung von dem, was richtig und was falsch ist. Jede Generation hat das aristotelische Modell des Geistes und des Universums verfeinert. Die Wissenschaft hat Aristoteles' Sicht des Universums inzwischen aufgegeben. Das begann mit Sir Isaac Newtons Theorie, daß weißes Licht eine Mischung aus farbigem Licht ist. Auch Aristoteles hatte ein Prisma verwendet, um weißes Licht in Farben aufzuteilen. Doch er meinte, daß es metaphysische »Transformationen« waren, die die Trennung bewirkten. Anders als Newton dachte er nicht an einen physikalischen Mechanismus wie etwa einen Filter, der nach Wellenlängen separiert.

Dem aristotelischen Modell des Geistes hat die Wissenschaft weniger kritisch gegenübergestanden. Zu einem gewissen Grad legt immer noch Aristoteles fest, was in der Logik und der Argumentation *philosophisch korrekt* ist. Welches Vertrauen hätten wir in unsere aristotelische Grenzziehung, wenn wir annähmen, daß sich Aristoteles geirrt, eine Schrulle niedergeschrieben oder nur die flüchtige Volkskultur seiner Zeit reflektiert habe? Was wäre, wenn die Akzeptanz der schwarzweißen Logik mehr mit Geschmack, Spaß oder kultureller Prägung und weniger mit »selbst-evidenter« logischer Notwendigkeit zu tun hätte? Wenn wir die Philosophie des Aristoteles nicht in unseren physikalischen Theorien akzeptierten, warum sollten wir das beim Urteilen und in unseren Computerkonstruktionen tun? Was liegt außerhalb der aristotelischen Grenzen? Was ist mit der multivalenten oder der Fuzzy-Logik? Wie können wir die Fuzzigkeit, die sich in die Hochtechnologie der Länder des Fernen Ostens einschleicht, erklären? Wie paßt Fuzzy Logic hier hinein? Wie paßt sie in das östliche Glaubenssystem?

In den frühen neunziger Jahren ist Fuzzigkeit als technisches und kulturelles Wahrzeichen des Fernen Ostens aufgetaucht. Japan hat die Fuzzy-Revolution auf der Ebene der High-Tech-Konsumgüter angeführt. Japanische Ingenieure haben sich der Fuzzy Logic bedient, um die Maschinenintelligenz von Camcordern, Getrieben, Staubsaugern, Hunderten von anderen Geräten und Systemen zu erhöhen. Die japanische Regierung hat zwei große Laboratorien eingerichtet, die im Wechsel jährlich eine Fuzzy-Konferenz durchführen. Ich habe japanische Werbefilme für intelligente Waschmaschinen und Klimaanlagen gesehen, in denen es nur ein Wort gab, das ich verstand: »fuadschi« mit Ausrufezeichen. Die Japaner haben ein neues Kandschi-Zeichen für Fuzzy-Theorie entwickelt: »fuadschi riron«. Leute in der Untergrundbahn oder Geschäftsführer großer Firmen lesen die vielen populären japanischen Bücher über Fuzzy Logic. Das japanische Fernsehen hat zur besten Sendezeit Berichte über Fuzzy-Technik ausgestrahlt, in denen gezeigt wurde, was sie mit dem Fertigungsprozeß und der Konsumgüterelektronik zu tun hat. Die Politiker haben im japanischen Parlament über die Fuzzy Logic debattiert und gescherzt. Nach Schätzungen des Ministeriums für Internationalen Handel und Industrie (MITI) haben Fuzzy-Produkte – 70 Prozent von ihnen gehören in den Bereich der Konsumgüterelektronik – im Jahre 1990 1,5 Milliarden und 1991 mehr als zwei Milliarden Dollar eingebracht. Der Weltmarkt für Computerdienstleistungen, Software und Hardware liegt bei ungefähr 200 Milliarden Dollar. Der japanische Anteil mit Fuzzy-Produkten daran beträgt also etwa 1 Prozent. Und das ist erst der Anfang.

Fuzzigkeit hat auch in anderen Ländern des Fernen Ostens Wurzeln geschlagen. Japan hat sich auf die Technik konzentriert. Südkorea ist mit einer eigenen Fuzzy-Gesellschaft, Konferenzen und Firmen gefolgt, um mit Japan zu konkurrieren. Singapur, Malaysia und andere südostasiatische Länder betreiben Fuzzy Logic an ihren Universitäten und in neu gegründeten Firmen. Indien hat viele gute Fuzzy-Theoretiker hervorgebracht. Taiwan und Hongkong haben ebenfalls viele Neugründungen ins Leben gerufen, doch scheint man hier mehr den philosophischen und mathematischen Charakter von Fuzzy-Logik zu betonen, so auch in China.

Als ich im Frühjahr 1989 Peking besuchte – kurz vor dem

Massaker auf dem Platz des Himmlischen Friedens –, erfuhr ich, daß es in China mehr als 10 000 Theoretiker und Studenten der Fuzzy Logic sowie mehrere Fachzeitschriften dazu gibt. Chinesische Ingenieure haben fuzzy-logische Systeme bei Herstellungsverfahren und für militärische Aufgaben benutzt, zu denen die Kontrolle der Dicke von Plastikhüllen gehört, mit denen Industriegüter verpackt werden, oder zur Dämpfung bei der Navigations- und Führungskontrolle von Kampfflugzeugen. Mein Gastgeber, Professor Wang Peizhang von der Peking-Universität, hat aus der Ferne im Silicon Valley bei San Francisco die Firma Aptronix gegründet, die erste Neugründung dort, die sich ausschließlich mit Fuzzy Logic beschäftigt. Professor Wang ist noch im alten China vor 1949 aufgewachsen und beherrscht die fortgeschrittene Mathematik ebenso wie die chinesische Kunst des meditativen Atmens und die noch größere Kunst des Wissenschaftsbetriebs. In den späten sechziger Jahren, während der Kulturrevolution unter Mao, hat Wang Rüben gepflanzt. Zwei Jahrzehnte später wurde er Vorsitzender im Aufsichtsrat von Aptronix.

Um den Triumph der Fuzzy Logic im Fernen Osten zu verstehen, muß man die orientalische Mentalität begreifen, wie mir meine Freunde von dort versichern. Dabei hängt viel vom Verständnis des Buddhismus ab, von seiner Geschichte und seiner Praxis sowie davon, wie beide sich voneinander unterscheiden.

Ich glaube, daß Buddhismus und Fuzzy-Technik in Ländern mit entwickelter High-Tech-Ökonomie in Wechselbeziehung stehen. Stellen wir uns zwei Globen der modernen Welt vor. Auf dem ersten streichen wir die Länder rot an, die Fuzzy Logic in Wissenschaft, Technik und Mathematik anwenden. Auf dem zweiten streichen wir die Länder rot an, in denen der Buddhismus floriert. Beide Globen dürften ähnlich bemalt sein.

Aristoteles und Buddha im Westen

Buddha starb in Indien, etwa 100 Jahre bevor Aristoteles 383 v. Chr. in Griechenland geboren wurde. Beide Männer erfaßten, bedachten und erweiterten die Ideen ihrer Zeit. Buddha verkörpert die Weisheit des Ostens, Aristoteles die Weisheit und die mathematisch-wissenschaftliche Auffassung des Westens.

Alexander der Große, der Schüler des Aristoteles, drang bis nach Indien vor, das heute auf seiner Flagge Buddhas Rad der Wahrheit (Dharma) zeigt. Alexander sah ohne Zweifel, wie die buddhistische Ordnung in dem in Indien herrschenden Brahmanismus auftauchte. Vielleicht hat Aristoteles etwas über den Buddhismus erfahren; er starb in Griechenland 322 v. Chr., ein Jahr nachdem Alexander in Babylon den Tod gefunden hatte. Am Rande sei darauf verwiesen, daß der russische Entdecker Nikolas Notovich in seinem 1894 publizierten Buch behauptet, daß er in Tibet Hinweise gefunden habe, wonach Jesus als Kind entlang der Seidenstraße nach Indien oder Tibet gewandert sei und dort Buddhismus studiert habe, und zwar während der »verlorenen Jahre« zwischen seinem 12. und seinem 30. Lebensjahr.

Buddha und Aristoteles haben Kausalitätsketten in Gang gesetzt, die sich durch die Geschichte des Westens und des Ostens winden und sich noch immer nicht getroffen und miteinander verwoben haben. In japanischen Hotels gibt es buddhistische Sutras, in amerikanischen Hotels Bibeln.

Wer sich im Osten über das Christentum, das Judentum oder den Islam erkundigt, erhält eine erschöpfende Auskunft. Fragt man im Westen, was Buddhismus sei, wird die Antwort wahrscheinlich eher einer Hollywood-Karikatur ähneln: Da verharrt ein fetter Mann im Lotussitz, im Hintergrund Sitarmusik, dazu wird in die Hände geklatscht, und eine Menge Slogans sind zu hören, die Liebe-Liebe-Liebe und die Idee des Nirwana als unendlichen Orgasmus verkünden. Man stelle sich die christliche Reaktion auf eine entsprechende Darstellung von Jesus in Spielfilmen, Büchern, Restaurants vor oder auf japanische, kambodschanische oder indische Versionen der Fernsehserie »Kung Fu« mit einem umherstreunenden christlichen Mönch, der die Einheimischen so verprügelt, daß ihnen Hören und Sehen vergeht.

Wie viele Christen, Juden oder europäisch-amerikanische Atheisten oder Agnostiker meinen wohl, daß ein asiatischer Politiker oder Journalist begreifen kann, was auf der Welt passiert, von der Weltgeschichte einmal abgesehen, ohne etwas von der Bibel zu verstehen? Doch wie viele Menschen aus dem Westen können die drei grundlegenden Lehrsätze des Buddhismus aufzählen? Wie viele können drei der »vier edlen Wahrheiten« nennen? Wie viele können auch nur eine Sutra angeben und beschreiben? Wie viele können Buddha, Konfuzius und Laotse auseinanderhalten? *Wie viele Menschen aus dem Westen können fünf Bücher aus dem Osten nennen?* Und bei welcher Oscarpreisverleihung hat das Filmepos über das Leben Buddhas die meisten Preise abkassiert? Wie viele Filme haben wir über Buddha gesehen oder über Aschokas Vereinigung Indiens und seinen Übertritt zum Buddhismus auf dem Schlachtfeld oder über die Zusammenstöße des Buddhismus mit dem Hinduismus, dem Islam, dem Kommunismus oder über seine Verbreitung bis nach China, Korea, Südostasien und Japan?

Ich frage mich, wie weit sich die westliche Sicht des Buddhismus verändert hätte, wenn Richard Wagner ein oder zwei Jahre länger gelebt hätte. Wagner war als Schreiber, Komponist und Organisator der Superstar seiner Zeit. Er starb 1883, als er an einem neuen Musikdrama arbeitete: *Die Sieger.* Darin verzichtet Ananda, ein Schüler Buddhas, auf die Liebe einer Frau, um an der Seite seines Meisters sitzen und meditieren zu können.

Aristoteles und Buddha haben sehr unterschiedliche Lebensläufe. Aristoteles war ein Mann der vornehmen Gesellschaft und der Gelehrsamkeit. Er studierte 20 Jahre lang an Platons Akademie. Dann hat er seinerseits Prinzen unterrichtet. Aristoteles führte das Universum und die Gesellschaft auf metaphysische Aspekte zurück. Das Wort »Metaphysik« kam in Umlauf, als frühe Geschichtsschreiber und Lehrer seine Arbeiten über die Ontologie *nach* Werken über die Physik einordneten (griech. »meta ta physika« = nach der Physik). In seiner vielbändigen *Summa theologica* und in anderen Werken griff Thomas von Aquin, der Philosoph und Theologe des 13. Jahrhunderts, auf die Werke des Aristoteles zurück. Er nannte Aristoteles nur »der Philosoph«. In einigen Abschnitten zitiert er ihn auf jeder Seite. Die katholische Kirche verdankt Aristoteles eine ganze Menge. Dante, der italienische Dichter des 14. Jahrhunderts, nannte ihn »den Meister aller, die wissen«.

Aristoteles dachte politisch richtig, wenn man den Standard seiner Zeit und nicht den der unsrigen zugrunde legt. Er trat für die Legitimität der Aristokratie und der Sklaverei ein und hat vielleicht selbst Sklaven gehalten. In seiner *Politik* heißt es, es gebe eine legale oder konventionelle Sklaverei: »Das betreffende Gesetz besteht nämlich in der allgemeinen Übereinkunft, daß die im Kriege Überwundenen Eigentum der Sieger seien.« Wenn Menschen erbeutet und versklavt werden, können sie rechtmäßig gekauft und verkauft werden – ein legales Prinzip, auf das man sich bis zum amerikanischen Sklavenhandel berief.

Von den zahlreichen Werken Aristoteles' sind die meisten verlorengegangen. Doch blieb genügend erhalten, um die Geschichte der westlichen Welt zu prägen. Aristoteles schrieb mehrere Bände über Logik und Vernunft. Er befaßte sich mit allen Zweigen der Philosophie, Wissenschaft und Kunst seiner Zeit. In seiner *Poetik* entwickelte er einen Aufbau des Dramas aus drei Akten, der heute jedem Hollywood-Drehbuch eines zweistündigen Spielfilms und jedem halbstündigen Fernsehfilm zugrunde liegt. Einige heutige Kurse für Drehbuchautoren setzen die *Poetik* als Pflichtlektüre voraus.

Buddha im Osten und heute

Aristoteles schrieb mehr, als er predigte. Buddha hat nur gepredigt. Die Legende erzählt, daß Siddhartha Gautama (»Buddha« ist sein späterer Ehrentitel = der Erwachte, der Erleuchtete) im Alter von 28 Jahren den Reichtum und die Macht seines Prinzentums aufgab – sein Vater war ein Fürst (Radscha) im Nordosten Indiens – und nie mehr zurückkehrte. Die meisten von uns gehen in die andere Richtung. Dies hat mir immer mehr Eindruck gemacht als alles andere, das ich jemals über bedeutende religiöse Gestalten erfahren habe. Niemand bekommt mehr das Gelübde der Armut zu spüren als ein junger Prinz und Playboy, der gesund ist und sein Auskommen hat. Heute kennen wir viele reiche Männer, denen man ihre Millionen genommen hat, aber es waren immer andere, die dafür gesorgt haben.

Buddha wanderte als Bettelasket umher, um seine Botschaft vom Verzicht zu verbreiten. Er ließ seine Worte nicht von seinen Jüngern aufschreiben oder sein Bild zeichnen. Er ließ sich nicht übertrieben darstellen, romantisch verklären oder zur Gottheit erheben. Einige Gelehrte haben dann offenbar im zweiten und dritten Jahrhundert unserer Zeitrechnung die zahlreichen Regeln

Buddhas niedergeschrieben. Nach mehr als 600 Jahren der mündlichen Überlieferung hatte sich natürlich eine Menge geändert. Aus einer persönlichen Philosophie wurde die Religion Buddhismus, und ein Mensch wurde mehr als ein Mensch – modern ausgedrückt, war Buddha wahrscheinlich ein Atheist oder Agnostiker. Viel hat sich seit damals geändert.

Der Buddhismus breitete sich von Indien nach Ostasien aus und spaltete sich dabei in viele kleine und große Richtungen auf, die Schulen des Hinajana- (»Kleines Fahrzeug«) und des Mahajana-Buddhismus (»Großes Fahrzeug«). Die Jeder-Mann-sitzt-in-einem-Boot-Schule des Hinajana- oder Therawada-Buddhismus beherrscht immer noch Sri Lanka und Südostasien. Die Wir-sitzen-alle-zusammen-in-einem-Boot-Schule des Mahajana-Buddhismus hat sich in Tibet, China, Korea und Japan verbreitet. Der Therawada (»die Lehre der Alten«) konzentriert sich ganz auf die Selbstbestimmung, die Buddha predigte. Der Mahajana-Buddhismus beachtet mehr die fremdbestimmten Dinge, die Buddha tat. Beide Schulen haben Buddha vergöttlicht und seine Lehren in religiöse Rituale gehüllt, die Buddha eigentlich verhindern wollte. Die beiden Strömungen haben sich inzwischen weit auseinanderentwickelt.

Ich habe einmal eine Fahrt auf dem »Großen Fahrzeug« unternommen, um zu sehen, ob es Buddhismus bei Buddhisten gibt. Zufällig zog ich in ein Haus in den Puente Hills in Kalifornien, das weniger als eine Meile vom größten buddhistischen Tempel der westlichen Hemisphäre entfernt liegt. Im November 1988 hat der von Taiwan gegründete Hsi-Lai-Tempel seine Tore geöffnet. Kurz danach kam der Dalai-Lama zu Besuch. Über Nacht schossen die Preise für Häuser – einschließlich des meinigen – in die Höhe. Proteste wandelten sich in Stolz auf kulturelle Vielfalt, und der Ruf nach Presse und touristischer Anerkennung wurde laut. Immobilienmakler nannten rasch die Grenzen des Tempelbezirks »heiligen Radius«, und in ihren Prospekten verwiesen sie auf die »Aussicht auf den Tempel«.

Ich habe den Tempel kurz nach seiner Eröffnung besucht. Er zeigte mehr Glanz und Glitter als alle buddhistischen Tempel, die ich im Fernen Osten gesehen hatte. Im Inneren sitzen große goldene, lachende Buddhas und Bodhisattwas, die von Tausenden kleinerer Buddhas umgeben sind, die ihrerseits in kleinen goldenen Eiern hocken. Unter den großen Buddhas und Bodhisattwas ist der Text der Diamant-Sutra in eine schwarze Steinwand gemeißelt. Ein Museum zeigt die Buddhastatuen, die aus allen Teilen des Fernen Ostens gestiftet worden sind. Kahlköpfige Nonnen in grauen und braunen Gewändern betreiben den Tempel und einen Andenkenladen. Verzierte Gebäude, die an die Verbotene Stadt Pekings erinnern, umschließen einen großen Hof von versetzten Rechtecken aus Zement, zwischen denen Gras wächst. Die Rechtecke stellen die 1000 Schritte vom Menschsein zum Buddha-Sein dar und führen in die zentrale Halle des Tempels, eine riesige Zone der Verehrung mit noch mehr Buddhas, Bodhisattwas, Buddha-Eiern und riesigen goldenen Kandelabern, unter denen ich einmal stand und mich wunderte, als ein leichtes Erdbeben die Halle erschütterte. Am frühen Morgen stellen sich Verehrer in langen, schwarzen Gewändern im Hof in Reih und Glied auf, rezitieren aus ihren Liturgiebüchern und schreiten mit gefalteten Händen und gesenkten Köpfen in die große Halle, um weiter zu singen und religiöse Instruktionen in Empfang zu nehmen. Das alles ist sehr hübsch anzusehen, aber es ist weit von einem Mann entfernt, der seinen Jüngern nicht erlaubte, seine Worte aufzuschreiben oder sein Antlitz im Bild festzuhalten.

Der Hsi-Lai-Tempel hat auf eine Weise Erfolg, die nicht in der Absicht seines Gründers lag. Jedes Jahr kommen mehr Besucher, aber als Touristen und Neugierige, nicht als Bekehrte. Den Reiz östlicher Religionen hat immer ihre Erfahrung ausgemacht, nicht das Ritual und der Glaube drum herum. Davon bieten westliche Religionen reichlich. Der Maharischi Mahesch Jogi holte so etwas wie ein plattes Restangebot an Hinduismus hervor, als er dem Mantram-Joga seine religiöse Hülle nahm, ihn »Transzendentale Meditation« nannte und Meditierenden persönliche Mantras (geheime Spruchformeln) verkaufte, die sie immer wieder im stillen aufsagen sollten, täglich 20 Minuten lang. Ganz ähnlich hatten Karate, Judo und andere martialische Künste im Westen Erfolg, nachdem man sie nämlich ihres historischen und kulturellen Zusammenhangs entkleidet hatte. Der Buddhismus hat bislang einer westlichen Popularisierung widerstanden, was vielleicht daran liegt, daß man im Westen nur Rituale, Statuen und die »Kung Fu«-Filme sieht.

Was ist nun Buddhismus? Was hat Buddha gelehrt? Er reduzierte seine Weltsicht auf vier Punkte: 1. Leben ist Leiden (»dukha«), 2. Leiden entsteht aus Sehnsucht, Durst, Lebensgier (»tanha«), 3. Hebe die Lebensgier auf, und du überwindest das Leiden, 4. Führe ein bescheidenes Leben und meditiere, um die Lebensgier aufzuheben. Wünsche nichts, verletze niemanden. Das ist weniger Religion als eine intellektuelle Schmerztablette.

Buddha betonte immer wieder diese Punkte in seinen überlieferten Gesprächen oder Sutras. Er weigerte sich, in Worten gefangen zu werden; die Welt ist aus intellektuellen Unterscheidungen und emotionalen Entweihungen aufgebaut, wie es der buddhistische Gelehrte D. T. Suzuki einmal formuliert hat.

Buddha war kein Fuzzy-Logik-Theoretiker im mathematischen Sinn. Er hat keine Arbeiten über unscharfe Mengen oder fuzzylogische Systeme verfaßt. Doch er hatte die Idee der Grauschattierungen: Er duldete A UND Nicht-A. Er vermied sorgfältig die künstliche Zweiwertigkeit, die aus der Verneinung »nicht« in den Sprachen stammt. Daher seine berühmte Zeile: »Der Nichtgeist nichtdenkt Nichtgedanken über Nichtdinge.« Buddha scheint der erste große Denker gewesen zu sein, der die schwarzweiße Welt der Bivalenz überhaupt abgelehnt hat. Das allein setzte große Einsicht, innere Freiheit und Zähigkeit in einer Zeit voraus, die keine formale Analyse kannte. Seine persönliche Philosophie errichtete er auf der Ablehnung der Zweiwertigkeit. Wir im Westen verbinden heute mit Buddhismus das dickbäuchige Zerrbild dieser Philosophie.

Buddha weigerte sich, Worte wichtiger als das zu nehmen, worauf es im Leben und im Sterben ankommt. Das Vermeiden schwarzweißer Grenzen hilft einem, die verschränkte Welt klarer zu sehen und sich auf das Wesen Mensch zu konzentrieren. Das Zitat von Buddha am Anfang dieses Kapitels lautet weiter: ». . . ich habe nicht erklärt, daß die Welt endlich oder unendlich ist. Und warum habe ich dies nicht erklärt? Weil dabei nichts herausspringt, weil es weder etwas mit den Grundlagen der Religion zu tun hat, noch zur Abneigung führt, zur Abwesenheit von Leidenschaft, zum Aufhören, zur Stille.«

Buddha konzentrierte sich auf Tod, Alter und Leiden, das den beiden anderen gewöhnlich vorausgeht. Zu seiner Zeit gab es mehr Leiden als heute, da wir Schmerztabletten haben. Doch noch immer endet das Leben schnell und schlecht. Buddha bleibt an seiner Grenze siegreich.

Was ist Wahrheit?

Wir wollen zugestehen, daß der Abweichler unsere klassische Wahr-falsch-Dichotomie kohärent in Frage stellen kann. Aber warum sollte er das tun? Die Gründe haben über die Jahre zwischen schlecht und schlechter geschwankt. Der schlechteste Grund ist, daß die Dinge gar nicht nur schwarz und weiß sind, daß es Abstufungen gibt. Es ist schwer einzusehen, daß dies gegen die klassische Negation sprechen soll; doch unverantwortliche Literatur in dieser Hinsicht kann zitiert werden.

Willard van Orman Quine
Philosophy of Logic

Nichts in der Welt, weder ein Gegenstand noch ein Ereignis, wäre wahr oder falsch, wenn es keine denkenden Kreaturen gäbe.

Donald Davidson
Journal of Philosophy, Bd. LXXXVII (6), Juni 1990

Verwechsle den Mond nicht mit dem Finger, der auf ihn zeigt.

Zen-Sprichwort

Alles, was du tun mußt, ist einen wahren Satz zu schreiben. Schreibe den wahrsten Satz, den du kennst.

Ernest Hemingway
A Moveable Feast

Was ist Wahrheit? Das scheint die oberste Frage von Philosophie und Wissenschaft bei der Suche nach Erkenntnis zu sein. Die Wissenschaft sucht Wahrheit. Die Kunst sucht Schönheit. Die Gesellschaft sucht Gerechtigkeit. Die Wahrheit steht ganz oben auf der Liste dieser drei edlen Ziele.

Bei der Wahrheit fängt auch die formale Fuzzy-Logik an. Das *Problem der Fehlpassung* – eine graue Welt, aber eine schwarz-weiße Beschreibung durch die Wissenschaft – ist auf ein Problem der Wahrheit, dem Problem der grauen Wahrheit, reduziert. Die Bivalenz der modernen Wissenschaft ignoriert oder leugnet die graue Wahrheit, oder sie wäscht sie schwarz oder weiß. Diese Taktik bringt Paradoxien und Selbst-Widersprüchlichkeiten mit sich. Die fuzzy-logische Sicht sagt, daß fast jede Wahrheit eine graue Wahrheit ist, eine partielle, bruchstückhafte, verschwommene Wahrheit. Sie läßt nur die mathematischen Wahrheiten Schwarz und Weiß gelten – als extreme Fälle von Grau.

Fuzzy-Logik besagt, daß *jede* wissenschaftliche Wahrheit grau ist. Die zweiwertige Wissenschaft erklärt, keine ist grau, die Wahrheit der Wissenschaft ist nicht grau, sondern hypothetisch, und sie kann von ganz wahr zu ganz falsch im Lichte neuer Daten wechseln. Fuzzy-Logik stimmt zwar zu, daß wissenschaftliche Wahrheit nur angenommen ist, sie bleibt aber dabei, daß sie grau ist. Dies ist der Konflikt. Das Graue. Ob es Graustufen gibt oder nicht und bis zu welchem Grad. Um diesen Streit auszutragen, müssen wir zuerst einen Blick auf die Konzepte werfen, die die Philosophie von Wahrheit hat.

Die Philosophie der Wahrheit

In der modernen Philosophie führt die Suche nach Wahrheit letztlich zu der Frage, wie sie sich verhält, welche Schatten die Wahrheit auf die Wand der Mathematik wirft. Das beginnt mit zwei Fragen: Worauf bezieht sich Wahrheit? Welche Arten von Dingen sind wahr oder falsch? Beide Fragen haben dieselbe Antwort: Aussagen. Wahrheit bezieht sich auf Aussagen, die wir machen, auf das, was wir äußern oder schreiben, zu dem wir nicken oder auf das wir verweisen.

Die Konzentration auf Aussagen bedeutet, daß die Analyse der Wahrheit ein Problem der Sprache wird. Die Philosophen haben der Wahrheit ihren abgehobenen Status genommen und auf die Art und Weise reduziert, in der Wissenschaftler oder Mathematiker Einsen und Nullen Aussagen zuordnen, als würde Gott oder ein idealer Lügendetektor unsere Sätze festhalten: Wir bekommen eine 1, wenn wir die Wahrheit sagen, und eine 0, wenn wir etwas Falsches sagen.

Fuzzy-Logik-Theoretiker haben das gleiche gemacht. Auch wir betrachten die Wahrheit als Anzeigetafel, aber sie ist grau. *Fuzzy-Logik läßt mehr Ergebnisse zu.* Sie läßt das unendliche Kontinuum aller Grauwerte zwischen 0 und 1 zu, Fits statt Bits. Das ist wie der Unterschied zwischen Nacht und Tag – wenn der Morgen dämmert.

Aussagen als Vehikel der Wahrheit

Aussagen enthalten Wahrheit. Was sind Aussagen? Aussagen behaupten Tatsachen, Zustände oder mögliche Welten. *Aussagen sind Beschreibungen*. Im Alltag bilden wir Aussagen als Sätze oder Satzfragmente: Glas zerbricht. »Glas zerbricht.« – »Da!«

Wir sagen: »Dies soll etwas aussagen«, wenn sich ein Teenager die Haare grün färbt, ein Geschäftsführer Turnschuhe trägt oder wenn eine Schauspielerin im Zimmer eine Sonnenbrille aufsetzt. In diesen Fällen bedeutet »aussagen« aber eher, sich in Pose zu setzen. Behauptungen sind Aussagesätze. Eine Aussage machen heißt etwas feststellen. Und etwas feststellen heißt, es zu sagen.

Sehen wir uns einen Felsen an. Ein Felsen ist nicht wahr. Ihn gibt es bloß. Und doch sagen wir, die Aussage »Felsen sind hart« ist wahr. Wir fassen ihn an und messen ihn, oder wir zitieren ein Buch oder einen Fachmann, um zu zeigen, daß Felsen hart *sind*. Dann sagen wir, »Felsen sind hart« ist wahr, da Felsen hart sind, denn es ist eine Tatsache, daß Felsen hart sind.*

Die Aussage »Felsen sind hart« beschreibt eine mögliche Tatsache, eine Hypothese oder eine Behauptung darüber, wie die Welt beschaffen ist, wie sich die Dinge im Raum-Zeit-Kontinuum befinden, wie Atome, Moleküle, Quarks und Leptonen in unserem Teil des Universums eine Reihe bilden. Wir sagen, eine Aussage ist wahr, wenn die Hypothese genau ist, wenn die Vergangenheit oder die Gegenwart (oder die Zukunft) unsere Behauptung bestätigt.

Aristoteles betrachtete Aussagen als Propositionen oder als Sätze aus Subjekt und Prädikat wie »Das Kaninchen rennt« oder »Jesus weinte«. Heute verwenden wir den einfacheren Ausdruck »Aussage«. Im Alltag sind Sätze und Aussagen dasselbe. Sie liefern uns Bedeutungen, und wir stecken Bedeutung hinein. Sätze sind Röhren, durch die Bedeutung fließt.

Aussagen beschreiben die Welt. Sie beschreiben mögliche Welten. Darüber hinaus bestätigen oder negieren Aussagen eine mög-

* Anm. d. Übers.: Es könnte auch sein, daß es zur Definition des Wortes »Felsen« gehört, etwas zu bezeichnen, das hart ist. Es macht zum Beispiel keinen Sinn, die Aussage »Junggesellen sind unverheiratet« durch Umfragen nachzuprüfen.

liche Welt. Aussagen verbinden Beschreibungen mit Bestätigungen. Eine Aussage ist eine Behauptung mit einer Beschreibung. Die Aussage »Es hat heute geregnet« behauptet ein Ereignis – das Fallen von Regen – im Raum-Zeit-Kontinuum. Ein Gemälde desselben Regens kann ebenfalls »eine Aussage machen« – aber nur im Sinne der Kunst und nicht in dem der Wahrheit, denn das Gemälde behauptet oder erklärt nicht, daß Regen gefallen ist. Der Künstler kann das behaupten, aber dann macht er eine Aussage. Sein Gemälde beschreibt, behauptet aber nicht.

Die meisten modernen Philosophen sind Behavioristen. Sie definieren daher Aussagen durch das, was wir bestätigen oder leugnen. Wir geben zustimmende oder ablehnende Antworten, wenn wir um eine Aussage gebeten werden. Das mag Gemälde oder Musikstücke als Aussagen einschließen, so daß die Benutzer enger fassen müssen, was sie unter Zustimmung und Ablehnung verstehen oder wie sie die Anwendung auf gesprochene oder geschriebene Sätze einschränken. Der behavioristische Ansatz sieht in Gedanken stumme Rede, ungeäußerte Aussagen, wortlose Sprache. Er sieht Glaube, wie es Bertrand Russell einmal formuliert hat, als suspendierte Reaktion an.

Aussagen haben noch andere Eigenschaften neben der Wahrheit. Sie haben quantitative Eigenschaften wie Länge oder Anzahl der Wörter, Zeichensetzung, Modalität und Zeitform. Sie haben auch qualitative oder ästhetische Eigenschaften wie Ironie, Klarheit oder Dialekt. Die Sicht von der Wahrheit als Anzeigetafel reduziert die Wahrheit auf eine weitere quantitative Eigenschaft von Aussagen wie zum Beispiel die Zahl der Wörter oder der Kommata in einer Aussage.

Die Anzeigetafel ignoriert die Bedeutung von Aussagen. Sie bewertet Sätze nur mit einer 0 oder einer 1. Wenn man auf ein Wahrheitsergebnis schaut, weiß man, daß die Aussage wahr oder falsch ist, aber man muß nicht wissen, was die Aussage behauptet. Die Aussage kann eine meterlange Formel aus der Differentialtopologie oder die Funkantwort eines fremden Raumschiffs sein. Was auch immer die Aussage war, eine 0 heißt, sie ist falsch, und eine 1 heißt, sie ist richtig. Die schwierige Aufgabe besteht darin, das Ergebnis richtig hinzubekommen.

Logische und faktische Wahrheit

Philosophen unterscheiden logische Wahrheit von faktischer Wahrheit. Logische Wahrheit gilt bei Aussagen, die logische oder mathematische Verhältnisse beschreiben wie »Entweder A ODER Nicht-A« oder »1 + 1 = 2«. Der Satz »1 = 2« ist logischer Art, er ist logisch falsch, ein Widerspruch. Logische Wahrheit leitet sich aus Symbolen und ihren formalen Relationen ab. Sie hängt nicht davon ab, wie die Welt ist oder nicht ist.

Faktische Wahrheit gilt für Aussagen, die mögliche Tatsachen oder Ereignisse beschreiben, Teilmengen von möglichen Raum-Zeit-Kontinua. Dazu gehören Aussagen über Wissenschaft und Science-fiction: »Es regnete heute«, und: »Die Menschen werden Krankheiten im Jahre 2004 abgeschafft haben.« »Regen ist Regen« ist keine Tatsache. »Regen ist Regen« ist eine logische Wahrheit, eine Tautologie, eine Aussage, die in allen Fällen wahr ist, und zwar einzig durch die Art, wie die Wörter aufeinander bezogen sind, und nicht durch das, was die Wörter bedeuten.

Philosophen schließen sich Aristoteles an und sagen, daß faktische Wahrheiten in einigen Fällen wahr und in anderen Fällen falsch sind, so wie die Wahrheit von »Es regnet« vom Zusammenhang abhängt. Aristoteles nannte die faktische Wahrheit *Kontingenz* und die logische Wahrheit *Notwendigkeit*. Logische Wahrheiten sind in allen Fällen wahr. Logische Unwahrheiten sind in allen Fällen falsch. Kontingente oder faktische Wahrheiten umfassen die gemischten Fälle von Aussagen, die manchmal wahr und manchmal falsch sind.

Philosophen verwenden oft »mögliche Welten«, um logische und faktische Wahrheit zu definieren. Eine mögliche Welt ist ein mögliches Raum-Zeit-Kontinuum, ein Arrangement von Atomen und Molekülen, eine mathematische Welt. Unser Raum-Zeit-Kontinuum, alles, was wir in Raum und Zeit kennen, definiert eine mögliche Welt, die aktuelle Welt. Dann ist eine logisch wahre Aussage eine Aussage, die in allen möglichen Welten zutrifft. Faktische Aussagen sind Aussagen, die in einigen möglichen Welten wahr sind, vielleicht nur in unserer Welt. Unter diesem Aspekt sollte die Art und Weise, mit der wir Zahlen addieren und multiplizieren, in allen möglichen Welten funktionieren. Die Gesetze der Logik und Mathematik gelten in allen Welten. Dennoch kann es Welten ohne Radio- und Fernsehsignale geben, weil die physikalischen Gesetze des Elektromagnetismus nicht überall gelten müssen.

Kohärenz und Korrespondenz

Die Trennung von logischer und faktischer Wahrheit begründet zwei umfassende Theorien der Wahrheit, die als Kohärenz- und Korrespondenztheorie bekannt sind. Logische Wahrheit fällt unter die *Kohärenztheorie* der Wahrheit. Die Aussage »1 + 1 = 2« ist wahr, weil wir die Regeln der Mathematik kohärent (zusammenhängend) angewendet haben. Das Märchen von der »kleinen Seejungfrau« ist in dem Sinne wahr, daß es kohärent, das heißt, in sich konsistent ist. Es besteht nur keinerlei Korrespondenz zu irgendwelchen Tatsachen.

Mathematik selbst ist weder wahr noch falsch. Wir akzeptieren oder verwerfen die Mathematik aus praktischen und nicht aus logischen Gründen. Aussagen *innerhalb* eines Systems unterscheiden sich von Aussagen *über* ein System. Gibt es Zahlen? Die Aussage »Zahlen existieren« ist innerhalb des mathematischen Systems wahr, sie macht aber außerhalb davon nur wenig Sinn. Wir kaufen das System als ganzes Paket aufgrund seiner Verdienste, so wie wir ein Auto kaufen und uns für eine modische Diät oder ein Trainingsprogramm entscheiden. Wenn ich drei Steine in meiner Hand halte, muß ich mich nicht dazu bekennen, die Zahl Drei in meiner Hand zu halten.

Mathematik ist ein formales System. Wir können mathematische Symbole manipulieren, ohne dabei zu verstehen, was sie bedeuten. Wir können die syntaktischen Regeln genauso wie ein Computer anwenden, wenn er Zahlen addiert oder ein Theorem beweist. Der Computer weist die Wahrheit eines Theorems nach, ohne seine »Bedeutung« zu »verstehen«.

Alle formalen Systeme funktionieren auf diese Weise. Man muß sie nicht interpretieren, um sie anzuwenden. Die propositionale Logik mit ihren Aussagen wie »Sokrates ist ein Mann« ist eine formale Sprache. Syntaktische Regeln beherrschen ihre Aussagen oder »wohlformulierte Formeln«. Auch die Prädikatenlogik mit Aussagen wie »Alle Männer sind sterblich« ist eine formale Sprache. Die Computersprachen Ada, Basic, C, Fortran und Pascal sind ebenfalls sämtlich formale Sprachen, obwohl sie die Neigung gezeigt haben, auf informelle Weise zu wachsen, um die Bedürfnisse der Programmierer zu erfüllen. In einer formalen Sprache sind Aussagen wahr, wenn sie die Regeln einhalten, wenn sie mit den Regeln kohärent sind.

Die *Korrespondenztheorie* der Wahrheit sagt, daß eine Aussage wahr ist, wenn sie mit den Tatsachen übereinstimmt. »Die Erde dreht sich« ist wahr, wenn sich die Erde dreht. Die Aussage ist falsch, wenn sich die Erde nicht dreht – wie es eines Tages einmal passieren könnte. Wahre Aussagen stimmen mit Ereignissen der Raumzeit überein, sie korrespondieren mit ihnen. Sie beschreiben Bereiche oder Ausschnitte der Raumzeit, der zeitlichen Entwicklung von ganzen Systemen aus Atomen und Molekülen. Falsche Aussagen beschreiben keine Ausschnitte aus der Raumzeit, oder sie beschreiben nicht die richtigen Ausschnitte am richtigen Ort zur richtigen Zeit.

Der polnische Logiker Alfred Tarski* modellierte diese Korrespondenz mit seiner berühmten *Aussagenformel der Wahrheit*:

»AUSSAGE« ist dann und nur dann wahr, wenn AUSSAGE.

Die Anführungszeichen markieren eine konstatierende Beschreibung. Die Aussage ohne Gänsefüßchen beschreibt eine Tatsache. Ein zweisprachiges Beispiel hilft uns, den Punkt deutlicher zu machen: »Gras ist grün« ist dann und nur dann wahr, wenn Gras grün ist. »Grass is green« ist dann und nur dann wahr, wenn Gras grün ist.

Kohärenz und Korrespondenz spiegeln Mathematik und Wissenschaft, Logik und Tatsachen, Notwendigkeit und Möglichkeit, Syntax und Semantik wider. Philosophen, Linguisten und Computerwissenschaftler haben Tausende von Aufsätzen und Büchern über die Trennung von Logik und Tatsachen geschrieben.

* Tarski arbeitete in den frühen zwanziger Jahren mit dem polnischen Logiker Jan Lukasiewicz zusammen, der als erster die Mathematik der vielwertigen Fuzzy-Logik ausgearbeitet hat. Doch wie die meisten modernen Philosophen hatte Tarski wenig Interesse an der multivalenten Logik.

Kohärente und korrespondierende Wahrheit besitzen ihre besondere Ironie. Die kohärente Wahrheit ist leer, wenn sie erreicht wird, und sie widerspricht sich selbst, wenn sie nicht erreicht wird: »1 = 1« oder »1 = 2«. Und die korrespondierende Wahrheit steht nur so lange, bis sie schließlich zu Fall kommt. Jede Aussage über eine Tatsache ist eine ungenaue Beschreibung, eine unpräzise Hypothese der Wahrnehmung, die im nächsten Experiment zu Fall gebracht werden kann. Die Ungenauigkeit einer Beschreibung, bei der eine Aussage weitgehend, aber nicht vollständig falsch ist – sie ist ein klein wenig unwahr oder falsch –, diese Ungenauigkeit, die in die sehr approximative Natur der wissenschaftlichen Methode eingebaut ist, öffnet die zweiwertige Tür einen Spalt weit und läßt die Fuzzy-Logik herein.

Hemingways Herausforderung: Wahrheit als Genauigkeit

Hemingway hat gesagt, daß das Ziel eines Schriftstellers darin liege, einen wahren Satz zu schreiben. Er meinte dies nicht im Sinne der zweiwertigen faktischen Wahrheit, wie moderne Philosophie und Wissenschaft diesen Satz deuten würden, denn dann hätte Hemingway sein Ziel schon als Kind erreicht, als er zum erstenmal »Mein Name ist Ernest Hemingway« geschrieben hat. Er meinte seinen Satz auch nicht im Sinne der zweiwertigen logischen Wahrheit, denn auch dann würde er sein Ziel erreicht haben, als er zum erstenmal Zahlen addierte und die richtige Summe dabei herausbekam.

Hemingway meinte die *Genauigkeit der Beschreibung*. Er meinte die genaue Korrespondenz, die genaue Übereinstimmung zwischen Wort und Gegenstand, zwischen Theorie und Tatsache, zwischen Finger und Mond. Er meinte den Bereich der fuzzy-logischen faktischen Wahrheit, mit der wir denken, schreiben und Wissenschaft treiben.

Fuzzy-Logik betrachtet Wissenschaft als Genauigkeit. Und diese ist offensichtlich eine Frage der Abstufung. Die zwar präzisen, aber künstlichen Aussagen der Mathematik sind stets zu 100 Prozent genau oder zu 0 Prozent genau. Aussagen über die Welt weisen Genauigkeitswerte zwischen diesen beiden Extremen auf.

Jahrzehntelang haben Fuzzy-Logik-Theoretiker eine riesige mathematische Maschinerie entwickelt, um die Genauigkeitsgrade geschickt zu handhaben, Fits anstatt Bits. Die fuzzy-logische Mathematik kann in Extremfällen immer auf ihre bivalente schwarzweiße Form zurückgeführt werden.

Wahrheit als Genauigkeit bringt uns zum Problem der Fehlpassung der grauen Welt mit den schwarzweißen Beschreibungen zurück. Einstein hat es richtig dargestellt: Ein logischer Beweis unterscheidet sich von einem empirischen oder wissenschaftlichen Test. Wenn man nachweisen kann, daß eine Aussage hundertprozentig wahr ist, dann beschreibt sie die Welt nicht. Wenn sie die Welt beschreibt, dann kann man sie nicht beweisen. Man kann nur etwas Mathematisches oder Logisches beweisen, kohärente Dinge in einem willkürlichen formalen System aus selbstgemachten Regeln. Das weist auf eine Leere hin. Man kann nur Tautologien oder logisches Wahrsein beweisen – »Regen ist Regen« oder »A ist A« –, aber überhaupt nichts über die reale Welt, die die Wissenschaft beschreibt. Beweistechniken kommen mit der realen Welt nicht in Berührung. Man kann nicht garantieren, was man überprüft, und man kann nicht überprüfen, was man garantieren kann. Die Mathematik ist gewiß, die Welt ungewiß.

Es gibt zwei Gruppen von Beschreibungen, die logische und die faktische, die mathematische und die wissenschaftliche oder die kohärente und die korrespondierende. Die Zugehörigkeit hängt von der Genauigkeit ab. Logische Aussagen sind entweder völlig präzise oder völlig unpräzise. Sie allein sind alles oder nichts. Faktische Aussagen sind partiell präzise oder partiell unpräzise.

Das Logische und das Faktische finden nicht zueinander. Das hat einige radikale empiristische Philosophen wie John Stuart Mill dazu geführt, logische oder mathematische Wahrheiten gerade als die extremen Grenzfälle der faktischen Wahrheiten anzusehen, so wie Schwarz und Weiß die Grenzfälle von Grau sind. Das ist eine kluge und fuzzige Idee, mit der man aber nicht gut arbeiten kann. Wir sehen nur ein paar endliche Schritte und niemals eine Aussage, die vor unseren Augen von teilweise wahr zu 100 Prozent wahr wächst. Es gibt unendlich viele fehlende Zwischenglieder.

So ironisch es auch klingt, Ungenauigkeit ist die zentrale Annahme der Wissenschaft. Keine wissenschaftliche Behauptung, Hypothese oder Aussage ist hundertprozentig genau. Nur die »leeren« Tautologien der Mathematik und Logik genießen diesen Rang. Die Ungenauigkeit durchdringt die Wissenschaft. Deren Ziel besteht darin, soviel Ungenauigkeit wie möglich aus der Beschreibung zu entfernen, soweit es experimentelle Fehler, Schätzungen und die Gesetze der Physik erlauben.

Wissenschaftliche Aussagen oder Behauptungen sind ungenau und vorläufig. Sie hängen von Dutzenden von *vereinfachenden* Annahmen und von der besonderen Wahl der Wörter, der Symbole und davon ab, daß »alle anderen Dinge gleich sind«. Es sind einfach zu viele Moleküle in eine Tatsache verwickelt, um von einer erklärenden Wissenschaft erfaßt zu werden. Wer spricht, vereinfacht. Und wer vereinfacht, lügt.

Selbst wenn man alle Fuzzigkeit aus den Aussagen verdrängen könnte, stünde man noch immer vor dem Problem, das als Induktion bekannt ist, dem Problem nämlich, daß schon die nächste Messung dazu in Widerspruch stehen kann. Bereits das nächste Glied in einer Kausalkette kann überraschen. Eines Tages geht die Sonne nicht mehr auf. Oder das »Gesetz« der Gravitation hört auf, ein Gesetz zu sein, und es ändert sich ohne ersichtlichen Grund oder erkennbares Muster. Oder du wirst im nächsten Augenblick in einen Frosch verwandelt, explodierst als heftige Supernova oder stürzt zu einem schwarzen Loch zusammen. Man kann die Natur nicht an die Leine legen, um das zu verhindern. Man kann nur die nächste Messung vornehmen.

An dieser Stelle werden Wissenschaftler verwirrt, denn sie reden mathematisch. Sie reden mit Genauigkeit, suchen Genauigkeit und werden für Genauigkeit belohnt. Aber sie erreichen nur Ungenauigkeit. Wissenschaftler versuchen die Mathematik zu finden, die am besten auf die Welt paßt, oder die Welt, die am besten zur Mathematik paßt. Sie bauen exakte mathematische Modelle, um einige kleine Stücke des Universums zu bauen oder um das ganze Ding zu beschreiben. Sie verbringen ihre Arbeitszeit mit Erörterungen, ob die wenigen Daten, die jemand gemessen hat, ihr Modell besser belegt oder das ihres Konkurrenten. Oder sie versuchen zu zeigen, daß ihre Mathematik besser zu dem gerade favorisierten Modell paßt und daß die Mathematik ihres Konkurrenten dies nicht tut. Sie arbeiten mit Mathematik, und sie vertrauen ihr, aber sie können nie die logische Gewißheit der Mathematik erreichen.

Irgendwann scheint bei diesem Vorgang der Wunsch der Vater des Gedankens zu werden. Die Wissenschaftler fangen an zu glauben, daß sie Mathematik treiben, wenn sie wissenschaftlich arbeiten. Das trifft am ehesten in einer fortgeschrittenen Wissenschaft wie der Physik zu oder an der Theoriefront jeder Wissenschaft, an der sich alle Behauptungen in mathematischer Form zeigen. Das erste Opfer ist die Wahrheit. Was die ganze Zeit über ungenaue oder fuzzy-logische Wahrheit war, wird in den Alles-oder-nichts-Rang der binären Logik erhoben. Sehr viele Wissenschaftler machen sich klar, wo sie den suchenden Charakter der Wissenschaft aufgeben. Sie werden einräumen, daß sich im nächsten Experiment alles ändern kann. Doch die meisten haben zu diesem Zeitpunkt die bivalente Linie überschritten, und sie glauben, daß im nächsten Experiment eine Aussage, eine Hypothese oder eine Theorie den Sprung von WAHR nach FALSCH, von 1 nach 0 schaffen kann.

An der Wurzel des Übels liegt das Problem der Fehlpassung*, das in Hinblick auf die Wahrheit den Antagonismus zwischen Zweiwertigkeit und Vielwertigkeit zurückbringt:

DIE FEHLPASSUNG DER WAHRHEIT
Logik: 100 Prozent WAHR oder 100 Prozent FALSCH
Tatsachen: *Teilweise wahr* oder *teilweise falsch*

Und die zwei werden nie zueinanderfinden.

* Das Problem der Fehlpassung hat in der symbolischen Logik eine einfache Form: Sei w(A) der Wahrheitswert oder der Wahrheitsgrad einer Aussage A. Dann ist w(A) eine Prozentzahl, eine Zahl zwischen 0 und 1. Sie liegt im Wahrheitsintervall [0, 1], dem fuzzy-logischen Würfel in einer Dimension. Dann sagt das Problem der Fehlpassung, daß die Intervallgrenzen (die Ecken des Würfels) sich vom Innern des Intervalls [0, 1] unterscheiden:

FORMALE WAHRHEITSFEHLPASSUNG:
Logik: $w(A) = 0$ ODER $w(A) = 1$
Tatsachen: $0 < w(A) < 1$

Die Wahrheitsversion des Problems der Fehlpassung läßt uns Hemingways Herausforderung* auf jeden Wissenschaftler in jeder Zivilisation in jedem jemals möglichen Universum ausdehnen: *Mache eine faktisch wahre Aussage.* Und zeichne einen Kreis, wenn du kannst.

Der Hemingway-Preis gebührt dem, der eine Aussage über Tatsachen findet, die hundertprozentig wahr oder hundertprozentig falsch ist. Um zu gewinnen, muß man zuerst zeigen, wie die exakte Korrespondenz oder Passung zwischen Wörtern und Molekülen aussieht, dann, daß die Korrespondenz gilt und daß die Tatsache genau das tut, was die Aussage behauptet. Schließlich muß man das wasserdicht machen und vorführen, daß sich die Tatsache hundertprozentig so verhält, wie die Aussage es behauptet – man muß hundertprozentige Genauigkeit zeigen. Das heißt, daß man die wissenschaftliche Methode anwendet und eine Hypothese aufstellt und prüft. Die Schwierigkeit liegt darin, daß die bivalente Welt der Wissenschaft ernstgenommen werden muß. Bislang hat noch niemand diese Herausforderung bewältigt.

Westliche Philosophen haben sich seit den ersten Tagen der Philosophie um diesen Preis beworben. Philosophie ist dabei eine extreme Form des Wettbewerbs. Die Philosophie – Metaphysik, Erkenntnistheorie, Ethik – versucht letzten Endes, zuverlässige Aussagen über die Welt zu machen, logische Behauptungen über Tatsachen aufzustellen und nichtmathematische Aussagen zu »beweisen«. Idealismus und Empirismus sind aus Versuchen entstanden, Aussagen wie »Die Welt ist wirklich« oder »Die Welt existiert« zu beweisen. Wie läßt sich diese Hypothese prüfen? Gedankenversuche stellen die idealistische oder rationalistische Kategorie der Prüfverfahren dar: Nur Ideen sind wirklich, und ich habe Ideen (Platon). Ich denke, also bin ich, also ist etwas, und etwas ist Teil von allem (Descartes, Spinoza, Leibniz). Tastende und fühlende Versuche mit Händen sind die Kategorien der Empiristen, Positivisten oder Realisten: Ich nehme etwas wahr, also gibt es etwas da draußen, das mich wahrnehmen oder

* Die formale Herausforderung: Bringe eine Aussage A hervor, deren Wahrheitswert w(A) 1 oder 0 ist.

fühlen läßt – vielleicht gibt es nichts außer meinen Wahrnehmungen, aber dann gibt es zumindest die, und das ist doch etwas (Locke, Berkeley, Hume, Russell, Carnap). Ich bewege meine Hand, etwas wackelt, und alle Wissenschaftler stimmen zu (Moore, Quine).

Immanuel Kant baute seine ganze Philosophie auf der Leugnung des Problems der Fehlpassung auf. Er behauptete, daß es »synthetische Urteile a priori« gibt, also Aussagen, die sowohl faktisch als auch logisch wahr sind. Als Beispiel dafür nannte er die mathematische Aussage »7 + 5 = 12«. Kant hielt den psychologischen Vorgang des Zählens bis sieben, die folgende Zählung bis fünf und die anschließende Addition für den synthetischen, empirischen oder faktischen Teil der logischen Wahrheit.

Die logischen Positivisten haben das rundweg abgelehnt. »Es gibt keine synthetischen Urteile a priori«, lautete das Glaubensbekenntnis des Wiener Kreises von Positivisten in den zwanziger und dreißiger Jahren. Bis zu diesem Punkt stimmen die Fuzzy-Logic-Theoretiker mit den Positivisten überein. Die Logik spaltet sich von den Tatsachen ab. Sie stimmen nicht mehr überein, wenn es um die Frage geht, was nun zu tun ist. Fuzzy-Logic-Theoretiker nehmen die Sache direkt und erweitern die Mathematik, um sie den Tatsachen anzupassen. Schwarzweiße Mathematik für Logik. Graue Mathematik für Tatsachen. Positivisten, Wissenschaftler, Ärzte und andere akzeptieren die Fehlpassung der Wahrheit, sie leugnen sie aber in der Praxis, indem sie alle Aussagen gewiß machen und allen faktischen Aussagen den Rang von logischen Urteilen verleihen. Letztlich versuchen sie, die Tatsachen ihrer binären Mathematik anzupassen. Sie nennen Aussagen »wahr« oder »falsch« und meinen »hundertprozentig wahr« und »hundertprozentig falsch«, als handelte es sich um logische Tautologien oder mathematische Theoreme. Und sie verbergen oder vernebeln die ganze Problematik, indem sie behaupten, daß der ganze schwarzweiße Diskurs nur mit »einiger Wahrscheinlichkeit« zutrifft. Positivisten schlucken die Fehlpassung als Ganzes und tun alles, damit alle anderen sie auch schlucken.

Ich erinnere mich, wie ich in einem Hörsaal saß und zum erstenmal von dem Positivisten Rudolf Carnap hörte, der die Philosophie in den dreißiger und vierziger Jahren stark beeinflußt und den positivistischen Filter errichtet hat, den heute jeder Philosoph passieren muß. Der Professor sagte, daß Carnap und seine Freunde Gott, Geist, Ethik und Metaphysik losgeworden seien und die Philosophie auf die (binäre) symbolische Logik und das Studium der Wörter reduziert hätten. Dann fügte er hinzu: »Die Menschen zitterten, wenn Carnap an ihnen vorbeiging.« Die Studenten konnten sehen, daß Carnap auch ihn zum Zittern gebracht hatte. Man kann immer sehen, ob ein Mann sich einem anderen unterwirft. Dann sagte der alte Professor den Satz, der mich dazu brachte, die ganze Episode in Erinnerung zu behalten: »Carnap und die Positivisten nahmen Gott aus der Philosophie heraus, aber sie führten die *Furcht* vor Gott wieder ein«.

Die modernen Philosophen haben sich um das Problem der Fehlpassung gekümmert, indem sie die positivistische Sicht in die Aussageformel der Wahrheit von Alfred Tarski gepackt haben. Tarski stellte »Gras ist grün« und »Schnee ist weiß« als hundertprozentig wahre faktische Aussagen vor – vorausgesetzt, daß Schnee weiß und Gras grün ist. Die meisten modernen Philosophen stimmen mit ihm überein. Somit stehen sie alle bereit, den Hemingway-Preis zu gleichen Teilen in Empfang zu nehmen, was in ihrer Sicht eine triviale Angelegenheit ist. Doch nicht so schnell.

Was hat Tarski mit seinem berühmten Beispiel gemeint, »›Schnee ist weiß‹ ist dann und nur dann wahr, wenn Schnee weiß ist«? Die Standardantwort lautet, daß dies genau die Wahrheit bezeichnet, alles oder nichts, 100 Prozent oder 0 Prozent, und er hatte recht, was sonst. Was würde Tarski über einen braunen Grashalm sagen? Die Standardantwort lautet, daß er sagen würde, »Gras ist grün« sei hundertprozentig falsch, und daher sei »Gras ist nicht grün« hundertprozentig richtig. Er würde seine Bits von 1 nach 0 oder von 0 nach 1 wenden.

Das Problem liegt darin, die hundertprozentig sicheren Faktoren auszumachen. Tarski hat genausoviel hellgrünes, gelbgrünes und braunes Gras oder grauen und gelben Schnee gesehen wie jedermann. Seine guten Augen haben alle Abstufungen gesehen, die wir auch sehen. Tarski könnte seine Wahrheitsformel approximativ in dem Sinne gemeint haben, in dem vernünftige Männer und Frauen vernünftige Dinge sagen. Er hat ein elegantes, aber vereinfachtes Modell der Wahrheit zu einem formalen System entwickelt. Er hat auf- oder abgerundet.

Die Formel selbst rundet auf oder ab. Sie hängt an den Faktoren der hundertprozentigen Gewißheit durch stummes Nichterscheinen. Zumindest die Philosophen haben die Formel so verstanden, daß sie die bivalenten Wahrheitswerte einschließt. Auf demselben Weg können wir Tarskis Formel fuzzifizieren: »Gras ist grün« ist dann und nur dann zu 85 Prozent wahr, wenn 85 Prozent des Grases grün sind. An dieser Stelle fängt das Spiel des infiniten Regresses an. Der Positivist kann eine Metarundung vornehmen und sagen, daß damit nur eine Aussage auf höherer Ebene gemeint ist, nämlich »›Gras ist grün‹ ist zu 85 Prozent wahr« ist dann und nur dann hundertprozentig wahr, wenn 85 Prozent des Grases grün sind. Dies räumt die Existenz von fuzzy-wahren Werten ein, in diesem Fall das 85-Prozent-Resultat. Und wir können dies wiederholen und die ganze Formel erneut fuzzifizieren. Wir können jeden Versuch fuzzifizieren, die auf höherer Ebene gelegenen Versionen der Formel metazurunden.

Auf- und Abrunden liegt dem Umgang mit Symbolen und Reden zugrunde. Auf- und Abrunden komprimiert Information. Es vereinfacht die Dinge und reduziert viele auf wenige und das Komplexe auf das Handhabbare. Wir runden auf oder ab, um voranzukommen und um einen raschen Zugang zu Ideen und zu den Teilen unserer sich ändernden Weltsicht zu finden. Wir müssen vereinfachen, um die Sache ins Laufen zu bringen, wenigstens am Anfang. Dabei passiert kein Schaden.

Doch was wir tun, hat seinen Preis. Mit Zweiwertigkeit oder Auf- und Abrundungen handeln wir uns Einfachheit für Genauigkeit ein. Wer rundet, bezahlt mit Wahrheit, Genauigkeit und Ehrlichkeit für das, was er an Einfachheit, Präzision und Konformität bekommt. Leugnen verhindert die Kosten nicht. Wenn man ein klein wenig auf- oder abrundet, verletzt man niemanden. Doch eine ganz kleine Rundung kann auch – wie ein ganz wenig schwanger sein – Überraschungen mit sich bringen. Wer zu viel rundet, zahlt die Strafe in Form von bivalenten Widersprüchen und bleibt in Paradoxien stecken. Dann ist das Ende der bivalenten Logik erreicht, die Fuzzy-Logik beginnt, und das Glas Wasser ist sowohl leer als auch voll.

Die Wege des Paradoxons

Alle traditionelle Logik nimmt gewöhnlich an, daß man präzise Symbole benutzt. Sie ist daher auf dieses irdische Leben nicht anwendbar, sondern nur auf ein gedachtes himmlisches Leben. Das Gesetz vom ausgeschlossenen Dritten [A ODER *Nicht-A] ist wahr, wenn präzise Symbole eingesetzt werden, aber es ist nicht wahr, wenn Symbole so vage [fuzzy] sind, wie es tatsächlich für alle Symbole zutrifft.*

Bertrand Russell
»Vagueness« in: *Australian Journal of Philosphy,* Bd. I, 1923

Es ist [. . .] keineswegs merkwürdig, daß unsere Sprache bei der Beschreibung atomarer Prozesse versagt; denn ihre Begriffe gehen auf die Erfahrungen des täglichen Lebens zurück, in denen wir es stets mit großen Mengen von Atomen zu tun haben, jedoch nie einzelne Atome beobachten. Für atomare Prozesse haben wir also keine Anschauung.

Werner Heisenberg
Physikalische Prinzipien der Quantentheorie

Das Gesetz des Widerspruchs in den Dingen, das heißt das Gesetz von der Einheit der Gegenteile, ist das Grundgesetz des dialektischen Materialismus.

Mao Tse-tung
On Contradiction

Berühre einen Zeh deiner Mutter. Ist das Inzest oder kein Inzest? Berühre ihr Fußgelenk, ihr Schienbein, ihr Knie. Ist das Inzest? Und immer so weiter nach oben.

Ich habe diese moderne Fassung des antiken griechischen Paradoxons der Logik zum erstenmal als Student gehört, während ich in einer Vorlesung über die Philosophie der Wissenschaft saß. Das Paradoxon wurde belächelt, aber nicht beantwortet. Das Beispiel kam den Studenten und dem Lehrer als eine ausgeheckte Anomalie vor. Mir erschien es wie ein Riß im Eis. Das Übersehen solcher Anomalien sorgte dafür, daß die Fuzzy-Logik im Schrank der schwarzweißen Argumente mehr als 2500 Jahre lang versteckt geblieben ist.

Zwei Ereignisse im frühen 20. Jahrhundert haben die Geburt der Fuzzy-Logik ermöglicht – oder der »vagen Logik«, wie die Philosophen sie damals nannten. Zuerst erkannte der Logiker Bertrand Russell, daß die klassischen griechischen Paradoxien noch immer in den Grundlagen der modernen Mathematik steckten. Dann entdeckte der Physiker Werner Heisenberg das »Unbestimmheitsprinzip« der Quantenphysik.

Russells Paradoxien beendeten Tausende von Jahren des blinden Vertrauens in die Gewißheit der bivalenten Mathematik. Einige Mathematiker sprachen vom »verlorenen Paradies«. Heutige Mathematiker versuchen immer noch, Russells Paradoxien mit ihrem Glauben an die schwarzweiße Mathematik zu vereinbaren. In den frühen zwanziger Jahren schuf Russell die logischen Grundlagen für die Fuzzy-Logik, ohne allerdings jemals das Thema weiterzuverfolgen. Immerhin hatte er die graue Katze aus dem schwarzweißen Sack gelassen.

Heisenbergs Unbestimmtheitsprinzip beendete oder zumindest beschädigte unseren blinden Glauben an die Gewißheit der Wissenschaft und der faktischen Wahrheiten. Dieser Glaube war seit den Tagen von Isaac Newton gewachsen, und er hatte den religiösen Glauben an Gott weitgehend verdrängt. Nun hatte der Weg zur Wahrheit, die Wissenschaft, sich selbst von der Aufgabe befreit, die Wahrheit zu liefern. Aus der Nähe betrachtet, konnte die Wissenschaft nur partielle Wahrheiten liefern, ungewisse, fuzzy-logische Wahrheiten. Wie die logischen Paradoxien in der Mathematik nahmen auch die Unbestimmtheiten zu, sie erstreckten sich weit über die Physik hinaus, und sie werden auch in Zukunft an neuen Stellen auftauchen. Jedesmal, wenn man einen Fernsehschirm anschaut, sieht man, wie das Unbestimmtheitsprinzip der Signalverarbeitung funktioniert, indem es einen Handel zwischen der Zeit und den Frequenzteilen des Bildes durchdrückt.

Erst die neue Mathematik von Russell und die neue Quantenmechanik von Heisenberg haben erste Zweifel – echte Zweifel – an der Logik geweckt, die wir von Aristoteles geerbt haben. Die Ironie besteht darin, daß ausgerechnet der Lehrsatz des Pythagoras für rechtwinklige Dreiecke – das einzige mathematische Theorem, das viele Schulkinder zu Gesicht bekommen –

im Zentrum von Russells Paradoxien, Heisenbergs Unbestimmtheitsprinzip und der Fuzzy-Logik liegt. Wir werden diese pythagoreische Verbindung später erkunden. Zuerst schauen wir uns die Paradoxien von Russell und die Unbestimmtheit von Heisenberg an. Dabei sehen wir, wo die westliche Logik aufhört und die Fuzzigkeit beginnt.

Sorites-Paradoxien: der Weg von A zu Nicht-A

Der Inzest-Sorites* ist riskant, aber nicht künstlich. Sorites-Paradoxien tauchen überall in unseren Wort-Welt-Schemen auf, da wir überall Dinge negieren und Nichtdinge bekommen. Unsere Wörter teilen die Welt in ein schwarzes A und ein weißes Nicht-A auf, aber die graue Welt kümmert dies nicht. Eine rosafarbene Rose verweigert sich der Spaltung in eine rote und eine nichtrote Rose.

Wir können die Unterscheidung zwischen A und Nicht-A auf einfache Weise verwischen. Man zerschneide das A in kleine Stücke und ersetze einige der kleinen A-Stücke durch Nicht-A-Stücke. Man steche tausend kleine Löcher in das rote Blütenblatt einer Rose und fülle sie durch hinreichend viele weiße Blütenblattfetzchen auf, und die rote Rose geht allmählich in eine rosafarbene über.

Der ursprüngliche Sorites von Zenon behandelt das folgende Paradoxon: Man betrachte einen Haufen Sand. Ist es ein Haufen? Ja. Man nehme ein Sandkorn weg und ersetze es durch ein Nichtsandkorn. Ist das noch immer ein Haufen? Ja. Man fahre fort, Sandkörner zu entfernen und die zweiwertige Frage zu stellen, und zuletzt steht man ohne Sandkorn da vor keinem Haufen. Der Haufen hat sich zum Nichthaufen gewandelt, und man kann auf kein einziges Sandkorn verweisen, das dafür verantwortlich ist. Das aus dem Griechischen stammende Wort »sorites« meint eine logische Kette von Aussagen der Form »Wenn A, dann B; wenn B, dann C; wenn C, . . .; wenn Y, dann Z«, so daß der erste Term

* Anm. d. Übers.: »Sorites« ist die von Cicero eingeführte Bezeichnung für die auf Zenon zurückgehende Aporie: »Bei welchem Wieviel beginnt ein Haufen?«

den letzten impliziert: Wenn A, dann Z. Der zweiwertige Alles-oder-nichts-Saft fließt von Aussage zu Aussage, als ob es eine Treppe hinunterginge.

Bertrand Russell griff auf den Haarschopf eines Mannes zurück und fragte, ob er kahlköpfig sei. Man rupfe ein Haar aus und frage erneut. Man rupfe und frage weiter, und der Mann wird irgendwann – nach ungefähr 100 000 Wiederholungen – den Übergang vom Nichtkahlkopf zum Kahlkopf vollziehen.

Ich bevorzuge das Sorites-Paradox des Einfrierens, dessen erster Hälfte wir uns eines Tages gegenübersehen werden. Lebt dein Gehirn? (Lebst du?) Ja. Laß eine Hirnzelle absterben. Lebt dein Gehirn noch? Ja. Fahre fort, Hirnzellen sterben zu lassen, und bald kommst du an den Punkt, an dem du nicht mehr fragen kannst. Nun kehre die Sache um und taue ein eingefrorenes Gehirn auf, wobei du eine schlaue Armee von fuzzy-logischen Miniaturrobotern anstellst, die sich mit der Molekulartechnik auskennen und die Moleküle der toten Hirnzellen reparieren und zum Leben zurückbringen. Ist dein Gehirn tot? Ja, es ist noch tot. Repariere eine weitere Zelle und noch eine, so wie ein Mechaniker einen und noch einen Teil eines Unfallautos repariert, und irgendwann wird dein Gehirn wieder leben, und du wirst wieder am Leben sein. Irgend etwas von dieser Art passiert jeden Morgen, wenn wir aufwachen und vom Schlaf zum Nichtschlaf wechseln.

Diese Beispiele mögen zu sehr an den Haaren herbeigezogen sein, um zu belegen, daß in allen Dingen ein Sorites-Paradoxon steckt. Deshalb stellen wir uns irgendein altes Ding vor, das aus irgend etwas gemacht ist – zum Beispiel ein Felsen, ein Stuhl, ein Planet oder ein Universum. All diese Dinge bestehen aus Molekülen. Dinge und Plätze und Menschen sind einfach Mengen von Molekülen, Säcke voller Atome. Einige Moleküle gehören zu dem Ding, und die übrigen gehören nicht dazu, jedenfalls läßt unsere bivalente Sprache uns dies glauben. Die Moleküle, die um die Abgrenzungen des Stuhls umhersausen, verweigern sich der Klassifikation. Doch selbst wenn wir eine scharfe Linie zwischen den Stuhlmolekülen und den Nichtstuhlmolekülen ziehen, taucht ein Sorites-Paradoxon auf. Man schaffe 5 Prozent der Moleküle des Stuhls fort. Bleibt er immer noch ein Stuhl?

Ja. Man schaffe weitere 5 Prozent der Moleküle fort. Bleibt er immer noch ein Stuhl? So etwa. Und so weiter, und irgendwann wird aus dem Stuhl ein Nichtstuhl. Der Übergang ist glatt, unsere Beschreibung aber nicht. Wieder eine Fehlpassung. Der alte Zwist zwischen der grauen Welt und der schwarzweißen Sprache.

Die Fuzzy-Logik nimmt das »Paradoxon« aus dem Sorites-Paradoxon. Dies geht auf eine ganz einfache Arithmetik zurück: Man multipliziere ein Bündel von Gewißheiten, und man bekommt Gewißheit. Man multipliziere ein Bündel von Ungewißheiten, und man bekommt eine zusammengesetzte Ungewißheit. Je mehr Ungewißheiten man multipliziert, desto mehr Ungewißheit bekommt man. Bivalenz besagt, die Aussage »Das Gehirn lebt« ist hundertprozentig wahr. Fuzzy-Logik oder Multivalenz sagt, die Aussage ist wahr bis zu einem gewissen Grad unter 100 Prozent – zuerst vielleicht 99 Prozent wahr, dann 98 Prozent wahr und schließlich nur noch 1 Prozent wahr, wenn fast alle Hirnzellen abgestorben sind. Ausgedrückt in Wahrheitswerten, multipliziert die Zweiwertigkeit ein Bündel von Einsen, und so bekommt sie die Zahl Eins zurück. Fuzzy-Logik multipliziert Bruchteile und bekommt einen winzigen Bruchteil oder Null heraus. Wenn alle Hirnzellen tot sind, möchte die Bivalenz schließen, daß »Das Gehirn lebt« immer noch hundertprozentig wahr ist. Die Fuzzy-Logik zieht den Schluß, daß die gesamte Kette der Implikation ins Leere zielt und nur zu 0 Prozent wahr ist.*

Die Moral: Für jeden Schluß, den wir ziehen, bezahlen wir mit Gewißheitsprozenten. Urteilen ist kein kostenloses Gut. Je mehr Schritte unsere Schlußfolgerung vorankommt, desto fuzziger wird sie. Wenn wir die Treppe des Schließens hinuntergehen, wird jeder Schritt ungewisser, unsicherer, weniger überzeugend. Je länger eine Erklärung ausfällt, desto weniger trauen wir ihr.

* Zweiwertigkeit: $1 \cdot 1 \cdot 1 \cdot \ldots \cdot 1 = 1$.
Vielwertigkeit: $1 \cdot 0{,}99 \cdot 0{,}98 \cdot 0{,}97 \cdot \ldots \cdot 0{,}00001$, und das ist gleich einer Zahl, die sehr nahe bei null liegt. Das fuzzy-logische Produkt geht gegen null, wenn die Zahl der Ungewißheitsfaktoren gegen unendlich anwächst.

Das beste Argument ist die direkte Evidenz oder die sinnliche Wahrnehmung. Dies sind Argumente in einem Schritt. Nichts überzeugt so sehr wie der Hinweis auf eine Bilanz, auf die Schlange der Arbeitslosen im Arbeitsamt oder auf die Krebsgeschwüre in einem Organ. Alles andere ist Raterei und faßt fuzzylogisches Schließen mit ein.

Wir würden gerne glauben, daß wir mit der Logik des Aristoteles schlußfolgern. Wir haben sogar unsere ersten Maschinen so gebaut – und tun dies nach wie vor mit Computern –, daß sie mit der künstlich genauen Logik des Aristoteles operieren. In den meisten Fällen konnte die Maschinenintelligenz dabei nicht über das Niveau von Schwachsinnigen angehoben werden. Um die Maschinenintelligenz auf unser mittleres Niveau zu bringen, müssen wir dafür sorgen, daß die Apparate mit unserer schlampigen Fuzzy-Logik operieren, der Logik Buddhas. Das bedeutet, daß wir graue Sprache brauchen, um eine graue Welt zu beschreiben. Die Sorites-Paradoxien haben uns das seit fast 3000 Jahren zu sagen versucht.

Wie sieht es mit den mathematischen Operationen aus? Sie bleiben bivalent. Sie – und sie allein – können in langen Ketten Schlüsse mit hundertprozentiger Gewißheit ziehen, lange Produkte aus lauter Einsen. Aus A folgt mit Sicherheit B, aus B mit Sicherheit C und so weiter bis zu einer bestimmten Schlußfolgerung. Ein Beweis in zwei Zeilen ist nicht wasserdichter als einer, der eine Million Zeilen benötigt. Mathematiker beurteilen die »Tiefe« eines Theorems oft nach der Zahl der Schritte, die die Beweisführung benötigt. 1976 überprüfte ein Computer Tausende von Fällen, um das seit langem vermutete Vierfarbentheorem zu beweisen, welches besagt, daß vier Farben ausreichen, um eine Landkarte so zu gestalten, daß zwei benachbarte Länder stets verschiedene Farben tragen. »Tiefes Theorem« heißt, daß der Beweis schwer war, und das bedeutet zumeist, daß er lang war. Sorites-Paradoxien erinnern uns daran, daß ein Spaziergang durch die Mathematik etwas anderes ist als ein Spaziergang durch das Universum.

Fuzzy-Logik basiert auf den bivalenten Schlußfolgerungen der Mathematik. Wir verwenden viele kleine schwarze und weiße Steinchen, um die mathematische Theorie des Grauseins zu errichten. Dabei taucht die Frage auf: Können wir eine mathematische Aussage finden, die grau ist? Das Problem der Fehlpassung (Hemingways Herausforderung) veranlaßt uns, die Suche nach einem Urteil über die Welt aufzugeben, das gewiß ist. Wir finden keine schwarzweiße Beschreibung dieser Art eines grauen Gegenstands. Wie sieht es im umgekehrten Fall aus? Können wir eine graue Beschreibung für eine schwarzweiße Mathematik finden? Zenon stand dicht davor. Etwa 2500 Jahre später folgte Bertrand Russell den Spuren Zenons, und er wurde fündig. Russell entdeckte das mathematische Paradoxon der Rückbezüglichkeit.

Paradoxien an den Endpunkten, Auflösung in der Mitte

Paradoxien der Rückbezüglichkeit haben immer dieselbe Form. Sie behaupten und verleugnen sich selbst zugleich. Sie haben die logische Form eines Widerspruchs, A UND Nicht-A, und sie geben Mathematikern und westlichen Philosophen Rätsel auf. Im Kapitel über das fuzzy-logische Prinzip haben wir einige Beispiele kennengelernt: den Kreter, der sagt, daß alle Kreter lügen, den Aufkleber, auf dem zu lesen ist: »Trau mir nicht«, und Russells Barbier, der alle Männer der Stadt rasiert, die sich nicht selbst rasieren.

Es gibt viele weitere Paradoxien der Rückbezüglichkeit, und sie alle landen bei A UND Nicht-A: Keine Regel ohne Ausnahme! Das ist eine Regel. Hat sie eine Ausnahme? Wenn das nicht der Fall ist, kann sie keine Regel sein. Wenn sie aber Ausnahmen hat, dann gibt es Regeln ohne Ausnahme, und damit bestreitet sie sich selbst. Sie ist zugleich wahr und falsch, sowohl A als auch Nicht-A. Dasselbe gilt für die Verallgemeinerung, daß alle Verallgemeinerungen falsch sind.

Man kann sein eigenes Lügenparadox auf eine Karte schreiben. Auf einer Seite steht der Satz: »Der Satz auf der anderen Seite ist wahr.« Und auf der anderen Seite steht: »Der Satz auf der anderen Seite ist falsch.«

Auf dieser Ebene sehen die Paradoxien der Rückbezüglichkeit eher belanglos, wie ein Spiel mit Worten aus. Deswegen erhielten sie die Bezeichnung »Paradoxien«, was den Gedanken nahelegt, bei diesen bivalenten Widersprüchen handele es sich bloß um

Scheinprobleme, um Ausnahmen, die mit einiger Mühe aus der Welt geschafft werden können. Dann aber fand Bertrand Russell ein Paradoxon, das die Gewißheit in der Mathematik aufhob, die dort seit Tagen des Aristoteles herrschte. Aus diesem und vielen anderen Gründen ist Bertrand Russell der Großvater der Fuzzy Logic.

Russells Pradoxon handelt von Mengen, die aus Mengen bestehen. Kästen voller Kästen. Die Mengen selbst sind nicht fuzzig. Etwas gehört zu ihnen oder gehört nicht zu ihnen. Mitgliedschaft ist keine Frage der Abstufung. Russell fand nun eine Menge, in der Gegenstände enthalten sind und zugleich nicht enthalten sind. Er fand *die Menge all derjenigen Mengen, die sich selbst nicht als Element enthalten*.

Sehen wir uns die Menge der Äpfel an. Ist sie ein Element von sich selbst? Nein. Ihre Elemente sind Äpfel, keine Mengen. Dasselbe gilt für Mengen von Objekten wie Menschen, Sterne oder Universen. Sie enthalten Menschen, Sterne oder Universen. Sie enthalten keine Mengen. Was gilt für die Menge aller Mengen? Ist sie ein Element von sich? Ja. Die Menge aller Mengen ist eine Menge, und so wird sie Mitglied ihres eigenen Clubs. Auch andere Mengen können Mitglieder bei sich selbst werden. Unendlich viele Mengen fallen unter diese Kategorie. Was gilt nun für die Menge aller Mengen, die – wie die Menge aller Äpfel – nicht zu sich selbst gehören? Die meisten Mengen, denen wir begegnen, gehören zu dieser Sorte. Gehört diese Menge zu sich selbst? Nehmen wir an, sie enthält sich als Element. Dann tut sie es per definitionem gerade nicht, da das einzige Kriterium für die Mitgliedschaft darin besteht, eine Menge zu sein, die nicht als Element in sich enthalten ist. Nun nehmen wir an, sie gehört nicht zu sich selbst. Dann tut sie es doch, da sie jetzt das Kriterium für die Mitgliedschaft erfüllt. A UND Nicht-A.

Russells Mengenparadox empfand die Gemeinde der Mathematiker wie eine Art Skandal. Einige Jahrzehnte zuvor hatten die Mathematiker sich mit nichteuklidischen Geometrien gekrümmter Räume abgeben müssen. Seit der Jahrhundertwende mußten sie dank Georg Cantor eine Kaskade von Unendlichkeiten akzeptieren, so viele Unendlichkeiten, wie es Zahlen zum Zählen gibt (wir wissen nicht, ob es noch mehr gibt, aber ich vermute es; ich glaube, es gibt ein Kontinuum von »fuzzigen Unendlichkeiten«). Doch die Krümmung des Raumes und die Leiter der Unendlichkeiten ließ die Gewißheit der Mathematik unangetastet. Sie öffneten ihr nur neue Felder. Russells Paradoxon war kein Paradoxon, sondern ein Widerspruch. Dies bedeutete, man konnte jede Behauptung beweisen, denn ein Widerspruch impliziert alles.* Und damit verschwand die Gewißheit. Russell stürzte die Mathematik in ihre erste Krise.

Die erste Reaktion war, dies nicht zur Kenntnis zu nehmen. Viele Mathematiker schoben die Paradoxien als Spiel mit Worten beiseite. Sie sahen keinerlei Probleme in ihren Zweigen der Mathematik. Sie fanden keine Paradoxien in der homologischen Topologie, in der Differentialgeometrie oder in der kommutativen Algebra. Die Paradoxien schienen ein Artefakt der Art und Weise zu sein, in der Logiker die Grundlagen der Logik und der Mengenlehre geschaffen hatten. Diese Einstellung besteht bis heute. Nur wenige Mathematiker schlafen schlecht aufgrund Russells Paradoxien, obwohl sie jeden Zweig der Mathematik betreffen, denn sie alle sind auf der Mengenlehre aufgebaut. Die Menge, die Ansammlung oder die Klasse ist die fundamentale Struktur der Mathematik. Am Anfang waren keine Dinge. Am Anfang gab es Mengen von Dingen. Selbst nichts ist eine Menge. Die leere Menge.

Die nächste Reaktion war, die Paradoxien durch Definitionen abzuschaffen. Die Paradoxien bestanden aus Widersprüchen. In der Beweisstrategie einer Reductio ad absurdum macht man eine Annahme und zeigt, daß die Annahme zu einem Widerspruch

* Man kann aus einem Widerspruch A UND Nicht-A jede beliebige Aussage B herleiten. Die Konjunktion A UND Nicht-A impliziert Aussage A. Aussage A impliziert die Disjunktion A oder B für jede Aussage B, zum Beispiel für die Aussage: »Hunde können fliegen«. (Vögel können fliegen, also gilt, Vögel können fliegen oder Hunde können fliegen.) Diese Disjunktion gleicht der Implikation WENN Nicht-A, DANN B. (Wenn Vögel nicht fliegen können, dann können Hunde fliegen.) Die Konjunktion A UND Nicht-A impliziert Nicht-A. (Vögel können also nicht fliegen.) Dann führen Nicht-A und die Implikation zusammen auf B. Mit anderen Worten, Hunde können fliegen. Was zu beweisen war.

oder zu einer Absurdität führt. Dann geht man einen Schritt zurück und bestreitet die Annahme. Sokrates legte mit dieser Technik die Sophisten aufs Kreuz. Politiker verwenden sie, um ihre Gegner zu attackieren. Wir alle greifen auf die eine oder andere Form der Technik zurück, um anzugreifen, was wir nicht leiden können. Man muß gegen eine Idee oder ihre Anwendung nicht selbst etwas vorbringen. Man muß nur zeigen, daß sie schlimme Folgen hat: Atheismus führt zur Unmoral, Anarchie führt zu Chaos, Marihuana führt zu harten Drogen, Pornographie führt zu Vergewaltigungen. In diesen Fällen verwenden wir die Technik der Reduktion schrittweise in einfachen Argumenten. Wenn A C impliziert und wenn sich C als falsch erweist, auf die falsche Bahn führt oder einen schlechten Geschmack hinterläßt, dann wenden wir uns von A ab. Wir machen die Wirkung für die Ursache verantwortlich.

Die Russell-Paradoxien waren nicht so einfach. Die ganze Mathematik und die Logik führten zu ihnen hin. Dies war so, als ob alle Photographien zu Vergewaltigungen und alle Nahrungsmittel zur Heroinabhängigkeit führten. Keiner wußte mehr, welche Annahme man aufgeben mußte, um die Paradoxien zu verhindern. Das Argument bestand aus mehr als einem Schritt. Die Wirkung hatte mehrere miteinander verbundene logische Ursachen. Wenn A und B C implizieren und wenn sich C als falsch erweist, dann ist entweder A oder B falsch oder beide sind falsch. Wir wissen nicht, was gilt. Mathematik beruht auf mehreren Axiomen und mehreren unmittelbaren Anschauungen. Welche sorgten für die Schwierigkeiten?

Die Suche setzte ein nach einer sauberen Menge von Axiomen, die sowohl die Paradoxien vermieden als auch die Mathematik bewahrten. Verschiedene Logiker schlugen verschiedene Axiome der Mengenlehre und der Logik vor. Russell selbst bot seine »Typentheorie« an, um Paradoxien zu vermeiden. Diese Theorie besagte, daß man nur über eine einzelne Ebene in der Hierarchie der Mathematik zugleich sprechen kann. Man kann sagen: »Äpfel sind rot«, weil Rotsein eine Eigenschaft von Äpfeln und anderen Gegenständen ist. Sie hängt über ihnen in der logischen Hierarchie. Man kann auch sagen: »Rot ist eine Farbe«, und zwar aus demselben Grund. Aber man kann nicht sagen: »Äpfel sind eine

Farbe«, denn dann läßt man eine Ebene aus. Und warum darf man keine Ebene auslassen? Weil Russell es so gesagt hat. Und er hat dies so gesagt, weil er annahm, daß damit die Paradoxien verschwinden würden. Doch Mathematiker und Logiker stellten diese Annahme in Frage, und sie konnten zeigen, daß Russells Typentheorie zuviel von der Mathematik opferte.

Den anderen Axiomentwürfen erging es nicht besser. Die neuen Axiome gaben entweder zuviel Mathematik auf, oder sie führten zu neuen Paradoxien. Sie retteten Mathematik auf Kosten von Mathematik und boten keinen Vorteil anderer Art. Die neuen Axiome beruhten nicht auf unmittelbarer Anschauung. Sie waren zu unanschaulich und zu abstrakt für Gehirne, die sich über 200 Millionen Jahre im Laufe der Säugetierevolution in primitiven Umgebungen entwickelt haben. Sprach- und Handelssymbole sind bei diesem Vorgang erst spät aufgetaucht – in den letzten 10 000 Jahren oder so, also vor rund 500 Generationen. Der einzige Grund für eine neue Menge von Axiomen bestand darin, die Paradoxien mit möglichst wenig Schaden für die Mathematik loszuwerden.

Russell hat offenbar als erster eine fuzzy-logische Antwort vorgeschlagen. Er hat sie nicht befolgt, aber er hat sie gemacht. Warum sollen wir nicht das Gesetz vom ausgeschlossenen Dritten aufgeben. Vergiß Aristoteles! Wer sagt, A ODER Nicht-A muß für jede Aussage A gelten? Doch dies schien zu radikal zu sein. Niemand wollte die Möglichkeit aufgeben, Beweise durch Widerspruch zu führen. Willard van Orman Quine, der Logiker aus Harvard, der heutige Nachfolger von Russell, sagte wie viele andere, daß diese Sicht für sich allein eine Art Reductio ad absurdum sei.

Doch die Antwort von Quine wich der Frage aus. Sie setzte die Zweiwertigkeit voraus, für die es erst Argumente zu finden galt. Sie fand Vielwertigkeit einfach schon deshalb absurd oder geschmacklos, weil sie Vielwertigkeit und nicht Zweiwertigkeit war. Und wie in der Kunst läßt sich auch in der Wissenschaft über Geschmack nicht streiten.

Die absurde Antwort ging auch am zentralen Punkt vorbei: Wer sagte denn, daß alle Widersprüche dieselben sind? Stellen wir uns vor, wir gehorchen den Gesetzen der Logik oder der Mathematik und landen bei einem Fall von A UND Nicht-A. Wer sagt, daß diese Aussage hundertprozentig gelten muß? Der fuzzy-logische Standpunkt besagt lediglich, daß sie vorkommt. Es gibt rosafarbene Rosen, die rot und nichtrot sind. Wir finden Grenzfälle ebenso schnell, wie wir Grenzen festlegen.

Die fuzzy-logische Sicht sagt aber mehr als das. Sie sagt, daß Paradoxien der Rückbezüglichkeit *Halbwahrheiten* sind. Fuzzige Widersprüche. A UND Nicht-A gilt, aber A ist nur fünfzigprozentig wahr, und Nicht-A ist nur fünfzigprozentig wahr. Die Paradoxien sind halb wahr und halb falsch. Sie sitzen auf den Mittelpunkten fuzziger Würfel, gleichweit entfernt von den schwarzen und den weißen Ecken. Sie entsprechen Buddha, der bei dem Wert ½ sitzt und grinsend die beiden Aristoteles-Gestalten anschaut, die grummelnd bei 0 und 1 Platz genommen haben.

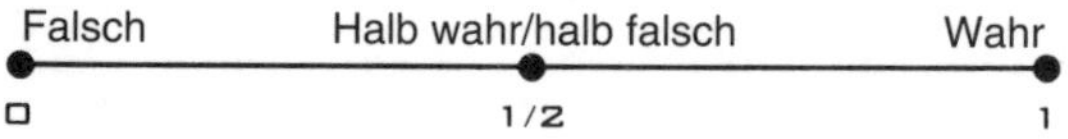

Ein einfaches Argument zeigt, daß das rückbezügliche Paradoxon dem Mittelpunkt der Wahrheitslinie zwischen 0 und 1 entspricht.* Die meisten Wissenschaftler und Mathematiker haben das übersehen. Sie kürzen die Argumentation durch kulturelle Vorherrschaft ab, wenn sie die Welt mit binärer Logik beschreiben. Doch hätte ihnen dieselbe wissenschaftliche Methode auch den richtigen Hinweis geben können. Ein Experiment ging daneben, als sie ein Paradoxon fanden. Statt nun das Experiment beiseite zu schieben, hätten sie seine Grundannahmen bezweifeln sollen. Sie hätten die Zweiwertigkeit in Zweifel ziehen sollen.

* Rückbezügliche Paradoxien haben immer dieselbe Form: A impliziert Nicht-A, und Nicht-A impliziert A. A und Nicht-A sind logisch gleichwertig: A = Nicht-A. Die Yin-Yang-Gleichung. Sie haben somit den gleichen Wahrheitswert: w(A) = w(Nicht-A). Hier treffen wir auf einen bivalenten Widerspruch, entweder 0 = 1 oder 1 = 0. Doch nehmen wir an, wir bestehen nicht auf der zweiwertigen Logik. Wir wissen, der Wahrheitswert von Nicht-A ist gleich 1 minus dem Wahrheitswert von A, oder: w(Nicht-A) = 1 - w(A). Paradoxon heißt w(A) = 1 - w(A). Wir können diese Gleichung lösen und finden nach einfacher Rechnung w(A) = ½. Die Wahrheit liegt also in der Mitte.

Paradoxien gelten allgemein für Mengen und für Logik. Wir erinnern uns, daß die Zahlenlinie von 0 nach 1 einen Hyperwürfel von einer Dimension definiert. Ein Einheitsquadrat legt einen Hyper- oder fuzzy-logischen Würfel der zweiten Dimension fest (mit vier Schwarz-und-weiß-Kombinationen oder Mengen aus zwei Objekten). Ein fester Würfel wie ein Eiswürfel oder der Rubik-Würfel ist ein fuzziger Würfel von drei Dimensionen (mit acht Schwarz-und-weiß-Kombinationen aus drei Objekten). In jedem Fall legen die Ecken die einzigen schwarzweißen Ergebnisse nach Aristoteles fest, wenn also A ODER Nicht-A gilt. Der Würfelmittelpunkt bestimmt das eindeutige buddhistische Ergebnis, bei dem A gleich Nicht-A ist, bei dem die Yin-Yang-Gleichung hundertprozentig gilt: A = Nicht-A. Der Mittelpunkt ist der einzige Punkt des Würfels, der von jeder Ecke gleich weit entfernt bzw. ihr gleich nahe ist. Man kann den Mittelpunkt ebensowenig zu irgendeiner Ecke hin auf- oder abrunden, wie man vom Nordpol aus eindeutig nach Süden gehen kann.

Die alten und die neuen Paradoxien bringen uns vielerlei bei. Als erstes lernen wir, daß wir sie falsch benannt haben. Der Ausdruck »Paradoxon« legt eine Ausnahme nahe. Eine fuzzy-logische Analyse zeigt, daß das Umgekehrte zutrifft. Paradoxien sind die Regel und nicht die Ausnahme. Reine schwarzweiße Ergebnisse sind die Ausnahme, die Eckpunkte des fuzzigen Würfels, der voller grauer Resultate ist. Es gibt zwei aristotelische Extreme, Schwarz und Weiß, 0 und 1, sowie unendlich viele Grauschattierungen dazwischen. Eine Graustufe bedeutet, daß A UND Nicht-A zu einem gewissen Grad gelten.

Paradoxien zeigen auch, daß uns die Bivalenz etwas kostet. Man kann nicht immer Tatsachenbeschreibungen runden und damit zurechtkommen. Man tauscht Genauigkeit gegen Einfachheit, und dafür muß man bezahlen. Die Sorites-Paradoxien machen klar, daß man aus langen Ketten bivalenter Argumente auf Unsinn schließen kann. Sie kommen zu dem Ergebnis, daß du nicht kahlköpfig bist, nachdem du dir die Haare ausgerupft hast. Rückbezügliche Paradoxien führen vor, daß Runden im Extremfall den Ast absägt, auf dem es selbst sitzt. Die Angst der Bivalenz vor einem logischen Widerspruch endet selbst im Widerspruch. Zenon lacht zuletzt.

Unsichere Welt

In den späteren zwanziger Jahren überraschte der junge Werner Heisenberg die wissenschaftliche Welt mit seinem Unbestimmtheitsprinzip der Quantenmechanik. Danach kann man immer weniger sehen, wenn man immer näher hinschaut. Russell hatte gezeigt, daß die Logik unseres Gehirns unklar ist. Nun wies Heisenberg nach, daß die Atome in unserem Gehirn unscharf sind.* Auch mit der vollständigen Information kann man nicht immer alle Dinge mit hundertprozentiger Gewißheit angeben.

Nach Heisenberg ist selbst in der Physik die Wahrheit von Aussagen eine Sache der Abstufung. Er brachte die Welt dazu, sich mit der multivalenten Logik zu befassen, mit Aussagen, die wahr, falsch oder bis zu einem bestimmten Grad unbestimmt sind. Er hat die Mathematik der Fuzzy-Logik nicht ausgearbeitet: dies hatte Jan Lukasiewicz in Polen schon rund ein Jahrzehnt zuvor getan. Heisenberg sorgte dafür, daß die Leute die bivalente Logik in Frage stellten. Sie hatten sie jahrhundertelang, wie schon Aristoteles, für selbstverständlich hingenommen. Aristoteles, die Wissenschaftler und die Mathematiker glaubten, daß jede richtig formulierte Aussage entweder wahr oder falsch war. Wir sind vielleicht nicht in der Lage, die Wahrheit von Aussagen über das Innenleben der Sonne, der Atome oder über Fremde am anderen Ende des Universums zu überprüfen. Aber sie sind prinzipiell

* Anm. d. Übers.: Im Original steht in beiden Fällen das Wort »uncertain« – die Logik ist »uncertain«, und die Atome sind »uncertain«. Heisenbergs Entdeckung heißt im Englischen tatsächlich »uncertainty principle«. Heisenberg selbst hat ursprünglich von der »Unschärferelation« gesprochen und später am liebsten den Ausdruck »Unbestimmtheitsprinzip« verwendet. Wir werden daher »uncertain« auf vielfache Weise übersetzen müssen: unklar, ungewiß, unsicher, unscharf, unbestimmt. Die einzelnen Bedeutungen unterscheiden sich offenbar beträchtlich. Die tiefe physikalische Einsicht von Heisenberg besteht darin, daß atomare Objekte so lange keinen bestimmten Zustand haben – daß sie unbestimmt sind –, solange keine Messung an ihnen vorgenommen wird. Bestimmt man schließlich eine Eigenschaft eines atomaren Objektes – etwa seine Geschwindigkeit –, greift man derart in seinen Zustand ein, daß eine zweite Eigenschaft – etwa seine Position – so unbestimmt bleibt, daß jede Messung unscharf wird.

erkundbar. Heisenberg bewies, daß es in der Quantenmechanik Dinge gibt, die wir niemals wissen werden. Sie sind noch nicht einmal prinzipiell erkundbar. Heisenberg gab dem Zweifel wissenschaftlichen Rang. Damals war die Wahrscheinlichkeitstheorie der einzige Weg, um den Zweifel in mathematische Form zu bringen. Anstatt uns also von der schwarzweißen Wahrheit weg- und zur grauen Wahrheit hinzuführen, sorgte das Unbestimmtheitsprinzip dafür, zur Wahrscheinlichkeit einer bivalenten Alles-oder-nichts-Wahrheit überzugehen. Eine fuzzy-logische Mathematik und eine ebensolche Quantenmechanik werden das im Lauf der Zeit sicher noch korrigieren.

Man sollte drei wenig populäre Tatsachen über Heisenbergs Prinzip der Unbestimmtheit kennen. Zunächst verstehen es fast alle falsch. Das Prinzip hat nichts damit zu tun, wie eine Messung das Objekt stört, das gemessen werden soll, wie zum Beispiel ein Thermometer die Suppe stört, in die es getaucht wird. Zweitens gibt es viele Unschärfen in der Physik, die nichts mit der Quantenmechanik zu tun haben.* Sie haben mehr mit der Signalverarbeitung zu tun, die beim Fernsehen, beim Telephon und sogar in unseren Augen eine Rolle spielt. Es handelt sich dabei um die Artefakte der gradlinigen Art, mit der wir die Welt anschauen. Und drittens liefert uns schon das älteste und wichtigste Theorem der Mathematik, der Satz des Pythagoras für rechtwinklige Dreiecke, genügend Unschärfeprinzipien. Der Satz des Pythagoras selbst wiederum resultiert direkt aus der Fuzzy-Logik (und umgekehrt).

Das Prinzip der Unbestimmtheit

Die meisten Menschen wissen, daß die Quantenmechanik seltsam ist. Sie kennen die Einzelheiten nicht, aber sie haben von Heisenbergs Prinzip der Unbestimmtheit gehört. Sie wissen, daß Einsteins Relativität Licht biegt, schwarze Löcher entstehen und Uhren langsamer laufen läßt und daß man die Energie von Kern-

* Anm. d. Übers: Man braucht sich nur klarzumachen, daß jede Wellenbewegung unscharf ist, wenn man zum Beispiel nach dem genauen Ort fragt, an dem sie stattfindet.

explosionen ermitteln kann ($E = m \cdot c^2$). Sie wissen, daß die Quantenmechanik seltsam ist, weil Licht in Quantenpaketen daherkommt und sich sowohl wie eine Welle als auch wie ein Teilchen verhält. Und sie wissen, daß das Prinzip der Unbestimmtheit dieses Seltsame zusammenfaßt: Man beeinflußt, was man messen will. Man hat davon in der Schule, im Kino oder auf einer Party gehört. Populäre Wissenschaftsberichte kommen auf das Prinzip zurück, wenn sie sich der Geschichte der Wissenschaft oder der Entdeckung der subatomaren Teilchen widmen. Journalisten und Sozialwissenschaftler weisen auf das Prinzip hin, wenn sie illustrieren wollen, wie die Medien die Nachrichten beeinflussen. Eltern erzählen ihren Kindern davon, wenn diese sie über Atome, Mikroprozessoren oder den freien Willen ausfragen.

Und sie alle verstehen es falsch. Man sollte das durch eine Umfrage überprüfen und feststellen, wie weit die Verwirrung geht. In diesem Fall ist die Wahrheit seltsamer als die Vorstellung. Wenn ein Thermometer die Suppe stört, passiert nichts Seltsames. Die Vorstellung steckt in dieser oberflächlichen Beschreibung des Unbestimmtheitsprinzips.

Die Wahrheit ist seltsam: Wenn man auf einer Autobahn gradlinig und mit hoher Geschwindigkeit fährt und sein Tachometer im Auge behält, dann kommt es vor, daß man nicht weiß, an welcher Stelle der Autobahn sich der Wagen zu jedem Zeitpunkt befindet. Wenn man schnell genug fährt – schneller als unsere Autos und die Gravitation es zulassen –, dann *kann* man *nicht* wissen, wie schnell man fährt, wenn man weiß, an welcher Stelle der Autobahn sich der Wagen gerade befindet, oder man kann nicht wissen, an welcher Stelle der Autobahn sich der Wagen gerade befindet, wenn man weiß, wie schnell man unterwegs ist. Geschwindigkeit oder Position. Man bekommt das eine oder das andere. Bei kleineren Geschwindigkeiten kommt ein Handel auf einen zu. Je besser man die Geschwindigkeit feststellen kann, desto schlechter geht das mit der Position und umgekehrt. Tachometer (und Thermometer) verursachen keinerlei Störung. Sie messen nur die Wirkungen der Ursache, und die steckt in der Natur der Dinge. In der Mathematik der Dinge. In der *linearen* Mathematik, die wir den Dingen zuschreiben.

Wir fahren in unseren Wagen und fliegen mit unseren Flugzeugen bei Geschwindigkeiten, die so niedrig sind, daß Heisenbergs Handel vernachlässigt werden kann. Wir können unsere Geschwindigkeit und unsere Position bis auf viele Stellen hinter dem Komma genau bestimmen. Evolution und Alltagserfahrungen haben unsere Intuitionen für diese langsamen Geschwindigkeiten ausgelegt. Wir haben Millionen von Jahren gebraucht, um Heisenbergs Welt der Quantenmechanik und Einsteins Welt der Relativität zu erfassen. Niemand konnte sie sich vorstellen. Die Unbestimmtheit der Geschwindigkeit (oder des Impulses) eines dahintreibenden Staubteilchens liegt bei ungefähr 10^{-26}, das ist weniger als der billionste Teil eines billionsten Teils einer Einheit der Geschwindigkeit (oder des Impulses).

Man kann sich Heisenbergs Prinzip als eine Relation zwischen zwei Diagrammen vorstellen. Ein Schaubild zeigt unsere Kenntnis der Position des Autos. Das andere Schaubild zeigt unsere Kenntnis der Geschwindigkeit des Autos.

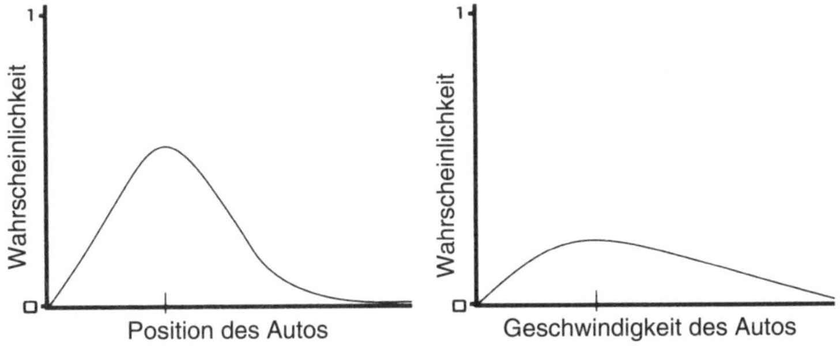

Eine Glockenkurve zeigt die Verteilung oder Varianz unserer Kenntnis oder Gewißheit. Je breiter die Kurve ist, desto weniger wissen wir. Eine unendlich breite Kurve ist eine flache Linie. Dann wissen wir nichts. Der Wert der Größe, Position oder Geschwindigkeit könnte irgendwo entlang der Achse liegen. Eine unendlich enge Glockenkurve ist ein Zacken, der unendlich hoch reicht. In dem Fall kennen wir den Wert vollständig. Das Prinzip der Unbestimmtheit besagt, daß eine Glockenkurve enger wird, wenn die andere breiter wird.* Wenn eine Kurve spitz wird, wird die andere flach. Wenn also die Glockenkurve der Position zum Zacken wird und wir eine vollständige Kenntnis der Position haben, flacht sich die Kurve für die Geschwindigkeit ab, und wir haben keinerlei Kenntnis von ihr (unendliche Varianz der Geschwindigkeit).

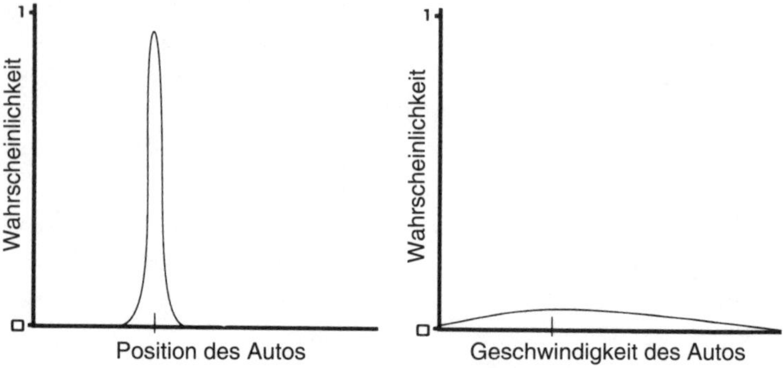

Heisenberg entdeckte diese Unschärferelation in den späten zwanziger Jahren. Er fand auch andere Relationen zwischen anderen »konjugierten« Variablen, zwischen Energie und Zeit, zwischen der elektrischen und der magnetischen Feldstärke. Die Quantentheoretiker sahen bald, daß Unschärferelationen zwischen vielen Quantenoperatoren oder Objekten zustande kamen. (In der Quantenmechanik sind Dinge Operatoren.) Dies hing damit zusammen, daß Operatoren nicht »kommutativ« waren, also nicht vertauscht werden konnten. Zahlen, die wir multiplizieren, können vertauscht werden, sie sind kommutativ: $3 \cdot 2 = 2 \cdot 3$. Quantenoperatoren können nicht vertauscht wer-

* Wenn p die mathematische Varianz oder Verteilung der Position und v die Varianz der Geschwindigkeit ist, dann kann Heisenbergs Prinzip der Unbestimmtheit als Ungleichung geschrieben werden: $P \cdot v \geqq \hbar$. $\hbar$ bezeichnet die Plancksche Konstante ($6{,}626 \cdot 10^{-34}$ Joule Sek) dividiert durch 2π. Die Plancksche Konstante ist klein, aber sie ist nicht Null. Deshalb können p und v nicht Null ein, außer in Grenzfällen. Wenn p nach Null hin abnimmt, nimmt v nach unendlich hin zu, da $v \geqq \hbar / p$.

den, was dazu führt, daß zwischen ihnen Unschärferelationen gelten.*

Viele Wissenschaftler haben angenommen – und viele tun es noch heute –, daß die Unbestimmtheiten ausschließlich in der Quantenmechanik auftauchen. Doch Unschärferelationen sind aus mathematischen Spitzfindigkeiten entstanden. Viele andere Bereiche verwenden dieselbe Mathematik und schaffen ihre eigenen Unschärferelationen. Wir haben sie in die Struktur unseres Informationszeitalters eingebaut. Und die natürliche Auswahl scheint sie in unsere Gehirne eingebaut zu haben. Und dies alles hat mit rechtwinkligen Dreiecken zu tun. Doch bevor wir dazu kommen, müssen wir noch eine letzte Station anlaufen. Wir müssen einen zweiten Blick auf die seltsame Quantenmechanik werfen und eine andere Unterscheidung treffen. Diesmal zwischen Linien und Nichtlinien, zwischen flachen und buckligen Oberflächen.

Eine weitere Fehlpassung: lineare Mathematik, nichtlineare Welt

Man lasse sich durch die Quantenmechanik nicht bange machen. Sie ist nämlich überhaupt nicht »seltsam«. *Die Quantenmechanik ist linear.* Sie ist so linear wie jede andere Theorie, die wir haben. Sie ist so linear, und die Welt ist so nichtlinear (krumm), daß viele von uns nur wenig Vertrauen in die Quantenmechanik haben, wenn sie über das erste grobe Eindringen in die uns außen umwirbelnde und innen umwühlende nichtlineare Realität hinausgeht. Auch Werner Heisenberg gewinnt den Hemingway-Preis

* Anm. d. Übers.: Einer der entscheidenden Unterschiede zwischen der klassischen Physik und der Quantenphysik besteht darin, daß erstere von Größen handelt, die eine unmittelbare Bedeutung haben, die es in der Wirklichkeit gibt, und die direkt gemessen werden können: Energie, Position, Kraft usw. Jedes Gesetz der klassischen Physik verknüpft Größen dieser Art: Kraft ist gleich Masse mal Beschleunigung, oder Druck mal Volumen ist proportional zur Temperatur. In der Quantenmechanik tauchen statt dessen Operatoren auf, die keine unmittelbare Bedeutung haben, die es in der Wirklichkeit nicht gibt, aus denen man aber die Größen berechnen kann, die es in der Wirklichkeit gibt.

für die erste hundertprozentig wahre faktische Aussage nicht. Sein Prinzip der Unbestimmtheit ist nur eine erste Annäherung.

Aus der Nähe betrachtet kann jede auf und ab schwankende Kurve durch eine gerade Linie angenähert werden. Und aus der Nähe betrachtet sieht die Erde tatsächlich flach aus.*

Auf dieselbe Weise kann man sich ein lineares System als ein glattes Stück Papier und ein nichtlineares System als ein zerknautschtes Blatt vorstellen. Ganz gleich wie bucklig das Papier auch ist, in einem kleinen Bereich sieht es wie ein glattes Stück aus. Wenn man sich aber zurücklehnt und das Papier als Gesamtes ansieht, stellt man den Unterschied zwischen den beiden Blättern fest.

Eine lineare Theorie liefert das Ganze von seinen Teilen her. Man füge alle Teile zusammen, und man bekommt das Ganze. Man untersuche, wie sich die Teile verhalten. Dann befestige man die Teile miteinander, und man hat das Ganze untersucht. Die Quantenmechanik tut dies mit Materie- und Lichtwellen. Man kann die Wellen addieren und eine Riesenwelle bekommen, oder

* Schauen wir uns Einsteins Gleichung zwischen Energie (E) und Masse (m) an: $E = m \cdot c^2$. Mit c bezeichnen wir die Geschwindigkeit des Lichts im Vakuum. Ist es klar, daß dies eine lineare Gleichung ist? Der Term c^2 ist eine Konstante und keine Variable. Er stellt eine Proportionalitätskonstante dar. Die Relation zwischen Masse und Energie ist linear. Wird die Masse zehnfach vergrößert, nimmt auch die Energie zehnfach zu und umgekehrt. Hat Einstein tatsächlich angenommen, daß die Natur so linear sei? Nein. Selbst viele Physiker vergessen, daß Einstein diese lineare Gleichung 1905 als Approximation abgeleitet hat, und zwar in seiner Arbeit »Hängt die Trägheit eines Körpers von seinem Energiegehalt ab?« Einstein linearisierte die Mathematik, um sie zu vereinfachen. Er ignorierte unendlich viele nichtlineare Terme »höherer Ordnung« auf der einen Seite der Gleichung. Einstein bekam seine berühmte Gleichung heraus, indem er »Größenordnungen von vierter oder höherer Ordnung vernachlässigte«. Die tatsächliche Gleichung sieht so aus: $E = m \cdot c^2$ plus *unendlich viele andere Terme*. Wissenschaftler und Ingenieure machen solche umfassenden Annahmen jederzeit, und sie haben einen Namen dafür – *Linearisierung*.

man kann die Riesenwelle in mehrere kleinere Wellen zerlegen. Mathematiker reden dann von »Superpositionierung«. Das Unbestimmtheitsprinzip ist Teil dieser linearen Verpackung.

Eine nichtlineare Theorie liefert einem nicht das Ganze aus seinen Teilen. Die Teile fügen sich nicht zum Ganzen zusammen. Dies heißt Nichtlinearität. Gruppen verhalten sich nicht so, wie es ihre einzelnen Mitglieder tun. Man kann Arme, Beine, Organe und andere Körperteile untersuchen und immer noch nicht wissen, wie sich ein Mensch oder eine Gruppe von Menschen verhält. Die Komplexität des Systems übersteigt die der Teilsysteme. Das verwirrt nach wie vor die Atomphysiker, die große Materiebrocken verwenden, um ihre feinste Zergliederung zu untersuchen, Medizinstudenten, die Leichen aufschneiden und sich fragen, wohin Bewegung und Gefühl entschwunden sind, und Wirtschaftsexperten, die mit linearen Modellen der Ökonomie versuchen, die Zahl der Beschäftigten und die Zinsenentwicklung vorherzusagen. Wie Bertrand Russell einmal gesagt hat: Zwar hat jeder Mensch eine Mutter, aber die Menschheit hat keine.

Wissenschaftler versuchen, die Dinge einfach zu machen. Dies erklärt zu einem Teil, warum wir an der Zweiwertigkeit festhalten. Der erste Instinkt eines Wissenschaftlers besteht darin, ein lineares Modell über eine nichtlineare Welt zu legen. Dies produziert ein weiteres Problem der Fehlpassung, *das Dilemma des Mathematik-Modellbauers: lineare Mathematik für eine nichtlineare Welt.*

Wir wissen ziemlich viel über lineare Mathematik, dagegen fast nichts über nichtlineare Mathematik – abgesehen davon, daß nahezu alle Mathematik nichtlinear ist. Die mathematische Forschung hört niemals auf. In einem endlichen Universum können Physik, Chemie, Biologie und Ökonomie ihren Abschluß erreichen. Mathematik nie. Ihr Gebiet ist unendlich groß. Und ganz gleich, wieviel wir davon erkunden, und selbst wenn wir eine Ewigkeit daran arbeiten, wir werden nie mehr als einen unendlich kleinen Punkt der nichtlinearen Mathematik kennen.

Ich wette darauf, daß die Quantenmechanik eines Tages zu Fall kommt, weil sie in ihrem Kern linear ist. Nach ihr gibt es im Universum keine anderen Dinge als lineare Operatoren inmitten eines kosmischen Ozeans aus Materiewellen. Und wir beobachten nur die durchschnittlichen Spuren (die »Eigenwerte«) dieser linearen Operatoren wie zum Beispiel Energiewerte. Ohne Zweifel wird diese Theorie eines Tages durch eine nichtlineare Form abgelöst, die besser mit den Tatsachen zusammenpaßt. Das Quantenchaos mit seinen schaumartigen und zufällig aussehenden Zuständen bietet einen ersten Blick in die nichtlineare Richtung. Bislang müssen wir uns allerdings an die lineare Quantenmechanik und die Unbestimmtheitsrelation halten, die sie hervorbringt.*

Heisenbergs Unbestimmtheit ist Teil eines linearen Modells. Eine nichtlineare Quantenmechanik führt vielleicht gar nicht zu einer Unschärferelation. Dafür sind in der Klasse der linearen Systeme, die die moderne Technik beherrschen, die Unschärfebeziehungen an der Tagesordnung.

Populäre wissenschaftliche Darstellungen haben Heisenbergs Prinzip so eng mit der Quantenmechanik in Verbindung gebracht, daß ich kurz abschweifen möchte, um zu zeigen, daß Unschärferelationen nichts Besonderes sind. Die übliche populäre Sicht beschreibt nicht nur die Unbestimmtheit falsch als Störung durch eine Messung, sie läßt auch jeden Hinweis auf die lineare »Ursache« des Prinzips vermissen.

In jeder linearen Theorie gibt es Unschärfen. Elektroingenieure haben dies schon lange herausgefunden, denn sie arbeiten mit linearen Systemen. Lineare Navigations- und Steuersysteme haben Männer zum Mond und zurück nach Hause gebracht. Lineare Systeme kontrollieren Mikrowellenherde, Antennen und Hochgeschwindigkeitsmodeme. In der Signalverarbeitung löschen sie Echos bei Ferngesprächen aus, und sie reduzieren Interferenzen bei Fernseh-, Radio- und Radarempfängern. In diesen Fällen ist das lineare System das LTI-System, das *lineare zeitinvariante* System (»linear time invariant«). Zeitinvarianz heißt, daß sich die Struktur des Systems nicht zu schnell ändert.

* Anm. d. Übers.: Ich würde dagegen wetten. Die Quantenmechanik wird die Grundlage bleiben. Die Gesetze der Natur sind einfach. Kompliziert ist ihre Entfaltung durch Strukturen, die sich über die Gesetze legen, wie zum Beispiel das Feigenbaum-Szenarium des determinierten Chaos. Die Idee des Chaos ändert nicht die grundlegenden Gesetze der Physik. Sie läßt sie nur anders (nichtlinear) zur Entfaltung kommen.

Eine mathematische Tatsache: *Jedes LTI-System kennt seine Unschärferelation*. Die populären Bücher haben das nie erwähnt. Und die meisten Physiker wissen das gar nicht.

Das LTI-Unbestimmtheitsprinzip besagt, daß man kein Signal vollständig in Zeit und Frequenz festmachen kann. Signale dauern ihre Zeit. Vogelsang. Walgesang. Popmusik. Seismische Aufzeichnungen. Blutdruckmessung. Fernsehsignale. Wir nehmen diese Signale als Intensitäten wahr, die mit der Zeit variieren. Sie berühren unsere Oberflächenrezeptoren und Meßeinrichtungen. Töne gelangen in unser Innenohr, und die Lichtintensität erreicht unsere Netzhaut.

Diese Signale haben ebenfalls eine Frequenzkomponente mit Namen »Frequenzsignal«. Die Spektralanalyse zerlegt das Lied eines Vogels in eine Reihe von Frequenzen. Diese sind alle in dem Zeitsignal enthalten, aber mit unterschiedlichem Grad. Eine sogenannte Fourier-Transformation wandelt das Zeitsignal in ein Frequenzsignal um, gerade so wie ein Prisma weißes Licht in ein Strahlenbündel aus farbigem Licht aufspaltet.

Die Unbestimmtheitsrelation gilt für die Varianz oder die Breite des Zeitsignals und die Breite des Frequenzsignals.* Je genauer das Zeitsignal ist, desto ungenauer ist das Frequenzsignal. Dennis Gabor, der Erfinder der Holographie, bewies und popularisierte diese Zeit-Frequenz-Unschärferelation in seiner berühmten Arbeit aus dem Jahre 1944 mit dem Titel *Theory of Communication*. Zwei Jahrzehnte vorher waren H. Nyquist und R. V. L. Hartley in den Bell-Laboratorien auf dieselbe Unschärferelation gestoßen, allerdings war ihre Mathematik weniger klar. Hartley drückte die Zeit-Frequenz-Unschärfe in der Sprache der Kommunikation aus: »Die gesamte Information, die übertragen werden kann, ist proportional dem Produkt aus dem Frequenzbereich, der übertragen werden soll, und der Zeit, die dafür zur

* Sei s die Varianz des Zeitsignals und sei S die Varianz seines Frequenzsignals oder der Fourier-Transformation. Dann liefert das Prinzip der Unbestimmtheit eine Ungleichung: $s \cdot S \geqq 1/16\, \pi^2$. Details hierzu und eine klassische Entlarvung des Physikmonopols auf die Unbestimmtheitsrelationen finden sich in dem Buch *Digital Filters* (3. Aufl. Englewood Cliffs, N. J., 1988) vom Pionier der Informationstheorie Richard Hamming.

Verfügung steht.« Ihre Arbeit ging der von Heisenberg um etwa ein Jahr voran. Neurobiologen haben Gabors Arbeit genutzt, um zu zeigen, daß Hirnzellen im visuellen Kortex von Kätzchen – und vielleicht auch in unserer Sehrinde – so feuern, daß die LTI-Unbestimmtheit minimal wird. Dies alles basiert auf dem Satz des Pythagoras – ebenso wie die ganze fuzzy-logische Theorie.

Pythagoras und das Unbestimmtheitsprinzip

Der Satz des Pythagoras über rechtwinklige Dreiecke ist das wichtigste Theorem der Mathematik. Pythagoras (um 580 bis um 500 v. Chr.) hat behauptet, daß alle Dinge Zahlen sind. Heute liegt sein Satz der Konstruktion zugrunde, die wir Hilbert-Raum nennen und die ihrerseits die Basis der Quantenphysik und der modernen Technik bildet.

Auf den Satz des Pythagoras bauen unsere modernen Konzepte der Optimierung auf, die nach der bestmöglichen Lösung eines Problems suchen. Was ist die beste Vorhersage darüber, wie schnell sich das Aids-Virus ausbreitet, wenn man alle heutigen Daten berücksichtigt? Was ist der beste Weg, um fehlende Bits einer übertragenen Nachricht aus Einsen und Nullen, fehlende Stellen eines Redesignals oder Lücken eines Fernsehbildes zu ergänzen?

In der Mathematik und in der Technik entstehen optimale Antworten oft durch sogenannten Orthogonalitätsbedingungen, die vorliegen, wenn sich zwei abstrakte Objekte in einem rechten Winkel zueinander schneiden, so wie die Katheten eines rechtwinkligen Dreiecks. Die Orthogonalitätsbedingungen zeigen uns, wie am besten eine Linie durch einen Haufen von Datenpunkten gelegt, störende Geräusche aus dem Radio gefiltert oder Raketen auf feindliche Düsenjäger ausgerichtet werden können, die hinter Wolken fliegen.

Der Satz des Pythagoras basiert auf dem rechten Winkel in einem rechtwinkligen Dreieck. Die beiden anliegenden Seiten (Katheten) haben die Längen a und b, und die dem rechten Winkel gegenüberliegende Hypotenuse hat die Länge c.

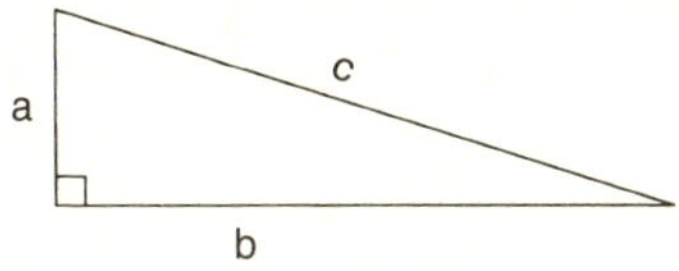

Der Satz des Pythagoras setzt die Quadrate der Seitenlängen miteinander in Verbindung.* Was haben Quadrate mit einem rechten Winkel zu tun? Lehrer vergessen manchmal darauf hinzuweisen, wenn sie ihren Schülern den Satz des Pythagoras vorstellen. Er beschreibt tatsächlich die Fläche von drei Quadraten über den Seiten a, b, c des rechtwinkligen Dreiecks.

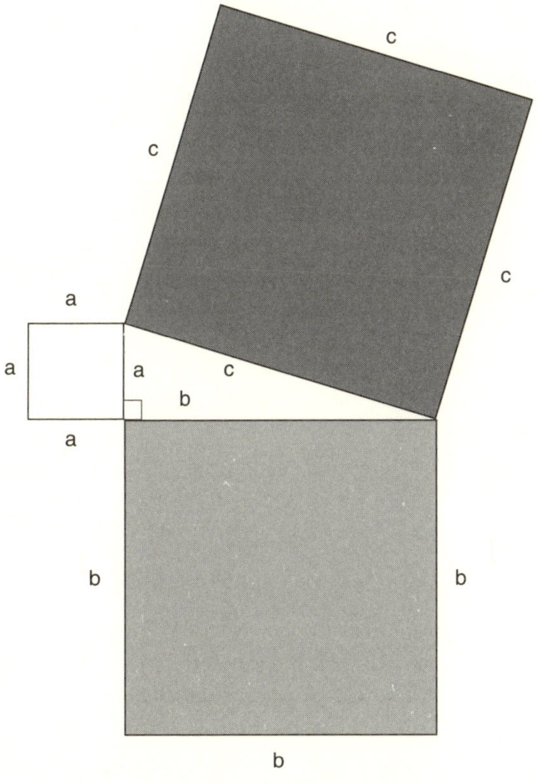

* Der Satz des Pythagoras besagt, daß a^2 plus b^2 gleich c^2 ist. Hierbei bedeutet c^2 einfach c multipliziert mit sich selbst. Dasselbe gilt für die Quadrate von a und b. Das berühmteste Beispiel dafür sind die Zahlen

Der Satz des Pythagoras besagt, daß die Fläche des größten Quadrats gleich der Summe aus den Flächen der beiden kleineren Quadrate ist. Er taucht überall in der Mathematik auf. Jedesmal wenn man zwei abstrakte Objekte in einem abstrakten »Raum« betrachtet, gibt es zwischen ihnen eine rechtwinklige (orthogonale) Beziehung. Sehen wir uns zwei Punkte A und B in der Ebene an.

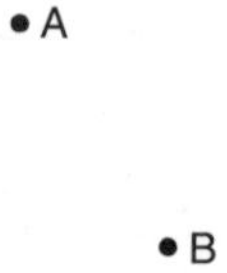

Die Punkte A und B sind einfache abstrakte Objekte. Angenommen, A und B legen die Spitzen von zwei Pfeilen (Vektoren) fest, die von ein und demselben Startpunkt aus gezogen sind.

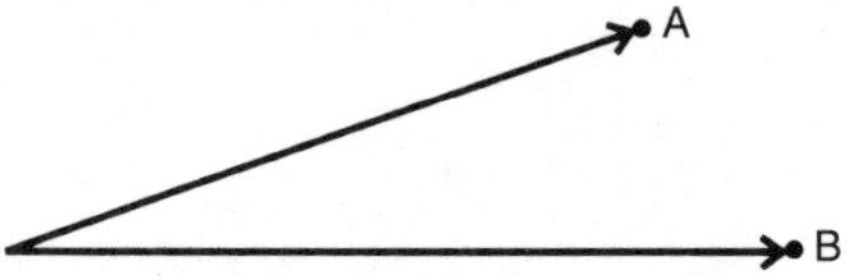

Wo zeigt sich hier die Relation des pythagoreischen Satzes? Sie entsteht, wenn man die A-Linie senkrecht oder orthogonal auf die B-Linie projiziert. Man kann sich eine Projektion als den Schatten vorstellen, den die A-Linie wirft, wenn man mit einer Lampe vom oberen Rand der Seite aus senkrecht auf die B-Linie leuchtet.

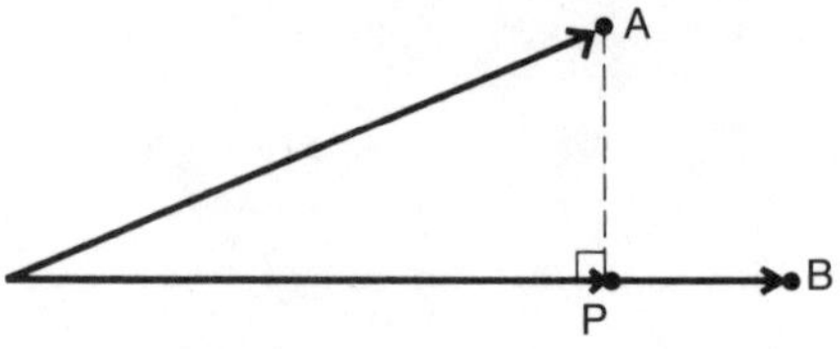

3, 4, 5: $3^2 + 4^2 = 9 + 16 = 25 = 5^2$. Berühmt ist auch der Fall, wenn die beiden anliegenden Seiten die Länge 1 haben: $1^2 + 1^2 = 2$. Dieses Resultat irritierte Pythagoras, denn es bedeutet, daß die Länge der Hypotenuse keine rationale Zahl ist, die sich als Verhältnis zweier ganzer Zahlen schreiben läßt, sondern eine irrationale, nämlich $\sqrt{2}$.

Das Dreieck APB ist rechtwinklig. Daher gilt der Satz des Pythagoras: Wir können drei Quadrate zeichnen, die über den Seiten des Dreiecks liegen, und nun ist die Fläche des größten Quadrats gleich der Summe aus den Flächen der beiden kleineren Quadrate. Der Punkt P führt zu einer der wichtigsten Gruppe von Gleichungen, die wir in Wissenschaft und Technik haben, den sogenannten Normalgleichungen der Kurvenanpassungen mit kleinsten Quadraten. Die Normalgleichungen zeigen, wie man die am besten angepaßte Kurve durch eine Wolke von Datenpunkten legen muß, ein Verfahren, das Carl Friedrich Gauß zum erstenmal 1795 entwickelt hat. Mit seiner Hilfe wurde der Planetoid Ceres wieder gefunden, der 1801 entdeckt, dann aber aus den Augen verloren worden war.

Das Dreieck APB enthält das Heisenbergsche Unbestimmtheitsprinzip und das Teilmengigkeitstheorem der Fuzzigkeit, von dem wir früher im Kapitel »Das Ganze im Teil« gesprochen haben. Das Unbestimmtheitsprinzip wendet die *Cauchy-Schwarz-Ungleichung* an, die die Längen der Pfeile A und B in Beziehung setzt. Eine Ungleichung – oder das »kleiner als«-Zeichen < – gilt, wenn A und B nicht parallel sind, wenn das rechtwinklige Dreieck APB eine Seite AP hat. Diese Ungleichung *ist* das Unbestimmtheitsprinzip. Gleichheit gilt, wenn A und B parallel sind, wenn der Pfeil A dem Pfeil B gleich ist.* Der Gleichheitsfall definiert den Fall der minimalen Unbestimmtheit, der zu beschreiben scheint, wie die Neuronen in der Sehrinde unseres Gehirns feuern.

Ich war sehr niedergeschlagen, als ich zum erstenmal erkennen konnte, daß Heisenbergs Prinzip der Unbestimmtheit nur die wohlbekannte Cauchy-Schwarz-Ungleichung in physikalischem Gewand war. Jeder Mathematikstudent lernt diese Formel im ersten Semester, und früher hat man sie noch in der Schule gepaukt – wie auch Heisenberg. Ich war niedergeschlagen, und doch hatte ich zugleich eine Einsicht. Sie heißt Einheit. Das Viele, das unter Einem vereint ist. Es dauerte einige Zeit, bis ich

* Die Cauchy-Schwarz-Ungleichung setzt die Längen L_A und L_B der Pfeile und A und B in Beziehung zu dem Absolutwert des »inneren Produktes« (oder der Korrelation) zwischen A und B: $L_A \cdot L_B \geqq |A \times B|$ Alle Unbestimmtheitsprinzipien haben diese Form.

die pythagoreische Verbindung sah. Das führte zu noch größerer Niedergeschlagenheit, zu einer größeren Einsicht und einem besseren Verständnis der Einheit.

Viele Jahre später fand ich heraus, daß man die Mathematik des pythagoreischen Lehrsatzes verallgemeinern kann und daß dies zum Teilmengigkeitstheorem der Fuzzigkeit führt, dem Maß für das Ganze im Teil. Ich sah, daß damit die alte Konzeption der Zufälligkeit oder der Wahrscheinlichkeit eines Teils geschluckt wurde. Das Wasserbett an der Decke. Bring ein Seil an der nächsten Stelle des Wasserbetts an. Befestige das Seil am Boden und du hast eine orthogonale Projektion. Damit ist ein Dreieck APB festgelegt, und der Satz des Pythagoras gilt. Oder schiebe ein Lexikon in die Ecke eines Zimmers und laß eine Murmel darauf fallen. Die Murmel fällt im rechten Winkel zur Oberfläche des Lexikons. Ihr Weg definiert eine Seite des rechtwinkligen Dreiecks APB. Das ganze Ensemble aus quadratischem Zimmer, Lexikon in der Ecke und fallender Murmel beschreibt die Geometrie des fuzzy-logischen Theorems der Teilmengigkeit.

Die fuzzige Vergangenheit hätte tatsächlich fuzzig sein können, wenn Pythagoras diese Verbindung vor ungefähr 3000 Jahren hergestellt hätte. Doch er kämpfte noch mit Zahlen und kümmerte sich nicht im geringsten um Mengen aus Dingen. Die Mathematik der Menge ist kaum ein Jahrhundert alt. Statt dessen bekamen wir im Westen den Glauben an absolute und reine Formen überliefert, den Glauben an Schwarz und Weiß, an das Wahre und das Falsche.

Es hätte anders kommen können, aber das ist nicht passiert. Vielleicht in anderen Zivilisationen in anderen Teilen des Universums. Es gibt Billionen von Sternen entlang der Hauptreihe ihres wissenschaftlichen Profils, in der sie Milliarden Jahre durchhalten, in denen sie für Wasser auf den sie umkreisenden Planeten und Planetoiden sorgen könnten.

Frage: Wie viele der Zivilisationen, die zu zählen gelernt haben, haben die fuzzy-logische Mathematik entdeckt? Wie viele sind über etwas so Unmittelbares und Beeindruckendes wie eine unscharfe Menge gestolpert, eine Gruppe von Elementen, die zu einem gewissen Grad zu einer Gruppe gehören, wie ein Mann nur bis zu einem gewissen Grad zu einer politischen Partei, zu einem Freundeskreis oder zu einer sozialen Schicht gehört. Ich wette, daß zumindest die Hälfte Fuzzy-Logik entdeckt haben. Die Paradoxien sind zu verbreitet und die pythagoreische Mathematik ist zu einfach, um zu lange übersehen zu werden.

Selbst hier auf der Erde haben wir sie gefunden, sogar im Westen. Die Kultur der Griechen war ein statistischer Zufall. Pythagoras, Platon oder Aristoteles hätten jung sterben können. Die Hethiter, Assyrer oder Ägypter hätten mehr Glück haben und die europäischen Völker erobern und ihnen die Kulturen des Ostens näherbringen können. Selbst der Aufstieg der bivalenten Wissenschaft war ein statistischer Zufall. Mathematik, die Prüfungen besteht und auf die man aus vielen Richtungen kommen und aus vielen Blickwinkeln sehen kann, ist alles, worauf es in der Wissenschaft ankommt. Man erwarte nicht, daß die »Wissenschaftler« in der Magellanschen Wolke weiße Smokings tragen, ihre Regierung beraten sowie Kultur und Mode verachten. Sie haben vielleicht so viel von ihrer Vergangenheit vergessen, daß sie Methode und Werkzeuge ihrer Wissenschaft als gemeinverständlich ansehen oder als etwas, das außerhalb ihres Interesses liegt. Wie viele von uns können einen Kieselstein zu einer scharfen Spitze behauen und mit einem Stock zu einer Waffe verbinden? Wer kann noch Wild jagen, einzäunen und räuchern? Wer kann eine Falle stellen, ein Schiff oder einen Bogen bauen?

Die Fuzzigkeit ist da, selbst wenn die meisten Wissenschaftler und Ingenieure es noch nicht bemerkt haben. Buddha sei Dank und Zenon sei Dank, Heisenberg und Russell sei Dank und all den anderen. Die Saat geht auf. Wir wenden uns nun dem zu, was wir mit der Fuzzy-Logik in der fuzzigen Gegenwart unternommen haben.

DIE FUZZIGE GEGENWART

Es ist unter Mathematikern üblich, so zu tun, als seien alle Ideen, die ihre Gegenstände sind, von so verfeinerter und vergeistigter Natur, daß sie nur durch eine reine und intellektuelle Sicht verstanden werden können. Dasselbe gilt meistenteils auch für die Philosophie. Um aber dieses Gebäude zu zerstören, müssen wir uns nur klarmachen, daß all unsere Ideen aus Sinneseindrücken stammen.

David Hume
A Treatise of Human Nature

Wie funktionieren fuzzy-logische Systeme? Wie können Graustufen die Maschinenintelligenz von Kameras, Staubsaugern, Hubschraubern und Marschflugkörpern erhöhen?

Diesen Fragen gehen wir in drei Kapiteln nach. Das erste Kapitel befaßt sich mit unscharfen Mengen und ihrer Geschichte. Sie sind die Bausteine fuzzy-logischer Systeme. Kleine Zahlen. Warme Luft. Große Männer. Die meisten unserer Wörter meinen unscharfe Mengen. Und die Wissenschaft lehnt sich überwiegend noch immer gegen deren Logik auf.

Das zweite Kapitel beschäftigt sich mit der Frage, wie wir mit diesen Mengen in fuzzy-logischen Systemen vorgehen. Wenn die Luft kühl ist, schalte man die Klimaanlage ab. Wenn das Wasser schmutzig ist, füge man mehr Waschpulver hinzu. Wenn das Zentrum des Bildes unscharf ist, drehe man ein wenig am Objektiv. All die neuen Fuzzy-Produkte folgen demselben Muster. Man kann ohne Mathematik sehen, wie ein solches System funktioniert. Man entwirft fuzzy-logische Regeln und steckt sie ins System. Wenn man ihm eine Frage stellt oder einen Input gibt, aktiviert es alle seine Regeln bis zu einem gewissen Grad. Es findet den Durchschnitt aller Outputs: die Antwort.

Heute gibt es mehrere billige Werkzeugkästen mit Fuzzy-Software auf dem Markt. Wenn Sie dieses Kapitel gelesen haben, werden Sie wissen, wie man damit umgeht, um eigene fuzzy-logische Systeme zu konstruieren. Sie werden auch ein Gefühl dafür bekommen, in welchem ökonomischen und politischen Zusammenhang Fuzzy Logic in Japan steht.

Das dritte Kapitel befaßt sich mit adaptiven fuzzy-logischen Systemen. Sie lernen durch Erfahrung. Neuronale Netze sind mit ihnen verbunden, um ihnen beizubringen, wie man wächst und seine eigenen Regeln abstimmt. Der dritte Teil geht auch auf fuzzy-logische kognitive Karten ein, um zu zeigen, wie man gesellschaftliche Entwicklungskräfte gestalten und die Rede eines Politikers überprüfen kann.

Jeder sollte wissen, wie eine Fuzzy-Waschmaschine funktioniert.

Unscharfe Mengen

Alles ist ungenau bis zu einem gewissen Grad, den man erst bemerkt, wenn man versucht hat, etwas genau zu machen.

Bertrand Russell
The Philosophy of Logical Atomism

Stellen Sie sich Gartenstühle, Wohnzimmerstühle, Küchenstühle und Drehstühle vor, Stühle, die in Bänke übergehen, Stühle, die grenzüberschreitend zu Sesseln werden, Stühle beim Zahnarzt, Throne, Stühle im Parkett, Sitzgelegenheiten aller Art, die seltsamen pilzartigen Produkte in den Räumen von Kunstausstellungen – und Sie werden sehen, welch ein loses Bündel an Tatsachen in diesem einfachen Ausdruck steckt. Ich könnte jede Definition von Stuhl oder Stuhlartigkeit widerlegen, die Sie mir vorlegen.

Charles Pierce
Dictionary of Philosphy and Psychology. Bd. 2, 1902

Die Ungenauigkeit des Wortes »Stuhl« ist typisch für alle Ausdrücke, deren Anwendung den Gebrauch der Sinne einschließt. Dabei lassen sich leicht »Grenzfälle« oder »zweifelhafte Objekte« finden, bei denen wir nicht in der Lage sind zu entscheiden, ob die Wortbezeichnung zutrifft oder nicht zutrifft.

Max Black
»Vagueness. An Exercise in Logical Analysis«,
in: *Philosophy of Science.* Bd. 4, 1937

Klassische Logik könnte man mit einer Person vergleichen, die im schwarzen Anzug, in einem weißen gestärkten Hemd, mit schwarzem Schlips, blitzblanken Schuhen und so weiter auf eine Party kommt. Fuzzy Logic sähe dann wie jemand aus, der lässig Jeans, T-Shirt und Turnschuhe trägt. In der Vergangenheit wäre eine solche Aufmachung nicht akzeptiert worden. Heute ist das anders.

Lotfi A. Zadeh
Communications of the Association for Computing Machinery.
Bd. 27, 1984

Wörter bedeuten Mengen. Das Wort »Haus« bezeichnet viele Häuser, für jeden von uns verschiedene, denn jeder hat unterschiedliche Häuser gesehen, darin gewohnt, darüber gelesen oder davon geträumt. Wir alle sprechen und schreiben dieselben Wörter, aber wir verbinden damit nicht dieselben Vorstellungen. Wörter sind öffentlich, aber die dazugehörigen Mengen sind persönlich. Und wir denken in Mengen.

»Haus« bedeutet eine Menge von Häusern, eine Liste von Häusern, eine Gruppe oder Ansammlung von Dingen, und auf jedes Ding können wir zeigen und sagen: »Ein Haus.« Welche Strukturen aber sind nun Häuser und welche nicht? Man kann manche Dinge leichter als Häuser ausmachen als andere. Was gilt bei Schlössern, Wohnwagen, Anhängern, Baracken, Eigentumswohnungen, Zelten, Hütten, Höhlen, Bauernhöfen und Scheunen? Alles eine Frage der Abstufung. Einige Strukturen sind eher Häuser als andere. Bis zu einem gewissen Grad sind sie Häuser und keine Häuser. Ausnahmen verwischen die Grenze zwischen Haus und Nichthaus. Es gilt A UND Nicht-A. Fuzzigkeit: Das Substantiv »Haus« steht für eine unscharfe oder fuzzige Menge von Häusern.

Das gilt nicht nur für Substantive. Fügen Sie ein Adjektiv hinzu, und Sie bekommen wieder eine fuzzige Menge. »Alte Häuser« erfassen eine kleinere Menge Häuser. Damit wird eine Teilmenge der Menge von Häusern bezeichnet. Jedes alte Haus ist ein Haus, aber nicht jedes Haus ist ein altes Haus. Doch wie alt ist alt? Einige Häuser sind älter als andere. Wieder eine Frage der Abstufung. Einige alte Häuser gehören mehr zur Menge der alten Häuser als andere. Wir können sie sogar in einer Tabelle nach Jahr, Monat und Minute aufführen. »Sehr alte Häuser« stehen für eine noch kleinere Menge von Häusern, eine Teilmenge der Menge alter Häuser. Wir können auch ihr Sehr-alt-Sein in einer Tabelle auflisten, die sich nach dem Alter richtet. Einem mittelalterlichen Gebäude kommt die Eigenschaft »sehr alt« mehr zu als einem Bauernhaus der Quäker oder einer Hütte aus der Zeit des amerikanischen Bürgerkrieges.

Denken Sie daran: Unsere Hirne sind voller unscharfer Mengen. Wir denken damit und definieren unsere fuzzigen Grenzen auf verschiedene Weise mit unterschiedlichen Beispielen. Wir stapeln die Möbel des Universums in fuzzigen Mengen, spielen mit den Gruppen und suchen nach Verbindungen. *Denken ist*

Spielen mit Mengen. Genau das ist Fuzzy-Logik: Urteilen mit unscharfen Mengen.

Fuzzy-Logik läßt unsere Computer in fuzzigen Mengen denken. Und das ist der Vorteil – die Computer dazu zu bringen, mit unscharfen Mengen vorzugehen, nicht mit Wörtern oder Listen von Symbolen.

Dieses Kapitel erkundet die Welt der unscharfen Mengen, ihre Ideen, ihre Mathematik, ihre Geschichte und ihre Anwendung. Wir werden sehen, wie sie den Weg zu fuzzy-logischen Systemen öffnet, die die Maschinenintelligenz von Rasierapparaten, Mikrowellenherden und Roboterarmen in Raumschiffen erhöhen. Ich möchte zeigen, daß die unscharfe Menge keine fade Idee, kein Computerteil und keine Ausnahme von irgendeiner schwarzweißen Regel ist. Sie ist das Markenzeichen der Intelligenz von Mensch und Maschine, die Hochzeit zwischen Symbol und Idee, die Art, wie wir mit der grauen Welt zurechtkommen. Sie *drückt etwas aus*.

Auch Zahlen sind fuzzig

Alles ist eine Frage der Abstufung. Und was gilt für Zahlen? Zahlen sind der Inbegriff der Genauigkeit. Können wir sie auch fuzzifizieren? Wie Kant fragen könnte: Sind ungenaue Zahlen möglich?

Die alte Antwort war nein. Wie könnte eine Zahl auch ungenau sein? Zahlen sind »reine Formen«, und entweder sie sind, oder sie sind nicht. Zahlen gehören entweder ganz oder gar nicht zu Mengen von Zahlen. Ungerade Zahlen. Gerade Zahlen. Jede ganze Zahl ist entweder gerade oder ungerade, aber nichts dazwischen, kein Platz in der Mitte, keine grauen Fälle. Wissenschaftler haben eine Mathematik entworfen, die der Schlampigkeit der im Alltag auftauchenden unscharfen Mengen und ungenauen Gedanken entkommen zu sein scheint. Vor kurzem haben sie sogar versucht, unscharfe Mengen von Computern fernzuhalten. Sie hatten Erfolg – aber Computer sind dumm. Sie addieren mit großer Geschwindigkeit Zahlen, aber sie können in den meisten Bildern weder ein Gesicht noch ein Haus erkennen. Wo könnte sich in dieser schwarzweißen Welt der Mathematik die Fuzzigkeit versteckt halten?

Sehen wir uns die Zahl Null an. Es hat einige alte Zivilisationen Tausende von Jahren gekostet, bis sie die Null entdeckt haben. Wir können sie heute mit einem Blick auf der Zahlenlinie finden.

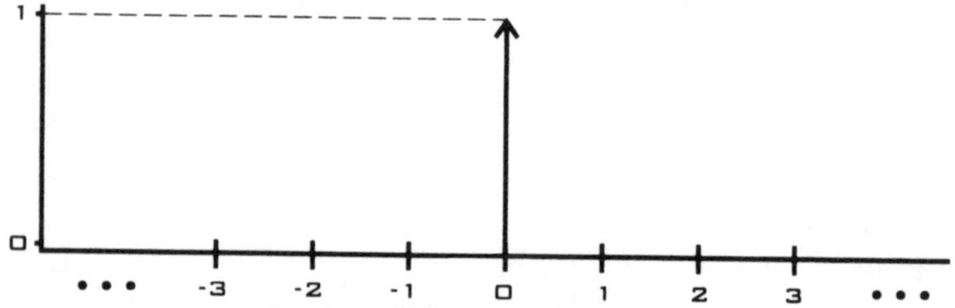

Die nichtfuzzige Zahl NULL

Der Pfeil bedeutet, daß die Zahl Null hundertprozentig zur Menge NULL gehört und daß es keine andere Zahl darin gibt. Jede Zahl ist entweder in der Menge NULL oder nicht. Alles oder nichts. In diesem Sinne gehört die Zahl Null allein zur Menge NULL.

Was ist aber mit den Zahlen, die *nahe* null, *ungefähr* null oder *fast* null sind? Diese Zahlen sind fuzzige Zahlen. Sie definieren ein Spektrum von Zahlen nahe null, und einige gehören mehr zu der Menge als andere. Je näher eine kleine Zahl bei null liegt, desto eher gehört sie zur unscharfen Menge der kleinen Zahlen. 1 ist näher bei 0 als die 2, und 2 ist näher bei 0 als 3 und so weiter. Auf die gleiche Weise ist die −1 näher bei 0 als −2, −2 ist näher bei 0 als −3 und so weiter. Null gehört hundertprozentig zur Menge NULL, aber nahe null liegende Zahlen können nur zu 80 Prozent, zu 50 Prozent oder zu 10 Prozent dazugehören. Wir können die fuzzige Zahl Null als Glockenkurve oder als Dreieck zeichnen, das um die exakte Zahl Null zentriert ist.

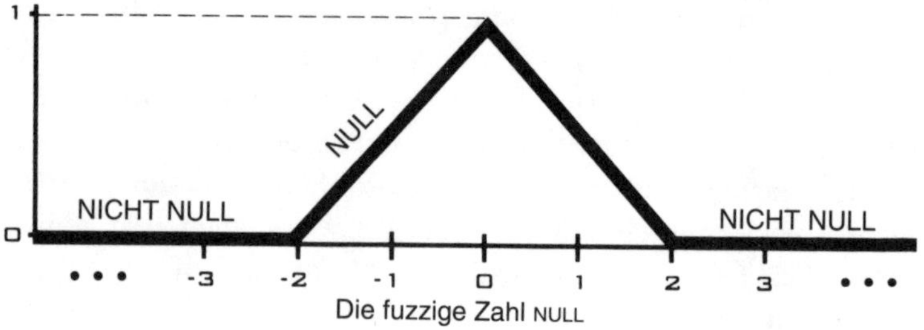

Die fuzzige Zahl NULL

Wenn wir das Dreieck eng genug zeichnen, bekommen wir den Pfeil der klassischen Mathematik zurück. Eine weitere Überraschung: Die Mathematik, die wir kennen, ist bloß ein Spezialfall der fuzzy-logischen Mathematik, ein besonderer Grenzfall – der entartete Fall von schwarzen und weißen Extremen in einer mathematischen Welt von Graustufen. Wir können Dreiecke addieren und subtrahieren wie Zahlen. Wir können auch die fuzzige Zahl NULL auf unendlich viele Arten zeichnen. Jede Person kann sie anders zeichnen, genauso wie jede Person unterschiedliche Vorstellungen von HAUS, KLEIN, KLUG, FAIR, HÜBSCH oder SAUBER hat. Es gibt genauso viele Wege, die fuzzige Zahl NULL zu zeichnen, wie es Zahlen gibt.

Was können wir mit fuzzigen Zahlen *machen*? Man kann mit ihnen schlußfolgern. Wir tun das die ganze Zeit. Fuzzy-Logik heißt Schließen mit ungenauen Zahlen und unscharfen Mengen. In der Praxis bedeutet das, Computer dazu zu bringen, mit solchen Zahlen in der Form von Wenn-dann-Aussagen oder Faustregeln zu operieren: Wenn das Auto ZU SCHNELL fährt, dann LANGSAM werden (das Gaspedal ETWAS loslassen). Wenn das Auto ZU WEIT nach links kommt, dann das Steuerrad EIN WENIG nach rechts drehen. Wenn VIEL Verkehr in nordsüdlicher Richtung herrscht, dann die entsprechenden Ampeln LÄNGER auf Grün schalten. Jede Straße mit Verkehr ist zu einem gewissen Grad viel befahren. Jede Ampel zeigt Grün für eine gewisse Zeit. Kenntnis oder Intelligenz kommt dann zustande, wenn die beiden fuzzigen Ereignisse verknüpft werden.

Bislang haben wir einen Punkt bewiesen: Auch Zahlen sind ungenau. Die ganze Zeit arbeiten wir mit fuzzigen Zahlen. Wenn aber Zahlen fuzzig sind, dann ist alles so. Und so ist es.

Die nächste Frage lautet, was das Besondere an unscharfen Mengen ist. Bringen sie irgend etwas Neues? Sie tauchen auf, wenn Grenzen verwischen, wenn Dinge sich mit Nichtdingen überlappen, wenn A mit Nicht-A überlappt. Bringt dies irgend etwas Besonderes? Überlappung oder der Widerspruch A UND Nicht-A kann in der zweiwertigen Logik nicht gelten. Die Wissenschaftler könnten hier also etwas verpaßt haben. Und sie haben tatsächlich etwas ausgelassen. Sie haben die fuzzy-logische Entropie übersehen (genauso wie sie die Teilmengigkeit übersehen und sie für eine undefinierte »Zufälligkeit« oder »Wahrscheinlichkeit« gehalten haben). Wenn es keine unscharfen Mengen gibt, dann haben sie auch keine Eigenschaften. Doch es gibt unscharfe Mengen, und die erste Frage lautet, wie fuzzig sind sie denn. Wie mißt man die Fuzzigkeit einer unscharfen Menge?

Die Fits der fuzzigen Entropie

Die fuzzy-logische Entropie mißt die Fuzzigkeit unscharfer Mengen. Sie ist die Antwort auf die Frage: Wie fuzzig ist eine unscharfe Menge? Das ist tatsächlich eine Frage der Abstufung. Einige fuzzige Mengen sind fuzziger als andere.

Entropie meint den Grad der Ungewißheit oder Unordnung in einem System. Eine Menge beschreibt ein System oder eine Ansammlung von Dingen. Wenn die Menge fuzzig ist, wenn Elemente nur zu einem gewissen Grad zu ihr gehören, dann ist die Menge zu einem gewissen Grad unbestimmt oder vage. Die fuzzy-logische Entropie mißt diesen Grad. Und sie ist einfach genug, um im Bild eines Würfels gesehen zu werden. Zunächst aber etwas aus der jüngeren Geschichte.

Ich habe das Maß der fuzzigen Entropie 1985 entdeckt, als ich nach der Geometrie unscharfer Mengen suchte und in meinem Büro mit Rubiks Würfel spielte, um die Ergebnisse später in Vorlesungen oder als Hausaufgaben meinen Studenten an der Universität von San Diego vorzulegen. Ich schrieb Arbeiten über die fuzzy-logische Entropie, die ich in meine Dissertation aufnahm und auf die ich später immer wieder zurückgekommen bin. Jedesmal erkannte ich etwas mehr über die Geometrie der fuzzigen Entropie. Jahre später – 1991 – entdeckte ich eine Verbindung zwischen Fuzzigkeit und der klassischen Entropie der Thermodynamik und Informationstheorie. Man kann sogar die Addition auf eine allgemeine oder »wechselseitige« fuzzige Entropie zurückführen, aber das ist eine andere Geschichte. Anfang 1986 hatte ich das Theorem der fuzzigen Entropie bewiesen, das besagt, daß sich die Fuzzigkeit als ein Quotient aus Buddha und Aristoteles darstellen läßt, als ein Gleichgewicht aus A UND Nicht-A des Buddha und A ODER Nicht-A des Aristoteles. Wir werden das gleich weiter unten sehen.

Im ersten Kapitel habe ich gezeigt, wie ein Publikum zu einer unscharfen Menge werden kann, wenn die Menschen Handzeichen geben sollen, um eine Frage zu beantworten. Wer ist verheiratet? Hand hoch, wer verheiratet ist! Das teilt das Publikum in zwei Hälften, in eine A-Hälfte und in eine Nicht-A-Hälfte, die Verheirateten und die Unverheirateten. Das Gesetz zieht eine scharfe Linie zwischen ihnen. Nun runter mit den Händen! Wie viele sind glücklich? Oder jung? Ausgeruht? Dünn? Groß? Schlau? Ehrlich? Hoch die Hände! Nicht alle Hände gehen nun ganz nach oben oder bleiben ganz unten. Kein Gesetz zieht eine scharfe Linie zwischen den Gegenstücken. Wir leben in einer Mischung aus Glücklichsein und Unglücklichsein, fit und fett, ehrlich und verlogen. Man kann in der Menge sehen, wie die Hände hoch- und runtergehen und irgendwo zwischen den Extremen der vollen Zustimmung und der vollen Ablehnung zur Ruhe kommen. Und man kann die Unsicherheit spüren, wenn man gefragt wird: Stimmt das? Sind Sie bei uns? Werden Sie es tun? Haben Sie es getan? Verstehen Sie das?

Das Beispiel mit dem Publikum zeigt, daß es unscharfe Mengen wirklich gibt. Sie existieren außerhalb der Mathematik, in jedem Netz, das wir um jedes Stück des Universums legen. Zu einem gewissen Grad gehören wir alle zu jeder Gruppierung, zu jedem Glaubenssystem, zu jedem Hobby, Kult oder Trend. Wir alle neigen zu einem gewissen Grad jeder politischen Partei, jeder sexuellen Orientierung, jedem Lebensstil, jeder Seite eines Arguments zu. Wir alle sind links, rechts, Mitte, sexuell normal, homosexuell, bisexuell, abgeklärt, verrückt, geradeheraus, dafür, dagegen und gleichgültig. Wir wissen vielleicht nicht, bis zu welchem Grad wir wozu gehören, aber wir wissen, daß wir alle alles bis zu einem bestimmten Grad sind. Filme, Bücher und Kunstwerke helfen uns, die vielen Seiten unseres Selbst zu sehen. Wir wachsen und lernen, wenn wir altern, und das bedeutet, daß sich der Grad ändert, mit dem wir etwas sind. Unsere *Fits* oder *fuzzy-logischen Einheiten* ändern sich, wenn wir von Ding zu Nichtding wechseln, von Glauben zu Nichtglauben und vielleicht zurück. Es kommt zu Kämpfen, wenn einige Leute oder Gruppen oder Regierungen versuchen, uns auf ihre Weise auf- und abzurunden, uns ganz A oder Nicht-A zu machen, unsere Fits in Bits zu verwandeln und unsere Fuzzigkeit platzen zu lassen. So gesehen bringen Wahlen nur Ärger mit sich.

Das Beispiel mit dem Publikum bringt uns auch näher an die Geometrie der unscharfen Mengen. Zuerst übersetzen wir die Wahl in Symbole, dann übertragen wir die Symbole in das mathematische Bild. Angenommen, 25 Personen bilden das Publikum, und wir fragen sie, ob sie verheiratet sind. Zehn Hände gehen hoch, und 15 bleiben unten. Die Antworten sind binär. Sie werden von den Bit-Zahlen 0 und 1 beschrieben. Eine Liste mit 25 Positionen (Bits) beschreibt die komplette Antwort des Publikums. Wenn die Person auf dem dritten Sitz ihre Hand hebt, steht an dritter Stelle eine 1. Sonst kommt da eine 0 hin. Die Bit-Liste 1010001101100000110100100 zeigt eine Verteilung der 25 Hände, die gehoben worden oder unten geblieben sind. Es gibt mehr als 33 Millionen (2^{25}) Möglichkeiten, wie sich die gehobenen und gesenkten Hände verteilen können. Jede Bit-Liste definiert eine der Ecken eines 25dimensionalen Hyperwürfels mit mehr als 33 Millionen Ecken. Man kann sich keinen Würfel mit mehr als drei Dimensionen und acht Ecken vorstellen, doch ist das auch nicht nötig, um die fuzzy-logische Struktur zu erkennen. Bit-Listen oder Würfelecken haben keine fuzzige Struktur. Sie sind schwarz und weiß. Hier gilt Aristoteles' Wahl A ODER Nicht-A hundertprozentig, und hier gibt es auch keine fuzzy-logische Entropie.

Nun sehen wir uns einige Wurfmaschinen auf einem Schützenplatz an. Bei »Los!« drückt der Zielrichter einen Knopf, und aus einem Kasten wird eine Tontaube mit mehr als 60 Stundenkilometer geschleudert. Sie zielen und feuern auf die Tontaube, die sich in einem hohen Bogen über das Feld davonmacht. Sie tun das 25mal, um die 25 Patronen im Kasten aufzubrauchen. Sie treffen die Tontaube oder treffen sie nicht – das entscheidet stets der Zielrichter. Er ruft »Vorbei«, wenn er glaubt, daß Sie daneben geschossen haben, dann schreibt er eine 0 in seine Ergebnisliste. Er sagt nichts und notiert eine 1, wenn er denkt, Sie haben getroffen. Ein guter Schuß pulverisiert die Tonscheibe. Der Zielrichter nennt solche Schüsse Treffer. Ein weniger guter Schuß streift die Scheibe nur und bricht ein kleines Stück ab. Er zerstört die Tontaube nur zum Teil.

Das sind fuzzige Treffer, und der Zielrichter kann sie als Treffer oder als Fehlschüsse deuten. Es lohnt sich nicht, mit ihm zu streiten, während die nächsten Schützen warten, daß sie an die Reihe kommen. Nur wenige beschweren sich. Die meisten finden sich mit den bivalenten Entscheidungen ab. Wenn eine Runde zu Ende ist, gibt der Richter die Zahl der Treffer bei 25 Schüssen bekannt, und jeder Schütze kann seine Ergebnisliste einsehen. Wieder plaziert die Liste Sie in eine der über 33 Millionen Ecken des 25dimensionalen Hyperwürfels, und wieder gibt es keine fuzzy-logische Entropie. Die Treffermenge ist A, und die Fehlschußmenge ist Nicht-A; beide überlappen sich nicht. Doch einige Tonscheiben sind nur zu einem gewissen Grad zerbrochen und keineswegs ganz oder gar nicht. Es gab also doch fuzzy-logische Entropie, Vagheit oder »Systemunordnung« in der Runde auf dem Schießplatz, selbst wenn sich nichts davon in den Ergebnislisten zeigt.

Stellen wir uns vor, der Zielrichter bewertet jeden Schuß als TREFFER, FEHLSCHUSS oder STREIFSCHUSS und notiert eine 1, eine 0 oder ein ½ auf der Ergebnisliste. Ich habe Zielrichtern und Schützen einmal dreiwertige Ergebnisse vorgeschlagen, aber niemand wollte etwas davon wissen. Sie räumten ein, daß es genauer sei, aber es mache den Sport komplizierter, und da es um so wenig gehe, würden sie eine einfache Bewertung gegenüber einer fairen bevorzugen. Auch glaube ich, daß die meisten Trefferquoten niedriger würden, wenn der Zielrichter ½ anstelle von 1 für die vielen partiellen Tontreffer notieren würde. Doch stellen wir uns einmal vor, der Zielrichter würde Absplitterungen als STREIFSCHÜSSE zählen und mit ½ bewerten. Dann gäbe es noch viel mehr mögliche Ergebnislisten, und die meisten von ihnen enthalten fuzzy-logische Entropie. Vorher hatten wir mehr als 33 Millionen (2^{25}) Bit-Ergebnisse oder Würfelecken. Nun gibt es fast eine Billion (3^{25}) mögliche Ergebnislisten, und alle bis auf die etwa 33 Millionen sind Fit-Ergebnisse, zu denen wenigstens ein STREIFSCHUSS oder Mittelpunkt als Ergebnis gehört. Die Fit-Ergebnisse liegen *innerhalb* des fuzzy-logischen Hyperwürfels mit 25 Dimensionen und über 33 Millionen Ecken. Die neue Billion Punkte oder so bilden ein Gitter innerhalb des fuzzigen Würfels. Die Ergebnisliste, die nur aus STREIFSCHÜSSEN besteht

(½ ½ ½ . . . ½), legt den Mittelpunkt des Würfels fest. Seine fuzzy-logische Entropie beträgt 100 Prozent. Alle anderen Fit-Ergebnisse haben fuzzy-logische Entropien von weniger als 100 Prozent, aber mit mehr als 0 Prozent.

Der fuzzy-logische Würfel füllt sich, wenn der Zielrichter mehr Ergebnisse zuläßt. Sehen wir uns an, was mit Schüssen auf zwei Scheiben passiert. Sie rufen »Los!«, und diesmal werden zwei Tontauben in verschiedenen Winkeln losgeschleudert. Sie schießen einmal, zielen erneut und schießen wieder. Im Fall von Bits gibt es vier mögliche Resultate. Man kann zweimal daneben schießen (0, 0), man kann zweimal treffen (1, 1), man kann die erste Tontaube treffen und die zweite nicht (1, 0), und man kann die erste verfehlen und die zweite Tontaube treffen (0, 1). Zwei Tontauben ergeben einen Würfel oder ein Quadrat in zwei Dimensionen mit vier Ecken, ein binäres Gitter.

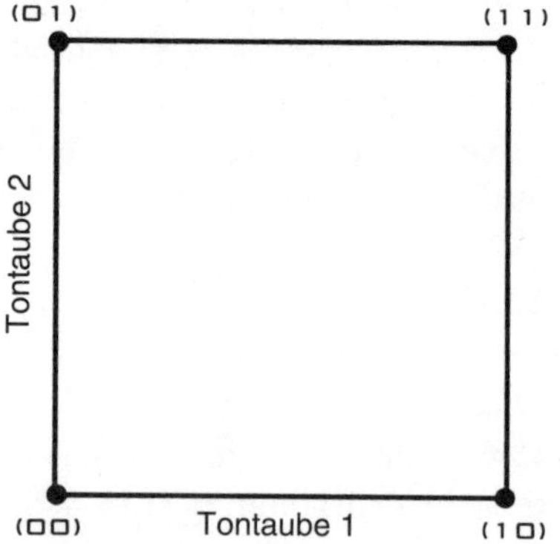

Dieser Bit-Würfel ist überhaupt keiner. Es sind nur vier Eckpunkte eines Quadrats, das Grinsen der binären Katze. Innerhalb des Quadrats liegen keine Punkte. Dies läßt den Mittelpunkt und unendlich viele andere Punkte aus.

Angenommen, der Zielrichter bewertet die zwei Schüsse als VOLLTREFFER, FEHLTREFFER oder TEILTREFFER – als 1, 0 oder ½. Dies ergibt 9 (3^2) mögliche Ergebnisse. Fünf der neun Ergebnislisten sind Fit-Resultate, und der Mittelpunkt (½ ½ ½) ist eines von ihnen. Das Ergebnisgitter füllt den Würfel ein wenig mehr aus.

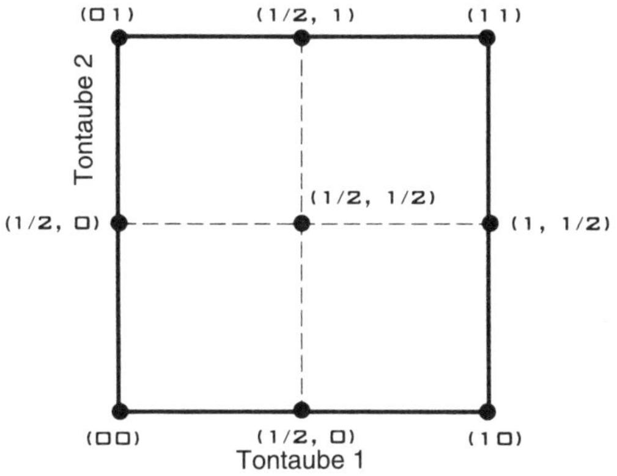

Wenn der Zielrichter die zwei Schüsse mit fünf möglichen Ergebnissen bewertet – FEHLSCHUSS, STREIFSCHUSS, TEILTREFFER, TREFFER, VOLLTREFFER oder 0, ¼, ½, ⅓ und 1 –, dann ergibt das 25 (5^2) mögliche Ergebnistabellen und ein dichteres fuzzylogisches Gitter.

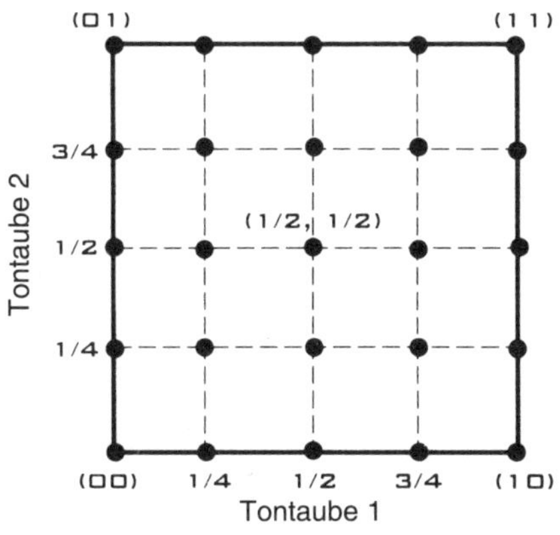

Die vier Bit-Eckpunkte haben eine Fuzzigkeit von 0 Prozent, der Mittelpunkt hat eine von 100 Prozent. Die fuzzy-logische Entropie der anderen 20 Punkte schwankt zwischen diesen beiden Extremwerten.

Der Zielrichter kann nun mehr und mehr Ergebnisse zulassen, bis er das ganze Kontinuum zwischen 0 und 1 erfaßt. Dann füllt sich der Würfel ganz, er wird ein fester Block. Er hat noch genau einen Mittelpunkt, und der hat noch immer 100 Prozent fuzzy-logische Entropie, da hier die Yin-Yang-Gleichung hundertprozentig gilt (A = Nicht-A), ebenso das Gesetz Buddhas von der Überlappung (A UND Nicht-A). Die Würfelecken bleiben schwarz und weiß und haben 0 Prozent fuzzy-logische Entropie, da hier das Gesetz des Aristoteles von der Ausschließung (A ODER Nicht-A) hundertprozentig gilt. Alle anderen Punkte des Würfels sind zu einem gewissen Grad fuzzig oder grau. Fuzzy-logische Entropie zeigt, *daß die Menge immer unschärfer wird, je näher man dem Mittelpunkt kommt.* Und je näher man einem Eckpunkt kommt, desto weniger fuzzig wird sie.

Man kann die fuzzy-logische Entropie mit zwei Fäden messen. Man wähle einen Punkt im fuzzy-logischen Würfel und nenne ihn A. Im Fall des Tontaubenschießens nehmen wir das Ergebnis ($\frac{2}{3}$ $\frac{1}{4}$), bei dem wir mit dem ersten Schuß die Scheibe nahezu pulverisiert und mit dem zweiten Schuß gestreift haben. Dieses Ergebnis halten wir als Punkt A in unserem Würfel fest.

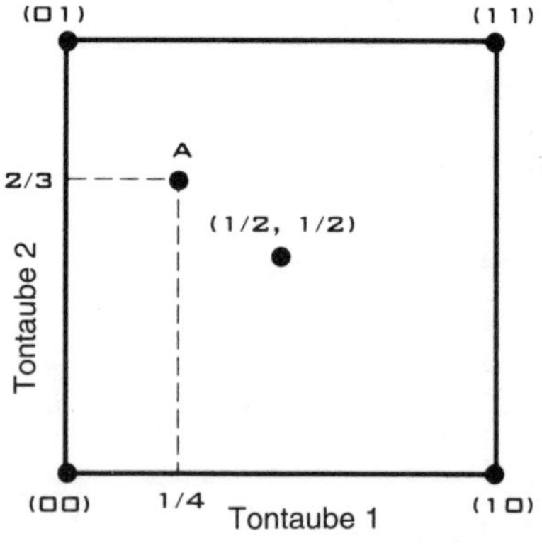

Nun ziehen wir einen roten Faden von A zur *nächsten* Ecke. Dieser Faden hält fest, wie nahe wir an der Ecke und wie weit wir vom Mittelpunkt sind. Doch alles muß ausbalanciert sein. Wenn sich A von der nächstgelegenen Ecke wegbewegt, rückt er näher an die am weitesten entfernte Ecke heran und umgekehrt. Deshalb verbinden wir A und die am weitesten entfernte Ecke durch einen blauen Faden.

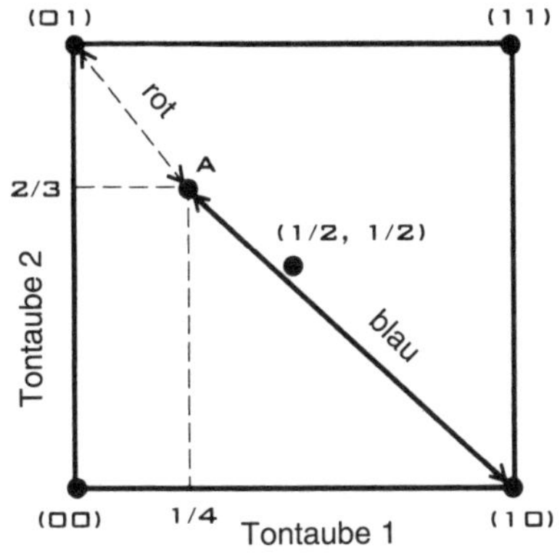

Das Maß der fuzzy-logischen Entropie in Prozent ist nun einfach das Rote geteilt durch das Blaue. Man teile die rote Länge durch die blaue und erhält die fuzzy-logische Entropie. Man bekommt eine Zahl zwischen 0 und 1, die die Unbestimmtheit von A beschreibt. Je größer die Zahl, desto größer die Unbestimmtheit oder Fuzzigkeit. In unserem Beispiel ist die fuzzy-logische Entropie gleich $7/17$ oder ungefähr 41 Prozent. Dies ist nicht zu groß, da der Schütze die erste Tontaube nahezu pulverisiert und die zweite fast verfehlt hat. Was nun für den zweidimensionalen Würfel zutrifft, gilt auch für Würfel in allen Dimensionen. Rot durch Blau, Nähe durch Ferne, dieser gibt das Maß für Fuzzigkeit.

Sehen wir uns die Extreme an. Angenommen, man trifft oder verfehlt sämtliche Tontauben, dann liegt der Punkt A auf einer der Ecken. Dann kann man keinen roten Faden bis zur nächsten Ecke anbringen. Seine Länge ist null. Wenn man null durch irgendeine blaue Länge teilt, dann bekommt man wieder null oder 0 Prozent fuzzy-logische Entropie. Im anderen Extremfall bricht man jede Tontaube in der Mitte entzwei, und A liegt auf dem Mittelpunkt. Dann ist der rote Faden so lang wie der blaue, ihr Verhältnis 1 oder 100 Prozent fuzzy-logische Entropie.

Man kann die fuzzy-logische Entropie in jedem Zimmer sehen. Angenommen, Sie stehen in einem Zimmer, einem Büro oder einer Halle und betrachten den Raum als Würfel aus drei Dimensionen und Ihre Faust als Punkt im Raum. Finden Sie nun die

Ecke, die der Faust am nächsten ist. Wenn man dann von dieser Ecke weg auf die gegenüberliegende Seite schaut, findet man die Ecke, die am weitesten von der Faust entfernt ist. Eine lange Diagonale verbindet diese beiden Ecken. Stellen Sie sich einen roten Faden vor, der von der Faust zur nächsten Ecke geht, einen blauen Faden, der von der Faust zur entferntesten Ecke reicht. Teilen Sie die Länge des roten Fadens durch die Länge des blauen Fadens, und Sie erhalten die Fuzzigkeit Ihrer Faust. Wenn der rote Faden zwei Meter lang und der blaue Faden sechs Meter lang ist, liegt die fuzzy-logische Entropie bei ⅓ oder 33 Prozent.

Nun kommen wir zum Theorem über die fuzzy-logische Entropie. Ich habe es an einem Nachmittag im Januar 1986 bewiesen, als ich versuchte, eine dreistündige Vorlesung vorzubereiten, die ich an diesem Abend im Rahmen eines Kurses über Fuzzy Logic an der Universität von Kalifornien in San Diego zu halten hatte. Ich saß in einem kleinen Würfel von Raum und starrte die weiße Tafel auf der Wand an. Mir wurde klar, daß es kein gutes Buch über unscharfe Mengen gab, mit dessen Hilfe man einen solchen Kurs abhalten konnte. Ich brauchte einfache Übungen für die Studenten, und ich mußte mir selbst welche einfallen lassen. Im Monat zuvor hatte ich gerade das rot-blaue Maß der Fuzzigkeit gefunden, und nun wollte ich mich etwas näher damit beschäftigen. Den Studenten hatte mein Gebrauch von Fits und Bits in der letzten Woche gefallen, und so notierte ich einige einfache Aufgaben, die von kleinen unscharfen Mengen oder kurzen Fit-Listen handelten.

Bald merkte ich, daß unterschiedliche Aufgaben dieselben Lösungen hatten. Ich notierte einige weitere Aufgaben und ihre Lösungen. Dann schrieb ich die Gleichung auf die weiße Tafel und zeichnete das entsprechende Bild daneben. Ich wurde aufgeregt und trieb die Aufgaben voran, ich schrieb so schnell und schlecht, daß ich später nichts mehr lesen konnte. Dann formulierte ich das Theorem der fuzzy-logischen Entropie. Ich habe es geraten. Ich habe es mit einem roten Stift auf die weiße Tafel geschrieben und es angeschaut. Es mußte einfach wahr sein. Die Symmetrie war zu perfekt. Dann notierte ich den Beweis und bestätigte meine Eingebung. Es stimmte, es war wahr, ist wahr, wird immer wahr sein. Buddha triumphierte über Aristoteles.

Das Theorem der fuzzy-logischen Entropie besagt, daß Buddha rot und Aristoteles blau ist.* Der Quotient aus dem roten und dem blauen Faden gleicht dem Verhältnis aus Buddha und Aristoteles, A UND Nicht-A zu A ODER Nicht-A, Überlappung zu Ausschließung.

Stellen Sie sich das folgendermaßen vor: Wenn Sie A haben, haben Sie Nicht-A. Dann haben Sie auch A UND Nicht-A. Und Sie haben auch A ODER Nicht-A. Wenn Sie erst einmal eine Menge oder einen Punkt haben, haben Sie alle vier, und sie alle sind gleich weit von der nächsten Ecke entfernt. Das Theorem nutzt die Längen oder Zählungen dieser Mengen. (Man zählt die Menge $[\frac{2}{3}\ \frac{1}{4}]$, indem man die Fits addiert: $\frac{2}{3} + \frac{1}{4} = \frac{11}{12}$. Man addiert Fits so, wie man Einsen und Nullen aufaddiert, um das Ergebnis zu bekommen.) Der rote Faden entspricht der Zählung der Buddha-Beiträge A UND Nicht-A, der blaue Faden der Zählung der Aristoteles-Beiträge A ODER Nicht-A. Im Würfel kann man sehen, daß diese Längen gleich sind.

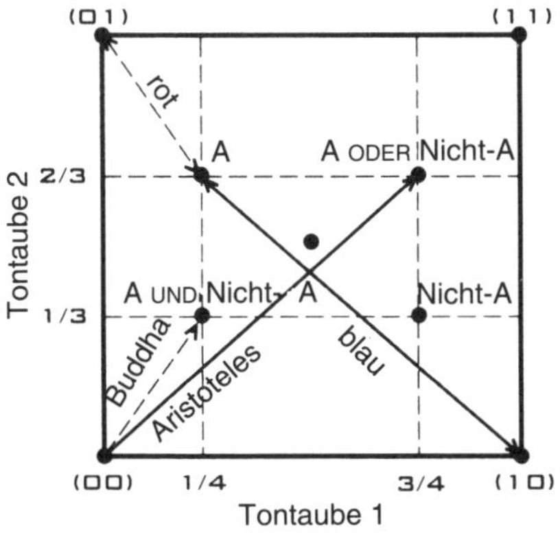

Das Theorem der fuzzy-logischen Entropie

* Das Theorem der fuzzy-logischen Entropie gibt die Entropie E(A) einer unscharfen Menge A als den Quotienten der quantifizierten Überlappung oder Durchschnittsmenge $A \cap A^c$ und der quantifizierten Ausschließung oder Vereinigungsmenge $A \cup A^c$ an:

$$E(A) = \frac{c\,(A \cap A^c)}{c\,(A \cup A^c)}$$

Die beiden unterbrochenen Linien haben dieselbe Länge, ebenso die beiden durchgezogenen. Wenn wir A so wählen, daß der Punkt näher am Mittelpunkt liegt, dann rücken die anderen drei Punkte auch näher zum Mittelpunkt hin. Je fuzziger die Menge also wird, desto stärker ähnelt das A UND Nicht-A des Buddha dem A ODER Nicht-A des Aristoteles. Im Mittelpunkt sind alle vier Punkte gleich. A ist dann gleich Nicht-A, die Yin-Yang-Gleichung gilt zu 100 Prozent, und die fuzzige Entropie ist maximal. Im Mittelpunkt kann man Schwarz nicht von Weiß und Weiß nicht von Schwarz unterscheiden. Hier befindet sich das schwarze Loch der Mengenlehre. Es ist tatsächlich das *graue* Loch der Mengenlehre.

Die fuzzige Entropie hält noch eine andere Überraschung bereit: Sie gibt an, wieviel Aristoteles Buddha enthält. Das Ganze im Teil. Ausschließung (»underlap«), die in der Überlappung (»overlap«) steckengeblieben ist. A ODER Nicht-A versteckt in A UND Nicht-A. *Teilmengigkeit.* Im Kapitel »Das Ganze im Teil« habe ich Argumente dafür angeführt, daß die Teilmengigkeit oder der Grad des Enthaltenseins die tiefste und seltsamste Idee der Fuzzy-Logik ist und Wahrscheinlichkeit oder Zufälligkeit als das Ganze erklärt, das in dem Teil steckt. Alles reduziert sich auf Teilmengigkeit, selbst die fuzzy-logische Entropie. Die Fuzzigkeit der Menge A ist durch das Maß gegeben, zu dem die Überlappung A UND Nicht-A die Ausschließung (»underlap«) A ODER Nicht-A enthält.* Dies ist verwunderlich, da der Überlapp (Durchschnitt) Teil der Ausschließung (Vereinigung) ist. Die Ver-

A^c bezeichnet das Komplement von A, also die Menge Nicht-A. Bei nicht-fuzzy-logischen Mengen ist die Überlappungsmenge leer und der Zähler somit Null. Bei fuzzigen Mengen gibt es Überlappung, und der Zähler ist immer größer als Null. Fuzzigkeit beginnt also, wenn die westliche Logik aufhört.

* Dieses Theorem gibt die fuzzy-logische Entropie als Grad der Teilmengigkeit an:

$$E(A) = S(A \cup A^c, A \cap A^c) = \text{Grad}(A \cup A^c \subset A \cap A^c)$$

Der Teilmengigkeitsterm $S(A \cup A^c, A \cap A^c)$ mißt den Grad, zu dem die Vereinigung $A \cup A^c$ Teilmenge der Durchschnitts $A \cap A^c$ ist. Das Ganze $A \cup A^c$ enthält immer den Teil $A \cap A^c$. Also gilt $S(A \cap A^c, A \cup A^c) = 1$. Aber der Teil enthält das Ganze nur zu einem gewissen Grad. Also $S(A \cup A^c, A \cap A^c) \leq 1$.

einigung ist nur zu einem gewissen Grad Teil des Durchschnitts. Das Ganze im Teil ist das Wesen der Fuzzy-Logik.

Dieser Abschnitt über die fuzzige Entropie hat sich um A UND Nicht-A gedreht, so wie das ganze Buch. Grauschattierungen kommen durch die Überlappung von A UND Nicht-A zustande. Der gesunde Menschenverstand, die Weisheit und die Konfusion auch. Fuzzy-logische Entropie stellt diese Ideen in Gleichungen zusammen, in denen sie nie zuvor aufgetaucht sind. Sie mißt den Schatten, den eine unscharfe Menge auf die mathematische Wand wirft.

Bislang habe ich nur von *meiner* mathematischen Arbeit über fuzzige Mengen berichtet. Aber ich war nicht der erste. Ich habe unscharfe Mengen weder zuerst entdeckt noch »erfunden«. Zwei andere Männer haben das getan. Max Black hatte die Idee zuerst. Später hat Lotfi Zadeh das formale System unscharfer Mengen ausgearbeitet, ihnen ihren Namen gegeben und jahrelang dafür gekämpft, bis als erste die Japaner sie in ihre Maschinen einbauten und fuzzige Mengen ertragreich und berühmt machten.

Max Black: vage Mengen

1937 hat Max Black, der Philosoph der Quantentheorie, in der Zeitschrift *Philosophy of Science* eine Arbeit zum Thema »Vagheit« veröffentlicht. Blacks Arbeit definierte die erste einfache unscharfe Menge mit Hilfe der sogenannten Kurve der Zugehörigkeit (»membership curve«). Punkte auf der Kurve geben die Fit-Werte der Elemente in der unscharfen Menge A oder der Menge Nicht-A wieder.

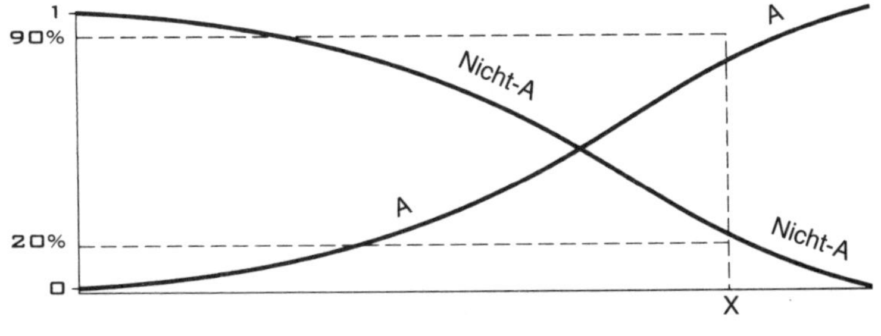

Die A- und Nicht-A-Kurven sind das Fleisch der fuzzy-logischen Mengenlehre.* Black sah, daß alles zu einem gewissen Grad A und zu einem anderen Grad Nicht-A ist. Alles ist rot und nichtrot, groß und nichtgroß, glatt und nichtglatt. Die Graduierung kann so klein oder groß sein, daß wir sie als alles oder nichts deuten, als 0 oder 1. Daher zeichnete Black diese Kurven, die sich den Extremen 0 und 1 näherten, ohne sie erreichen zu müssen. Die Kurven sind keine abrupten Schritte von 0 nach 1 oder

* Man kann diese Kurven als Grenzfälle der Punkte in immer größeren fuzzy-logischen Würfeln auffassen. Wenn ein Würfel nur zwei Dimensionen hat, dann zeigt die Kurve zwei Spitzen.

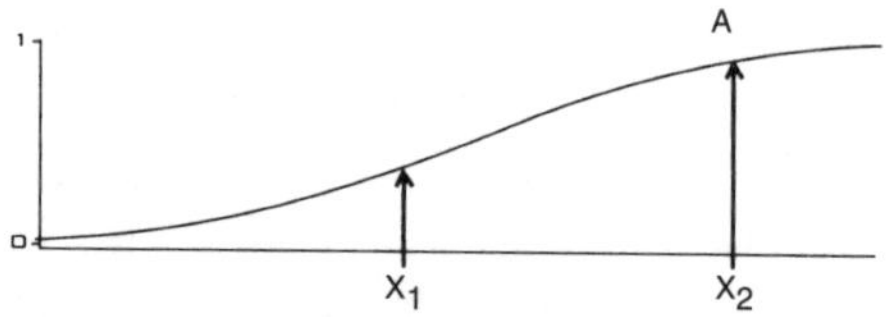

Wenn der Würfel zehn Dimensionen hat, dann ist jeder Punkt in ihm eine fuzzige Menge mit zehn Fit-Werten. Die »Kurve« jeder fuzzigen Menge sieht dann wie zehn Spitzen aus.

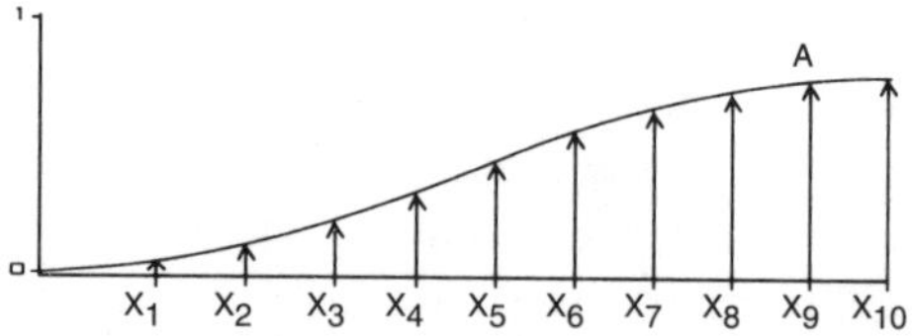

Und so weiter. Wenn man mehr Dimensionen zum Würfel hinzufügt und die Würfel größer werden läßt, bekommt man mehr Spitzen. Im Grenzfall sind sie so dicht, daß sie fast eine echte Kurve ergeben. (Die Spitzen sind so »dicht« in der Kurve wie die rationalen Zahlen auf dem Zahlenstrahl. In der Nähe jeder Zahl kann man immer eine rationale Zahl finden, die sich als Verhältnis zweier ganzer Zahlen schreiben läßt, die so dicht bei der Zahl liegt, wie man es sich wünscht.) In diesem Sinne digitalisieren fuzzige Würfel fuzzy-logische oder vage Kurven. In gewisser Weise arbeiten wir in der realen Welt und in Computern nur mit einer endlichen Menge an Zahlen. Wir arbeiten also immer mit digitalisierten unscharfen Mengen, irgendeiner Punkte- oder Fit-Liste in irgendeinem fuzzy-logischen Würfel.

von 1 nach 0. Die Kurven weisen auf einen anderen Punkt der reinen Fuzzigkeit hin. Sie zeigen, daß Nicht-A die *Umkehrfunktion* zu A ist und vice versa. Wenn man die Kurve A zu der Kurve Nicht-A addiert, bekommt man eine flache Linie beim Wert 100 Prozent. Somit ist Nicht-(Nicht-A) wieder A. Wenn die A-Kurve die 1 berührt, muß die Nicht-A-Kurve die 0 berühren und umgekehrt. Die Kurven entfernen sich von den Extremen, wenn sie fuzziger oder vager werden. Sie überschneiden sich am Mittelpunkt, dem Fit-Wert ½. Wie Black es ausdrückt: »Daher würde das sehr präzise Symbol [Menge] eine [fuzzy-logische] Konsistenzkurve haben, die aus einer geraden Linie besteht, die beinahe parallel zur horizontalen Achse und weit entfernt von ihr ist, gefolgt von einem steilen Abfall auf eine andere Linie, die beinahe parallel zur horizontalen Achse und sehr nahe bei ihr ist.« Man beachte, daß sich die beiden Kurven im Wert des Mittelpunktes ½ schneiden, wenn A gleich Nicht-A ist.

Wenn wir zum Beispiel 25 Proben von jeder Kurve nehmen, dann legt ihre Liste – wie die Ergebnisse des Tontaubenschießens – einen Punkt in einem fuzzigen Würfel aus 25 Dimensionen fest. Wenn wir wie oben die Zahl der Proben erhöhen, vergrößern wir auch die Dimensionen des Würfels. Black zeichnete Kurven, aber er arbeitete mit Fit-Listen. »In der Praxis wird die Zahl der Terme von A gewöhnlich viel größer als zehn sein (so sagt man zum Beispiel, daß es mehr als 700 *Grauschattierungen* geben soll), und die [fuzzy-logische] Konsistenzkurve wird sich einer stetigen Kurve nähern, die einen kontinuierlichen Gradienten hat.«

Max Black verwendete den Ausdruck »vage«, weil Charles Pierce, Bertrand Russell und andere Logiker ihn benutzt hatten, um das zu beschreiben, was wir heute »fuzzy« oder »fuzzy-logisch« nennen. Sehen wir uns das folgende fuzzy-logische Zitat an, das das ganze Buch hier vorwegnimmt und aus *Holismus und Evolution* des Systemtheoretikers Jan Christiaan Smuts aus dem Jahre 1926 stammt:

»Die Wissenschaft des 19. Jahrhunderts war wie die Philosophie, die Moral und die Zivilisation damals im allgemeinen von einer gewissen Steifheit, Überkorrektheit und von präziser Beschränkung und Abgrenzung von Ideen gekennzeichnet. *Vag-*

heit, unbestimmte und verwischte Umrisse – alles, was nach Mystizismus schmeckte, lehnte das große Zeitalter der Exaktheit entschieden ab. Die strengen Kategorien der Physik wurden auf unbestimmte und nebelhafte Erscheinungen wie das Leben und den Geist angewendet. Begriffe wurden sowohl in der Logik als auch in der Wissenschaft auf ihre klarsten Punkte verengt, alles übrige existierte nicht. Zustände wurden nicht als Ganzes betrachtet, das aus klaren und *vagen* Elementen zugleich bestand, sie wurden vielmehr bloß in ihre klaren, auffallenden und lichten Teile zerlegt. Als Ursache zum Beispiel wurde nicht die ganze Situation angesehen, die in einem bestimmten Stadium unweigerlich in ein anderes übergeht, das dann Wirkung genannt wird. Nein, die auffälligsten Merkmale des ersten Zustands wurden isoliert, abstrahiert und als Ursache der auffälligsten Merkmale des nächsten Zustands behandelt, die als Wirkung bezeichnet wurde. Alles, was zwischen dieser Ursache und dieser Wirkung lag, wurde ausgelöscht, und die beiden scharf umrissenen Ideen oder vielmehr Situationen aus Ursache und Wirkung wurden in jedem Fall von Verursachung einander wie zwei gegensätzliche Kräfte gegenübergestellt. Die logische Präzision machte es unmöglich zu verstehen, wie die eine Situation tatsächlich in kausaler Folge in die andere übergegangen war.

Es gibt keinen anderen Weg aus dieser Sackgasse als den Rückzug und die Einsicht, daß diese Begriffe nur partiell zutreffen und fehlleitende Abstraktionen sind. Wir müssen zur Veränderlichkeit und zur Formbarkeit der Natur und der Erfahrung zurückkehren, um die Begriffe der Wirklichkeit zu finden. Wenn wir dies tun, stellen wir fest, daß es um jeden klaren Lichtpunkt der Erfahrung eine graduelle Schattierung zur Verschwommenheit und Dunkelheit gibt. Ein ›Begriff‹ ist nicht bloß ein helles, klares Zentrum, er ist vielmehr von einer Wolke aus Bedeutung oder Einfluß von kleineren und größeren Dimensionen umgeben, in der die Helligkeit abnimmt, bis sie ganz verschwindet. Ganz ähnlich ist ein ›Ding‹ nicht bloß das, was sich als solches mit einem klar definierten Umriß zeigt. Vielmehr ist diese zentrale Region umgeben von einer Zone aus Wahrnehmungen und Einflüssen, die zu Regionen des Unbestimmten hin schwächer werden [A UND Nicht-A]. Die scharfen und abrupten Konturen unseres gewöhnlichen konzeptionellen Systems finden keine Anwendung in der Wirklichkeit.

Die Welt besteht daher in der [bivalenten] Abstraktion aus Einheiten, die diskontinuierlich sind, und zwischen ihnen befindet sich nichts, um die unpassierbaren Abgründe zu überbrücken, klein oder groß, die sie voneinander trennen. Die Welt wird für uns zu einer bloßen Ansammlung von *disiecta membra*, die jeder Vereinigung oder wechselseitigen Beziehung beraubt sind, tot, vertrocknet, inaktiv, unbegreiflich. Und um doch erneut Beziehungen in diesen Schrotthaufen von unverbundenen Einheiten zu bringen, muß der Geist [›mind‹] Geister [›spirits‹] anrufen sowie Einflüsse, Kräfte und was nicht alles aus der ungeheuren Tiefe seiner Einbildung beschwören. Und dies alles verdanken wir dem anfänglichen Fehler, Dinge, Ideen oder Personen [oder Mengen] in scharfe Umrisse einzuschließen, die rein künstlich sind und keineswegs mit der natürlichen Kontinuität der Schattierungen in Einklang stehen, die sowohl der Wissenschaft als auch der Philosophie wohlbekannt sind oder sein sollten.«

Das Zitat von Smuts zeigt, daß die fuzzy-logische Weltanschauung im frühen 20. Jahrhundert wohl vorhanden war. Max Black hat nie behauptet, das Gebiet entdeckt zu haben. Die Gelehrten wußten damals, daß Vagheit Grauschattierungen meint und A UND Nicht-A erfaßt. Smuts hat auch verstanden, was Max Black nicht gesehen hatte, was erst Lotfi Zadeh später bemerkte, daß Vagheit für Systeme gilt. Smuts hat den Holismus mitbegründet, der zur modernen Systemwissenschaft führte.

Was hat Max Black nun behauptet, in seinem Artikel von 1937 erreicht zu haben? Er faßte die Vagheit in Symbole auf der Ebene der Mengen oder Systeme. Black meinte, er habe die Forderung von Henry James erfüllt, den er eingangs zitiert: »Was uns indessen fehlt, ist die Notation, und das Urteil der reinen Gefühle ist Schwankungen unterworfen.« Die Notation. Die formale Theorie. Die Mathematik hinter der Idee. Fuzzy-logische Mengenkurven. Black erweiterte die multivalente Logik für Mengen und zeigte, daß unscharfe Mengen unseren Ideen von Ideen angepaßt waren.

Blacks Theorie hat sich nicht durchgesetzt. Sie verendete still in einem Elite-Journal, das nur von wenigen gelesen wurde. Stürme und Inflationen fegten über den Mittleren Westen Amerikas hinweg, die Welt bereitete sich auf ihren schlimmsten Krieg vor, und die Philosophen spielten mit ihrem neuen Spielzeug, der schwarzweißen symbolischen Logik. Der logische Positivismus erreichte seinen Höhepunkt in den dreißiger und vierziger Jahren, und Blacks Aufsatz, der gegen den ganzen Trend geschrieben war, ging unter. Er ging ganz still unter. Black hat seine Idee nie weitergetrieben, und die vielwertige Logik, von der er gelernt hatte und für die er nun begeistern wollte, zollte ihm keine Aufmerksamkeit. Die Welt der Mathematik hat nie etwas von Blacks vagen Mengen gehört. Lebende Philosophen haben nur wenig Einfluß in der Wissenschaft.

Max Black starb im August 1989, in dem Jahr, in dem die fuzzige oder vage Logik, die er als erster untersucht hatte, zum erstenmal in der japanischen Fernsehwerbung für intelligente Waschmaschinen auftauchte. Er starb, wie seine Theorie der vagen Mengen gestorben war – in aller Stille. Die Philosophie hat seine Arbeit über die Vagheit ebensowenig anerkannt wie die Fuzzy-Logik. Die meisten Fuzzy-Logik-Techniker haben immer noch nichts von Max Black oder irgendeinem der anderen gehört, die als erste die Logik der »Fuzzy« Logic ausgearbeitet haben.

Ein Mann mit gleichermaßen politischem und wissenschaftlichem Geschick war erforderlich, um die Vagheit in die Wissenschaft zu bringen. Solche Personen findet man selten. Es gibt sie auf jedem wissenschaftlichen Gebiet, und sie tragen die Namen, die man aus der Wissenschaft oder aus anderen Bereichen kennt. Keine Idee springt aus dem Nichts aufs Papier und ins allgemeine Bewußtsein. In jedem Fall fügt ein Mann oder eine Frau eine neue Wendung hinzu, oder ein neuer Weg wird sichtbar, auf dem die Idee gehandelt werden kann. In unserem Fall öffnete er sich mit der Namensänderung von »vage« in »fuzzy« und mit einem aus dem Iran eingewanderten amerikanischen Professor namens Lotfi A. Zadeh. Max Black wurde 1909 in Baku am Kaspischen Meer geboren. Auch Lotfi Zadeh stammt von dort, wo er 1921 geboren wurde, auch das verbindet die beiden Männer.

Lotfi Zadeh: unscharfe Mengen

1965 veröffentlichte Lotfi Zadeh seine Arbeit »Fuzzy Sets« (Unscharfe Mengen) in der Zeitschrift *Information and Control.* Damals war ich fünf Jahre alt. Zadeh war stellvertretender Herausgeber der Zeitschrift, und das ermöglichte ihm, seine Arbeit überhaupt zu publizieren. Man findet nicht sehr viele Arbeiten über Mengenlehre in Zeitschriften für Ingenieure. Zadeh war ordentlicher Professor an der University of California in Berkeley und arbeitete in der Fachgruppe für Elektrotechnik und Computerwissenschaft. Berkeley gehörte darin zur Spitze der Universitäten, und Zadeh war der Leiter der Fachgruppe. Auch das war für die Veröffentlichung seiner Arbeit ganz hilfreich.

Zadeh hat danach nur noch über Fuzzy Logic publiziert. 1968 verließ er die elektrotechnische Abteilung seiner Fachgruppe, um sich der Computerwissenschaft anzuschließen. Er stand auf der Höhe seiner akademischen Laufbahn, als er die »Unscharfen Mengen« publizierte. Dennoch erregte diese Arbeit keinerlei Aufmerksamkeit. Doch Zadeh war ein guter Redner mit großer Gefolgschaft. Er hatte 1963 als Koautor am ersten Lehrbuch über lineare Systemtheorie mitgearbeitet. Jede technische Hochschule arbeitete damit. Hielt Zadeh einen Vortrag oder trat bei einer Konferenz auf, hatte er immer viele Zuhörer. Und als er häufiger über unscharfe Mengen schrieb, fingen auch mehr Leute an, sie zu lesen.

Zadeh setzte nun alles auf seinen Fuzzy-Logik-Traum. Er hatte ein Amt und genoß alles Ansehen, das man in der Elektrotechnik gewinnen kann. Nun begann er ein neues Feld zu bestellen. Er wußte, es würde Jahre dauern, aber er hatte diese Zeit. Er wechselte von der Mathematik und der Zahlenverarbeitung zu Philosophie und Sprache. Während Wissenschaftler aller Disziplinen immer mehr Mathematik über ihre Probleme schütteten, versuchte Zadeh es mit weniger. Zuerst verlor er mehr Freunde, als er gewann. Junge Ingenieure, die als Studenten oder Dozenten mit seinem Lehrbuch gearbeitet hatten, hielten den großen Mann nun für beschränkt und verwirrt (»fuzzy headed«). Kritiker verlangten, er solle zeigen, daß Fuzzigkeit etwas anderes als Wahrscheinlichkeit sei. Zadeh hat sich um diese Streitereien nicht gekümmert. Wenn er auf einer Konferenz bedrängt wurde, hat er darauf hingewiesen, wie wir mit der Sprache umgehen, wenn wir schlußfolgern, oder was ist, wenn wir ein System bauen. Es gab Zustimmung und Ablehnung.

Was hielt Professor Rudolf Kalman 1972 auf einer Konferenz über »Mensch und Computer« in Bordeaux davon? Zadeh hatte über unscharfe Mengen gesprochen, und der Moderator bat Kalman um einen Kommentar. Kalman, Erfinder des gleichnamigen Filters, der mehr als alle anderen Systeme zur Navigation, zur Lenkung, für Abschätzungen und in Hunderten von anderen Computeraufgaben verwendet wird, sagte: »Ohne Zweifel ist Professor Zadehs Enthusiasmus für Fuzzigkeit durch das vorherrschende politische Klima in den USA bestärkt worden – einem Klima von einer bislang nie gekannten Freizügigkeit. ›Fuzzifikation‹ ist eine Art von wissenschaftlicher Freizügigkeit; sie neigt dazu, sozial attraktive Slogans hervorzubringen, denen keine Disziplin der harten wissenschaftlichen Arbeit und der geduldigen Beobachtung zur Seite steht.«

Ein solches Urteil hätte viele kleinere wissenschaftliche Karrieren ruiniert. Doch der Angriff prallte an Zadeh ab, der immer wieder betonte, daß er ein dickes Fell habe, und das stimmt. Viele Male habe ich beobachtet, wie er in aller Öffentlichkeit angegriffen und beleidigt wurde. Er hat nur gelacht.

Doch hinter dem Zitat verbirgt sich mehr. Die beiden Männer haben ihre Geschichte. Kalman war in den fünfziger Jahren Doktorand an der Columbia University, in New York, als Zadeh dort unterrichtete. Die beiden arbeiteten in denselben Gruppen und waren Freunde, wenn auch nicht sehr enge. Beide beschäftigten sich mit Systemtheorie. Zadehs Arbeiten über »eingefrorene Pole« und »formende Filter« schufen die Grundlage für den Kalman-Filter. Doch Zadeh verpaßte den Preis, Kalman errang ihn. Deshalb reden wir heute vom »Kalman-Filter« und nicht vom »Zadeh-Filter«.

Zusammen mit der Glühbirne, dem Radio und dem Mikroprozessor gehört der Kalman-Filter zu den technischen Errungenschaften der Menschheit. In vieler Hinsicht geht er darüber hinaus, denn es handelt sich um einen Satz von Gleichungen. Wie alle Mathematik ist der Kalman-Filter ewig. Ingenieure können keinen Nobelpreis gewinnen. Andernfalls hätte ihn Kalman mit Leichtigkeit gewonnen, und niemand hätte sich darüber beschwert. Dennoch haben die meisten Menschen noch nie etwas vom Kalman-Filter gehört. Er führt Flugzeuge, Raumfähren und Raketen auf ihrer Bahn, er verfolgt Satelliten, beobachtet wirtschaftliche Entwicklungen und Änderungen in unserem Blutkreislauf. Er ist ein »optimaler« Abschätzer. Er liefert die »besten« Abschätzungen darüber, wo sich ein Flugzeug befindet, das hinter einer Wolke verschwunden ist. Haben Sie sich jemals gefragt, wie Raketen ihre Ziele oder die Astronauten den Weg nach Hause finden? Der Kalman-Filter macht es möglich. Er bedeutet für die Technik, was Darwins Theorie der natürlichen Auswahl für die Biologie ist. Tausende von Ingenieuren haben kleine Verbesserungen und Varianten zum Kalman-Filter publiziert. Sie und Zehntausende von anderen Ingenieuren haben davon geträumt, sie hätten als erste den optimalen Filter entdeckt und bekanntgemacht. Ruhm, Anerkennung und Geld – obwohl Kalman kein Patent angemeldet hatte.

Ich vermute, daß auch Zadeh in den frühen sechziger Jahren so gedacht hat. Ich kenne ihn sehr gut, und eines Tages habe ich ihn danach gefragt. Er hat abgewunken und geantwortet, der Kalman-Filter habe zu sehr wie »eine Gauß-Kurve« ausgesehen. Das heißt, zuviel hängt von einer Glockenkurve ab. Und das stimmt. Doch die Glockenkurve paßt auf viele Fälle, und wenn man sich eine Kurve aussuchen soll, um mit ihr zu arbeiten, dann gibt es viele Gründe, warum die Glockenkurve die beste Wahl ist.

Zadeh ist einer der klügsten und geschicktesten Menschen, die ich kenne. Von seinem hohen Thron in Berkeley aus hätte er in den frühen sechziger Jahren sehen können, daß Kalman mit der einzigen guten Frucht seines Feldes verschwunden war. Die meisten Leute aus Kalmans Gefolgschaft haben das erst in den siebziger und achtziger Jahren erkannt. In den fünfziger Jahren war Kalman mit seinen frühen Arbeiten dem Kalman-Filter nahegekommen, was ihm die Leitung der Fachgruppe eingebracht und sein Lehrbuch zu einem Klassiker der Systemwissenschaft gemacht hatte. Ich glaube, daß er aus diesem Grund zu den unscharfen Mengen gewechselt ist und er »fuzzy« genannt hat, was Bertrand Russell, Jan Lukasiewicz und Max Black mit »vage«

oder »vielwertig« bezeichnet haben. Fang ganz von vorne auf einem neuen Gebiet an! Dreh dich um und greife die Mathematik der Systemtheorien an! Es ist besser, in der Hölle zu herrschen als im Himmel zu dienen.

Ich betone, daß es sich dabei um Spekulation handelt und daß Lotfi und ich seit Jahren gute Freunde sind. Doch für mich paßt das zu den Tatsachen. Ich habe Lotfi oft dazu befragt und nie eine vollständige Antwort erhalten. Er hat mir erzählt, wie er nach Amerika ging und wie ihm die Idee zu den unscharfen Mengen gekommen ist; darüber will ich weiter unten berichten. Doch wie Lotfi selbst sagt, er bleibt seinen persischen Wurzeln bis heute treu. Man kann ihn nicht festnageln, und man kann ihn auch nicht wütend machen. Er ist klug wie ein Aikido-Meister. Er bleibt gelassen, hat starke Nerven, wehrt Angriffe ab und behält immer einen kühlen Kopf. Viele Male hat er mir und anderen Freunden aus großer Bedrängnis geholfen. Er führt durch Charakter und nicht durch Macht oder Intrigen. Er kommt mit Frauen ebensogut zurecht wie mit Männern. Sein Motto: »Freunde kommen und gehen, aber die Feinde werden mehr.« Bei einem Workshop oder in einem Restaurant lädt er jeden zum Gespräch oder zum Abendessen ein. Er ist in jeder Hinsicht ein freier Geist.

Zadeh genießt Fachgespräche ebenso wie Abendgesellschaften, weswegen er in der ganzen Welt umherfliegt. Vor allem aber liebt er das Beisammensein mit Menschen, seien sie nun jung oder alt.

Ich erinnere mich an den Sommer 1987, nachdem ich eine Kopie meiner Doktorarbeit über fuzzy-logische Systeme an Zadeh geschickt hatte. Eines Freitags war Zadeh in der Stadt und rief bei uns zu Hause an. Ich war gerade unterwegs, um ein Seminar über neuronale Netzwerke und Fuzzy Logic an der Wright-Patterson-Luftwaffenstation in Ohio abzuhalten. Meine Frau ging ans Telefon und sagte Lotfi, daß ich nicht da sei und daß sie selbst zu einer Party bei ihrer Freundin gehe. Sie hatten sich noch nie gesehen, aber Zadeh konnte sie überreden, ihn abzuholen und mit auf die Party zu nehmen. Zadeh war etwa vierzig Jahre älter als die anderen, was ihm nichts ausmachte. Am nächsten Tag rief er wieder an, um sich zu erkundigen, wie es geht. Ich sagte, es sei alles in Ordnung, und hoffte nur, daß ich soviel Energie wie er hätte, wenn ich 67 alt bin.

1921 war Baku die Hauptstadt der Sowjetrepublik Aserbaidschan. Zadeh war zwar iranischer Staatsbürger, aber seine erste Sprache war russisch. Sein Vater war Geschäftsmann und Korrespondent für eine iranische Zeitung. Zwischen seinem 10. und seinem 23. Lebensjahr lebte Zadeh im Iran, wo er eine presbyterianische Schule besuchte. Die Eltern waren nicht arm: Der junge Lotfi hatte stets einen eigenen Wagen und einen Diener. 1942 schloß er sein Studium der Elektrotechnik an der Universität von Teheran ab. Durch Verbindungen zum amerikanischen Truppenkommando am Persischen Golf erhielt er eine der 100 Zulassungen zur Einwanderung in die USA.

1944 traf er in den USA ein, schrieb sich am Massachusetts Institute of Technology (MIT) ein und legte hier 1946 die Diplomprüfung in Elektrotechnik ab. Zu dieser Zeit kamen seine Eltern aus dem Iran nach New York. Zadeh verließ das MIT, zog zu seinen Eltern in New York und schrieb sich an der Columbia University ein. 1951 wurde er in Elektrotechnik promoviert und gleich in den Lehrkörper der Universität aufgenommen. Hier blieb er bis zu seinem Umzug nach Berkeley 1959. 1963 wurde er Leiter der Abteilung Elektrotechnik an der University of California in Berkeley. Weiter kann man dabei nicht aufsteigen. Zwanzig Jahre zuvor noch hatte er nach seinen Dienern im Mittleren Osten gerufen. Nun stellte er die beste elektrotechnische Fakultät der Neuen Welt zusammen.

Zadehs unorthodoxe Art brachte ihn zur vielwertigen Logik. Er sah, wie seine Kollegen sich immer mehr in die fortgeschrittene Mathematik vertieften, um physikalische und elektrotechnische Probleme zu beschreiben. Zadeh gehört zu den Menschen, die immer das Gegenteil mit in Betracht ziehen und nach Argumenten dafür suchen. Er hat mir erzählt, daß er bereits in den frühen fünfziger Jahren an der Columbia University über die vielwertige Logik nachgedacht hat. Sein Doktorand Oscar Lowenschuss schrieb damals eine Doktorarbeit darüber, wie man elektrische Schaltkreise mit vielwertiger Logik bauen konnte.

1956 berief ihn das Princeton Institute for Advanced Studies für ein Jahr. Sein Freund Harold Robbins, Gründer eines wichtigen Zweiges der Statistik (bekannt als stochastische Approximation), hatte ihn eingeladen. Das Institut beherbergte ein ganzes Pantheon großer mathematischer Denker, zu denen auch Albert Einstein und Kurt Gödel gehörten. Unter ihnen mußte sich ein Elektroingenieur – wie Zadeh es ausdrückte – wie ein schwarzes Schaf vorkommen. Ein Ingenieur ist auch heute noch ein Außenseiter unter Physikern und Mathematikern. In Seminaren und auf Parties sagte Zadeh stets, daß er angewandte Mathematik betreibe.

Im Institut in Princeton traf Zadeh mit Stephen Kleene zusammen, der zu den führenden Vertretern der vielwertigen Logik in den USA gehörte. Kleene nahm den jungen persischen Denker unter seine Fittiche. Zadeh lernte formale Logik sowie die Mathematik der vielwertigen Logik und brachte Kleene die Prinzipien der Elektrotechnik und der Informationstheorie bei.

Zadeh kehrte an die Columbia University zurück und ging wieder nach Berkeley, überzeugt von der vielwertigen Logik. Er hatte das Schwarze und das Weiße gesehen, das auf spezielle Fälle von Grau reduziert worden war. Kleene hatte ihm geholfen, dies mit seiner Weltanschauung zu verbinden. Unmittelbar danach machte sich Zadeh daran, dies alles auf die Systemtheorie anzuwenden, dem heißen Thema der damaligen Zeit.

In diesem Bereich finden wir Zadehs tiefstgehenden Beitrag. Es war eine Idee, ein Ansatz und nicht die spätere Mathematik der unscharfen Mengen. Seine Kollegen setzten immer detailliertere Mathematik ein, um komplexe Systeme in der Technik, der Wirtschaft, bei der Wettervorhersage und in der Biologie aus immer größerer Nähe betrachten zu können. Zadeh trat einen Schritt zurück. Er sah, daß präzise Aussagen immer weniger Bedeutung hatten, wenn das System immer komplexer wurde. Er sprach später von seinem *Prinzip der Inkompatibilität*: Wenn die Präzision steigt, nimmt die Relevanz ab. 1962 publizierte Zadeh diesen Umschwung in einer Arbeit mit dem Titel »From Circuit Theory to System Theory« (Von der Schaltkreistheorie zur Systemtheorie). Sie erschien in der Zeitschrift *Proceedings of the IRE*, dem führenden Elektrotechnik-Journal seiner Zeit. Hier schlug Zadeh zum erstenmal den Ausdruck »fuzzy« für die Vielwertigkeit vor; fast hätte er sie »cloudy« (wolkig) genannt – dann trüge dieses Buch einen anderen Titel: »Es besteht eine ziemlich große Kluft zwischen den Theoretikern ›belebter‹ [›animate‹] und ›unbelebter‹ [›inanimate‹] Systeme. Ob sie in naher Zukunft kleiner oder gar überwunden werden wird, ist keineswegs sicher. Manche meinen, daß sie die grundsätzliche Unzulänglichkeit der konventionellen Mathematik widerspiegelt – die Mathematik der wohldefinierten Punkte, Funktionen, Mengen, Wahrscheinlichkeitsmaße und so weiter –, die nicht in der Lage ist, mit der Analyse biologischer Systeme fertig zu werden, und daß wir eine radikal neue Art von Mathematik brauchen, um mit solchen Systemen umgehen zu können, die im allgemeinen um viele Größenordnungen komplexer als von Menschen gemachte Systeme sind. Gemeint ist eine Mathematik wolkiger oder fuzziger Quantitäten, die nicht in Form von Wahrscheinlichkeitsverteilungen beschrieben werden können. In der Tat, die Notwendigkeit für eine solche Mathematik wird selbst im Bereich der unbelebten Systeme immer offenkundiger, denn in den meisten praktischen Fällen sind sowohl die apriorischen Daten als auch die Kriterien, nach denen die Leistungsfähigkeit der von Menschen gemachten Systeme bewertet werden, weit davon entfernt, präzise spezifizierte und genau bekannte Wahrscheinlichkeitsverteilungen zu sein.«

Zadeh erkannte, daß seine Kollegen in einem mathematischen Wettrüsten gefangen waren. Sie nahmen immer schwierigere Probleme in Angriff und wetteiferten miteinander, sie mit immer mehr Mathematik in den Griff zu bekommen. Er wollte aus diesem Rennen aussteigen und mit dem gesunden Menschenverstand arbeiten. Er war zudem versiert in vielwertiger Logik, in der sich sonst kein anderer Ingenieur auskannte. So mischte er beides zusammen und nannte das Ergebnis »fuzzy set theory« – fuzzy-logische Mengenlehre. Nun hatte er eine neue Einheit, mit der er vorgehen konnte. Er hätte auch eine andere Theorie der Unbestimmtheit verwenden können. Doch die vielwertige Theorie stand bereit. Und die unscharfe, die fuzzige Menge war geboren.

Die fuzzige Menge, die zeigte, was Zadeh meinte, war die Menge der großen Männer. Zadeh verband das Konzept GROSS mit einer Kurve von Fit-Werten. Zadeh nannte diese unscharfe Menge eine *»membership curve«* – eine Kurve der Zugehörigkeit. Sie benimmt sich gerade so wie eine vage Liste oder eine

Kurve von Max Black. Für jede Größe gibt sie den Grad oder den Fit der Zugehörigkeit zur Menge der großen Männer an. Größe ist eine stetige Funktion der Körperlänge. Jeder Mann ist zu einem gewissen Grad groß. Jeder Mann ist auch zu einem gewissen Grad nicht groß. NICHTGROSS sieht also wie die inverse Kurve zu GROSS aus. Wenn Sie die GROSS- und die NICHTGROSS-Kurve in ein Schaubild eintragen, dann können Sie sehen, daß sich die Kurven – wie in Blacks vager Liste – im Mittelpunkt mit dem Fit-Wert ½ schneiden, wenn A gleich Nicht-A ist.

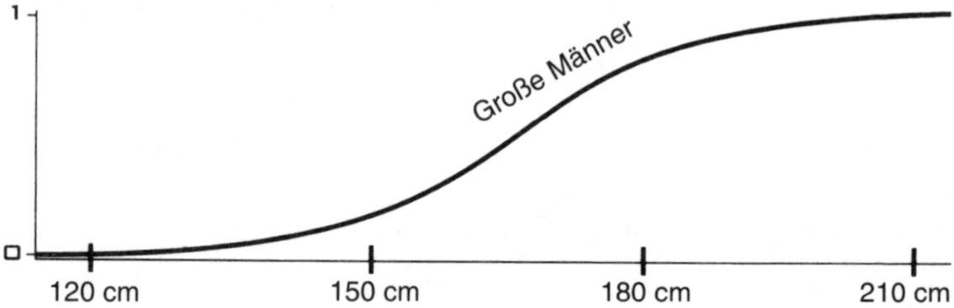

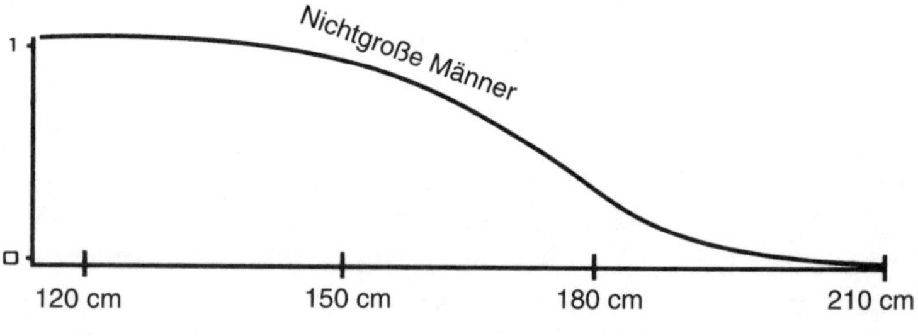

Zadeh führte vor, wie unscharfe Mengen einen linguistischen Rechenweg eröffnen. Man kann alle gewünschten Modifikationen vor GROSS einsetzen. SEHR GROSS läßt die GROSS-Kurve schrumpfen. MEHR ODER WENIGER GROSS hebt sie an.

Man kann dasselbe mit der Menge der alten oder sehr alten Häuser tun. Zadeh sah dabei folgendes: Wenn eine Kurve A niemals über eine Kurve B steigt – so steigt zum Beispiel SEHR GROSS niemals über GROSS, da es mehr Körperlänge braucht,

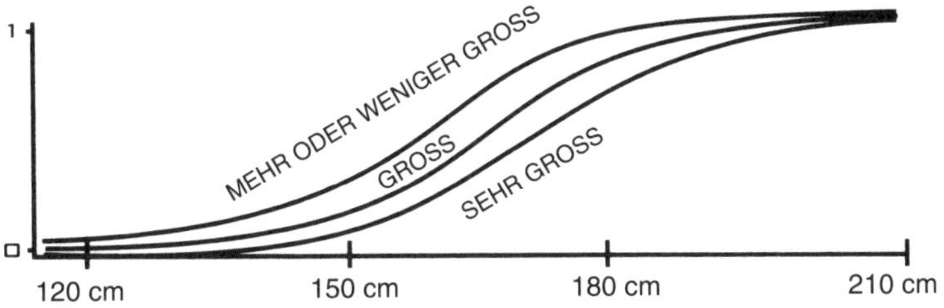

um nicht nur groß, sondern sehr groß zu sein –, dann ist A zu 100 Prozent eine Teilmenge von B. An dieser Stelle blieb er stehen und verpaßte so die Theorie des fuzzy-logischen Enthaltenseins. A kann immer noch zu einem großen Prozentsatz eine Teilmenge von B sein, wenn die A-Kurve an einigen Stellen über die B-Kurve steigt.

Zur Macht der fuzzy-logischen Kurven gehört, daß sie nichtfuzzige Mengen ziemlich dumm aussehen lassen. Sie bestehen aus Stufenfunktionen oder scharfen Trennlinien, die zwischen A und Nicht-A gezogen werden. Die alte Sicht von GROSS ist bivalent. Es gibt Männer in der Menge der großen Männer und Männer in der Menge der nichtgroßen Männer und weder einen Mann, der in beiden Mengen, noch einen Mann, der in keiner der beiden ist. Man muß bei einer bestimmten Länge – zum Beispiel 1,80 Meter – von NICHTGROSS nach GROSS springen. Hier gibt es eine scharfe Trennung bei 1,80 Meter.

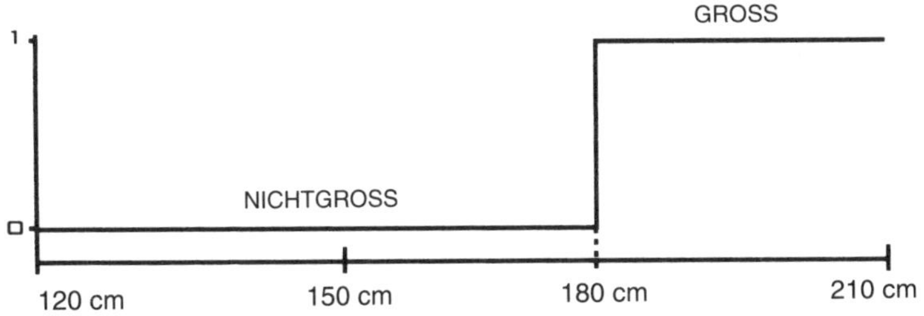

Doch Größe ist – wie die meisten Eigenschaften in dieser Welt – eine Frage der Abstufung. Sie nimmt mit der Körperlänge zu.

Eine Kurve zeigt diesen steten Wandel. Eine Trennlinie kann dies nicht tun. Dies ist erneut ein Vorteil unscharfer Mengen. Sie verknüpfen Wörter mit Kurven (oder mit Fit-Vektoren in einem fuzzigen Würfel).

Die Mathematik der unscharfen Mengen war nicht neu. Sie benutzte dieselbe Algebra, die Jan Lukasiewicz ein halbes Jahrhundert zuvor in seiner vielwertigen Logik ausgearbeitet hatte. Und sie verwendete die vage Liste oder Menge von Max Black. Zadeh hat seine neuen Mengen nicht »vielwertige Mengen« genannt. Das wäre der natürliche Name im Lichte von Lukasiewiczs Arbeiten und in Hinblick auf die Tatsache gewesen, daß das ganze Feld auf den Namen »vielwertige Logik« hörte. Er hätte seine Mengen auch »vage Mengen« nennen können, in Anlehnung an Black oder Russell. Doch Zadeh entschied sich für »fuzzy«. Ich habe ihn oft gefragt, warum er das getan hat. Er hat geantwortet, er habe sich für »fuzzy« entschieden, weil dieses Wort dem gesunden Menschenverstand etwas sagt. Er meinte, das Wort erfasse die vage Idee eines Brockens, hinter dem er her sei. Dabei ist zu bemerken, daß Zadeh sich in seinen ersten und späteren Publikationen nicht auf die Arbeiten von Lukasiewicz, Black oder Russell bezogen hat (er erwähnte nur seinen Freund Kleene). Dies legt die Vermutung nahe, daß bei der Auswahl des Namens auch Fragen der Vermarktung eine Rolle gespielt haben. Wie dem auch sei, der Name ist hängengeblieben, und Zadeh und andere konnten nun beginnen, mit ihren fuzzigen Brocken eine völlig neue Computer- oder Sprachwissenschaft zu errichten.

Im folgenden Jahrzehnt entfernte sich Zadeh immer weiter von seinen Wurzeln in der exakten Mathematik und der experimentellen Wissenschaft. Er wechselte in das neue Gebiet der Computerwissenschaft, ohne dabei sein altes Ziel einer neuen Systemtheorie auf fuzzy-logischer Basis aufzugeben. 1972 hat er sein Prinzip der Inkompatibilität wie folgt formuliert: »Wenn die Komplexität eines Systems zunimmt, wird unsere Fähigkeit geringer, präzise und signifikante Aussagen über sein Verhalten zu machen, bis ein Grenzwert erreicht wird, über den hinaus Präzision und Signifikanz (oder Relevanz) sich nahezu gegenseitig ausschließende Charakteristiken werden. [. . .] Ein zusätzliches Prinzip kann im Anschluß daran so formuliert werden: ›Je genauer man sich ein

Problem der realen Welt anschaut, desto fuzziger wird seine Lösung.‹«

Präzision erhöht die Fuzzigkeit.

Während Zadeh die fuzzy-logische Botschaft verkündete, nahm die Kritik daran stark zu. Sie trat in dreierlei Gestalt auf. Die erste bestand darin, nach neuen Anwendungen zu fragen: Was kann man mit unscharfen Mengen machen? Wo gibt es ein funktionierendes System oder eine Simulation? Was kann man damit anfangen?

Neue Ideen brauchen ihre Zeit. Jahrelang konnten Zadeh und seine Anhänger keine praktische Anwendung vorweisen. Und Zadeh selbst hat das auch nie getan. Er publizierte seine »Fuzzy Sets« 1965 als mathematische Theorie, und er ist immer Theoretiker geblieben. Er hat nur die Theorie gewechselt, von der Mathematik und der Systemtheorie zur Linguistik und zur kognitiven Psychologie. In den siebziger Jahren gab es die ersten praktischen fuzzy-logischen Anwendungsbeispiele, aber dabei handelte es sich nur um Spielcomputersimulationen einfacher mathematischer Ideen. Die einzige Ausnahme war die Arbeit von Ebrahim Mamdani in England. Sie führte zu fuzzy-logischen Systemen, wie wir sie heute kennen. Wir werden darauf im nächsten Kapitel zu sprechen kommen. Erst in den achtziger Jahren setzten die Japaner diese Systeme zu Regelungszwecken ein. Und um 1990 verfügten die Japaner über mehr als 100 echte fuzzy-logische Steuerungsvorrichtungen und Produkte.

Die zweite Kritik kam von den Anhängern der Wahrscheinlichkeitstheorie. Zadeh benutzte Zahlen zwischen 0 und 1, um Vagheit oder Abstufung zu beschreiben. Die Wahrscheinlichkeitstheoretiker meinten, die täten das gleiche. Eine Auseinandersetzung war unvermeidlich. Auch diese Kritik erdrückte Zadeh. Er war allein, und gegen ihn standen Tausende mit jahrhundertealter mathematischer und kultureller Tradition. Die meisten wiesen die Fuzzigkeit einfach als verkleidete Wahrscheinlichkeit zurück. Sie sei in Wirklichkeit nichts Neues. Und Zadeh hatte das auch tatsächlich nicht zu zeigen versucht. Er konzentrierte sich ganz auf die Ausdruckskraft unscharfer Mengen und die Frage, wie genau sie mit unseren Wörtern zusammenpaßt. Das war so, als erzählte jemand im Zeugenstand vor Gericht einen Witz. Zadeh mußte viel Prügel einstecken, auch noch, als ich ihn 1984 bei einer Konferenz über künstliche Intelligenz persönlich kennenlernte. Zadeh lächelte nur, als die Wahrscheinlichkeitsanhänger vom Podium herab auf ihn eindroschen. Im Kapitel »Das Ganze im Teil« habe ich geschildert, wie ich in die Auseinandersetzung verwickelt wurde und bald begriff, wie man den Gegnern den Wind aus den Segeln nehmen und die Fuzzigkeit (oder Teilmengigkeit) verwenden kann, um Wahrscheinlichkeit zu erklären: Wahrscheinlichkeit als das Ganze im Teil. Das alles ereignete sich aber fast ein Vierteljahrhundert nach Zadehs erster Veröffentlichung über unscharfe Mengen.

Eine Kritik von seiten der Wahrscheinlichkeitstheorie erschütterte Zadeh. Ich glaube, sie ist der Grund, warum er sich in die Auseinandersetzungen nicht einmischte. Er und ich haben oft darüber gesprochen, aber er schreibt nichts darüber. Offenbar möchte er das Problem nicht in der Öffentlichkeit erörtern. Er meinte, daß diese Kritik zum erstenmal 1966 in der damaligen UdSSR aufgetaucht sei. Sie besagte, daß man eine unscharfe Menge als zufällige (»random«) Menge *auffassen* kann. Die meisten Wahrscheinlichkeitsmathematiker hatten nie etwas von einer zufälligen Menge gehört. Doch in der Mathematik gibt es viele obskure Nischen, und das war eine. Die Kritik lehnte Zadehs Ideen nicht rundheraus ab, bestätigte sie vielmehr. Sie behauptete nur, daß es nicht seine Ideen waren.

Sehen wir uns die erste Kurve für GROSS an. Man kann jede Zahl auf der Kurve als den Grad interpretieren, zu dem ein Mann von gegebener Körperlänge groß ist. Die Längenwerte geben die Fit-Werte an. Groß bei *vorgegebener* Länge. Warum soll man dies nicht als Wahrscheinlichkeit betrachten, die auf Länge abgestimmt ist? Nehmen wir eine Länge, zum Beispiel 180 Zentimeter. Der dazugehörige Mann ist groß oder nicht groß. Durch die fuzzy-logische Brille betrachtet, ist er zu einem gewissen Grad – sagen wir zu 80 Prozent – groß und zu 20 Prozent nicht groß. Man kann natürlich *auch* sagen, daß der Mann mit einer Wahrscheinlichkeit von 80 Prozent groß und mit einer Wahrscheinlichkeit von 20 Prozent nicht groß ist. Es besteht kein Zweifel, daß es Fälle gibt, in denen diese Redeweise sinnvoll ist. Im nächsten Kapitel werde ich zeigen, wie ich diese Wahrscheinlichkeitssicht benutzt habe, als ich ein Wahrscheinlichkeitstheorem über fuzzylogische Systeme beweisen wollte. Es handelt sich um eine komplizierte Art, an Dinge heranzugehen, doch die meisten von uns, die sagen: »Dieser Mann ist groß«, haben dabei kein Glücksspiel im Sinn. Seine Größe steht fest. Sie ist eine Eigenschaft seines Seins. Aber sie ist eine Frage der Abstufung.

Im ersten Kapitel habe ich das Beispiel vom Auto gebracht, das auf einem Parkplatz abgestellt werden soll. Man kann es hier auch anwenden. Wir stellen uns vor, daß das Auto auf zwei Stellplätzen steht. Es überlappt beide und steht zu 80 Prozent auf dem ersten und zu 20 Prozent auf dem zweiten. Man könnte nun sagen, das Auto sei mit einer Wahrscheinlichkeit von 80 Prozent auf dem ersten und mit einer Wahrscheinlichkeit von 20 Prozent auf dem zweiten Parkplatz abgestellt. Man kann das so ausdrücken, denn unsere Sprache ist schlampig und, wichtiger noch, 80 Prozent und 20 Prozent ergeben zusammen 100 Prozent. Die Wahrscheinlichkeitswörter entsprechen der Wahrscheinlichkeitsmathematik. Trotzdem passen sie nicht zu den Tatsachen. Wir meinen nicht, daß der Wagen vollständig im ersten Stellplatz geparkt sei, und zwar mit einer Wahrscheinlichkeit von 80 Prozent, und daß derselbe Wagen vollständig im zweiten Stellplatz stehe und dies mit einer Wahrscheinlichkeit von 20 Prozent. Wir meinen, daß der Wagen auf dem einen oder dem anderen Platz geparkt ist, und wir wissen nicht, in welchem. Wir wissen nur, daß es eine achtzigprozentige Chance dafür gibt, daß er auf dem ersten Platz steht, und eine zwanzigprozentige für den zweiten. Dann müssen die beiden Plätze noch nicht einmal nebeneinanderliegen, weswegen der Wagenbesitzer auch nicht dafür angezeigt werden kann, daß er zwei Parkplätze auf einmal belegt hat. Wir reden von einem Überhang. Vom Überschreiten der Grenze. Graduierungen. Fits.

Vielleicht hat Zadeh diese Kritik vor allem deshalb ignoriert, weil sie nur von wenigen Leuten vorgetragen wurde. Er gehört nicht zu den Menschen, die jede Kritik plattwalzen müssen. »Bloß Wasser auf dem Rücken einer Ente«, pflegt er zu sagen, das habe nichts zu bedeuten. Er schrieb und hielt Vorträge, um die schöne Passung von fuzzigen Mengen mit unserer fuzzigen Welt zu zeigen. Das war zwar keine Antwort auf die Kritik, aber das hat Zadeh nicht gekümmert. Er brachte die Fuzzy-Logic-Idee in die Welt. Sie fand zuerst Hunderte, dann Tausende neuer Anhänger. In den siebziger Jahren hatte er einen philosophischen Kult ins Leben gerufen, und er war sein Guru.

Die dritte Kritik war die schwerstwiegende, die blanke Wut der Zweiwertigkeit. Nur eine Handvoll von Denkern hatte die Arbeiten über Vagheit von Black und Russell zur Kenntnis genommen. Tausende lasen die Arbeiten von Zadeh. Seine Position in Berkeley gab ihm ein Podium, um die fuzzige Botschaft zu verkünden. Zadeh hatte seine eigene Art, die Fuzzy-Geschichte zu erzählen. Er konzentrierte sich auf die sprachliche Formulierung und verzichtete weitgehend auf die Mathematik. Doch es ging immer um die Mathematik der Vielwertigkeit, und früher oder später verstand das Publikum, wenn er sagte: A UND Nicht-A ist okay.

Wenn Zadeh recht hatte oder seine Idee auch nur einleuchtend war, dann mußte die aristotelische Auffassung falsch sein. Das hieß, die Dinge konnten nicht schwarz und weiß sein. Unsere bivalenten Wahrheiten waren bloß konditionierte Reflexe. Dreitausend Jahre westlicher Geschichte waren nur ein möglicher Weg durch die Raumzeit. Es konnte alles falsch oder, schlimmer noch, eine kulturelle Laune sein: Wissenschaft als Präzision, Mathematik und Logik als Trennlinien zwischen Schwarz und Weiß. Das war allerhand, was man in einer einzigen Vorlesung oder bei der Lektüre eines einzigen Aufsatzes schlucken mußte. Zadeh schien zu sagen, daß entweder er recht hatte oder daß der größte Teil der Wissenschaft und die westliche Kultur recht hatten. Der eine oder die andere. Die Wahl schien entschieden.

Ich glaube, er hatte recht. Dies war auch der Grund, warum ich ein Theoretiker der Fuzzy-Logik wurde und versucht habe, die Grundlagen der fuzzigen Mengen und Systeme herauszuarbeiten. 1984 wurden wir Freunde, da war ich 24 Jahre alt. Ich habe ihm jede neue Arbeit geschickt und mit ihm jede neue mathematische Idee besprochen, wir haben miteinander telephoniert und uns auf Konferenzen und Workshops getroffen. Ich wurde einer seiner Jünger. Ich sah in der Fuzzy-Logik eine Befreiung. Mich interessierten weder der kultische Aspekt der Verehrung Zadehs noch das Gegendogma zur Wahrscheinlichkeit und auch die vielen

Anhänger und ihre Theorien nicht. Ich habe viel vom Vertreter fuzzy-logischer Entscheidungstheorie Ron Yager am Iona College und dem fuzzy-logischer Informationstheorie George Klir an der State University von New York in Binghamton gelernt. Doch der größte Teil der Gefolgschaft folgte nur; niemand trug neue Ideen vor oder stellte die alten in Frage. Sie standen noch neben der Sache. Ihre Arbeiten predigten nur nach den Fuzzy-Logik-Anleitungen. Weder versuchten sie Zweifler zu überzeugen noch Texte außerhalb unserer Fachzeitschriften zu publizieren. Sie waren loyal, und Zadeh belohnte sie dafür stets mit seiner Freundschaft, er half ihnen bei den Publikationen und verfaßte Empfehlungsschreiben. Aber sie waren nicht von Zadehs Kaliber. Sie hatten weder eine vergleichbare Laufbahn mit solchen Erfolgen noch Zadehs Geschick und tiefe Intuition. Was mich aber am meisten ärgerte, war die Tatsache, daß sie sich einer Kultgemeinschaft angeschlossen hatten und nun einfach annahmen, deren Gott existiere auch. Jede Sekte hat ihren Gott, und man tritt ihr bei, wenn man an ihren Gott glaubt.

Die Wahrscheinlichkeitsgruppe ist auch so eine Sekte, und zwar eine große, und ihr Gott ist die maximale Wahrscheinlichkeit. Sie ist so groß, daß man von einer Mathematik-Religion sprechen kann. Der Fuzzy-Kult war klein, und sein Gott war das Fuzzige. Es kam mir so vor, als ob man durch das Fegefeuer des Zweifels gehen mußte, bevor man zum echten Glauben an diesen Gott gelangen könnte. Wie kann man der Fuzzy-Logik anhängen, wenn man weiß, daß die Wahrscheinlichkeitstheoretiker darüber lachen und sie konfuse oder verkleidete Wahrscheinlichkeit nennen? Können Sie hören, wie die Philosophen der Bivalenz an die Tür klopfen? Wer hat recht? Zu guter Letzt muß man sich auf sein eigenes Urteil verlassen und damit leben. Ich habe jahrelang voller Zweifel gesteckt. Zuerst habe ich an der zweiwertigen Lehre gezweifelt. Ich war damals 20 Jahre alt und ging noch zur Schule. Mit 23 Jahren sprang ich ins Lager der Fuzzy Logic, und die Zweifel mehrten sich. Mit 25 Jahren entdeckte ich den Fuzzy-Würfel und die frühen Theoreme über die fuzzy-logische Entropie und die Teilmengigkeit, und nun fand ich Frieden. Ich war aus dem Fegefeuer gekrochen und hatte mir einen Ruheplatz bereitet, und zwar mit meinen eigenen Händen. Ich glaubte immer noch, daß Zadeh recht hatte, aber nun aus anderen Gründen. Die Welt schenkte dem keine Aufmerksamkeit. Sie rollte immer noch auf ihren gewohnten zweiwertigen Gleisen hinab.

Die Kritik der Bivalenz besteht aus zweierlei. Einmal betont sie, daß es Zweiwertigkeit gebe. Computer arbeiten mit binärer Logik, und dieser Art zu denken bedienen wir uns seit Tausenden von Jahren. Sie mag uns einiges kosten, aber sie ist einfach und funktioniert. Zum anderen war die Kritik ein wütender Aufschrei. Sie brachte keinen logischen oder faktischen Einwand, sondern polterte nur los. Es ist der gemeinsame Stempel moderner Wissenschaften, die A UND Nicht-A leugnen und auf A ODER Nicht-A bestehen.

Der Philosoph Willard van Orman Quine vertritt die erstgenannte Kritikerposition. Er ist überzeugt, daß Bivalenz das Beste sei. Sie erscheint ihm sinnvoll, hat die Wissenschaft gut geleitet und besitzt den Vorteil der Einfachheit. Quine weiß, daß er damit bei einer bestimmten Länge eine scharfe Trennlinie zwischen GROSS und NICHTGROSS zieht. Er weiß nicht, wo diese Linie zu ziehen ist, und er räumt das ein. Doch er glaubt, daß man mit einer unbestimmbaren Trennlinie leben kann. Er hat dies in seinem berühmten Aufsatz von 1981 mit dem Titel »What Price Bivalence« (Der Preis der Bivalenz) im *Journal of Philosophy* wie folgt ausgedrückt:

»Wenn der Ausdruck ›Tisch‹ mit der Bivalenz versöhnt werden soll, müssen wir eine genaue Abgrenzung vornehmen, bis auf das letzte Molekül genau, selbst wenn wir dies nicht exakt bestimmen können. Wir müssen daran festhalten, daß es physikalische Objekte gibt, die bis auf ein Molekül übereinstimmen, von denen das eine ein Tisch und das andere kein Tisch ist.

Man könnte an dieser Stelle an der Zweiwertigkeit verzweifeln und unzufrieden dazu übergehen, ihre unscharfen oder vielwertigen Alternativen in der Hoffnung zu erkunden, hier etwas zu finden, was zwar unschön ist, aber doch weiterführt. Man könnte auch auf seiner Position – des Widerstandes, um es klar zu sagen – beharren und den Einspruch als Lektion über die Dehnbarkeit des Begriffs linguistischer Konvention hinnehmen.«

Im ersten Abschnitt gibt Quine zu, daß die Grenzen verschwimmen. Er möchte eine Linie gezogen sehen, sie aber nicht ziehen. Der zweite Abschnitt legt die Idee nahe, warum man noch argumentieren solle, da doch alles Konvention sei. Das klingt nach einem faulen Kompromiß.

Quine findet sein Molekül-Kriterium zwar komisch, aber nicht so »unschön« wie eine fuzzige Kurve. Ich hingegen finde fuzzige Kurven genau und vollständig. Wir können mehr als eine einzige Kurve zeichnen, aber wir müssen nie eine Linie ziehen und uns künstlichen Grenzfällen gegenübersehen. Dies ist nun genau der Punkt, um den wir streiten. Warum sollen wir die Grenze nicht mit einer Kurve glätten? Ausgerechnet das, wogegen Quine sich wendet – die Vielwertigkeit oder das Fuzzige –, kann sein bivalentes Problem lösen. Man kann immer noch einige Bereiche als 100 Prozent A und 100 Prozent Nicht-A belassen, wenn man dies möchte. Man muß keine Linie zwischen GROSS und NICHTGROSS bei 1,80 Meter ziehen. Man kann eine schiefe Ebene von 1,50 Meter bis 2,10 Meter anlegen.

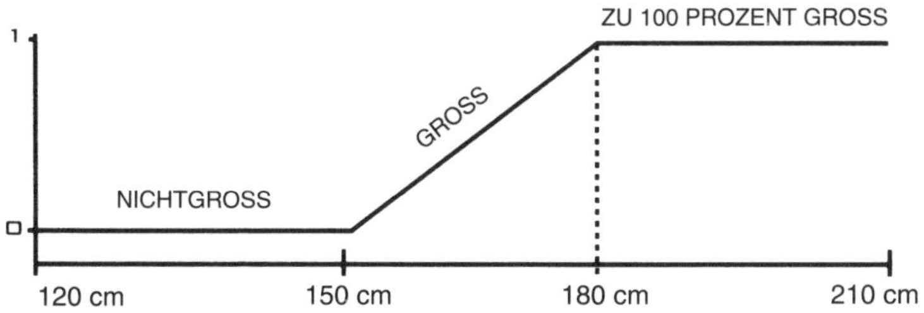

Je steiler die Rampe ist, desto weniger fuzzig ist der Ausdruck. Man kann sogar Tests, Fragebögen und Telephonumfragen benutzen, um die richtige Form zu finden. Damit behalten Quine und Aristoteles ihre scharfe Trennlinie. Die Rampe hebt oder senkt die Linie nur etwas an oder ab und streicht über die harten Fälle hinweg, an denen niemand eine scharfe Linie ziehen will. Natürlich ist die schiefe Ebene keine fuzzige Kurve. Sie zeigt nur, daß entlang der Rampe A UND Nicht-A gilt, daß die Männer sowohl groß als auch nichtgroß sind, daß ein Hügel sowohl ein Berg als auch kein Berg sein kann, daß ein Molekül sowohl zur Erdatmosphäre gehört als auch nicht darin sein kann. Rechts und links von der Rampe gilt immer noch A ODER Nicht-A.

Quine, Aristoteles und die übrigen mögen hier nicht zustimmen. Sie wollen vielleicht gar keine Rampe oder fuzzige Kurve. Dies ist in Ordnung. Dann müssen sie oder ihre Anhänger aber eine scharfe Trennung vornehmen, daran festhalten und sie verteidigen. Wie Quine gesagt hat, müssen sie diese Linie für jedes Molekül richtig hinbekommen. Viel Glück dabei!

Dann gibt es den Schrei der Entrüstung. Wir möchten gerne annehmen, daß so etwas gewöhnlich unter höflichen Menschen und erst recht nicht im Bereich der Wissenschaft vorkommt. Weit gefehlt! Oft gehen wir nur darüber hinweg, halten es für Angeberei oder Temperamentsausbrüche. Wir haben gelernt, so etwas zu erkennen, zu erwarten und zu ignorieren, wenn es passiert. Doch in der Wissenschaft ist es gar nicht so einfach, die Angebereien aufzuspüren. Laien und Journalisten haben Angst vor der Wissenschaft. Die Wissenschaftler selbst sind in ihren engen Spezialbereichen tätig und fürchten die Wissenschaft als Ganzes auch ein wenig. Wissenschaft kann daher wie die kirchliche Inquisition funktionieren. Wissenschaftsphilosophen wie Quine sprechen für die Wissenschaft und sagen uns, was sie ist und was ein Irrweg oder was Pseudowissenschaft ist. Ab und zu tritt ein Paradigmenwechsel ein, eine wissenschaftliche Revolution, geradeso wie sich ab und zu einmal eine Mutation in einem Genpool hält. Bivalenz ist nun eine der tiefsten Grundideen der Wissenschaft. Sie reicht so tief, daß wir sie in der Wissenschaft und beim Schlußfolgern als selbstverständlich hinnehmen. Die Mathematik ist die Sprache der Wissenschaft, und sie ist bivalent und voller genauer Kategorien von A und Nicht-A. Und dann ist da auf einmal der kleine dünne kahlköpfige Mann vom anderen Ende des Flurs, auf dem du dein Büro in Berkeley hast, und sagt, daß das alles falsch ist, daß das nur Spezialfälle von Grau sind.

In einem Bericht aus dem Jahr 1975 hat ein Reporter Zadehs Stellung unter den Kollegen an der Universität in Berkeley so zusammengefaßt: »›Die fuzzy-logische Theorie ist falsch, falsch und gefährlich‹, sagt William Kahan, ein Professor für Computerwissenschaft und Mathematik in Berkeley, dessen Büro nur ein paar Türen von Zadehs Zimmer entfernt ist. ›Mir fällt kein Problem ein, das nicht besser durch gewöhnliche Logik gelöst werden könnte. [...] Was Zadeh sagt, klingt genauso wie der Satz:

Die Technik hat uns diesen Mist eingebrockt, und nun kann sie uns nicht mehr helfen. Nun, die Technik hat uns nicht diesen Mist eingebrockt. Gier, Schwäche und Ambivalenz haben dafür gesorgt. Wir brauchen mehr logisches Denken, nicht weniger. Die Gefahr der Fuzzy Logic liegt darin, daß sie die Art von ungenauem Denken ermutigt, die uns so viel Ärger eingebracht hat.«

Kahan hat seine Meinung seit dieser Zeit nicht geändert. 1990 hat mich ein Journalist gebeten, seine jüngste Behauptung zu kommentieren, daß Fuzzy Logic eine Lizenz für lockeres Denken, »das Kokain der Wissenschaft« sei. Was kann man darauf anderes antworten als »Danke schön«?

Von unscharfen Mengen zu Systemen

Wörter bedeuten Mengen von Dingen. Diese Mengen sind unscharf. Die Dinge gehören ihnen zu einem gewissen Grad an. Das heißt, sie gehören auch zu ihren Gegenstücken zu einem gewissen Grad. Somit gilt die Logik Buddhas: A UND Nicht-A gilt zu einem gewissen Grad. Der Mann, der 170 Zentimeter mißt, ist groß und nichtgroß zu einem gewissen Grad, er ist vielleicht mehr groß als nichtgroß. Der Dreißigjährige ist alt und nichtalt zu einem gewissen Grad, vielleicht eher nichtalt als alt. Eine fuzzige Menge verbindet eine Kurve oder einen Punkt in einem Würfel mit einem Konzept. Je mehr die Menge A wie ihr Gegenstück Nicht-A aussieht, desto fuzziger ist sie, desto größer ist ihre fuzzy-logische Entropie. Der nächste Schritt setzt unscharfe Mengen in Beziehung zueinander.

Bislang haben wir eine fuzzige Menge wie GROSS als ein Wort eines Satzes betrachtet. Sätze haben viele Wörter. Sie setzen unscharfe Mengen zueinander in Beziehung. Auf diese Weise können wir urteilen. Gesunder Menschenverstand. Wenn der Mann groß ist, steht er in der hinteren Reihe. Wenn es regnet, wird man naß. Wenn die Luft warm ist, schalte ich die Klimaanlage ein.

Eine Gruppe von Sätzen ergibt ein fuzzy-logisches System. Im einfachsten Fall sagt Ihnen jemand die Sätze. Es handelt sich um den Rat von Experten, um Faustregeln oder um gesunden Menschenverstand. Ein fuzzy-logisches System nimmt dieses Wissen auf und beschreibt damit die Welt. Das System mag eine Waschmaschine steuern oder Kauf- und Verkaufssignale an die Börse geben. Ist es angepaßt, bringt es seine eigenen Sätze zustande. Es denkt nicht nur mit dem Wissen, es vermehrt auch sein Wissen mit Hilfe von Daten. Es lernt aus Erfahrung. Dies kann ein adaptives fuzzy-logisches System. Die Systembausteine bestehen in allen Fällen aus unscharfen, fuzzigen Mengen.

Fuzzy-logische Systeme

An den Außenminister der USA, Washington D. C.
Von der amerikanischen Botschaft in Tokio, Japan

Regierung, Industrie, wirtschaftliche und akademische Institutionen in Japan befassen sich emsig mit der fuzzy-logischen Theorie, die sie in einer Vielzahl praktischer Anwendungen nutzen. Das staatliche Forschungsprojekt ist dem Fünfjahresprojekt der Wissenschaftlich-Technischen Büros unterstellt; es besteht aus 19 Programmen (zum Beispiel Simulierung der globalen Luftverschmutzung, Vorhersage von Erdbeben, Modellversuche zum Pflanzenwachstun). Die Anstrengung der japanischen Industrie zeigt sich exemplarisch in dem dem Wirtschafts- und Handelsministerium (MITI) unterstellten Laboratorium für Internationalen Fuzzy-Maschinenbau [Laboratory for International Fuzzy Engineering, LIFE], das von 48 japanischen Unternehmen gegründet worden ist, um die Verbindungen zwischen Hochschule und Industrie zu festigen. LIFE arbeitet unter anderem an der Entwicklung von Steuersystemen für Kernkraftanlagen und an Prototypen eines fuzzy-logischen Computers. [...] Japanische Forscher, die mit fuzzy-logischen Systemen arbeiten, erwarten, daß Fuzzy Logic die Entwicklung von Computersystemen ermöglicht, die sich den Menschen anpassen und nicht umgekehrt.

Memorandum R-120608Z vom März 1990

Fuzzy Logic ist ein Konzept, das sich aus dem Zweig der mathematischen Theorie von unscharfen Mengen ableitet. Anders als die grundlegende Theorie des Aristoteles, die Aussagen nur als »wahr« oder »falsch« oder als »1« oder »0« zuläßt, wie sie von digitalen Computern verarbeitet werden, ist die Fuzzy Logic in der Lage, mit linguistischen Ausdrücken wie »vielleicht falsch« oder »in gewisser Weise wahr« umzugehen. Allgemein erlaubt es die Fuzzy Logic, wenn sie auf Computer angewendet wird, mit dem menschlichen Denken zu wetteifern, ungenaue Informationen zu quantifizieren, Entscheidungen aufgrund vager und unvollständiger Daten zu treffen und sogar – durch Einschalten eines »Defuzzifizierungsprozesses« – zu definitiven Schlußfolgerungen zu kommen.

Amerikanisches Handelsministerium
Fuzzy Logic. A Key Technology for Future Competitiveness
(Eine Schlüsseltechnik für den zukünftigen Wettbewerb)
November 1991

Der Weg des Kriegers ist die Entschlossenheit, den Tod zu akzeptieren.

Mijamoto Musaschi
The Bock of Five Rings

Geschäft ist Krieg.

Modernes japanisches Sprichwort

Wie macht man eine Maschine intelligent? Mach sie FAT (engl. fat = fett, Fett). Schmiere sie mit FAT ein. So kommt etwas von der Logik Buddhas in die Maschine. In der Theorie kann eine Maschine, die FAT genug ist, jeden Prozeß modellieren. Ein System, das FAT ist, kann stets Inputs in Outputs verwandeln, Ursachen zu Wirkungen und Fragen zu Antworten machen.

FAT steht für *Fuzzy Approximation Theorem* (fuzzy-logisches Theorem der Näherung). 1990 habe ich nachgewiesen, daß ein fuzzy-logisches System *jedes* System modellieren oder näherungsweise erfassen (approximieren) kann.* Das FAT-Theorem zeigt, warum fuzzy-logische Systeme die Maschinenintelligenz von Camcordern, Autogetrieben und Hubschrauberstabilisatoren erhöht haben und warum zukünftige Fuzzy-Systeme die Maschinenintelligenz noch weiter erhöhen können.

FAT besitzt eine einfache Geometrie. Man überdecke eine Kurve mit kleinen Flächen oder Flecken. Weiter unten werden wir uns die FAT-Idee näher ansehen. Hier reicht folgendes: Jedes Stückchen des menschlichen Wissens, jede Regel der Form WENN *dies gilt,* DANN *gilt das*, legt eine kleine Fläche fest. Ein fuzzy-logisches System ist bloß ein großer Haufen von fuzzy-logischen Wenn-dann-Regeln – es ist eine große Ansammlung kleiner Flächen. Alle Regeln legen Flecken fest, die eine kurvenreiche Linie überdecken. Je besser sie die Kurve abdecken, desto intelligenter ist das System. Mehr Wissen heißt mehr Regeln, mehr Regeln bedeuten mehr Flecken und eine bessere Überdeckung. Je unsicherer die Regeln, um so größer die Flecken. Wenn die Regeln so genau sind, daß sie nicht fuzzy

* Eine frühe Arbeit von mir mit vielen Details ist »Fuzzy Systems as Universal Approximations, in: *Proceedings of the First IEEE Conference on Fuzzy Systems (FUZZ-92)*. San Diego, März 1992, S. 1153–1162

sind, dann werden die Flächen zu Punkten und überdecken überhaupt nichts mehr.

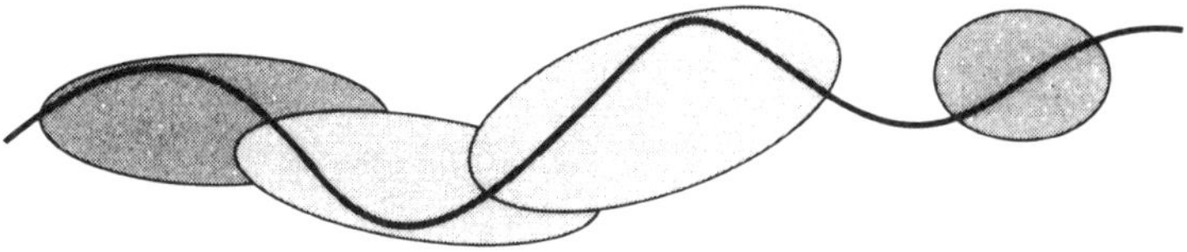

In diesem Kapitel beobachten wir, wie fuzzy-logische Systeme funktionieren und wie die Japaner damit arbeiten. Das führt auf die Frage zurück, wie sie mit FAT arbeiten. Wir beginnen mit einer einzelnen Regel oder einer einzelnen kleinen Fläche. Danach schauen wir uns viele Flecken an, die als Fuzzy-System zusammenarbeiten. Später werden wir sehen, wie diese Systeme ihre eigenen Flächen lernen können.

Wissen als Regeln

Wie denken Sie über etwas nach? Sie möchten am Samstag oder am Sonntag Golf spielen, und Sie wollen dabei nicht naß werden. Der Wetterbericht meldet, daß die Wahrscheinlichkeit groß ist, daß es am Samstag regnet und daß es nur geringe Aussichten auf Regen am Sonntag gibt. Daraus schließen Sie, daß Sie am Sonntag spielen sollten. Aber wie kommen Sie zu dieser Antwort?

Sie kommen darauf mit Hilfe von Regeln. Regeln verbinden Ideen. Sie setzen eine Sache, ein Ereignis oder einen Prozeß in Beziehung zu einer anderen Sache, einem anderen Ereignis oder einem anderen Prozeß. Sowohl in natürlichen als auch in Computersprachen haben Regeln die Form von Wenn-dann-Aussagen. Wenn es regnet, werden Sie naß. Wenn Sie naß werden, können Sie nicht Golf spielen. Es wird am Samstag regnen. Also können Sie am Samstag nicht Golf spielen. Wenn Sie am Samstag nicht Golf spielen können und wenn es am Sonntag nicht regnet, können Sie am Sonntag spielen. Also spielen Sie am Sonntag Golf.

Wissen in Form von Regeln geht zumindest bis auf Aristoteles zurück. Leibniz träumte von einer symbolischen Logik und einer Ars combinatoria oder einem Computersystem, das alle unsere

Regeln in Symbole übertragen und daraus Schlüsse auf mathematische Wahrheiten und alltägliche Tatsachen ziehen kann. Die Vorstellung heutiger Computerwissenschaftler von künstlicher Intelligenz (KI) beruht auf dem Glauben, daß Wissen in Regeln zu fassen sei, *und* daß man diese Regeln in der schwarz-weißen Computersprache und der symbolischen Logik aufschreiben könne. Nach mehr als 30 Jahren Forschung und Kosten von Milliarden Dollar hat die KI allerdings weder eine intelligente Maschine noch irgendein entsprechendes Produkt vorgelegt. Die Anhänger der KI-Forschung begründen das damit, daß sie noch nicht genug Regeln in die Computer eingebaut haben. »Expertensysteme« der KI-Forschung verwenden 100 bis 1000 oder noch mehr bivalente Regeln. Einige KI-Fachleute meinen, wir würden so lange keine »wirkliche« Intelligenz zu sehen bekommen, solange die KI-Systeme nicht 100 000 Regeln benutzen. Wir Kritiker meinen aber, es hilft nicht, dem Problem einfach mehr Regeln hinterherzuschmeißen.

Fuzzy-Forscher haben bereits Hunderte intelligenter Maschinen gebaut, und wir glauben zu wissen, warum die KI-Leute es nicht geschafft haben. Natürlich braucht man Regeln. Aber man braucht keinen Haufen Regeln für viele Aufgaben. Man braucht *fuzzy-logische* Regeln.

Wenn es regnet, wird man naß. In dieser Regel stecken viele Aussagen. Wenn es ein wenig regnet, wird man ein wenig naß. Das Substantiv »Regen« steht für eine unscharfe Menge. Regen kann tröpfeln, nieseln, strömen oder peitschen. »Wenig« oder »viel« steht für fuzzige Teilmengen von Regen. Jeder Regen fällt leicht (wenig) oder stark (viel). Dies ist eine Frage der Abstufung, was von Computern oder KI-Regeln übersehen wird. Jeder Ausdruck in einer unserer Regeln ist fuzzig. Jeder Term ist vage, verschleiert, ungenau, schlampig, durchsetzt mit Ausnahmen. Eine einzige menschliche Regel deckt all diese Fälle ab. Eine KI- oder Computerregel deckt nur genau den einen Fall ab, den jemand an einem guten oder einem schlechten Tag ausgewählt hat, als er die Tasten des Computers drückte.

Eine fuzzige Regel setzt unscharfe Mengen zueinander in Beziehung. WENN X A ist, DANN ist Y B. A und B sind fuzzige Mengen. Es sind unscharfe Teilmengen von X und Y. Wenn es stark regnet, wird man sehr naß. Wenn das Auto ein wenig langsamer wird, drücke man ein wenig mehr auf das Gaspedal. Wenn der Wagen sich zu sehr nach links bewegt, drehe man das Steuerrad nach rechts.

Die KI-Leute nennen die Regeln gerne »Heuristik« oder »Faustregeln«; sie sind also das, was ein Experte sagt, um zu erklären, was er tut. Sie sind allgemein selbstverständlich die Gegenstände des *gesunden Menschenverstandes* (»common sense«). Und dabei ist für uns gar nicht allgemein selbstverständlich (»common«), was wir wahrnehmen (»sense«). Die Welt überfällt uns mit Signalen, die wir über unsere einzigartigen Sinnesorgane – Augen, Ohren, Zunge, Haut – wahrnehmen. Wahrnehmung ist allgemein nur insofern, daß wir alle dieselben Dinge sehen, hören, schmecken oder berühren. Und die Welt trifft auf jeden von uns mit einer einzigartigen Menge von Signalen. Daher steht jedes Wort für jeden von uns für eine andere fuzzige Menge von Dingen. Die Vorstellungen eines Kindes von »groß«, »langsam« oder »fair« ändern sich, wenn es älter wird.

Die KI-Meute hat dies übersehen. Sie hat nach Regeln gesucht und ihnen dabei jedes Grau abgeschrubbt. Die ersten KI-Forscher haben ihre Arbeit mit der Fortsetzung des logischen Positivismus des 20. Jahrhunderts begonnen. Sie wollten unbedingt die schwarzweiße symbolische Logik ihrer Lehrer anwenden. Also taten sie es, stellten kühne Behauptungen auf und machten der Presse große Versprechungen. Sie bekamen Geld vom Staat und aus dem Militärhaushalt, hielten eigene Lehrveranstaltungen und Konferenzen ab und stärkten so ihren Einfluß. Doch sie brachten kein einziges Industrieprodukt zustande, auf das man verweisen, das man zu Hause, im Auto oder im Büro benutzen kann. Sie haben stärker als jede andere Gruppe auf die Fuzzy-Logik eingedroschen, denn sie hatten am meisten und am schnellsten zu verlieren. Fuzzy-Logik hat das Monopol der KI auf die Maschinenintelligenz gebrochen. Danach machte sie sich daran, etwas in der realen Welt zu tun.

Ich erinnere mich an ein Treffen mit Lotfi Zadeh auf einer KI-Konferenz im Jahre 1984, die in Austin (Texas) stattfand, der Stadt, die gerade das riesige KI-Computer-Konsortium MCC (Microelectronics and Computer Technology Corporation) finanziell unterstützt hatte, um mit dem japanischen Engagement mitzuhalten, das später gescheitert ist. Lotfi saß in einer öffentlichen Diskussion über die Ungewißheit in der KI, an der vier junge KI-Forscher teilnahmen, die sich weigerten, ihn anzusprechen oder auf seine Einwände zu antworten, außer daß sie mit ihren Händen ihm oder dem Publikum Zeichen machten. Ich glaubte, daß der alte Lotfi turmhoch über diese jungen Männer erhaben sei, aber sie lachten ihn aus. Denn Lotfi konnte weder Mathematik noch damals ein kommerzielles Fuzzy-Produkt vorweisen. Außerdem teilte er nicht ihre Überzeugung, daß die bivalente Logik und deren Regeln in der wirklichen Welt Sinn machen. Er sagte, daß dieser Ansatz »die Computer an die kurze Leine nimmt« , daß man damit versuchen würde, »eine Gigue mit voller Rüstung zu tanzen«. Die KI-Versammlung lachte über den Witz mit der Gigue und über Lotfi, als er einem Redner antworten wollte, ohne daß der dies zulassen wollte. In jenen Tagen leitete Japan sein Rennen um höhere Maschinenintelligenz durch Fuzzy-Logik ein, während in der zerfallenden Sowjetunion der bislang so reichlich fließende Geldhahn des Verteidigungsministeriums für die KI-Forschung zugedreht wurde.

Die fuzzy-logische Sicht war viel eher gesunder Menschenverstand. Damals war sie ein Abenteuer, da man zuerst seinen Universitätsabschluß mit Hilfe der schwarzweißen Schulung machen mußte, nur um hinterher an ihr zu zweifeln und für sich selbst wiederzuentdecken, was einem jeder Laie über den gesunden Menschenverstand sagen konnte – daß er vage, fuzzig und kaum mit Wörtern oder Zahlen festzunageln ist.

Einige strenge Wissenschaftler sind aber noch nicht überzeugt. Ihnen muß man die Mathematik zeigen, bevor sie das Neue akzeptieren. Und die beste Art, dies zu tun, besteht darin, ihnen Bilder zu zeigen. Man zeige ihnen Geometrie und eine fuzzylogische Regel als fuzzige kleine Fläche, als fuzziges Fleckchen.

Regeln als Flecken

Eine fuzzy-logische Regel legt ein fuzziges Fleckchen fest. Flecken und Grauschattierungen sind zwei Schlüsselideen der Fuzzy-Logik. Sie verknüpfen den gesunden Menschenverstand mit der einfachen Geometrie und lassen das Wissen aus unseren Köpfen auf das Papier und in die Computer kommen. Flecken entstehen bei der Frage, wie man ein fuzzy-logisches System errichtet. Auf geht's!

Man baut ein fuzzy-logisches System in drei Schritten. Zuerst wählt man die Substantive oder die Variablen aus. Wir nennen sie X und Y. X ist der Input für das System. Y ist der Output. Input, Output. Wenn X, dann Y. Ursache – Wirkung. Reiz – Reaktion. Frage – Antwort. Angenommen, wir wollen eine Klimaanlage steuern. X sei die Temperatur (in Celsius). Y sei die Änderung der Motorgeschwindigkeit in einer Klimaanlage. Wir wollen, daß der Motor schneller läuft, wenn es heiß wird, und daß er langsamer läuft, wenn es kühl wird.

Zweitens wählen wir die fuzzigen Mengen. Wir legen unscharfe Teilmengen der Substantive X und Y fest. Wir sagen zum Beispiel, daß die fünf Mengen bei X KALT, KÜHL, GERADE RECHT, WARM und HEISS sind. Wir zeichnen sie als Kurve oder Dreieck, so wie wir die fuzzige Zahl NULL im Kapitel »Unscharfe Mengen« gezeichnet haben. Wir könnten diese Kurven an anderen Stellen zeichnen oder Glockenkurven, Trapezoide oder irgend etwas anderes anstelle der Dreiecke verwenden. Aber Dreiecke tun es auch. Es ist eine Frage des gesunden Menschenverstandes und der technischen Abschätzung. Ich habe die Mengen für KALT und HEISS als »halbe« Dreiecke gezeichnet. Sie zählen aber als »ganze« Dreiecke, da man die fehlenden Hälften jederzeit einzeichnen kann. Sie spielen hier keine Rolle, da sie außerhalb des betrachteten Temperaturbereichs liegen.

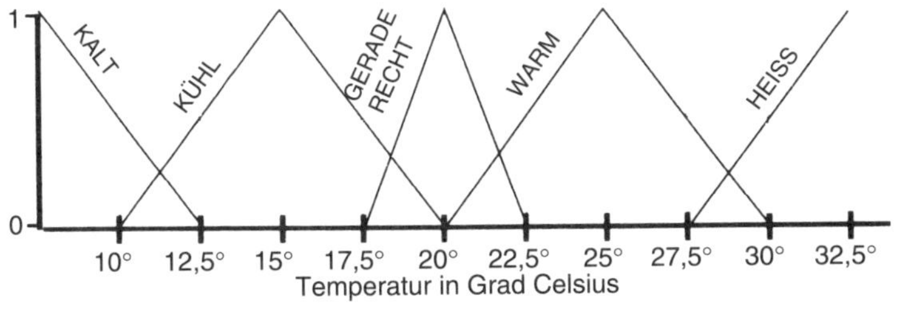

Ich habe einige Mengen breiter eingezeichnet als andere. Dies ist der gesunde Menschenverstand der Steuerung. Die breitesten Mengen sind am wenigsten wichtig. Sie ergeben nur eine grobe Steuerung. Für die Feinabstimmung braucht man schmale Mengen. Die Menge GERADE RECHT überdeckt den gewünschten Temperaturbereich um 20 Grad. Wir wollen, daß das System rasch von heiß oder kalt in den mittleren Bereich steuert und dort eine Feinabstimmung vornimmt, wo wir uns wohl fühlen. So wird vermieden, daß die Anlage über das Ziel hinausschießt, wie man es bei Klimaanlagen im Auto oder zu Hause oder bei vielen anderen Geräten mit schwarzweißer Steuerung – von Navigationssystemen bis zu Mikrowellenherden – zu spüren bekommt.

Als nächstes zeichnen wir die fünf unscharfen Mengen HALT, LANGSAM, MITTEL, SCHNELL und VOLLE KRAFT für die Geschwindigkeit des Motors. Ich gebe die Geschwindigkeit des Motors mit Zahlen zwischen 0 und 100 an. Sie können für den Strom stehen, der durch den Motor fließt, oder die Zahl der Umdrehungen pro Zeiteinheit angeben, die der Motor oder ein Ventilator ausführt. Ich habe MITTEL eng gezeichnet, um in der Nähe der gewünschten Geschwindigkeit eine Feinsteuerung zu ermöglichen.

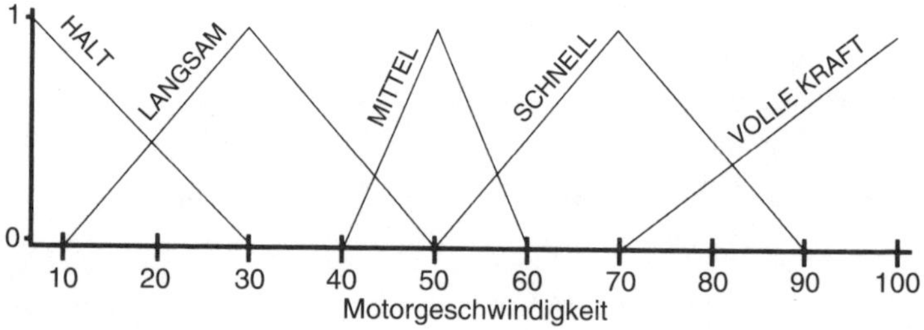

Als drittes wählen wir die fuzzy-logischen Regeln aus. Dieser Schritt verknüpft die Mengen der Motorgeschwindigkeit mit den Mengen der Temperatur. Wir müssen jeder Temperaturmenge eine Geschwindigkeitsmenge zuordnen. Wir wollen den Motor anhalten, wenn die Luft zu kalt ist. Die Klimaanlage sollte die Geschwindigkeit ihres Motors so ändern, daß die Temperatur gerade richtig gehalten wird. Damit haben wir eine erste Regel:

WENN X KALT ist, DANN ist Y HALT. Der Motor sollte ein wenig laufen, wenn es kühl ist: WENN X KÜHL ist, DANN ist Y LANGSAM. Der Motor sollte mit mittlerer Geschwindigkeit laufen, wenn die Temperatur gerade recht ist: WENN X GERADE RECHT ist, DANN ist Y MITTEL. Der Motor sollte schneller werden, wenn die Luft warm wird: WENN X WARM ist, DANN ist Y SCHNELL. Und der Motor sollte mit voller Kraft laufen, wenn die Luft heiß wird: WENN X HEISS ist, DANN ist Y VOLLE KRAFT. Dies liefert die fünf Regeln:

Regel 1: Wenn es kalt ist, hält der Motor an.
Regel 2: Wenn es kühl ist, dreht sich der Motor langsam.
Regel 3: Wenn die Temperatur gerade recht ist, dreht sich der Motor mit mittlerer Geschwindigkeit.
Regel 4: Wenn es warm ist, dreht sich der Motor schnell.
Regel 5: Wenn es heiß ist, dreht sich der Motor mit voller Kraft.

Diese Regeln entsprechen dem gesunden Menschenverstand. Es sind fuzzy-logische Regeln, da die Terme wie »kalt« und »schnell« Fragen der Abstufung sind und unscharfe Mengen repräsentieren, und wir haben sie mit ebensolchen Mengen verknüpft, die durch Zahlen festgelegt sind. Dies bindet Wörter an Mathematik. Und wo Mathematik ist, kann die Geometrie nicht weit sein. Dies führt zu einer neuen Frage.

Wie sehen fuzzy-logische Regeln aus? Sie sehen wie Flecken aus. Was bekommt man, wenn man ein Dreieck mit einem zweiten Dreieck kreuzt? Ein weiteres Dreieck? Nein. Man bekommt ein Rechteck. Wenn die Mengen warm und schnell sind, trifft Regel 4 zu: Wenn es warm ist, läuft der Motor schnell. Und die Regel ist eine rechteckige Fläche. (Abb. auf Seite 200)

In der Mathematik nennen wir diese Fläche das mathematische Produkt von zwei Dreiecken. Was ist das mathematische Produkt von zwei Liniensegmenten? Ein Quadrat oder Rechteck. Wir wollen einen Augenblick die mathematischen Produkte anschauen, um unsere Intuition zu verbessern, wie man es in der algebraischen Topologie tut. Wie sieht das mathematische Produkt von drei Liniensegmenten aus? Ein fester Kasten oder ein Würfel. Dies ist auch gleich dem mathematischen Produkt eines

Quadrats und eines Liniensegments. Nun kommt eine schwierige Frage: Was ist das mathematische Produkt eines Kreises und einer festen Scheibe? Ein ringförmiger Krapfen, ein Rauchring oder ein Torus, ein ringförmiger Wulst. Man kann sich das klarmachen, wenn man mit einem Tennisschläger eine Kreisbewegung in der Ebene senkrecht zur Fläche des Schlägers macht. Wenn man einen Kreis mit einem Kreis kreuzt, bekommt man die Oberfläche eines Torus. Wenn man eine Spitze oder einen Punkt

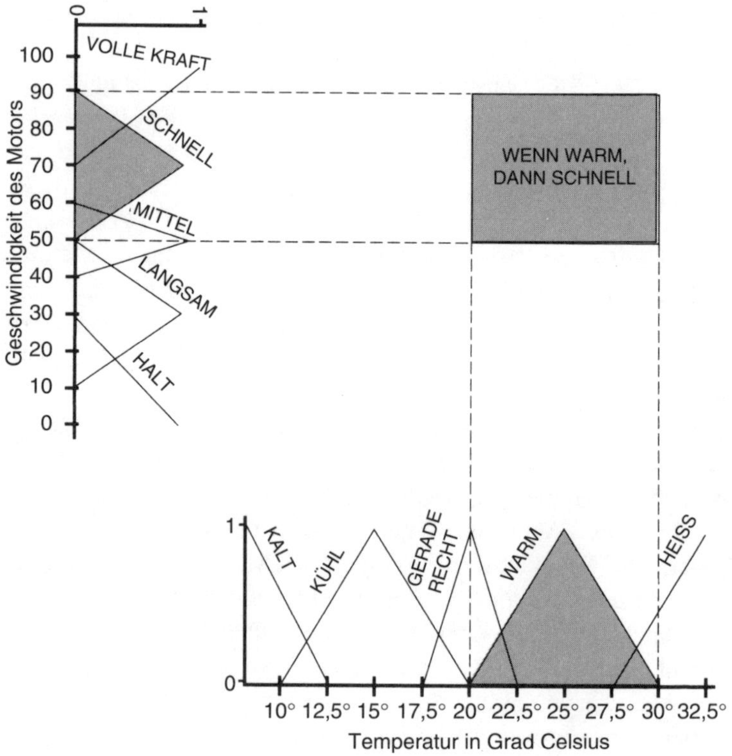

mit einer Spitze kreuzt, bekommt man einen Punkt. Auf diese Weise legen die bivalenten Regeln der künstlichen Intelligenz Punkte fest. Sie definieren Flecken, die zu Punkten geschrumpft sind. Und es ist sehr schwer, mit Punkten FAT zu werden.

Ich habe die Regel als Rechteck gezeichnet. Ein Rechteck ist das mathematische Produkt zweier Linienstücke. Die erste Linie ist die Basis des Dreiecks WARM. Die zweite Linie ist die Basis des Dreiecks SCHNELL. Das ist alles, was ich gezeichnet habe.

Die Regel-Fläche ist in Wirklichkeit eine Figur von drei Dimensionen und schwer auf einem Blatt zu zeichnen. Es sieht wie ein Zelt mit vier schrägen Stangen an den Seiten und einer hohen Stange genau durch die Mitte aus. Jeder Punkt auf dem Zeltboden ist ein Paar aus X-Y-Zahlen, einer Temperatur (in Grad Celsius) und einer Motorgeschwindigkeit. Die Zelthöhe gibt den Grad an, mit der das Zahlenpaar zur Regel-Fläche gehört. Nur der Punkt im Zentrum gehört hundertprozentig dazu. Die anderen Punkte gehören zu einem geringeren Grad dazu. Alle anderen Punkte außerhalb des Zeltbodens gehören zu 0 Prozent dazu. Die Flecken sind also fuzzig.

Wir schreiben das mathematische Produkt aus WARM und SCHNELL als WARM · SCHNELL, so wie man das Produkt zweier Zahlen schreibt. Dasselbe gilt für die anderen vier Regeln. Wir schreiben Regel 1 als KALT · HALT, Regel 2 als KÜHL · LANGSAM, Regel 3 als GERADE RECHT · MITTEL, Regel 5 als HEISS · VOLLE KRAFT. Wir beginnen mit Wörtern und Ideen und kommen zuletzt bei der Geometrie an. Zuerst fassen wir die Regeln des gesunden Menschenverstandes in Worte. Dann verknüpfen wir sie mit unscharfen Mengen. Das gibt uns Namen von Flecken wie WARM · SCHNELL und HEISS · VOLLE KRAFT. Und dann zeichnen wir Flecken.

Dies heißt, wir können das ganze fuzzy-logische System als fünf Flächen oder Flecken zeichnen oder betrachten, die sich gegenseitig überlappen. (Abb. auf Seite 202)

Nun wird das System FAT. Man beachte, wie die fünf Flecken zusammenhängen. Die decken etwas ab. Sie überdecken eine Linie, die von unten links nach oben rechts verläuft. Sie decken viele Linien ab. Sie überdecken ein lineares System. Verdoppelt man den Input, verdoppelt man den Output; verdreifacht man

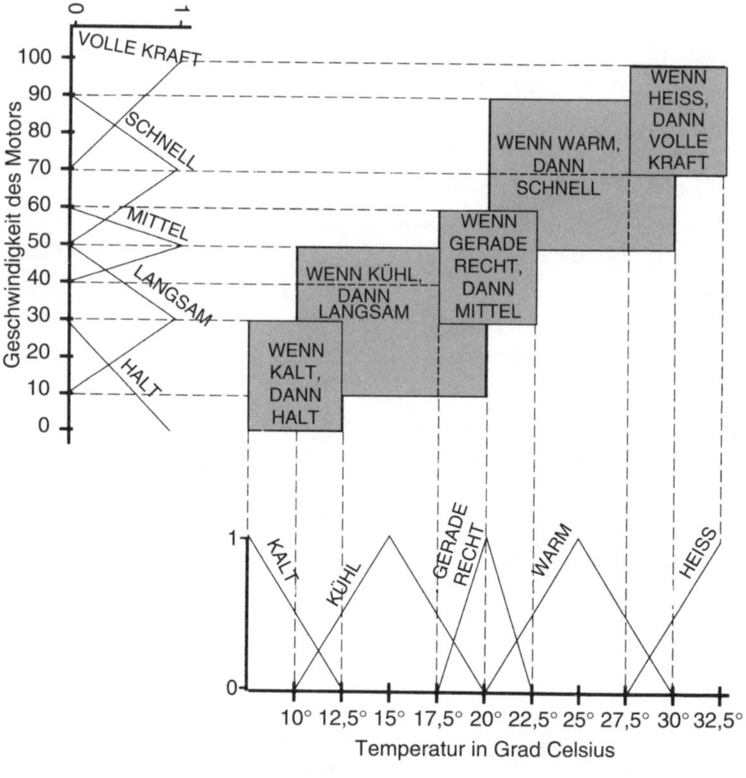

ersteren, verdreifacht man letzteren. Und so weiter. Unser fuzzy-logisches System ist nichtlinear, aber es ist einem linearen System angenähert.

Ich habe ein »Spielzeug« oder ein einfaches Steuersystem genommen und ein fuzzy-logisches Spielzeug konstruiert, um es zu lösen. Wir haben im Kapitel »Die Wege des Paradoxons« gesehen, daß lineare Systeme die Spielzeuge der Wissenschaft sind, und doch behandeln die meisten Wissenschaftler reale Systeme so, als ob sie linear wären. Dies liegt daran, daß wir zu wenig

Mathematik kennen und unsere Gehirne zu klein sind, um die kalte, graue, unbekannte nichtlineare Welt mehr als mangelhaft zu erraten. Mit fuzzy-logischen Systemen können wir ein wenig besser raten, und dies macht den Unterschied bei intelligenten Maschinen aus. Fuzzige Systeme lassen uns die nichtlineare Welt erraten; sie verlangen nicht, daß man ein mathematisches Modell von ihr bildet. Wir haben keine Gleichung für die Fuzzy-Klimaanlage aufgeschrieben. Hier lösen sich fuzzy-logische Systeme von der alten Wissenschaft. Der technische Ausdruck dafür ist *modellfreie* Abschätzung oder Approximation. Man tut dies jedesmal, wenn man sein Auto rückwärts fährt, einen Ball fängt oder auf den Fernsehschirm schaut und ein Bild im Gehirn entsteht.

Man kann sich dies mit Hilfe der folgenden Abbildungen klarmachen. Hier vermögen fuzzige Flächen jede Schlängellinie abzudecken. Eine gerade Kurve heißt, das Problem ist linear. Wir werden auf die Frage zurückkommen, wie ein fuzzy-logisches

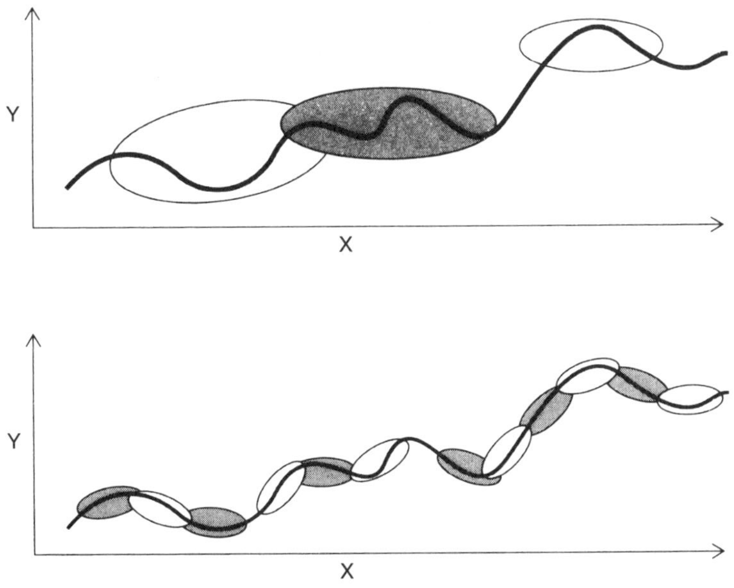

System zu einer unfuzzigen Antwort oder zu einer Motorgeschwindigkeit für eine genau gemessene Temperatur kommt. Doch solange wir dieses Flächenbild des Systems vor Augen haben, möchte ich eine kurze Unterbrechung nutzen, um zum Kern des fuzzy-logischen Systems zu gelangen. Und der Kern ist FAT.

Das FAT-Theorem

FAT steht für *Fuzzy Approximation Theorem* (fuzzy-logisches Theorem der Näherung). Somit ist der Ausdruck »FAT-Theorem« redundant, aber er klingt besser als FA-Theorem, und so werde ich ihn verwenden. Das FAT-Theorem besagt, daß man eine Kurve immer mit einer endlichen Zahl von fuzzigen Flecken abdecken kann, als würde man eine schwarze Linie auf einem Backblech mit Plätzchen abdecken, die man mit einer Form aus Kuchenteig gestanzt hat; dabei läßt man die Plätzchen überlappen. Je kleiner die Plätzchenform ist, desto feiner wird die Abdeckung, doch um so mehr Plätzchen muß man auch ausschneiden.

Schlampige Regeln sorgen für große, gute Regeln für kleine Flecken. Je weniger man über ein Problem weiß, um so schlampiger sind die Regeln. Wenn man weniger unscharfe Mengen verwendet, repräsentieren sie mehr Dinge und Fälle. Eine einfache Klimaanlage mag gerade nur mit KALT, GERADE RECHT und HEISS auskommen, um die Temperatur zu regeln. Ihre Mengen legen breitere sich überlappende Dreiecke fest. Das oben beschriebene System verwendet mehr fuzzige Mengen im gleichen Temperaturbereich: KALT, KÜHL, GERADE RECHT, WARM und HEISS. Die dazugehörenden Dreiecke sind weniger breit. Wir können noch mehr Mengen hinzufügen und sie mit engeren Dreiecken versehen. Im Grenzfall schrumpft die Breite gegen null, und die Dreiecke werden zu Spitzen. Diese bezeichnen natürliche Zahlen. Und es gibt unendlich viele Spitzen zwischen zwei beliebigen Temperaturangaben. Die Mengen verlieren ihre Fuzzigkeit, wenn die Breite der Dreiecke schrumpft. Auf dem Weg gegen null verlieren sie ihre selbstverständliche Bedeutung. Es ist schwierig, mit vielen kleinen Dreiecken zu arbeiten, aber sie sind genauer als die breiten. Die Moral von der Geschicht: *Man muß für Genauigkeit bezahlen*. Wie frische Luft ist auch die Genauigkeit kein kostenloses Gut.

Die Regel-Flecken schrumpfen, wenn die Dreiecke enger werden. Ein paar breite unscharfe Mengen können für eine grobe Abdeckung des nichtlinearen Systems sorgen (Abb. auf Seite 203 oben). Ich habe das System als Kurve gezeichnet, die sich von links nach rechts schlängelt. Ein System ist dadurch definiert, daß es Input und Output abbildet, X Dinge auf Y Dinge, Ursachen auf Wirkungen. Ein nichtlineares System hat eine Kurve, die nicht gerade verläuft, eine Schlängellinie. Ein kontinuierliches System hat eine Kurve ohne Sprünge oder Brüche. Das FAT-Theorem besagt, daß ein fuzzy-logisches System sich einem kontinuierlichen System beliebig genau annähern kann (über einer »kompakten« oder geschlossenen und beschränkten Menge). Dazu gehören alle Systeme, die man in der Integral- und Differentialrechnung untersucht, und nahezu alle Systeme, die die Wissenschaft erforscht.

Man kann die Idee, die hinter dem FAT-Theorem steht, erkennen, wenn man die Flächen schrumpfen läßt und mehr von ihnen hinzufügt. Dies führt zu einer feineren Abdeckung (Abb. auf Seite 203 unten). Machen wir weiter so: schrumpfen lassen und kleine Flecken hinzufügen, weiter schrumpfen lassen und noch mehr und noch kleinere Fleckchen hinzufügen. Die Abdeckung wird feiner und feiner und verwendet nur eine endliche Anzahl von Regeln. Die Idee ist einfach genug, aber der Beweis fällt nicht so leicht. Er beruht auf Topologie und Maßtheorie. Topologie handelt von stetigen Veränderungen auf Oberflächen, etwa wenn man ein flaches Stück Papier zu einer Tüte aufrollt. Maßtheorie handelt von Flächen, etwa wenn man ein Tischtuch in vier Teile schneidet und feststellt, daß die Fläche der vier Stücke so groß ist wie die Fläche, die das unzerschnittene Tischtuch einnimmt. Die Differentialtopologie erlaubt es, das FAT-Theorem einen Schritt weiterzuführen. Mit ihrer Hilfe läßt sich zeigen, daß das FAT-Theorem immer noch gilt, wenn sich die Kurve bewegt und schlängelt. Wenn sich die Kurve nicht zu schnell schlängelt, kann man immer die Flächen bewegen und schrumpfen oder wachsen lassen, um mitzuhalten. Im Rahmen der Steuertheorie bedeutet dies, daß fuzzy-logische Systeme *dynamische* Systeme modellieren können, die sich mit der Zeit ändern.

Das FAT-Theorem zeigt, warum fuzzy-logische Systeme funktionieren. Der Hausverstand liefert Flecken, die das System abdecken, das man steuern möchte. In der Praxis weiß niemand, wie man die Gleichungen für die meisten Systeme niederschreiben soll. Sie sind zu sehr nichtlinear. Fuzzy-logische Systeme schätzen die Gleichungen. Sie lassen uns ausdrücken, was sie in einer nichtmathematischen Sprache wissen. Es hat einige Zeit gedauert, bis ich das verstanden habe. Fuzzy-logische Systeme schienen zu gut, um wahr zu sein. Sie erlauben Neulingen Steuersysteme zu bauen, die besser sind als die besten mathematischen Modelle der Steuertheorie (Kybernetik). Man sieht dies an den kleinen Flecken.

Das war nicht immer so. Wir hatten zuerst nur eine ungefähre Ahnung, warum fuzzy-logische Systeme funktionieren sollten. Sehen wir uns zum Beispiel das folgende Zitat von Professor Ebrahim Mamdani vom Queen Mary College in London an. Mamdani baute das erste fuzzy-logische System im Jahre 1970, um eine Dampfmaschine zu steuern, und er konstruierte und testete später die erste fuzzy-logische Ampel. 1978 beschrieb er seine Arbeit so: »Die grundlegende Idee hinter diesem Ansatz besteht darin, die ›Erfahrung‹ eines Menschen, der einen Prozeß durchführt, in die Konstruktion des Steuersystems einzubauen. Aus einer Menge von Sprachregeln, die die Steuerstrategie des menschlichen Operators beschreiben, wird ein Steueralgorithmus konstruiert [ein System von fuzzy-logischen Regeln], in denen die Wörter als unscharfe Mengen definiert sind. Die Hauptvorteile dieses Ansatzes scheinen zum einen die Möglichkeit zu sein, Faustregeln, Erfahrungen, Intuition und Heuristik zu ergänzen, und zum anderen die Tatsache, daß er *kein Modell des Prozesses benötigt*.« (Hervorhebung d. d. Verf.)

Kein mathematisches Modell, das ist der Schlüssel. Die modellfreie Abschätzung. *Freiheit vom Modell*. Wenn man ein mathematisches Modell hat, kein Problem. Aber wo findet man eins? Man findet gute mathematische Modelle nur in Lehrbüchern und Vorlesungen. Sie geben Kinderantworten auf Kinderfragen. Die wirkliche Welt nimmt auf die meisten keine Rücksicht. Wie weiß man dann, wie gut die Mathematik auf den natürlichen Vorgang paßt? Man weiß es nicht und wird es niemals wissen. Man muß Gott, Nichtgott oder die Natur fragen, und niemand weiß, wie man das machen soll. Ohne Antwort raten, prüfen und vermuten wir weiter. Wissenschaftler respektieren die Mathematik oft mehr als die Wahrheit, und sie erwähnen nicht, daß eine mathematische Vermutung auch nur eine Vermutung ist, so wie im alltäglichen Leben. Wenigstens will eine sprachliche Vermutung nicht mehr als eine Vermutung sein, und sie gewinnt auch nichts durch die Tatsache, daß wir sie in Worten ausgedrückt haben. Eine mathematische Vermutung macht um so mehr Eindruck, je weniger man sich in der Mathematik auskennt. Die meisten mathematischen Schätzungen sind nur ausgedacht und brüchig oder ändern sich umfassend, wenn auch nur ein kleiner Wert in ihnen verändert wird. Seit Millionen Jahren gibt es Menschen, und gerade haben sie damit angefangen, in mathematischen Kategorien zu denken; aber noch sind sie nicht gut darin. In fuzzy-logischen Systemen können wir mit Wörtern operieren. Der Cromagnonmensch und schon der Neandertaler hatten ausreichend gesunden Menschenverstand in ihren Köpfen – und vielleicht auch in ihren Wörtern –, um fuzzy-logische Systeme zu versorgen.

Das FAT-Theorem bedenkt mehr als das. Es besagt, man kann all die Bücher über Physik, Chemie, Biologie und Wirtschaft vergessen und durch neue Bücher ersetzen, die dort fuzzy-logische Systeme haben, wo früher Gleichungen standen. In der Theorie können wir diese Gleichungen in Regel-Flächen übersetzen. Wir brauchen fuzzy-logische Systeme nicht auf die Steuerung von Robotern, Haushaltsgeräten und Autoteilen zu begrenzen. Sie approximieren Systeme. Man kann sie in der Physik, der Kommunikation oder in der Neurologie einsetzen. Ich habe mit Doktoranden über fuzzy-intelligente Autos und Kommunikationssysteme gearbeitet und auch über fuzzy-logische Systeme für »virtuelle Realität«, die die Welt von Delphinen unter Wasser simulieren, wenn sie Fische jagen oder vor Haien fliehen. Studenten meines Fuzzy-Kurses zur Neurobiologie beteiligen sich am Wettbewerb um die 1000 Dollar, die eine Firma für das beste intelligente System ausgesetzt hat, das Teleskope auf Sterne ausrichtet, während sich die Erde dreht, das Paare zum Rendezvous zusammenbringt, Türen von Katzenhäuschen nur für je eine bestimmte Katze öffnet, Schwimmbecken mit Chlor versorgt, Mondfähren bei der Landung steuert, den Druck des Eisens bestimmt, mit dem Bullen Brandzeichen eingebrannt werden, Geld in Aktien anlegt oder beim Glücksspiel setzt, Unterseeboote lenkt, Hinweise gibt, wie man seinen Partner verführt, Plastiken kühlt, nachdem sie in ihre Form gegossen wurden, Autos überholen läßt, Arme von Robotern Astronauten greifen läßt, intravenöse Schläuche, Herzschrittmacher besser steuert, Windschutzscheiben wischt, Äcker pflügt, düngt und bepflanzt, Brutkästen reguliert, Skilifte oder Rasensprühanlagen betreibt, die Luftfeuchtigkeit in Treibhäusern kontrolliert und Antennen ausrichtet – um nur ein paar Anwendungsbeispiele aufzuführen. Die meisten Studenten hatten keine einschlägigen Vorkenntnisse. In drei Monaten haben sie ein funktionierendes fuzzy-logisches System gebaut, verglichen, verbessert, auf Video aufgenommen und im Hörsaal vorgeführt. Einige haben sich ihre Arbeiten patentieren lassen.

Fuzzy-logische Systeme können überall eingesetzt werden, wo man heute Gehirne braucht, ja selbst dort, wo Gehirne nicht zurechtkommen. Professor Michio Sugeno vom Institut für Technologie in Tokio hat ein fuzzy-logisches System konstruiert, das einen Hubschrauber im Flug stabilisiert, wenn er ein Rotorblatt verliert. Kein Mensch und kein mathematisches Modell könnten das erreichen. Sugenos System verwendet ungefähr 100 Regeln. Er hat es an einem Drei-Meter-Modell ausprobiert und möchte es nun an einem echten Hubschrauber testen. Er hat seinem System eine stimmliche Steuerung beigegeben, so daß der Pilot den Hubschrauber mit Ausdrücken wie »Rauf«, »Runter«, »Rüber«, »Links« und »Rechts« lenken kann.

Sugenos Arbeit unterscheidet sich von der anderer Steueringenieure in den USA oder Europa. Er hat ein reales System gebaut und viele mathematische Ideen und Hypothesen damit getestet. Ich glaube, er ist der beste Mathematiker für Fuzzy-Logik in Japan, und er beherrscht so viel Mathematik wie kaum ein anderer Wissenschaftler. In den USA oder in Europa bauen Theoretiker, wie auch ich einer bin, keine Sachen zusammen. Wir schreiben Arbeiten, beweisen Lehrsätze und diskutieren mathematische Probleme. Wir schauen auf die herab, die ihre Hände mit Simulationen schmutzig machen und vielleicht sogar echte Systeme bauen und prüfen – nach dem Motto: »Das ist etwas für Doktoranden.« Wissenschaftler respektieren, was sie nicht verstehen. Nur wenige verstehen viel Mathematik, und die nächste Generation lernt immer mehr. Dagegen wurde Michio Sugeno, in seinen Studententagen ein radikaler Marxist, später Berater der größten japanischen Firmen und ist heute die graue Eminenz hinter dem großen Fuzzy-Konsortium LIFE in Jokohama. Er baut ein großes Spielzeug, das unter Versuchsbedingungen fliegt, von denen wir nicht einmal wissen, wie sie mathematisch zu fassen sind. Das ist echte Ingenieurskunst und der Weg in die Zukunft – wenigstens in Japan.

Wissen besteht aus Regeln. Regeln sind kleine Flächen oder Flecken, die die Kurve eines Systems abdecken. Doch damit wissen wir nicht, wie man 17,5 Grad Celsius in die Geschwindigkeit eines Motors übersetzt. Die kleinen Flächen und das FAT-Theorem zeigen uns, warum fuzzy-logische Systeme funktionieren. Nun sehen wir uns an, wie sie es tun.

Assoziatives Gedächtnis auf fuzzy-logische Art: Man wende alle Regeln an

Welche Regel wirkt wann in einem fuzzy-logischen System? Alle wirken immer und *parallel*, und sie wirken zu einem gewissen Grad. Die meisten zu null Grad. Sie wirken *partiell*. Parallel und partiell. So funktioniert ein *assoziatives* Gedächtnis. Das Ergebnis ist ein fuzzig gewichteter Durchschnitt.

Sehen wir uns unsere Fuzzy-Klimaanlage an. Sagen wir, das Thermometer zeigt 20 Grad Celsius an. Das ist der Input des Systems mit den fünf Regeln. Wir müssen 20 Grad in eine Geschwindigkeit übersetzen. Die Eingabe 20 Grad gehört zu einem gewissen Grad zu allen fünf unscharfen Mengen KALT, KÜHL, GERADE RECHT, WARM und HEISS. Wir sehen uns die Dreiecke an und finden, daß die Temperatur hundertprozentig zu GERADE RECHT gehört und zu 0 Prozent zum Rest. Das heißt, Regel 3 wirkt zu 100 Prozent. Wenn die Temperatur gerade recht ist, läuft der Motor mit mittlerer Geschwindigkeit. Regel 3 ist die Fläche GERADE RECHT · MITTEL. Somit bekommen wir als Output MITTEL.

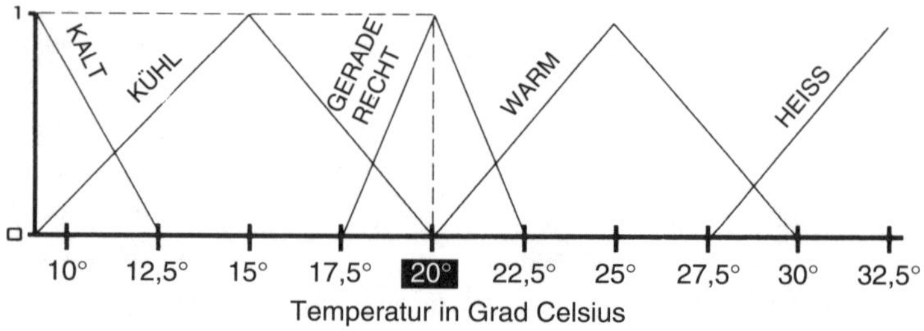

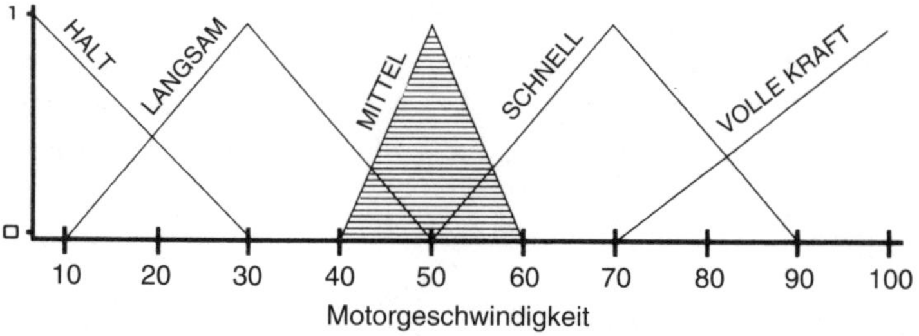

Man kann einem Motor keine unscharfe Menge eingeben. Man muß ihm die Geschwindigkeit, eine Zahl, übermitteln. Ein Dreieck ist keine Zahl, es besitzt aber eine *durchschnittliche* Zahl. Da das Dreieck MITTEL symmetrisch ist, liegt der Durchschnitt gerade im Zentrum der Grundlinie des Dreiecks, der Motorgeschwindigkeit 50. Dieser Durchschnitt ist das Zentroid (»centroid«) oder das Massenzentrum der Output-Menge. Wir nennen das »Defuzzifizierung«. Man defuzzifiziert eine Menge, indem man sie durch eine Zahl oder ein Zentroid ersetzt.

Ein Fuzzy-Chip durchläuft diesen Vorgang millionenmal pro Sekunde in FLIPS oder *fuzzy-logischen Inferenzen* (Schlüssen) pro Sekunde. Ein solcher Chip nimmt eine Input-Zahl, vergleicht sie mit allen fuzzy-logischen Input-Mengen, wandelt sie in eine Output-Zahl um und wiederholt diesen Schritt immer wieder. Wir haben nur den allereinfachsten Fall betrachtet, wenn der

Input eine Regel zündet, und gezeigt, wie die Temperatur 20 Grad zur Motorgeschwindigkeit 50 führt.

Nun soll die Temperatur auf 19,4 Grad fallen. Wir sehen uns die Menge Dreiecke an und stellen fest, daß dieser Input zu 80 Prozent zu GERADE RECHT und zu 15 Prozent zu KÜHL gehört und zu 0 Prozent zu den anderen Mengen.

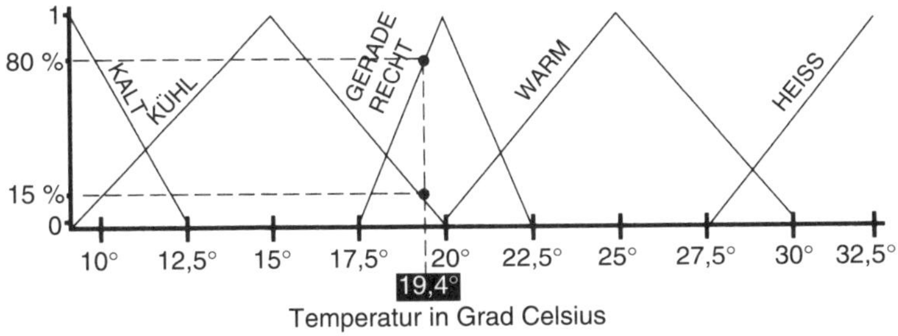

Somit gelten zwei Regeln, aber jede gilt zu einem gewissen Grad, Regel 3 nur zu 80 Prozent: Wenn die Temperatur gerade recht ist, dann läuft der Motor mit mittlerer Geschwindigkeit. Doch nun gilt Regel 2 zu 15 Prozent: Wenn die Temperatur kühl ist, dreht sich der Motor langsam. Das ergibt zwei Output-Mengen oder Dreiecke. Wir schrumpfen MITTEL zu 80 Prozent seiner Höhe und LANGSAM zu 15 Prozent seiner Höhe.

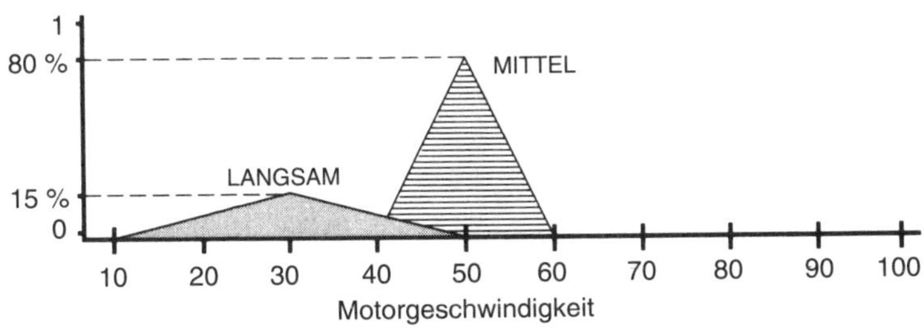

Was macht man mit zwei Dreiecken, die sich überlappen? Gute Frage. Alte Fuzzy-Systeme nahmen den Umriß der beiden Dreiecke, um die Menge des End-Outputs zu bilden. Ich habe gezeigt, daß man eine flache Linie bekommt, wenn man dies mit zu vielen Mengen macht, und daß dabei immer derselbe Mittelwert herauskommt. Um das zu beheben, habe ich vorgeschlagen, daß man die beiden Dreiecke addieren sollte, um die Output-Menge zu bekommen. Ich spreche dann vom *additiven fuzzy-logischen System*. Die meisten fuzzy-logischen Systeme heute sind additiv, und dies ist gut so, denn für sie gilt das FAT-Theorem. Wenn man ausreichend viele Sandhügel zueinander addiert, bekommt man einen Sandberg. In unserem Fall bekommen wir einen gezackten Berg.

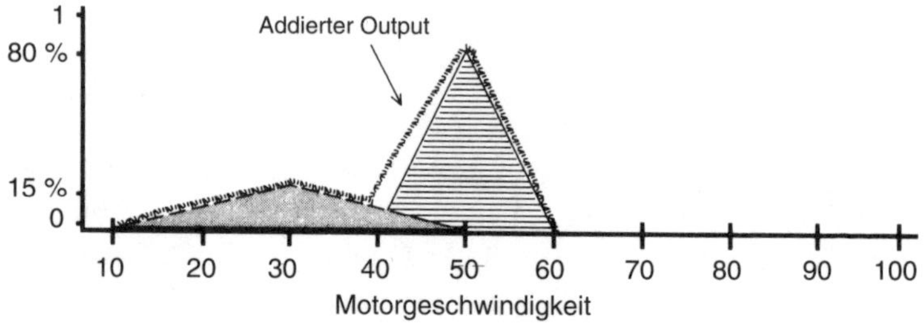

Wir »defuzzifizieren« nun diese Menge – wir nehmen ihren Durchschnitt – und finden den Output der Motorgeschwindigkeit bei etwa 43. Das System bremst ab, damit sich die Luft ein wenig erwärmen kann.

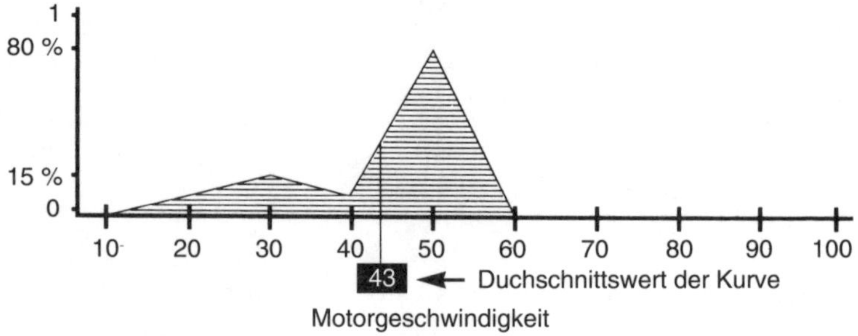

Wir können diese Schritte für jeden Temperaturwert wiederholen. Jedesmal gibt eine Input-Zahl eine Output-Zahl an. Wenn wir die unscharfen Mengen ändern, ändern wir auch die Output-Zahlen. Wenn wir Regeln oder Flächen hinzufügen oder auslassen, ändern wir sie ebenfalls.

Ein Diagramm zeigt, wie ein fuzzy-logisches System »denkt« oder Inputs auf Outputs abbildet. Jede Regel hat die Form WENN A, DANN B. Das ist die Kurzform von *WENN X A ist, DANN ist Y B.* Die Input-Daten x beeinflussen den A-Teil jeder Regel zu einem gewissen Grad. Dies ergibt B' oder den B-Teil der Regel zu einem gewissen Grad. Das System addiert die B'-Mengen, um den End-Output in Form der Menge B zu bekommen, und nimmt dann den Durchschnitt von B, um die Output-Zahl y zu erhalten. Der Output y ist ein fuzzy-logisch gewichteter Durchschnitt.

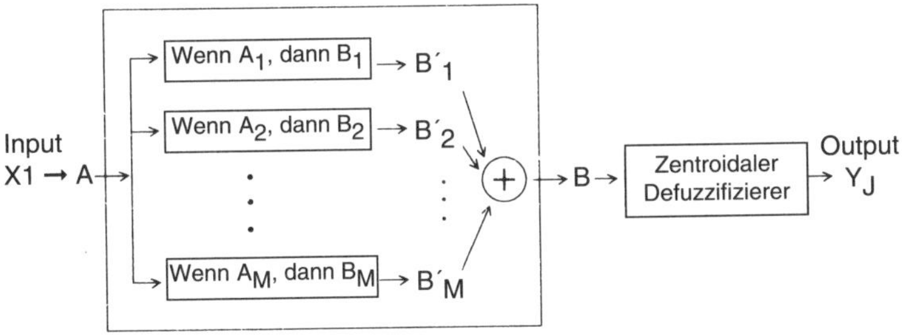

Alle Systeme wandeln Eingaben in Ausgaben um. Nun wissen wir, wie das ein fuzzy-logisches System, ein Fuzzy-Chip oder fuzzy-logische Software hinkriegt. Die Untergrundbahn in Sendai (Japan) verwendet 59 fuzzy-logische Regeln. Kompaktkameras brauchen rund zehn Regeln, um die Scharfeinstellung automatisch zu steuern. Das System der Firma Yamaichi, das Entscheidungen beim Aktienhandel zu treffen hilft, setzt ungefähr 1000 Regeln ein. Sie alle aber folgen diesem Diagramm.

Ich verwende den Ausdruck *fuzzy-logisches assoziatives Gedächtnis* (»memory«) FAM, um zu beschreiben, wie ein fuzzy-logisches System funktioniert, nämlich parallel und partiell. Man wende alle Regeln zu einem bestimmten Grad an. Computer benutzen ein *direktes* Gedächtnis. Sie speichern etwas unter einer Adresse oder Zelle und greifen auf eine Adresse pro Zeiteinheit zurück. Das Assoziativ-Gedächtnis sucht das ganze Gedächtnis ab, genauso wie wir unsere ganze Vergangenheit in Erinnerung rufen, wenn wir ein vertrautes Gesicht in der Menge sehen und nicht wissen, wo wir es unterbringen sollen.

Das FAM-Diagramm ist ein Modell unserer Art zu denken. Man kann es mit dem Hinweis darauf verteidigen, wie gut ein Fuzzy-Chip funktioniert. Ich möchte zeigen, wie ein FAM-System der Art nahe kommt, mit der wir entscheiden, was wir in unserem eigenen Leben tun wollen, und mit der ein Richter entscheidet, wie in unser Leben einzugreifen ist. Danach werden wir uns reale FAM-Systeme und die Leute ansehen, die sie bauen und über sie streiten.

Fuzzige Entscheidungen im Leben

Wie entscheidet man sich? Was macht man als nächstes? Sie bekommen eine neue Stelle angeboten. Greifen Sie zu, oder lehnen Sie ab? Sie werden gefragt, ob Sie jemanden treffen oder heiraten wollen. Sagen Sie zu? Sie wollen einen neuen Hund, eine neue Katze oder ein neues Haus kaufen. Wie wählen Sie aus? Können Sie Ihre Wahl erklären?

Aus FAM-Sicht suchen Sie einen fuzzy-logisch gewichteten Durchschnitt. Sie addieren vielerlei und gewichten jedes Element zu einem bestimmten Grad. Dann entscheiden Sie sich für den Durchschnitt, das Zentroid oder das Massenzentrum. Sie lösen keine mathematischen Gleichungen und zeichnen keine Regel-Flächen auf ein Papier. Sie entscheiden nach Gefühl. Sie finden das Massenzentrum durch Intuition. Es zieht Sie an, oder Sie neigen sich ihm zu. Nach so vielen Jahren kommen Sie gut mit Ihrem Bewußtseinsstrom zurecht. Er greift die Antwort zwar heraus, er erklärt sie aber nicht.

Stellen wir uns vor, Ihnen wird einen neue Stelle angeboten und Sie nehmen sie an. Was antworten Sie Ihren Freunden auf die Frage, warum Sie zugesagt haben? Sie werden auf vieles hinweisen, aber all dies ist nur ein Teil der Antwort: höheres Gehalt, nettere Leute, bessere Aufstiegschancen, interessantere Aufgabe, mehr Vergünstigungen, größeres Büro mit besserer Sicht, kürzerer Arbeitsweg, konnte meinen alten Chef nicht ausstehen. Sie können Ihre Entscheidung damit *rechtfertigen*; aber Sie können sie nicht ganz *erklären*. Jede Begründung ist eine Frage der Abstufung und hat eine fuzzige oder graue Gewichtung. Wie sehr übersteigt Ihr neues Gehalt das alte? Wieviel mehr schätzen Sie die neuen Kollegen? Wieviel kürzer ist der neue Weg zur Arbeit? Kein einziger Grund allein bringt die Entscheidung zustande. Erst alle Gründe addieren sich zur Entscheidung. Ein fuzzy-logisch gewichteter Durchschnitt.

Sehen wir uns einmal zwei Gärten im Sommer an. Welchen finden Sie schöner? Der erste ist ein Neuengland-Garten mit Blumen und Kräutern: Veilchen, Winden, purpurne Teppiche von Steinkraut, bunte Hyazinthen, weiße Gänseblümchen, Lavendelbüsche, grüne Minze, roter Klee, Dill, Thymian, Goldregen und wilder Ingwer. Der zweite ist ein japanischer Steingarten, wie man ihn zum Beispiel in der Nähe der Zen-Tempel in Kioto findet. Grünes Moos wächst auf den knorrigen Wurzeln und der glatten schwarzen Rinde des japanischen Ahorns mit seinen feingezackten Blättern. Die Mönche haben den weißen Kies so geharkt, daß er in Spiralen um einen großen bemoosten Felsen läuft. Orangefarbene und rote Karpfen schwimmen in einem stillen Teich. Bemooste Steine und ein Bambuszaun begrenzen den Garten. Dahinter steht ein grüner Bambuswald.

Beide Gärten gibt es nur in unvermischter Art. Beide sehen gut aus und duften. Die Schönheit des Ganzen hängt in gewisser Weise jeweils von der Schönheit der Teile ab. Wofür entscheiden Sie sich? Sie wählen denjenigen, bei dem Sie sich am wohlsten fühlen. Zur Rechtfertigung können Sie ganze Listen anführen, was Sie gut finden und was nicht. Jeder Punkt ist eine Frage der Abstufung, wie etwa das Nebeneinander von weißen Gänseblümchen und großen Lavendelsträuchern oder die Symmetrie der geharkten Kieselsteine. Ein fuzzy-logisch gewichteter Durchschnitt kann Ihrer Wahl entsprechen. Dies drückt das FAT-Theorem aus. Ihre Wahl hängt von komplexen und nichtlinearen Verarbeitungen in Ihrem Gehirn ab. Auf einer hohen Ebene sieht es wie ein fuzzy-logisch gewichteter Durchschnitt aus oder wie das Massenzentrum einer Kurve.

Wenn ich mit einigen meiner Freunde über fuzzy-logisch gewichtete Durchschnittswerte spreche, sind sie davon gar nicht angetan. Die Wahrscheinlichkeitstheorie hat den Ausdruck »gewichteter Durchschnitt« oder den sogenannten mathematischen Erwartungswert für sich belegt. Ich habe gezeigt, daß gewichtete Durchschnitte zu einer optimalen Wahrscheinlichkeitsentscheidung führen. Man muß eine unscharfe Menge unter dem Gesichtspunkt der Wahrscheinlichkeit interpretieren, um die Mathematik zu erhalten, mit der man die Rechnungen durchführen kann, und das geht immer. Man kann die Menge der Temperatur KÜHL als unendliche Liste von Wahrscheinlichkeiten ansehen – als Wahrscheinlichkeit, daß die Luft bei jeder Temperatur kühl ist. Einige haben geglaubt, ich hätte mein Vertrauen in die Fuzzy-Logik verloren, als ich darüber zum erstenmal gesprochen habe. Einer hat sogar von »Barts Abtrünnigkeit« geschrieben. Aber Optimierung ist kein Laster. Fuzzy-logische Systeme ergeben fuzzy-logisch gewichtete Durchschnitte. Das ist eine Tatsache und vom Standpunkt der Mathematik aus betrachtet ein Segen. Was wirklich zählt bei fuzzy-logischen Systemen – wenn der reale Wert addiert wird –, ist die Verknüpfung zwischen Wörtern und Mengen und zwischen Wissen und Flächen/Flecken. Sicheres Wissen, kleine Flächen. Unsicheres Wissen, große Flächen. Kein mathematisches Modell. Das ist der Fortschritt. Die gewichteten Durchschnitte und das übrige sind Details, die der Fleckchenstruktur übergestülpt sind. Und wir scheinen gewichtete Durchschnitte zu machen, wenn wir Entscheidungen treffen. Oder nicht?

Viele Leute glauben das nicht. Sie ziehen einen anderen Schluß aus der FAM-Antwort. Die bivalente Antwort. Sie kommt von Aristoteles, den Gurus der künstlichen Intelligenz und den kaufmännischen Karriereschulen. Die logische Antwort. Ketten von Logik. Ein Zweig auf dem Entscheidungsbaum. Wenn A, dann B. Wenn C, dann D. Wenn B und D, dann E. Jede Aussage gilt ganz oder gar nicht. Das ist die Antwort des Regelbuchs, und sie gibt den Buchstaben des Gesetzes wieder, aber nicht dessen Geist. Juristen nennen dies eine Per-se-Entscheidung. Sie nennen den fuzzigen Geist der Gesetze die *Entscheidung durch Vernunft*. Der Riß entsteht, wenn man versucht, einen Richter durch einen Computer zu ersetzen.

Fuzzy-logische Systeme als Richter: Regeln oder Prinzipien

Wie entscheidet ein Richter einen Fall? Folgt er dem Buchstaben oder dem Geist des Gesetzes? Öffnet er ein Regelbuch, paßt die »Tatsachen« den Wenn-Sätzen der Vorschriften an und verkündet dann das Urteil oder das Strafmaß? Oder entscheidet er sich nach der Vernunft, indem er fuzzige Tatsachen mit ebensolchen Präzedenzfällen in Verbindung bringt und schließlich zu einem offensichtlich fuzzy-logisch gewichteten Durchschnitt kommt?

Der Buchstabe und der Geist des Gesetzes rühren von dem Riß zwischen Vorschriften und Prinzipien her. Vorschriften sind genau, schwarz und weiß, alles oder nichts. Sie lassen keine Ausnahmen zu. Man wird entlassen, bestraft oder eingesperrt, wenn man sie bricht. Wir schreiben sie auf Schilder, verschicken sie als Schriftstücke oder drucken sie auf Antragsformulare und Führerscheine: Niemand unter 18 Jahren zugelassen ohne Eltern oder Begleiter. Man muß wenigstens 35 Jahre alt sein, um sich um das Präsidentenamt in den USA bewerben zu können. 1000 Dollar Strafe für das unerlaubte Abladen von Abfall. Öffnungszeiten des Einkaufszentrums von 10 Uhr morgens bis 9 Uhr abends. Drei Wochen Ferien im Jahr. Höchstgeschwindigkeit 65 Meilen pro Stunde. Nur rechts abbiegen erlaubt.

Prinzipien sind vage, abstrakt und voller Ausnahmen. Sie ändern sich langsam mit der Zeit, während sich eine Kultur entwickelt. Das amerikanische Rechtssystem hat den größten Teil seiner Prinzipien aus dem mittelalterlichen Großbritannien und von der Magna Charta übernommen: Man ist so lange unschuldig, bis man überführt worden ist. Vertragsfreiheit. Gleichheit vor dem Gesetz. Volle Offenlegung. Käuferschutz. Man darf nicht aus einem Verbrechen Profit ziehen. Man kann nicht gegen einen Vertrag vorgehen, indem man ihn ausnutzt.

Das Gesetz als Regelwerk. Diese Sicht herrscht immer noch in der Rechtstheorie vor. Und das meinen Anwälte, wenn sie sagen, daß das Gericht für Recht sorgt, aber nicht für Gerechtigkeit. Woher stammt das? Aus dem Positivismus.

Der logische Positivismus hat eine neue und intolerante Bivalenz in Wissenschaft und Philosophie in der ersten Hälfte des 20. Jahrhunderts durchgesetzt. Ebenso konnte der Rechtspositivismus die Kontrolle über die Rechtsprechung gewinnen. Die Wurzeln reichen bis in das 300 Jahre alte Buch *Leviathan* von Thomas Hobbes zurück. Das Gesetz ist der Wille des Gesetzgebers. In unserem Jahrhundert haben Hans Kelsen und H. L. A. Hart die Ansichten Hobbes' mit der Vorliebe der Vertreter des logischen Positivismus für präzise Aussagen und sogar mit ihrer symbolischen Logik vermischt. Sie haben das Gesetz als einen Logikbaum von Vorschriften oder Verordnungen betrachtet. Der Baum beginnt mit einer *Grundnorm*, einer Wertaussage, wie man sie als Präambel einer Staatsverfassung kennt. Danach ist ein Gesetz oder eine gesetzliche Verordnung genau dann gültig, wenn es ein Gesetzgeber so sagt oder wenn ein Ast des Baums mit einer früheren Regel verbunden ist, die ein Gesetzgeber für gültig erklärt hat. Gültigkeit fließt den Baum von der Wurzel aus hoch.

Warum sollte man dann nicht einen Richter durch einen Computer ersetzen? Das Gesetz ist ein Regelbaum, sagen jedenfalls die Positivisten. Ein Richter prüft die Vorschriften und vergleicht die Tatsachen mit ihnen. Er kann dabei Fehler machen, seinen Vorurteilen erliegen oder einen schlechten Tag haben. Ein Computer geht dagegen zuverlässig nach den Regeln oder Vorschriften vor. Jurastudenten hören in ihren Vorlesungen von diesem Computerrichter. Der Dozent baut ihn auf, um ihn mit den Prinzipien kleinzukriegen.

Die neue juristische Sicht besteht darin, daß die Vorschriften einem Nest von Prinzipien entstammen. Erstere kommen und gehen, wenn sich die Zeiten ändern. Letztere ändern sich langsam. Jeder Fall umfaßt alle Prinzipien zu einem gewissen Grad. Neue Fälle dehnen und strapazieren die alten Prinzipien. Die meisten Verordnungen haben nur ein kurzes Leben. Wie Roscoe Pound es formuliert hat: »Der vitale, der durchgängige Teil der Gesetzgebung liegt in den Prinzipien – den Ausgangspunkten der Begründung, nicht in den Vorschriften. Prinzipien bleiben relativ konstant oder entwickeln sich entlang konstanter Linien. Vorschriften sind relativ kurzlebig. Sie entwickeln sich nicht, sie werden aufgehoben und ersetzt durch neue.«*

* R. Pound »Why Law Day«, in: *Harvard Law School Bulletin,* Bd. X, Nr. 3, 1958

Ronald Dworkin hat eine ganze Theorie des Gesetzes auf der Spaltung zwischen Vorschriften und Prinzipien errichtet. »Prinzipien«, so schreibt Dworkin, »haben eine Dimension, die Verordnungen nicht haben – die Dimension der Gewichtigkeit oder Bedeutung«, und das Gericht »zitiert Prinzipien als Rechtfertigung dafür, eine neue Vorschrift anzupassen oder anzuwenden«. Wir besitzen Bände voller Verordnungen, aber nur wenige Prinzipien. Erstere erlauben oder verhindern genau definierte Handlungen. Prinzipien leiten uns, wenn wir Vorschriften aufstellen und aufgeben: »Nur Vorschriften diktieren Ergebnisse, komme, was da wolle. Wenn ein gegenteiliges Ergebnis erzielt wurde, ist die Vorschrift aufgegeben oder geändert worden. Prinzipien funktionieren so nicht. Sie geben der Entscheidung eine Richtung, wenn auch nicht endgültig, und sie bleiben intakt, wenn sie nicht die Oberhand haben.«

Daher muß ein Richter erst alle Prinzipien abwägen, um den Fall zu entscheiden. Alle Prinzipien »hängen zusammen«, wie Dworkin sagt. Der Richter mag mit einigen klaren Vorschriften arbeiten, aber dies kommt selten vor. Schwieriger ist es, fuzzige Tatsachen mit allen relevanten Prinzipien zur Übereinstimmung zu bringen. Sie fechten eine mündliche Vereinbarung mit Ihrem Chef, Ihrem Vermieter oder einem Autohändler an. Der Fall kommt vor Gericht. Der Richter mißt den Tatbestand an den Prinzipien der Vertragsfreiheit, der vollen Offenlegung, des Käufer- und des Verkäuferschutzes und der Einwilligung. Sie waren weitgehend frei, den Handel abzuschließen. Sie haben vieles offengelegt und klare Formulierungen verwendet. Sie haben von dem Vertrag zu einem gewissen Grad Gebrauch gemacht. Der Richter gewichtet die Prinzipien und zitiert Präzedenzfälle. Er behandelt die Gewichtungen nicht als Zahlen – zumindest tut er das heutzutage nicht –, dennoch sind sie eine Frage der Abstufung. Einige sind wichtiger als andere. Der eine Richter kennt das Gesetz besser, der andere sieht mehr Verbindungen oder verweist eher auf Präzedenzfälle, die seine Entscheidung rechtfertigen. Auf jeden Fall bezieht sich der Richter nicht auf das Paragraphendickicht eines Regelbuchs. Er legt fest, was ziemlich so aussieht wie ein fuzzy-logisch gewichteter Durchschnitt.

Die richterliche Urteilsfindung ist nur ein Beispiel für FAM-

Analogie. Doch kommt das FAM-Modell der Art, wie wir Urteile fällen, näher als der Entscheidungsbaum. Es ist ein neuer Ansatz, darüber nachzudenken, wie wir Schlüsse ziehen. Und gesetzliche Prinzipien sehen ganz so wie fuzzy-logische Regeln aus.

FAMs in der Praxis: fuzzige Produkte

Wie funktioniert eine Fuzzy-Waschmaschine? Auf der Ebene der Mathematik verhält sie sich wie ein fuzzy-logisches assoziatives Gedächtnis (FAM). Regeln suchen sich Flecken, und diese summieren sich, um das System abzudecken. Zu den meisten neuen Maschinen gehört ein kleiner Chip oder Mikroprozessor. Man programmiert den Chip, so daß er die FAM-Regeln speichert und Entscheidungen durch fuzzy-logisch gewichtete Mittelwerte trifft.

Auf der Ebene des Benutzers stopft man Kleidungsstücke in die Maschine und drückt den Startknopf. Bei einigen Modellen füllt man auch rund einmal in der Woche Waschpulver nach. Die intelligente Waschmaschine paßt den Waschzyklus der Art der Kleidung und ihrem Verschmutzungsgrad an. Einige Flecken müssen länger als andere behandelt werden. Ölflecken gehen nur sehr langsam raus. Lehm und Schmutz verschwinden rasch. Die Trommel ist ein Ladungssensor, wenn sie sich mit der Wäsche dreht. Sie registriert das Gewicht der Ladung und schätzt die Kleiderart. Die Daten gehen an den Mikroprozessor. Während die Maschine den Waschgang fortsetzt, schickt ein optischer Sensor einen Lichtstrahl durch den Schlauch, in dem das Schmutzwasser abläuft. Die Rückstände schwächen den Lichtstrahl ab, und der Sensor gibt die Information an den Mikroprozessor weiter, der den Grad der Verschmutzung und die Waschmittelmenge berechnet. Einige neuere Maschinen jagen Blasen durch das Waschwasser, um so besser den Schmutz und das Waschpulver in Lösung zu bringen. Alle Fuzzy-Waschmaschinen halten Schäden an Kleidern gering und regeln die jeweils optimale Waschdauer.

Das fuzzy-logische System sitzt hier wie in allen intelligenten Produkten im Mikroprozessor. Es macht aus Sensordaten Waschbefehle, wovon es etwa 600 geben kann. Fuzzy-logisch gewichtete Mittelwerte wählen die Befehle aus. In jeder Sekunde oder in jedem Bruchteil einer Sekunde teilt das FAM-System der Trommel mit, wie sie sich drehen, ob sie mehr oder weniger Wasser einlassen, wie sie die Wasch-, Schleuder-, und Spülgänge einstellen und ob sie sie wiederholen muß. Die Ingenieure von Hitachi und Matsushita (Panasonic) und Samsung (Südkorea) haben die Fuzzy-Mengen-Dreiecke für Waschladung, Wasserreinheit und Wasserfluß gezeichnet und sie dann mit rund 30 Regeln in Beziehung gesetzt. Die Ladung ist entweder leicht, mittel, schwer oder sehr schwer, das Wasser sehr schmutzig, schmutzig, normal verschmutzt, sauber oder sehr sauber. Es kommt entweder kein, wenig, durchschnittlich viel oder viel Wasser herein. Ist die Ladung schwer und dreckig, lautet der Befehl: Verwende viel Wasser und wiederhole den Zyklus. Ist die Ladung leicht und sauber: Verwende wenig Wasser und wiederhole den Zyklus nicht.

Auf dieselbe Weise verwandelt ein Fuzzy-Trockner die Daten über den Heißluftstrom, das Gewicht der Ladung und die Gewebeart in Trockenzeiten und Trocknungsarten. Fuzzy-Mikrowellenherde messen die Temperatur, die Feuchtigkeit, infrarote Lichtmuster und Änderungen in der Form der Speisen, um Kochzeiten und Erwärmungsmuster zu entwerfen.

Neue Sensoren verbessern mittlerweile noch die Leistung von Waschmaschinen und allen anderen intelligenten Geräten. Auf diese Sensoren verweisen die Kritiker gerne, wenn sie abstreiten, daß alleine Fuzzy Logic die Maschinenintelligenz erhöht. Neue Sensoren liefern natürlich mehr Daten, und zwar schneller und genauer als die alten oder eben gar keine Sensoren. Konkurrenz belebt das Geschäft, wie Ökonomen sagen. Japaner, Koreaner oder Taiwanesen verwenden die Fuzzy Logic nicht, weil sie gut zu Zen oder ihrer persönlichen Weltsicht paßt oder weil sie damit ein neues Schlagwort haben, mit dessen Hilfe sie mehr verkaufen können. Das kommt alles erst an zweiter Stelle. Mehr Geld paßt bestens zu den meisten Weltanschauungen. Der *Fuzzy-Logic*-Bericht des amerikanischen Handelsministeriums vom November 1991 spricht diese neue Mischung aus Zen und Geld offen aus: »Vom philosophischen Standpunkt aus gesehen, ist das Konzept von Fuzzy Logic auf die grundlegenden Lehren des Zen-Buddhismus eingestimmt, und dies hat vielleicht zu seiner Akzeptanz in

Japan beigetragen. Andere glauben, daß der Erfolg von Fuzzy Logic in Japan darauf zurückzuführen ist, daß man hier unter allen Umständen bei den fortgeschrittenen Technologien wie der künstlichen Intelligenz, der Biotechnologie und der optischen Rechenverfahren wettbewerbsfähig sein will.«

Wiederholt haben japanische, koreanische und taiwanesische Firmen viele verschieden abgestimmte Steuersysteme getestet. Sie haben sie miteinander verglichen, wobei stets Daten der neuen Sensoren verwendet wurden. Meist haben die Fuzzy-Maschinen die anderen geschlagen. Der Grund, warum es sie gibt: Leistung.

Kameras und Camcorder machen das deutlich. Einige handliche Geräte verwenden nur 13 Regeln, um den Autofokus einzustellen. Das fuzzy-logische System braucht nur ein winziges Gedächtnis, nämlich nur 1,1 Kilobyte*, das ist nur ein kleiner Teil der alten Floppy disk. Elektrische Sensoren messen die Schärfe des Bildes und ihre Änderung an sechs Stellen. Das ergibt zwölf verschiedene Sensordaten. Die 13 Regeln verwandeln sie in eine neue Einstellung des Objektivs. Canon hat seine Kamera in langen Testreihen geprüft und behauptet nun, daß das fuzzy-logische System zweimal so gut wie die anderen Steuerelemente arbeitet, die auch getestet oder früher einmal benutzt wurden.

Fuzzy-Camcorder arbeiten wie Fuzzy-Kameras. Ein Acht-Millimeter-Video-Camcorder der Firma Sanyo Fisher funktioniert mit nur neun fuzzy-logischen Regeln. Das Bild wird in sechs Bereiche unterteilt. Die Bildmitte zählt am stärksten, die Randabschnitte sind nicht so wichtig. Alte Camcorder gewichten und addieren die Bildintensität der sechs Bereiche. Die fuzzy-logischen Regeln stimmen den Autofokus mit dem relativen Kontrast zwischen den sechs Regionen ab, von denen einige VIEL HELLER oder nur WENIG HELLER als andere sind; wieder andere sind FAST GLEICH HELL. Das System operiert zuerst mit allen Regeln und rechnet dann seinen gewichteten fuzzy-logischen Output aus.

* 1 Byte ist eine Folge von 8 Bits an Information; 1 Bit beantwortet eine binäre Frage mit Ja oder Nein. 1,1 Kilobyte (= 1100 Bytes) antwortet auf 8800 binäre Fragen.

Matsushita (Panasonic) hat Regeln hinzugefügt, die das Wackeln des Bildes unterbinden sollen, das mit dem Zittern der eigenen Hände auftritt. Je kleiner die Geräte, um so stärker verwackeln die Bilder. Wenige Regeln kompensieren geringes Zittern. Sie raten, wohin sich das Bild bewegen wird, und sorgen für Ausgleich. Stärkere Handbewegungen verwackeln das Bild vollständig. Man kann das mit mathematischen Modellen kompensieren, aber dafür benötigt man viel mehr Platz auf dem Chip, und dabei ist man nur bei ein oder zwei Bewegungsarten erfolgreich. Der Ingenieur muß die Art des Zitterns im voraus berechnen und dann ein mathematisches Modell finden, mit dem er es aufhebt.

Auf diese Weise geht die alte mathematische Schule vor. Irgend jemand muß das Problem in mathematischer Form darstellen. Das funktioniert am besten in Lehrbüchern und Vorlesungen. Probleme der Wirklichkeit sind einzigartig, schlampig und kaum in exakten mathematischen Termen festzuhalten. Niemand beherrscht so viel Mathematik. Manchmal kann man sich dem Problem nähern und mit einer schlechten mathematischen Passung hinzukommen, und oft kann man dabei auf die gewöhnliche Steuertheorie zurückgreifen, um das System zu lenken. Ein fuzzy-logisches System kann ebenso gut oder besser sein, es braucht dafür nur wenig Speicherkapazität, und man kann es jederzeit um Regeln erweitern. Man muß auch nicht viel Mathematik oder Steuertheorie kennen, um ein fuzzy-logisches System zu bauen oder einzustimmen. Bereits Neulinge sind dazu in der Lage, was Steueringenieuren nicht paßt, die jahrelang ihr Fach studiert haben. Niemand möchte auf seinem eigenen Feld mit den Waffen der anderen geschlagen werden, vor allem nicht mit fuzzy-logischen Regeln.

Ein fuzzy-logisches System mag für einige nichts weiter tun, als Chipplatz zu sparen und eine Änderung des Systems einfacher zu machen. Der Hubschrauber von Sugeno ist ein Extremfall. Es öffnet neue Wege und besitzt ein System, das noch kein Mensch und keine Mathematik beherrscht hat. Fuzzy-Waschmaschinen machen eine alte Arbeit etwas besser. Solche Fortschritte sind klein, auch wenn damit einige Milliarden Dollar zu verdienen sind. Noboru Wakami, der Matsushita-Ingenieur, der die Entwicklung der ersten derartigen Waschmaschine geleitet hat, meinte einmal dazu: »Fuzzy-Theorie ist wie Würzen. Manchmal verbessern Gewürze nur den Geschmack. Doch manchmal bringen sie etwas ganz und gar Neues hervor.«

Ein Fuzzy-Staubsauger »verbessert nur den Geschmack«. Wie immer befindet sich das fuzzy-logische System in einem kleinen Chip. Infrarotsensoren leuchten den Bodenbelag ab und messen die Menge an eingesaugtem Dreck. Die Schmutz- und Bodendaten werden vom System zu Steuerungsbefehlen verarbeitet: Wenn auf dem Boden ein grob gewebter Teppich liegt, sauge stark. Wenn der Boden aus glatten Platten besteht, sauge schwach. Wenn der Teppich sehr verdreckt ist, sauge sehr stark. Dabei kommt ein gewichteter fuzzy-logischer Durchschnitt heraus, der die Saugleistung des Motors in Watt angibt. Die fuzzy-logische Steuerung ist fein und spart Energie – in diesem Beispiel allerdings nicht allzuviel. Fuzzy-Klimaanlagen sparen mehr Energie ein. Mitsubishi und Samsung melden zwischen 40 Prozent und 100 Prozent Einsparung mit ihren Modellen.

Fuzzy-logische Systeme für Autos können mehr als nur den »Geschmack verbessern«. Die großen japanischen und koreanischen Autofirmen haben viele Entwicklungen zum Patent angemeldet. Nissan verwendet Fuzzy-Systeme für schleuderfreies Bremsen und für automatische Getriebe, die die Gänge so schalten, wie es die besten Fahrer mit einem Knüppel machen würden. Die Firmen werden uns nicht die genaue Art oder die Anzahl der fuzzy-logischen Regeln verraten. Nissan arbeitet mit zahlreichen Befehlen, um die Benzineinspritzung zu steuern. Sensoren messen den Saugrohrdruck, die Einstellung der Ventile, die Wassertemperatur und die Zahl der Umdrehungen und füttern die Daten in den kleinen Mikroprozessor an Bord. Damit regelt ein FAM-System den Benzinfluß. Ein zweites FAM-System kombiniert Drehzahl-, Wassertemperatur- und Luftmengenmessung, um den Zündzeitpunkt zu wählen. Mitsubishi verwendet fuzzy-logische Systeme, um die Aufhängung, die Klimatisierung, die Übersetzung und den Vierradantrieb zu steuern. (Vgl. Liste mit ausgewählten japanischen und südkoreanischen Fuzzy-Produkten, Seite 300–334)

Wie meldet man ein fuzzy-logisches System zum Patent an? Sie verwenden alle die gleiche FAM-Architektur oder eine geringfügig veränderte Variation davon. Eigentlich gibt es da nichts zu patentieren, da man Mathematik nicht gesetzlich schützen lassen kann. Ich habe das FAT-Theorem nicht zum Patent angemeldet und hätte es auch gar nicht gekonnt, selbst wenn ich es gewollt hätte. Sind fuzzy-logische Regeln Patente? Einige Firmen versuchen dies zu erreichen. Doch die meisten Systeme verwenden die gleiche Art von Regeln. Die meisten Steuerungssysteme lassen Fehler verschwinden, drehen nach links, wenn etwas nach rechts dreht, oder gehen nach unten, wenn etwas nach oben geht. Sie versuchen Fehler auszugleichen oder die Lücke zwischen der Stelle, an der das System ist, und der Stelle, an der man das System haben möchte, auf null zu verringern. Das bringt ähnliche Regeln mit sich, doch die meisten bilden nur eine kurze Software-Liste. Man könnte den ganzen Kasten patentieren lassen, der ein fuzzy-logisches System enthält. Das klappt nicht bei Fuzzy-Chips, da sie dieselben logischen Komponenten verwenden. Damit bleiben nur das Chipkonstruktionsmuster oder die Software-Befehle, doch auch die tendieren zu großer Ähnlichkeit. Anwälte haben mich gebeten, als Experte bei japanischen Patentstreitigkeiten auszusagen. Diese Ehre habe ich dankend abgelehnt.

Japanische Firmen haben Patente auf mehr als 1000 Fuzzy-Produkte in Japan. Bis zum Dezember 1990 besaßen sie auch 30 der 38 Fuzzy-Patente – viele von ihnen haben weite Anwendungsbereiche –, die die amerikanische Regierung vergeben hatte.

Aus populären Büchern, Filmen und Fernsehtalkshows haben die Amerikaner erfahren, daß die Japaner denken, Geschäft sei Krieg. Das erschreckt sie, läßt sie wütend werden und manchmal nach neuen Handelsgesetzen rufen. Ein kurzer Blick auf die Patentliste mag einige dieser Rufe noch lauter machen. Die extreme Sicht stellt sich die Japaner in ihrem Kriegsrausch der vierziger Jahre vor, wobei die Ausverkäufe der Firmen, die Erwerbung von Ländereien und die vielen Patente an die Stelle der Gewehre, der Flugzeuge und der Kriegsschiffe getreten sind.

Dabei vergißt man, daß Geschäft immer Geschäft bleibt, auch im Krieg. Von außen mag es scheinen, als hätte Japan nur ein Ziel. Doch tatsächlich kämpft jede Firma für sich selbst.

Ich möchte im folgenden die beiden großen Fuzzy-Zentren

Japans beschreiben. An beiden habe ich Vorlesungen gehalten, und ich kenne die Menschen, die sie betreiben, und viele, die in ihnen arbeiten. Die Zentren bringen die japanische Geschäftswelt, die Regierung und die Kultur des Landes zusammen. Von außen sehen sie fast wie Kriegsmaschinen des Informationszeitalters aus. Von innen und aus der Nähe betrachtet, wirkt alles nur wie das Chaos des Krieges.

LIFE in Japan

Die beiden Forschungszentren wurden mit finanzieller Unterstützung der japanischen Regierung eingerichtet. Am 28. März 1989 rief das japanische Ministerium für Internationalen Handel und Industrie (MITI) in Jokohama, südlich von Tokio, das Laboratorium für Internationale Fuzzy-logische Maschinenbauforschung (Laboratory for International Fuzzy Engineering Research, LIFE) ins Leben. LIFE stehen für zunächst fünf Jahre 70 Millionen Dollar zur Verfügung. Es wird ohne Zweifel weitere fünf Jahre existieren.

Am 15. März 1990 hat LIFE einen Konkurrenten bekommen, als MITI am Institut für Technologie auf der Insel Kiuschu das Institut für Fuzzy-Logic-Systeme (FLSI) einrichtete. Die führenden japanischen Firmen auf den Gebieten der Elektronik, des Automobilbaus und der Konsumgüterindustrie beteiligen sich an LIFE oder FLSI oder an beiden.

LIFE wird von der Bürokratie verwaltet, FLSI von einem Mann betrieben: Dr. Takeschi Jamakawa. Die beiden Zentren kooperieren und konkurrieren. Vor allem konkurrieren sie, und dies ist das wahre, wenn auch wenig beschworene Bild der Fuzzy Logic in Japan.

Dem LIFE-Projekt steht offiziell Dr. Toschiro Terano vom Institut für Technologie in Tokio vor. Doch wirklich geführt wird das Laboratorium von dem jungen Dr. Tomohiro Takagi, der von Panasonic kommt. Beides sind kluge und höfliche Männer, und sie haben mit Fuzzy-Logik gearbeitet. Doch nicht eigentlich sie haben LIFE zu dem gemacht, was es ist.

Die eigentliche Kraft hinter LIFE ist Teranos ehemaliger Student Professor Michio Sugeno vom Institut für Technologie in

Tokio. Sugeno hat den Fuzzy-Hubschrauber gebaut, und er ist, wie erwähnt, einer der besten Fuzzy-Mathematiker Japans. In den frühen siebziger Jahren hat er in seiner Doktorarbeit ein Integral entwickelt (wie ich es auch in meiner Doktorarbeit getan habe), die fuzzy-logische Version der gefürchteten Integralrechnung, die junge Wissenschaftler und Ingenieure auf dem Gymnasium oder an der Universität lernen müssen.

Als LIFE im März 1989 ins Leben gerufen wurde, beteiligten sich 48 japanische Firmen an der Finanzierung, darunter so bekannte Namen wie Canon, Fuji, Hitachi, Honda, IBM Japan, Konica, Matsushita, Mazda, Minolta, Mitsubishi, NEC, Nissan, Olympus, Omron, Sharp, Sony, Toshiba, Toyota u. a.

Vorstandsvorsitzender von LIFE ist Katsuschige Mita, einer von Japans altgedienten Industriekapitänen. Er ist Präsident von Hitachi. Katsuschige Mita hat seine Ansicht zur Fuzzy Logic und die Rolle, die sie und LIFE im Informationszeitalter spielen, einmal so formuliert:

»Die Informationstechnologie hat erstaunliche Fortschritte gemacht. Intensive Forschungen sind nun auf die Realisierung der künstlichen Intelligenz gerichtet. Operationen der derzeitigen Computer hängen aber von einer einfachen Ja/Nein-Logik ab, der binären Logik, die ganz verschieden ist von der Informationsverarbeitung des menschlichen Denkens. Daher gilt es als schwierig, Computer dazu zu bringen, Abschätzungen vorzunehmen, die auf gesundem Menschenverstand und flexiblen Bewertungen beruhen.

Fuzzy-Logik kann Ungewißheit darstellen, die in der Bedeutung eines jeden Wortes liegt. Man kann erwarten, daß die fuzzy-logische künstliche Intelligenz – als Anwendung der Theorie – eine wichtige Rolle in der zukünftigen engen Beziehung zwischen Mensch und Computer spielen wird. Ohne sie wird es keine menschenfreundlichen Maschinen und Spracherkennungssysteme geben, die als Roboter Pflege- und Hausarbeiten übernehmen können. Ohne sie wird es keine Werkzeuge der künstlichen Intelligenz geben, die Menschen bei der Produktionssteuerung, der medizinischen Diagnose, bei Finanz- und Sicherheitsfragen und allgemeinen Entscheidungsstrategien unterstützen. Daher haben wir eine technische Forschungsassoziation gegründet, LIFE.

Diese Organisation hat die Absicht, grundlegende Arbeiten zur fuzzy-logischen Theorie und die Erforschung ihrer wirksamen Nutzung durch Stärkung der Bindungen zwischen der industriellen und der akademischen Welt zu beleben und den internationalen technologischen Austausch zu fördern. All diese Aktivitäten zielen darauf, einer hochintelligenten und informationsintensiven Gesellschaft schon früh den Weg zu bereiten.

Unser Laboratorium wird die Informationstechnologie immer als eng verbunden mit dem Menschen betrachten, es wird die Subjektivität und die Persönlichkeit jedes einzelnen in der informationsintensiven Gesellschaft respektieren und danach trachten, eine Technologie für die Menschheit in ihrem wahren Sinn zu schaffen.«

LIFE hat viele Ziele. Alle zwei Jahre wird im November in Jokohama eine Konferenz abgehalten. Die erste fand 1991 statt. Die Konkurrenz FLSI in der Stadt Iisuka im Süden der Insel Kiuschu organisiert eine internationale Konferenz über Fuzzy-Logik und neuronale Netze in geraden Jahren im Juli. Ich war der Programmvorsitzende beim ersten Treffen 1990, und ich gehörte zu seinen Stellvertretern auf dem zweiten Treffen 1992. In Japan findet also in jedem Jahr eine größere Fuzzy-Logic-Konferenz statt. In den USA gab es die erste größere Veranstaltung dieser Art im März 1992 in San Diego. Nur 500 Menschen haben daran teilgenommen. Deshalb mußten die Aufnahmen unterbleiben, die ein Team von Dokumentarfilmern davon machen wollte. Fast kein Japaner war nach San Diego gekommen, und nur eine japanische Firma hatte einen Stand. Es war ein stiller japanischer Boykott.

LIFE verfügte zunächst über drei große Laboratorien, in denen rund ein Dutzend Projekte verfolgt wurde. Das erste Laboratorium befaßte sich mit fuzzy-logischer Steuerung, das zweite, geleitet von Dr. Tomohiro Takagi, nahm sich fuzzy-logische intellektuelle Informationsverarbeitung vor. Es vertrat die »weiche« Richtung der Computerwissenschaft und arbeitete mit unscharfen Datenmengen, Mustererkennung, Entscheidungssystemen, der Verarbeitung natürlicher Sprachen und kognitiver Abläufe. Hier wurde zum erstenmal die fuzzy-logische kognitive Karte (die wir im nächsten Kapitel behandeln) auf reale Probleme angewendet, wie sie bei der Steuerung und Einrichtung von Fabriken auftauchen. Das dritte Laboratorium beschäftigte sich mit Fuzzy-Computern und -Chips.

1991 kam es bei LIFE zu einer Neuorganisation. Die drei großen Laboratorien lösten sich in ihre rund zwölf separaten Projekte auf; alle standen unter der Leitung von Dr. Takagi. Ich hatte im Sommer 1989 bei LIFE einen Vortrag gehalten und die Umorganisation vorhergesehen. Wenn so viele Männer aus so vielen konkurrierenden Firmen zusammenkommen, denen gegenüber sie alle äußerste Loyalität bewahren, dann kann so etwas recht schnell geschehen.

Ich habe damals die Leiter von LIFE und viele, die es unterstützen, privat getroffen. Sie sprachen alle sehr höflich und beklagten sich über den Mangel an konkreten Zielen. Ihre eigenen Firmen arbeiteten mit Zielen, Teilzielen und Teilteilzielen und so weiter bis zur Stufe des Mikromanagements. Es gab wenig Vertrauen oder tatsächliche Teilhabe. Meine Gesprächspartner fürchteten, daß sie zu eng mit ihren Konkurrenten kooperierten, und hatten den Verdacht, daß einige Forscher alle möglichen Vergünstigungen und viel Geld erhielten, während andere, wie sie, um das wenige Geld kämpfen mußten, das sie hatten. Außerdem sprachen sie die Vermutung aus, daß einige Firmen ihre besten Forscher zu Hause behielten und statt dessen die schlechteren Arbeiter und die besten Spione zu LIFE schickten. Und doch fanden sie die freie Form der Forschung aufregend. Sie waren stolz darauf, bei der fuzzy-logischen Maschinenintelligenz führend in der Welt zu sein und endlich so forschen zu können, wie es die Amerikaner tun. Das heißt, selbst japanische Männer im mittleren Alter konnten ein wenig wie die neue Generation der unkonventionellen japanischen Jugend auftreten, die Muße über die Arbeit stellt, die den Musikkanal im Fernsehen einschaltet und sich manchmal nach dem Vorbild ihrer Rockstars kleidet.

Die Japaner, die ich kenne, haben alle die abfälligen Bemerkungen darüber gehört, daß die Amerikaner Erfindungen machen, während die Japaner nur verbessern, was Amerikaner erfunden haben. Ich höre das jedesmal, wenn ich in Japan bin.

Ich erinnere mich an ein Abendessen mit einigen leitenden Angestellten der Firma Omron, die zu den führenden Sponsoren von LIFE und FLSI gehört. Damals stand ein Omron-Manager an der Spitze eines der drei LIFE-Laboratorien, so daß die Omron-Chefs alles über die jüngste Entwicklung bei LIFE wußten. Omron möchte sehr gerne die Nummer eins in der Fuzzy-Logik sein, in Japan und auf der ganzen Welt. Wir gingen in ein gutes japanisches Restaurant, wo die Frauen Kimonos tragen, sich tief verneigen und immer wieder »arigato gosai mas« sagen. Die Chefs gaben mir den besten Platz, gegenüber der Tür. In Japan geschieht alles nach der Rangordnung. Gäste haben den Vortritt, es sei denn, der Geschäftsführer ist dabei. Die Unterhaltung geriet bald ins Stocken, da das Englisch meiner Gastgeber nur mäßig und mein Japanisch schlecht war. Ich hatte einen Schnellkurs Japanisch auf dem Hinflug gelesen und so viele Akira-Kurosawa-Filme wie möglich gesehen. Die Getränke ersetzten das Gespräch. In Japan trinkt man Bier aus kleinen Gläsern, und das Glas eines Gastes darf nicht leer bleiben. Bald hatte ich mehrere Flaschen japanischen Bieres intus, und meinen Omron-Freunden war es nicht anders ergangen. Wir kauten gepökelte Fischhäppchen und seltsame schwarze und grüne Tofuwürfel. Niemand wußte, was außer dem Salz darin war. Wir spülten sie einfach mit noch mehr Bier runter.

Das Gespräch mit mir kam völlig zum Erliegen, und nun unterhielten sich meine Freunde miteinander auf japanisch. Sie wußten, wie unhöflich das war, und hörten bald wieder damit auf. Sie schenkten weiter Bier ein und versuchten, Small talk zu machen. Das Bier schien alles zu sein, das wir gemeinsam hatten. Also redeten wir über das »trockene« Bier (das weniger unfermentierten Zucker enthält). Sie fragten mich, ob es mir schmecke. Ich bejahte und leerte mein Glas. Sie füllten es wieder und fragten mich, ob ich trockenes Bier auch in Los Angeles trinken würde. Einer der vier war in Kalifornien gewesen, und die anderen drei wollten einmal dorthin. Ich antwortete mit Ja und erzählte ihnen, wie froh ich sei, daß man nun trockenes japanisches Bier in Kalifornien kaufen könne. Sie nickten und schwiegen. Ich überlegte, was ich als nächstes sagen könnte, um das Gespräch in Gang zu halten. Dann wünschte ich der amerikanischen Firma Budweiser alles Gute mit ihrem neuen trockenen Bier. Sie verstanden zunächst nicht. Doch dann waren sie schockiert darüber, daß es trockenes amerikanisches Bier gab. Es machte richtig Spaß. Um sie noch etwas zu ärgern, erzählte ich, daß bald weitere Trockenbiere in Amerika auf den Markt kämen und daß es sie nun auch in Europa gebe. Der führende Omron-Chef nahm eine große halbvolle Flasche von »Asahi Super Dry«, stellte sie auf die rechte Handfläche und wandte sich zu seinen Freunden. Englisch sagte er: »Die Amerikaner haben uns wieder eine Idee geklaut!« Wir alle mußten lachen.

Die Leute von LIFE reden nicht nur über trockenes Bier, wenn sie essen, sie reden über vieles, doch alle, mit denen ich sprach, waren sich in einem Punkt einig: Takeschi Jamakawa soll gehen.

Nach ein paar Flaschen Bier und einigem Sake-Wein kommt das Gespräch immer auf Jamakawa und sein neues FLSI-Institut im Süden Japans. Dann werde ich gefragt, ob ich ihn unterstütze. Ich antworte mit Ja und sage, daß ich Jamakawa bewundere. Sie stimmen zu. Sie unterstützen und bewundern ihn ebenfalls. Dann geht es los. Jamakawas Forschung ist auf Abwegen. Seine analogen fuzzy-logischen Chips funktionieren nicht. Oder die Chips sind zu groß und zu klotzig, sie kosten zuviel und sind veraltet. Jamakawa verhält sich zu sehr wie ein Amerikaner. Keine Beleidigung. Er hat zuviel Geld mit seinem Buch *Das Konzept eines Fuzzy-Computers* verdient. In Wirklichkeit hat seine Frau es geschrieben. Es steht nichts Handfestes darin. Es ist ihm zu Kopf gestiegen. Er ist hinterhältig und zu ehrgeizig. Natürlich bewundern wir ihn. Doch er geht zu sehr wie ein Amerikaner vor. Er schießt übers Ziel hinaus. Er fing mit seiner eigenen FLSI-Zeitung an. Man sieht ihn im Fernsehen. Er verhandelt mit der NASA, als spräche er für ganz Japan. Sie verstehen das nicht. Man kann sich in Japan nicht so verhalten. Japan ist anders. Man kann nicht den Auftrag ignorieren und seinen eigenen Laden aufmachen. Man eröffnet keine neue Firma oder ein neues Zentrum in Japan. Man arbeitet innerhalb des Systems. Kiuschu ist zu heiß und zu schwül, um im Juli eine Konferenz abzuhalten. Leute aus dem Westen können diese Gegend nicht leiden. Die Hälfte der Toiletten sind alte Löcher im Boden. Jamakawa hat keine Verträge, die ihn absichern. Seine Verträge halten nicht lange. Er mag zwar auf Kiuschu ein Held sein, aber nicht hier. Er mag Karate können, aber Forschung besteht nicht aus Karate. Wir brauchen kein zweites Fuzzy- Forschungszentrum. Niemand wird es unterstützen. Wofür hält er sich? Niemand hat von ihm bis vor ein paar Jahren gehört. Warum arbeitet er nicht lieber mit uns? Er würde nicht zu LIFE gehen. Er verhält sich wie ein Amerikaner.

Die Antwort Jamakawas: »Das Leben [life] ist kurz.«

Jamakawa im Süden

»Jamakawa« heißt Bergbach. Professor Takeschi Jamakawa liebt das Bild von Wasser, das einen großen Berg hinabfließt, sich ihm anpaßt und ihn abschleift. Jamakawa ist klein, Mitte Vierzig und hat graue Streifen im dichten schwarzen Haar. Im Frühling 1992 erhielt er den fünften Schwarzen Dan-Gürtel in Schotokan-Karate. Das ist das echte Karate und nicht der Ableger, den man hierzulande kennt. Jamakawa hat mit Karate nach einem Autounfall angefangen. Seitdem benutzt er das Fahrrad, geht zu Fuß oder nimmt ein Taxi oder den Zug, aber er fährt nicht mehr selbst mit dem Wagen.

Jamakawa war auch auf der großen Konferenz in Tokio über künstliche Intelligenz im Jahr 1989, KI-89. 50 000 Leute waren gekommen. Und es werden jedes Jahr mehr. In den USA bringen KI-Konferenzen nicht mehr als 5000 Leute zusammen. Jamakawa und ich hielten Plenarvorträge über Fuzzy-Logik. Wir tranken grünen Tee in dem kleinen Raum, in dem wir warteten, bis wir an der Reihe waren. Wir wußten beide, daß im Publikum viele seiner Gegner saßen, die in ihm den allzu amerikanischen »murahatchibu« sahen, den Ausgestoßenen. Im Publikum waren auch die Leute, die seine Förderung überwachten. Sie könnten seine Kontrakte sperren, ihn bei der Presse schlechtmachen oder den einflußreichen Politikern von Kiuschu schreiben. Einige haßten Jamakawa ganz einfach. Man bekommt immer Lampenfieber, wenn man unter solchen Umständen auf seinen Auftritt warten muß. Für Jamakawa stand jedoch bei dieser größten KI-Konferenz der Welt seine ganze Karriere auf dem Spiel. Und er redete und scherzte immer noch. Dann kam ein Ordner in den Raum gerannt und rief: »Los, alles voll, auf, auf!« Ich spürte ein leichtes Flattern in der Magengegend. Jamakawa und ich standen auf und griffen nach unseren Schautafeln. Ich sah ihn an, und er tat mir leid, wie er so alleine mitten unter seine Feinde trat. Doch schätze ich auch eine gute Auseinandersetzung und wollte sehen, ob er dem Druck standhalten konnte. Ich gurgelte etwas warmes Wasser, um meine Kehle zu lockern, grinste und fragte Jamakawa, ob er bereit sei. Er sagte nichts. Er wechselte seine Schautafeln von der rechten in die linke Hand, nahm eine gebeugte Haltung wie ein Fechter ein und führte einen perfekten Scheinangriff durch. Es gab ein knallendes Geräusch, als er »Kiai!« ausrief. Die alte Buschido-Regel. Und so klappte es mit seinem Vortrag, woran man erkennen kann, warum manchmal ein Mann in der Lage ist, viele zu besiegen.

Jamakawa leitet das FLSI mit Hilfe des Kiuschu-Instituts für Technologie (KIT). Das KIT möchte das CIT (Kalifornisches Institut für Technologie, Pasadena, USA) Japans werden. Das KIT ist nur eines von über 20 neuen High-Tech-Zentren, die von der japanischen Regierung im Rahmen ihres Planes für eine »Technopolis« des 21. Jahrhunderts eingerichtet worden sind. Die Japaner haben begriffen, daß Wissen – und nicht nur Information – das Gut der Zukunft ist.

Heute findet man nicht mehr viel vom alten Japan. Die Traditionen sind dem Fernsehen und einigen neuen Festtagen gewichen. Außerhalb der Schreine und Tempel von Kioto findet man Spuren des alten Japan vor allem im Süden, auf der Insel Kiuschu. Jamakawa ist so traditionell, wie seine Kollegen aus dem Norden modern sind. Er fängt jeden Tag mit einer halben Stunde Zazen-Meditation an. Er sitzt dann bloß da im vollendeten Lotussitz. Seine ganze Familie meditiert. Außerdem hat er sich auf japanische Bambusflöte, Schakuhatschi, spezialisiert, und seine Frau spielt die dreisaitige Samisen. Sie geben zusammen Konzerte und tragen die traditionellen weiten Gewänder.

Jamakawa unterrichtet am KIT, betreibt das FLSI, gibt die Institutszeitschrift heraus und macht alles, was man tun muß, wenn man ein solches Zentrum leitet, einen Traum hat und sich gleichermaßen um finanzielle Mittel wie um Ansehen bemüht. Dafür schläft er nur vier Stunden die Nacht. Er hat stets ein tragbares Telephon bei sich. Jamakawa unternimmt auch eigene Forschungen mit fuzzigen Systemen. Er baut Fuzzy-Chips und entwirft neue fuzzy-logische mathematische Modelle, darunter das neuronale Modell, das wir im nächsten Kapitel erörtern. Er macht auch etwas, was ich noch nie erlebt habe. Er baut die Maschinen selbst, mit denen er seine Chips produziert. Zwei Zimmer im KIT sind vollgestopft mit seinen Chipkonstruktionen, Oszilloskopen und Ätzeinrichtungen. Und er hält Schritt mit seinen beiden Söhnen, spielt Flöte und trainiert Karate. Diese Mischung aus High-Tech und Zen-Tradition bestimmt das Wesen des Mannes, der für die fuzzy-logischen Systeme in Japan steht.

Takeschi Jamakawa ist in den grünen Hügeln nahe der Stadt Kumamoto aufgewachsen. Er hat mich im März 1990 hierher mitgenommen, damit ich weit weg von Telephonen und Faxgeräten an meinem Lehrbuch über neuronale Netze und Fuzzy-Logik arbeiten konnte. Er trug ein graues Gewand und klappernde Holzschuhe, womit er hier allerdings kein Aufsehen erregte. Die bedeutendste Sehenswürdigkeit von Kumamoto ist das Schloß, das drittgrößte Japans. In ihm hat der Nationalheld Japans gewohnt, der Samuraikrieger Mijamoto Musaschi, der den Schwertkampfstil Kendo entwickelt hat und sich am Ende seines Lebens – im April oder Mai 1645 – in die kühle und einsame Höhle Reigendo zurückzog, um das Kriegskunstbuch *Go Rin No Scho* (Das Buch der fünf Ringe) zu schreiben. Man kann heute eine Kurzfassung kaufen, die für Manager gedacht ist. Der Legende nach hat Musaschi mehr als 1000 Mann im Kampf und in Schwertduellen besiegt. Auf seinem »zweifachen Weg des Stiftes und des Schwertes« hat er die Meisterschaft in Malerei, Dichtung und Schwertkunst des Zen erlangt. Die Geschichte Musaschis wurde mehrfach verfilmt und in Büchern und Cartoons dargestellt.

Jamakawa hat mir erzählt, daß Musaschi der Held seiner Jugend war. Mir wurde schnell klar, daß Musaschi noch immer sein Held ist. Jamakawa verabscheut die dekadenten jungen Leute des Nordens, von denen er meint, daß sie zu viele amerikanische Filme und Fernsehshows gesehen und zu viel Popmusik gehört hätten. Doch beklagte er sich nie, daß sie sich gegen ihn verbündet und ihn zu ruinieren versucht hatten. Bei diesem Thema hob er nur kurz seine Hände und grunzte verächtlich, als wollte er sagen: »Das Leben ist kurz«, und lachte, und das war's dann schon. Für ihn waren es verweichlichte Männer, wie sie die heutige Welt eben meist hervorbringt, Dandys in westlichen Anzügen, die sich im akademischen Betrieb und im mittleren Management versteckten und zum Niedergang Japans beitrugen.

Jamakawa brachte mich zum Schloß von Kumamoto, um mir einige Knochen von Musaschi zu zeigen. Musaschi hatte so viele Männer mit dem Schwert erschlagen, daß er damit rechnen mußte, daß nach seinem Tod einige ihrer Verwandten versuchen würden, sein Grab zu schänden. Daher bat er Freunde, seine sterblichen Überreste an verschiedenen Orten zu bestatten. Jamakawa kannte alle Grabstätten und erklärte dem Taxifahrer, wie sie zu erreichen seien. Die besseren Gräber waren in tiefen Bambus- und Ahornwäldern verborgen und von großen Steinen und leeren Schinto-Schreinen umgeben. Jamakawa erläuterte mir alles ganz genau. Ich habe ihn niemals so feierlich erlebt. Für ihn war es ein heiliger Ort. Jamakawa hatte weder eine Vorstellung von Jahwe noch von Jesus oder Allah. Wir glauben vielleicht nicht daran, aber irgendwie prägen sie doch unser Bewußtsein. Für ihn bedeuteten sie nicht mehr als Zeus, König Artus oder Aladin für uns. Sein Zen kannte keinen Gott. Es war das Zen des alten Samuraikriegers, der meditierte, um sein Atmen und vor allem seine Schwertführung zu verbessern. Von dem, was er mir bei anderer Gelegenheit erzählt hatte, wußte ich, daß er von seinen Kollegen im Norden annahm, sie seien ohne Zen und Gott. Sie arbeiteten für schnöden Ruhm und Mammon wie alle anderen auch. Sie wollten nichts verbessern. Auch ihm ging es um Ruhm und Gewinn, aber nur am Rande. Mit Ruhm und Gewinn konnte man Bilanz ziehen. Es waren Begleiterscheinungen im Bemühen, das möglichst Beste zu tun, sowohl im Denken als auch im Handeln. Hier fand er den Sinn in einem Leben, das vielleicht gar keinen hat. Er wandte sich Musaschi zu, um seine Schwertführung und seine Dichtkunst zu perfektionieren. Das war sein Vorbild, sein Jesus oder sein Popstar.

Wir beendeten den Ausflug mit dem Besuch von Musaschis Höhle in den feuchten, grünen Hügeln vor Kumamoto. Man wandert dorthin über steile Felspfade, durch Zedernwäldchen und über Felsterrassen mit kleinen Steinfiguren Buddhas. Die Höhle führt nicht weit in einen kleinen Berg hinein. Die Luft war sehr feucht, und es dauerte nicht lange, bis es zu regnen anfing. Wir saßen auf einem Felsen in der Höhle und blickten ins regenverhangene Tal mit den Orangenwäldchen und den grünen Zedern, die die steilen Hügel zerschnitten. Ich begriff, wie man in dieser kühlen Behausung ein Buch schreiben konnte. Jamakawa sagte nichts. Er war an seinem heiligen Ort. Wir saßen eine halbe Stunde da, dann hörte der Regen auf. Zazen. Einfach nur dasitzen.

Adaptive fuzzy-logische Systeme

Von offenbar ähnlichen Ursachen erwarten wir ähnliche Wirkungen. Das ist das Fazit aller experimentellen Schlußfolgerungen.

David Hume
An Inquiry Concerning Human Understanding

Eine lernende Maschine ist jeder Apparat, dessen Gang durch frühere Erfahrungen beeinflußt wird.

Nils Nilsson
Learning Maschines

Das Gehirn ist eine universale Meßeinrichtung, die auf dem Quantenniveau operiert.

Stephen Grossberg
Studies of Mind and Brain

Gehirne sind Computer aus Fleisch. Sie können blöd oder schlau sein. Das hängt von ihrer Hardware – ihrer materiellen Ausstattung – und von ihrer Software – Training und Erfahrung – ab.

Auch fuzzy-logische Systeme können blöd oder schlau sein. Das hängt von ihren Regeln ab. Einigen Ingenieuren sind sehr raffinierte Fuzzy-Regeln eingefallen. Andere raten bloß und kriegen die Regeln nicht richtig hin. Wieder andere geben sich große Mühe und kriegen die Regeln noch immer nicht richtig hin. Fuzzige Kameras, Waschmaschinen und Untergrundbahnen kommen mit ein paar Regeln aus, die Ingenieure monatelang getestet und abgestimmt haben. Die Untergrundbahn in Sendai verwendet 54 Regeln. Ingenieure von Hitachi haben sie jahrelang verfeinert und geprüft. Heute kann man mit Hilfe von Software ein fuzzy-logisches System in Minuten einrichten und Stunden oder Tage damit zubringen, neue Regeln auszuprobieren und die dazugehörenden unscharfen Mengen so umzuzeichnen, daß sie die Regeln aufeinander abstimmen. Oder man kann ein neuronales System verwenden, das sie für uns abstimmt.

Letztlich kommt alles darauf an, fuzzige Regeln ausfindig zu machen. Bislang haben das menschliche Gehirne getan. Nun geht es darum, unser Gehirn aus der Schleife herauszunehmen und den Systemen ihr eigenes Gehirn zu geben, ihren eigenen Weg, Regeln zu schaffen. In diesem Kapitel werfen wir einen Blick auf das neue Forschungsgebiet der *adaptiven* oder lernenden fuzzylogischen Systeme. Wir beginnen mit dem Auffinden von Regeln in Datenhaufen und stellen gegen Ende ein neues Hilfsmittel vor, das Aufstieg und Fall von Regierungen vorhersagt.

Der DIRO-Gehirnsauger: Daten rein, Regeln raus

Nach dem FAT-Theorem können wir *theoretisch* immer fuzzylogische Regeln finden, um jede Art von Steuerung oder Computerverarbeitung zu simulieren oder zu approximieren. *In der Praxis* jedoch kann es vorkommen, daß wir keine Ahnung haben, wie wir dabei vorgehen sollen.

Abstrakte Theoreme bringen uns oft in solche Situationen. In den dreißiger Jahren konnte der Mathematiker John von Neumann beweisen, daß Schach, Dame, Mühle und andere Spiele optimale Strategien haben, mit denen man immer gewinnt oder zumindest nicht verliert. Von Neumanns Theorem der Spieltheorie bewies, daß solche optimalen Strategien existieren. Es sagte nichts darüber, wie man sie finden kann. Bislang haben wir sie für Mühle und Dame gefunden. Die Suche beim Schachspiel dauert noch an, und die optimalen Strategien können hier noch Jahrhunderte auf sich warten lassen.

Das FAT-Theorem ist hilfreicher. Es legt Verfahren nahe, mit denen die Suche nach geeigneten Regeln automatisiert werden kann. Wie wir sehen werden, helfen *neuronale Netzwerke* oder hirnartige Computer uns, fuzzige Regeln zu finden.

Wir suchen ein System, das fuzzy-logische Regeln durch Erfahrung lernt, aus Daten. Heute fragen wir Experten, wie man eine Kamera fokussiert, ein Flugzeug landet oder eine Scud-Rakete abschießt. Fuzzy-Ingenieure machen aus Expertengesprächen fuzzige Regeln. Sie benutzen dazu einen Geist, der sich in ihren Gehirnen verbirgt, einen Geist namens *Beurteilung* (»judgment«).

Wir suchen nach einem lernenden System, das das *Verhalten* von Experten in fuzzige Regeln umsetzt. Fachleute hinterlassen

Abdrücke in den Daten, eine Zahlenspur, die das adaptive System in fuzzy-logische Regeln umwandelt, die ihrerseits eine ähnliche Zahlenspur, ähnliche Abdrücke in den Daten zurücklassen. Das adaptive System saugt gewissermaßen das Gehirn der Fachleute, des Computers oder desjenigen aus, der die Daten herbeigeschafft hat. Je mehr Daten, je besser der Gehirnsauger, um so genauer sind die fuzzy-logischen Regeln. Daten zu Regeln.

DIRO: »Data in, rules out« – Daten rein, Regeln kommen raus. Erfahrung rein, heraus kommt gesunder Menschenverstand, Beispiele rein, Fachwissen raus. Ein neuronales Netzwerk kann die Black box DIRO füllen.

Ein neuronales Netz operiert wie Augen und Ohren eines adaptiven fuzzy-logischen Systems, eines Systems, dessen Regeln sich mit der Erfahrung ändern. Das neuronale Netz erkennt fuzzige Muster in den Daten und lernt, sie miteinander zu verbinden. Assoziationen sind Regeln: Wenn die unscharfe Menge A, dann die unscharfe Menge B.

Das fuzzy-logische System agiert auf einem höheren kognitiven Niveau, um mit fuzzy-logischen Regeln zu operieren. Es schließt auf eine oder entscheidet sich für eine Reaktion auf Grundlage der eingehenden Daten oder Fakten. Ein adaptives oder neuronales fuzzy-logisches System ändert oder stimmt seine Regeln ab, während es neue Daten sammelt. So wie jedes Muster, das wir sehen, hören, schmecken oder fühlen, unser Weltbild geringfügig ändert – man denke nur daran, wie sich die eigenen Vorstellungen von großen Menschen, guten Filmen, gutem Essen, guter Musik oder viel Geld gewandelt haben, als man vom Kind zum Erwachsenen reifte –, so formt jedes neue Beispiel eines Expertenverhaltens geringfügig die Regeln in einem adaptiven fuzzy-logischen System. Zuerst ändern sich die Regeln schnell. Dadurch finden die Systeme eine erste Menge fuzzy-logischer Regeln, mit denen gearbeitet werden kann. Mit weiteren Mustern und Expertenbeispielen wandeln sich die Regeln langsamer, während das System die Feinabstimmung seiner Kenntnisse vornimmt. Bei neuronalen Netzen und Gehirnen sorgt die Praxis für die Perfektionierung.

Betrachten wir den Vorgang, bei dem ein Lastwagen mit Anhänger rückwärts rangiert wird. Lastwagenfahrer erledigen dies jeden Tag. Doch noch hat niemand die dazugehörige Mathematik ausarbeiten können. Sie ist zu schwierig, zu ungeordnet und nichtlinear.

Lastwagenfahrer lernen das Rückwärtsrangieren durch Versuch und Irrtum und durch Gefühl. Zuerst üben sie mit einem Pkw, dann mit einem Lkw ohne Anhänger, schließlich mit einem ganzen Lastzug: Man legt den Rückwärtsgang ein, schaut nach hinten, läßt die Kupplung kommen, gibt Gas und sieht, wie sich der Anhänger in die falsche Richtung bewegt. Dann dreht man das Lenkrad entgegengesetzt, und der Anhänger schlägt die richtige Richtung ein. Hat man das lange genug geübt, braucht man nicht mehr darüber nachzudenken – man hat das *richtige Gefühl* dafür. Die Praxis sorgt für Perfektion, indem sie aus der Handlung eine Gewohnheit macht und diese verfeinert. Die Geschicklichkeit im Rückwärtsfahren nimmt zuerst rasch zu, dann nur noch langsam und zuletzt gar nicht mehr. Als Kind wächst man schnell, dann bleibt die Körpergröße lange gleich. Zuerst rennt man seine »Lernkurve« hinauf, und dann schleicht man nur noch auf ihr weiter.

Man benötigt keine sprachliche Geschicklichkeit, um das Rangieren eines Lastzugs nach rückwärts zu lernen. Das Problem wird nicht durch Reden gelöst. Die meisten Lastwagenfahrer können nicht erklären, wie sie rückwärts rangieren, aber sie sind gerne bereit, es einem zu zeigen.

1989 haben mein Doktorand Seong-Gon Kong (er ist heute Professor an der Soongsil-Universität von Seoul in Korea) und ich einem Fuzzy-System beigebracht, einen simulierten Lastzug rückwärts einzuparken. Ich hatte gehört, daß das einem Studenten der Stanford University gelungen war. Ich wollte der wissenschaftlichen Welt zeigen, daß ein adaptives fuzzy-logisches System mehr konnte. Es konnte die Geschicklichkeit sowohl erwerben als auch *erklären*, da es die impliziten fuzzy-logischen Regeln lernte, auf denen jene basierte.

Das System funktionierte. Man konnte eine Black box öffnen und die fuzzy-logischen Regeln ablesen. Selbst Lastwagenfahrer tun das nicht. Sie sind genau solche »Black boxes« wie nackte neuronale Netze. Sie fahren, lenken und murmeln etwas darüber, wie sie das machen, aber sie können es nicht erschöpfend erklären. Ebensowenig können Geiger, Holzschnitzer oder Tanzlehrer erklären, was sie tun. Sie können es einem zeigen, einen darin trainieren oder etwas darüber sagen, wie sie es gelernt haben oder wie man es selbst lernen kann. Doch das alles bleibt weit hinter der vollständigen Erklärung zurück, die ein Computer braucht, um das gleiche zu tun. Man kann aus ihren Worten ebensowenig das Geigenspiel, die Holzschnitzerei oder das Tanzen erlernen, wie man aus dem Geräusch der Füße auf das Gespräch von Partybesuchern schließen kann.

Wir trainierten unser adaptives Fuzzy-System mit den Bewegungen, die ein Lastwagen und sein Anhänger machen, wenn sie rückwärts auf eine Ladestelle zufahren. Wir nehmen dazu keinen wirklichen Lastzug, sondern simulieren ihn im Computer. Ich hatte ein Jahr zuvor die neuronale Mathematik ausgearbeitet, und damit konnten wir sie nun überprüfen. Wir gaben ein paar hundert Lastwagenbewegungen ein und bekamen 105 fuzzy-logische Regeln heraus. Wir fütterten das neuronale Netz nochmals mit ein paar hundert Bewegungen. Damit änderten sich nur wenige Regeln. Das Lernen hatte sich verlangsamt, es konvergierte. Die neue Menge an Regeln, die neue fuzzy-logische Lastwagenrückwärtsfahrerei, parkte besser rückwärts ein als die erste Menge. Das neue System fand glattere und kürzere Wege aus einer sehr engen Ausgangssituation, in der Laster und Anhänger keine gerade Linie bilden, sondern sozusagen über Eck stehen. Dann haben wir uns die Regeln angeschaut und festgestellt, daß sie vernünftig waren. Die meisten Sachen machen im nachhinein Sinn. Es waren Korrekturregeln: Kommt der Lastwagen zu weit nach links, dreh das Steuerrad nach rechts, um den Lastwagen rückwärts nach rechts zu lenken. Es waren die Regeln, die wir gesucht hatten, und sie erinnerten an vieles, was uns Lastwagenfahrer erzählt hatten.

Wie hat der Fuzzy-Lastwagen seine Regeln gelernt? Was ist ein neuronales Netz? Was ist Lernen? Wir müssen zum FAT-Theorem zurückkehren. Wir haben im letzten Kapitel gesehen, daß Regeln als kleine Flächen oder Fleckchen vorliegen. Die Frage lautet demnach, wie man Flecken erlernt. Die Antwort heißt, Flecken sind Haufen (»clusters«) in den Daten. Man lerne etwas über die Datenhaufen, dann die Regeln und erhält ein adaptives fuzzy-logisches System. Das ist die große Antwort, aber sie hängt vom Lernen ab. Was also ist Lernen? Die Antwort darauf hängt von neuronalen Netzen ab. Wir werden in den kommenden Jahren immer mehr darüber hören, wenn die Maschinen schlauer werden und wir das Gehirn nach und nach »umgekehrt« aufbauen, indem wir es Netz für Netz und Molekül für Molekül auseinandernehmen und es dann aus Silizium und holographischem Licht neu zusammensetzen.

Lernen als Veränderung: neuronale Netze im Gehirn

Wer etwas lernt, ändert sich. Und wer sich ändert, hat etwas gelernt. Man kann gut oder schlecht lernen. Aber man kann nichts lernen, ohne sich zu ändern, und sich nicht ändern, ohne etwas zu lernen.

Was aber ändert sich? Wenn man lernt, einen Speer oder einen Diskus zu werfen oder einen Schlag auszuführen, ändern sich die Armmuskeln und das Gehirn. Wenn man Latein, eine neue Religion oder die Integralrechnung lernt, ändert man seine Weltanschauung und sein Gehirn. Wenn man lernt, daß man sich am Feuer verbrennen kann, daß Aids tödlich ist oder Polizisten einen bestrafen, wenn man zu schnell fährt, ändert man sein Verhalten und sein Gehirn.

Man ändert sein Gehirn. Drei Pfund Gehirnmasse ändern sich. Sie ändert sich jedesmal ein ganz klein wenig, wenn man ein Bild sieht, einen Ton hört, eine Oberfläche befühlt, einen Geschmack aufnimmt oder über einen neuen Boden geht. Jede Wahrnehmung ändert unser Gehirn. Es mißt Dinge, und sie ändern das Gehirn. Es erfährt neue Veränderungen und vergißt oder verlernt alte. Ein einzelnes Lichtteilchen (Photon) ändert unser Gehirn. Fernsehwerbung, Filme, Bücher, Reden, Werbegeklingel: all das Zeug, das von unserem Kopf geschluckt wird, ändert das Gehirn. Es ändert sich auch jetzt, während Sie diesen Text lesen.

Ihr Gehirn fängt bei der Geburt mit ungefähr 100 Milliarden Neuronen oder Hirnzellen an und hört im Tod mit ein paar Milliarden weniger auf. Das sind ungefähr so viele Zellen wie es Sterne in der Milchstraße oder Galaxien in dem uns bekannten Universum gibt. Die Neuronen verhalten sich nicht wie Speicherplätze eines Computers. Es gibt keine Zelle, die das Bild Ihrer Mutter, den Duft einer Zitrone oder die Gottesidee enthält. Man kann eine beliebige Zelle aus dem Gehirn entfernen, und nichts ändert sich. Man kann sogar viele Millionen Zellen wegnehmen, ohne sie zu vermissen. Wenn man aber ein paar Drähte oder Schaltkreise aus einem Computer herauslöst, bricht er sogleich zusammen.

Was zählt, sind die »Drähte«, die Verbindungen zwischen den Zellen. Sie ergeben ungefähr 40 Prozent unserer Hirnmasse. Wir nennen diese neuronalen Verbindungen »Synapsen«*. Jedes Neuron in einem Gehirn kann sich mit bis zu 10 000 anderen Neuronen in Verbindung setzen. Damit kommen Billiarden von Synapsen zustande. Lernen und Erinnern finden in dem riesigen verknüpften Gewebe der Synapsen statt. Nicht in Zellen, in einem Gewebe. Wer einen Whisky trinkt, verliert ein paar hundert Neuronen und ein paar Millionen Synapsen. Lernen ist Veränderung. Bei einem Gehirn bedeutet das, daß Lernen eine Änderung in einer Synapse ist.

Man stelle sich eine riesige Stadt vor, in der jedes Haus 10 000 Telefonanschlüsse hat, die mit 10 000 anderen Häusern verbunden sind. In jedem Haus ist eine Menge los, aber zuletzt werden Botschaften über die Telefonleitungen verschickt oder empfangen. Der Trick besteht nun darin, daß jedes Haus *dieselbe* Nachricht an alle 10 000 Häuser schickt. Man braucht bloß an überflüssige Telefongespräche zu denken und sich vorzustellen, wie

* Anm. d. Übers.: Was der Autor anschaulich als »Drähte zwischen Zellen« beschreibt, sind in Wirklichkeit Ausläufer der Gehirnzellen. Korrekterweise sollte man sagen: Was zählt, sind die Ausläufer der Nervenzellen zwischen den Zellkörpern, von denen die Ausläufer ausgehen. Was hier funktionell getrennt beschrieben wird, gehört anatomisch zusammen. Es ist aber mit den Ergebnissen der Hirnforschung vereinbar, die verzweigte Nervenzelle nicht als funktionale Einheit des Gehirns zu betrachten, sondern vielmehr die Synapsen oder die Netze, die geknüpft werden.

schnell sich schlechte Nachrichten und Klatsch verbreiten. Denken wir uns ein paar tausend Häuser weg, und das Geschwätz würde sich immer noch verbreiten. Das Gesprächsnetz arbeitet »fehlertolerant«.

Nun stellen wir uns die Telefonleitungen als Plastikröhren vor. Sie werden dicker, wenn man viel durch sie spricht, und sie schrumpfen, wenn man wenig durch sie spricht. Sie wachsen wie eine Muskelfaser, die trainiert wird. Damit kommt das ganze Redesystem in Bewegung. Es ändert sich mit den Gesprächen. Es lernt die Gespräche.

Neuronen sind keine Häuser. Sie sind mehr wie Dämme, die elektrische Ladung stauen und dann platzen. Jedes Neuron schickt kleine elektrische Impulse oder Spitzen den »Drähten« entlang zu anderen Neuronen. Jede Spitze ergibt einen Dammbruch. Je mehr Spitzen, desto dicker der Draht. Die Spitzen sind wie An-Aus-Botschaften, die von den Synapsen in die Neuronen strömen. Die Ladung baut sich auf, bis der elektrische Damm bricht und das Neuron eine eigene Spitze an 10 000 andere Neuronen schickt. Das sorgt dafür, daß die anderen Neuronen weitere Spitzen aussenden, auch zurück an das erste Neuron. Und so geht es Runde für Runde weiter. Jedes Neuron ist für sich selbst unterwegs, wie ein geschäftiger Käufer in einer weitreichenden Marktwirtschaft. Wir reden von einer starken Rückkopplung und nennen die ganze quirlige Masse »neuronales Netzwerk«.

Ein neuronales Netzwerk besteht aus untereinander verbundenen Neuronen und Synapsen, wodurch es wie ein Computer funktioniert und Inputs in Outputs umwandelt. Die mathematischen oder »künstlichen« neuronalen Netze werden durch Software oder durch spezielle Chips betrieben. Heute verwenden wir sie, um abstrakte Muster zu erlernen und zu erkennen – einen sicheren Abstrich, einen risikoreichen Kreditkunden, eine handgeschriebene Postleitzahl, eine Bombe im Röntgenbild eines Koffers.

Wie kann ein biologisches neuronales Netz lernen, ein Muster wie ein Gesicht, ein Musikstück oder eine Gottesvorstellung zu erfassen? Es verändert Millionen von Synapsen. Wenn es genau »hinschaut«, wandelt sich die Ausschüttungsrate von Neurotransmittern. Elektrische Spitzen fließen ein Kabel entlang, und kurz bevor sie Eingang in ein neues Neuron finden, treffen sie auf eine synaptische Verbindung. Hier wandelt sich das elektrische Signal in ein chemisches Signal um, einen Neurotransmitter. Der chemische Stoff diffundiert durch eine dünne Schicht von Hirnflüssigkeit und erreicht die Oberfläche des Neurons, wo er dessen elektrischen Zustand ändert. Freisetzungsrate. Auffüllrate. Chemikalien, die in die Hirnflüssigkeit gelangen.*

Lernen ändert die Menge der Neurotransmitter, die eine Synapse freisetzt, und die Geschwindigkeit, mit der sie das tut. Noradrenalin – das Adrenalin des Gehirns – gehört zu den Schlüsselsubstanzen der Übertragung. Wenn man eine Tasse Kaffee oder ein Glas Eistee trinkt, klettert der Intelligenzquotient (IQ) für ein paar Minuten. Man wird wachsamer, was gut ist, wenn man etwas Neues lernen, eine Prüfung bestehen oder bei einer Tagung einen Vortrag halten soll. Die Synapsen des Gehirns verbrauchen mehr Noradrenalin. Sie produzieren nicht mehr von diesem Stoff. Sie verarbeiten ihn nur schneller. (Mescalin, das aus Peyote gewonnen wird, wirkt ähnlich; auf welche Weise, wissen wir nicht.) Doch was aufsteigt, kann um so tiefer fallen. Man verliert zunächst die gewonnenen IQ-Punkte, dann noch ein paar, man fühlt sich zuletzt schlapp und ausgelaugt. Man muß Kaffee oder Tee ein paar Minuten vor dem Vortrag und nicht schon am Anfang der Tagung trinken. Wer einen niedrigen Noradrenalinspiegel hat, verfügt über keinen geistigen Schwung mehr. So hängt der Geist in kurzer Zeit vom Fleisch ab. Lernen ist ein langfristiger Vorgang in ebensolchen Freisetzungsraten. Er steuert die Transmittermenge, die pro Sekunde ausgeschüttet wird.

Beim Lernen ändern sich also Synapsen. Damit wissen wir aber immer noch nicht, wie wir ein Muster in einem neuronalen Netz kodieren oder dekodieren. Wie und wo speichern wir ein Muster? Das geschieht nicht in einer Hirnzelle oder in einem computersimulierten Hirnnetz. Jedes Netz besteht aus Tausenden oder Millionen von Neuronen. Und jedes Neuron tut nichts anderes, als sich mit einem elektrischen Saft in Form von Spitzen zu

* Anm. d. Übers: Es mag von Interesse sein, daß sich an einer Synapse, wenn das elektrische Signal in ein chemisches Signal überführt wird, noch ein tieferer Wandel vollzieht. Während das elektrische Signal *zeitlich* bestimmt ist, breitet sich der chemische Stoff *räumlich* aus.

füllen und selbst wieder Stromspitzen auszusenden. Wie nimmt man ein derartiges Muster auf?

Die Antwort liegt in ganzen Feldern aus Neuronen. Die Neuronen sprechen die Sprache von Stromspitzen. Die Neuronen übersetzen Sinnesmuster, geistige Muster und solche der Muskelkonzentration oder der Emotion in ihre eigene Sprache der Spitzen. Wir denken bei dem Wort »Sprache« an Sätze aus Wörtern, die aus Silben oder Phonemen bestehen. In der Hirnsprache ist eine Silbe ein *Muster der Aktivierung*, ein ganzes Feld oder eine Tafel von Neuronen, die erzittern oder in Resonanz versetzt sind.

Denken wir an den Buchstaben S. Er ist ebenso ein Muster wie der Buchstabe E. Wir wollen einem neuronalen Netz beibringen, die Regel zu lernen: »Wenn S, dann E«; es soll also die beiden Muster assoziieren. Nehmen wir an, das Netz lernt das S-E-Paar kennen, wobei es uns hier nicht zu interessieren braucht, wie das geht. Wir nehmen nur an, das Netzt kennt das S-E-Paar. Dann sollte uns das Netz, wenn wir ihm S oder nur einen Teil von S eingeben, das vollständige Paar S-E herausgeben. Um dies zu erreichen, habe ich 1986 ein Netz namens BAM geknüpft, ein *bidirektionales* (zweigerichtetes) *assoziatives Gedächtnis* (»bidirectional associative memory«). Später habe ich das BAM in vielerlei Richtung erweitert, doch um das S-E-Muster zu erlernen, reicht die einfachste BAM-Form aus. Es benutzt zwei Neuronenfelder. Ein Gewebe von Synapsen verbindet beide Felder.

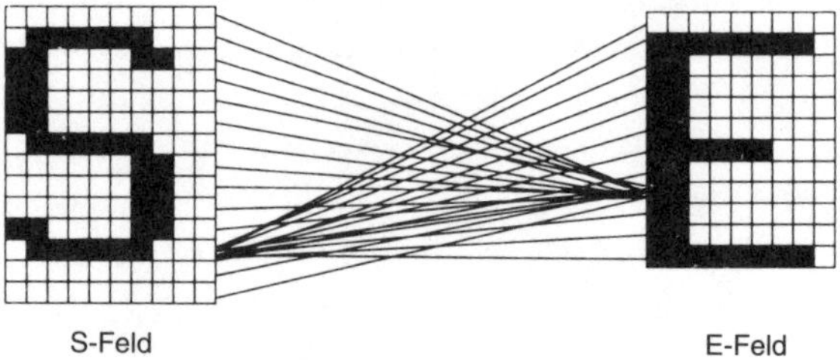

Wir füttern die Synapse mit dem S-E-Muster durch Korrelation. Dabei werden kleine Stücke von S mit kleinen Stücken von E multipliziert. Es gibt viele kompliziertere Wege, um das zu erreichen, aber noch können wir uns mit der einfachsten Methode zufriedengeben. Nehmen wir also an, daß wir den BAM-Synapsen das S-E-Muster beigebracht haben. Wir haben seine Synapsen vollgestopft.

Nun stellen wir uns jedes Neuron als Glühbirne vor. Echte Glühbirnen und echte Neuronen sind fuzzig und gehen nur zu einem gewissen Grad an. BAM-Neuronen tun das auch. Doch hier lassen wir sie bivalent sein. Jede Birne ist entweder an oder aus. Jedes Neuron feuert oder feuert nicht, es gibt Stromspitzen oder keine Stromspitzen. Das Netz besitzt zwei Neuronenfelder. Das S-Feld hat zum Beispiel 140 Neuronen – 14 Reihen mit 10 Neuronen pro Reihe. Und das E-Feld hat 108 Neuronen – 12 Reihen mit 9 Neuronen pro Reihe. Somit ist jedes Feld ein Rechteck oder ein Gitter aus Glühbirnen. S und E können als neuronale Muster aufleuchten.

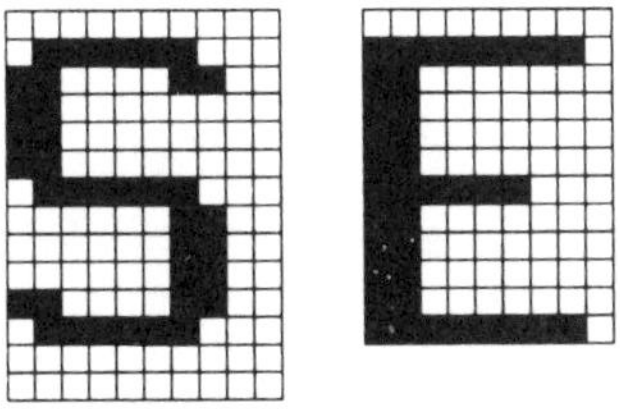

Wir können nun einige Lichter aus- und andere Lichter einschalten. Wenn wir das randomisiert (zufällig) tun, verrauscht das S-E-Muster. Nehmen wir an, das Rauschen ändert oder »flipt« 99 Glühbirnen oder 40 Prozent des Netzes. Dann kann das BAM-Netz immer noch das S-E-Paar im Rauschen finden. Ein verrauschtes S durchläuft die Drähte und ruft ein weniger verrauschtes E ab, das zurückströmt und ein weniger verrauschtes S abruft, das wiederum zurückkehrt, um E zu bereinigen, das seinerseits zurückkehrt, um S zu bereinigen, bis S und E frei von Rauschen sind. Dann kommt das BAM bei dem S-E-Paar zur Resonanz. S ruft E ab und E ruft S ab, bis jemand das BAM abschaltet oder seine Synapsen ändert (ihm etwas Neues beibringt). Das ist Ordnung aus dem Chaos und ein assoziativer Abruf.

Die Abbildung zeigt elf Aufnahmen des BAM-Abruf-Vorgangs. Dieses BAM hat auch die Paare G-N und M-V gelernt. Es speichert alle drei Paare in derselben Gedächtnismatrix, in der ein Paar über ein anderes gestapelt wird, wie Beugungsmuster in einem Hologramm. Wenn man dem BAM ein zu 40 Prozent verrauschtes G-N- oder M-V-Muster einspeist, wird es die unverrauschten G-N- bzw. M-V-Paare abrufen. Wenn man zu viele Paare hineinsteckt, kann es passieren, daß nicht alle Paare unverrauscht abgerufen werden. Es wird zuletzt aber zu irgendeiner

Resonanz kommen und bei irgendeinem Paar stehenbleiben. Das BAM wird stets konvergieren oder sich stabilisieren. Das ist ein Lehrsatz.

Wie funktioniert ein BAM-Netz? Woher weiß jedes Neuron, was es tun muß, um ein erlerntes Muster abzurufen? Kein Neuron weiß das. Jedes Neuron verhält sich wie jedes Haus, das Telephonanrufe erhält und keine Ahnung hat, was im ganzen Leitungsnetz passiert. Neuronen sind dumm und selbstsüchtig. Sie addieren bloß die An-Aus-Signale, die bei ihnen ankommen, und schalten sich ein, wenn die Summe groß genug ist, schalten ab oder bleiben ausgeschaltet, wenn das nicht der Fall ist. Wenn wir die Vorstellung von Adam Smith über den freien Markt anwenden wollen, dann verhält sich jedes Neuron so, als würde es durch eine unsichtbare Hand geführt, um das S-E-Paar abzurufen, obwohl kein Neuron weiß, daß es dies tun soll oder daß es dabei hilft, das zu tun.

Das klingt zu gut, um wahr zu sein? Das ist die Macht der neuronalen Netze. Sie betreiben *Selbstorganisation*. Und vielleicht funktionieren unsere Gehirne auf die gleiche Weise. 1977 fand Schun-itschi Amari von der Universität in Tokio die Mathematik, die beschreibt, wie sich Netze aus einfachen An-Aus-Neuronen verhalten. Das ganze Netz strebt danach auf ein umfassendes Gleichgewicht zu, *wie wenn ein Ball eine Rinne hinunterläuft und dann liegenbleibt*. 1982 nannte John Hopfield vom CalTech eine solche »Rinne« »Energiegraben« und zeigte, daß er die »Energie« des Netzes minimiert und wie man ein Netz dazu bringen kann, die billigste Lösung für eine Planungsaufgabe anzugeben oder eine kürzere Tour für den Handelsvertreter zu finden, der jede Stadt nur einmal besucht und dann nach Hause zurückkehrt. Ein BAM-Netz kann das auch, aber es arbeitet mit Paaren aus Mustern statt mit Einzelmustern.

Die Geometrie sieht wie ein Tuch mit Erhebungen und Vertiefungen aus, das Muster wie ein Ball darauf. Um ein Muster zu speichern, macht man eine Vertiefung für den Ball und legt ihn hinein. Dann läßt man einen neuen Muster-Ball Q darauf fallen, der zur nächsten Vertiefung rollt, in diesem Fall nach P. (Abb. auf Seite 250)

Man braucht keine einschlägige Mathematik zu verstehen, um

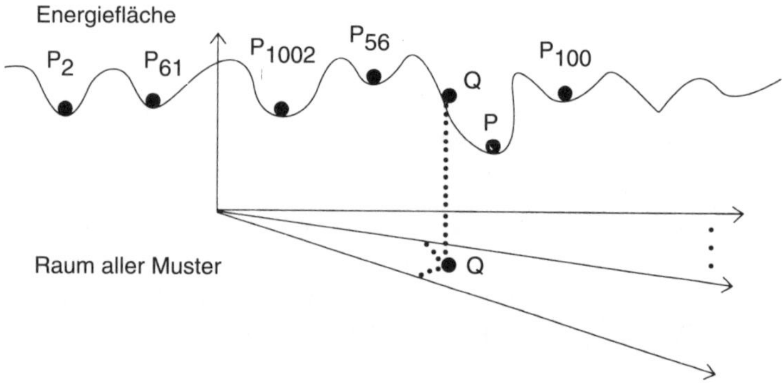

zu sehen, warum neuronale Netze sehr schnell Muster klassifizieren können. Der Ball Q läuft in Graben P und bleibt liegen. Spielt es eine Rolle, ob es noch andere Gräben gibt? Nein. Es können noch 100 oder 100 Milliarden Gräben dasein. Es spielt keine Rolle. Q läuft immer noch in den nächsten Graben, und die Zeit, die er rollt, bleibt dieselbe. Aus diesem Grund unterscheiden sich neuronale Netze oder *Neurocomputer* von Computern. Je mehr man in einem Computer speichert, desto länger dauert die Suche nach der passenden Größe. Gehirne und neuronale Netze gehen so nicht vor. Die Zeit, die jemand braucht, um das Gesicht seiner Eltern auf einem Bild zu erkennen, ändert sich nicht zwischen dem 5., 40. und 70. Lebensjahr. Dabei gelangen in der dazwischenliegenden Zeitspanne immer mehr Muster ins Gehirn.

Unter diesem Aspekt ist ein *Gedanke* ein Energiegraben oder ein Resonanzpunkt. *Denken* findet statt, wenn der Ball in den Graben fällt, die Straße zur Resonanz. Stephen Grossberg von der Universität zu Boston hat gezeigt, daß wir neue Ideen oder Muster lernen, wenn sie mit dem in Resonanz stehen, das wir zu sehen, hören oder denken erwarten. Er hat diese Theorie der »adaptiven Resonanz« zu einem Lernen des Konzeptes unscharfer Mengen erweitert.

Und nun kommt die Pointe: *Lernen formt das Energietuch*. Im Beispiel des Telefonierens standen die Leitungen für die Synapsen, die lernen oder sich ändern, wenn Anrufe durch sie vermittelt werden. So funktionieren auch echte Synapsen. Wir kennen nicht alle Einzelheiten, aber wir wissen, daß man Synapsen entweder nutzt oder verliert, und je mehr man sie benutzt, desto dicker werden sie. Die Mathematik ergibt, daß man in diesem Fall eine Energiefläche erhält, die sich mit den Synapsen ändert. Lernen ist eine Veränderung dieser Energiefläche. Jedesmal wenn man sein Gesicht im Spiegel sieht, lernt man ein klein wenig mehr, gräbt man einen tieferen Graben auf der Energiefläche. Wenn jemand jahrelang mit einer eisernen Maske herumläuft, ohne sein Gesicht zu sehen, dann vergißt er, wie er aussieht. Das heißt, die entsprechenden Gräben sind geschrumpft und flach geworden. Man muß üben, um gut zu sein und in Form zu bleiben. Dann hält man seine »Gräben« in gutem Zustand.

Die Energiefläche liefert auch ein neues Verständnis des Déjà-vu-Erlebnisses. Wir alle haben schon einmal zum erstenmal auf einem fremden Marktplatz oder in einem neuen Laden gestanden, haben uns mit einer neuen Bekanntschaft hingesetzt oder eine Buchseite zum erstenmal gelesen und plötzlich gespürt, daß wir das bereits früher einmal gemacht haben. Man hat das Gefühl, als sei das neue Erlebnis eine Wiederholung. Diese Déjà-vu-Augenblicke können Scheingräben auf unserer Energiedecke sein. Echte Erfahrungen hinterlassen Spuren, manchmal auch mehr als notwendig. Diese sind überflüssig, Rückstände des Lernvorgangs, wie die Abfallhaufen, die auf einem Bauplatz zurückbleiben. Wenn ein frisches Ereignis in die Nähe eines gespeicherten Abfalls kommt, rollt der Ball in die entsprechenden Gräben und kommt an ihrem Boden zur Resonanz. Dann haben wir das Gefühl, das frische Erlebnis wiederzuerkennen oder abzurufen.

Wir können auch eine Vertiefung im Zentrum oder im Durchschnitt vieler Erfahrungen graben. Sie selbst sind alt und wirklich, aber ihr Durchschnitt ist neu. Im Sinne von Platon legen wir einen roten Graben an, wenn wir rotes Blut, rote Äpfel und rotes Spielzeug sehen. Das Gute, Gott oder das Schöne können bloß Auffüllungen, Eingrabungen oder Durchschnitte sein, die wir nie erfahren, sondern nur aus gehäuften Daten abstrahieren. Wir verallgemeinern, wenn unsere neuronalen Netze Löcher in unsere Energiedecke graben. Wie Déjà-vu-Gräben ergeben sie *neue* Ideen.

Wir können noch eine weitere Spekulation über die Energiedecken in unserem Kopf anstellen. Es gibt zwei Arten von Todesnäheerlebnissen. Einmal heißt es, daß man ein helles, weißes Licht sieht, Licht, das in einem Operationssaal scheint, es kann aber auch ein starker Adrenalinausstoß im Gehirn sein. Dann ist die Rede davon, daß man nahe dem Tod sein Leben noch einmal wie einen Film abspielen sieht. Das hat etwas Poetisches und Ironisches zugleich an sich. Zeig dem armen Kerl den Reichtum seines Lebens und bring ihn um. Ich glaube, natürliche Selektion und neuronale Netze können diesen letzten Film erklären.

Unser Geist versteht, daß wir uns in einer kritischen Lage befinden, wenn ein großer Lastwagen direkt auf uns zurast oder wir von einer Brücke stürzen und die Straße uns entgegenspringt oder wenn wir das Fallbeil der Guillotine hören. Kampf-Flucht-Furcht-Adrenaline übernehmen nun das Kommando. Gene und Geist wollen nicht, daß man stirbt. Die Leitung steht, und die Adrenaline beginnen eine massive assoziative Suche nach Rettungsmöglichkeiten. Eine *massive assoziative Suche*. Hochgefahr. Öffne sämtliche Notausgänge. Durchsuche alle gespeicherten Datennetze, tu dies parallel und *schnell*. Überprüfe alle Energiegräben auf einmal. Die geistige Kapazität würde von der intensiven Suche völlig in Anspruch genommen. Man sähe den Film seines Lebens auch nicht wie einen Spielfilm im Kino, man sähe ihn nicht seriell, sondern parallel. Die Todesnähe würde Tausende alter gespeicherter Ereignisse abrufen, die diesem Zustand irgendwie ähneln. Das drohende Ereignis wäre wie ein Haufen Bälle, die über Hunderte von Energiedecken in Hunderten von neuronalen Netzen laufen. Damit verbundene Ereignisse der Vergangenheit und auch andere würden alle auf einmal vor unserem geistigen Auge auftauchen. Vielleicht findet sich darunter etwas, das aus der Klemme hilft. Es könnte einfach im Gehirn auftauchen. Oder die gefährliche Situation geht von selbst vorüber, und später erinnern wir uns nur noch an den massiven assoziativen Impuls und erzählen Geschichten darüber. Wenn das stimmt, dann könnte dieses Erlebnis in der nächsten Gefahrensituation abgerufen werden. Das ist nur ein Vorschlag, über den man nachdenken kann.

Entscheidend ist, daß Lernen einen Informationsträger ändert, der in neuronalen Netzen eine Energiedecke ist. In uns ist es ein Gespinst von Synapsen und vielleicht einigen Muskelkontraktionen. Der Informationsträger kann irgend etwas sein. Ein Computer lernt, wenn man seine Software oder seine Speicherschaltkreise ändert. Warmes Wachs lernt Ihre Handfläche, wenn Sie den Klumpen anfassen. Die Leinwand lernt das Bild, wenn der Künstler Farben aufträgt. Selbst Ihr Rasen lernt, wie Sie sein Gras mähen. Dieser sonderbare Fall ist ein gutes Beispiel für das Lernen in einem parallelen Informationsmedium.

Die Grashalme lernen, wie sie geschnitten werden. Sie wachsen so parallel wie Neuronen feuern, und sie verhalten sich wie ein plastischer Informationsträger. Man kann Hunderte von Grashalmen umherwerfen und immer noch den eigenen Namen lesen, den man in den Rasen hineingemäht hat. Man muß vielleicht auf einem Dach stehen, um ihn lesen zu können. Man könnte sämtliche Informationen in einem Rasen kodieren, wenn er groß genug wäre. Er vergißt, was man ihm beigebracht hat, wenn man ihn nicht immer wieder in derselben Form neu mäht. Ebenso verliert ein neuronales Netz seine Energiegräben, wenn wir es nicht immer wieder mit denselben oder ähnlichen Mustern trainieren. Ohne Praxis geht alles den Bach runter.

Erste Lernregel: Regel = Energiegraben

Neuronale Netze können Energiegräben für fuzzy-logische Regeln schaufeln. Eine Regel ist ein Muster. Eine Regel sagt, WENN *dies*, DANN *das*, genauso wie ein BAM-Paar sagt, WENN *S*, DANN *E*. Wie im FAT-Theorem ist eine Regel eine kleine Fläche. Auf diese Weise kann man Energiegräben mit Flecken verbinden. Die Schlüsselidee: *fuzzy-logische Regel = neuronales Gleichgewicht*. Dieselbe Idee: Regel = Energiegraben.

Ich habe das vor vielen Jahren erkannt. Tagsüber dachte ich über neuronale Netze nach, schrieb Arbeiten, hielt Vorlesungen und Seminare darüber. Nachts machte ich mit Forschung über Fuzzy Logic weiter. Die Regierung gab viel Geld aus, damit ich die neuronale Mathematik ausarbeitete, aber sie zahlte nichts für die Fuzzy-Mathematik. Ich mußte sie immer ganz nebenbei betreiben. 1987 schrieb ich meine Doktorarbeit ausschließlich über fuzzy-logische Mathematik, im selben Jahr verfaßte ich mehrere Arbeiten über neuronale Netze, leitete die erste internationale Konferenz darüber und bekam eine Stelle an der Universität von Südkalifornien (USC) als »neuronaler Experte«. An der USC entfernten die Mitglieder meiner Fachgruppe den Ausdruck »fuzzy systems« in meiner Fakultätsarbeit. Später fügten sie ihn wieder ein, nachdem das Geld für fuzzy-logische Arbeiten zu fließen begonnen hatte, aber das ist eine andere Geschichte. Ich arbeitete auf zwei Gebieten, die ich gern hatte, und von Anfang an habe ich beide miteinander vermischt. 1983 ist mir die fuzzy-logische kognitive Karte eingefallen, die wir uns gleich ansehen werden. In den achtziger Jahren arbeitete ich die Mathematik aus, mit der fuzzy-logische Regeln aus neuronalen Netzen und Daten zu gewinnen waren. Danach wendeten meine Doktoranden und ich die Theorie auf schwierige Aufgaben an wie das Zurücksetzen eines Lastzugs, das Abschießen von Raketen oder die Komprimierung von Bilddaten oder Fernsehszenen, bevor sie gesendet werden.

Regeln ergeben Anhäufungen in Daten, und Haufen sind Kandidaten für Regeln. Datenhaufen – wie Galaxien von Sternen und die Zellhaufen, aus denen Nerven oder Muskeln bestehen – sind eine Struktur. Anhäufungen sind Muster. Sie enthalten Informationen, solange sie bestehen.

Man rüste ein neuronales Netz so mit Mustern aus – »trainiere« es –, daß es die Haufen finden kann, während es sich auf das Gleichgewicht einstellt. Das heißt, Datenhaufen schaufeln ihre eigenen Energiegräben. Je mehr Beispiele die Marine dafür liefert, wie man eine Scudrakete abschießt, desto breiter und tiefer werden die Gräben sein, die der entsprechende Haufen auf der Energiedecke buddelt. Je mehr Beispiele, desto besser. Gib Daten rein, Regeln kommen raus. Der nächste Abschnitt zeigt einen zweiten, verwandten Weg, um mit neuronalen Netzen Regeln aus Haufen zu gewinnen.

Zweite Lernregel: Regel = Datenhaufen

Fuzzy-logische Regeln sind kleine Flächen oder Flecken. Wir haben das am Beispiel der Fuzzy-Klimaanlage gesehen. Der nächste Schritt verbindet Flecken mit Datenhaufen. Dies stärkt das FAT-Theorem, das besagt, daß man mit einem fuzzy-logischen System jedes System modellieren kann, indem man seine Systemkurve mit kleinen fuzzigen Flecken abdeckt. Mit genügend viel Daten kann das Fuzzy-System jedes System er*lernen*. Adaptive fuzzy-logische Systeme arbeiten auf zwei Ebenen. Jede Ebene nähert sich irgendeiner Sache. Auf der kleinen örtlichen Ebene nähert sich ein neuronales Netz den Flächen oder Regeln. Auf der großen umfassenden Ebene approximieren sie das ganze System. Das ist wie eine hübsche Eins-zwei-Schlag-Kombination beim Boxen.

Sehen wir uns noch einmal die Fuzzy-Klimaanlage an (Abb. auf Seite 256). Sie nutzt fünf Regeln; somit hat das System fünf Flächen. Jeder Punkt in dem Temperatur-Geschwindigkeits-Schaubild ist ein Zahlenpaar wie 17,5° – 40. Die erste Zahl ist eine Temperatur. Die zweite Zahl ist die Geschwindigkeit, mit der sich der Motor dreht. Jede Fläche bedeckt viele Punkte. Tatsächlich bedeckt jede unendlich viele Punkte, wenn wir willkürlich feine Grade der Temperatur und der Drehgeschwindigkeit zulassen. In der Praxis gibt es nur eine bestimmte Anzahl von Paaren wie 17,5° – 40.

Punkte bilden Flecken, so wie Federn ein Kissen ergeben. Eine Fläche wächst, wenn wir in einer Region weitere Punkte hinzufügen, wenn wir sie dichter machen oder wenn wir einen Haufen von Punkten bilden. Mehr Punkte helfen dem neuronalen Netz, einen breiteren Energiegraben über die Fläche zu buddeln.

Angenommen, wir beobachteten eine Fachfrau, die eine Klimaanlage betreibt. Wir wissen nicht, welche Regeln sie verwendet, und sie weiß es auch nicht. Sie stellt bloß die Geschwindigkeit des Motors ein, wenn sich die Temperatur ändert. Jede Minute notieren wir die Zimmertemperatur und ihre Einstellung der Drehgeschwindigkeit. Am Anfang haben wir 17,5 Grad, und sie stellt 40 als Drehgeschwindigkeit ein. Dann notieren wir das Paar (17,5° – 40) und tragen die Werte als Punkt im Tempera-

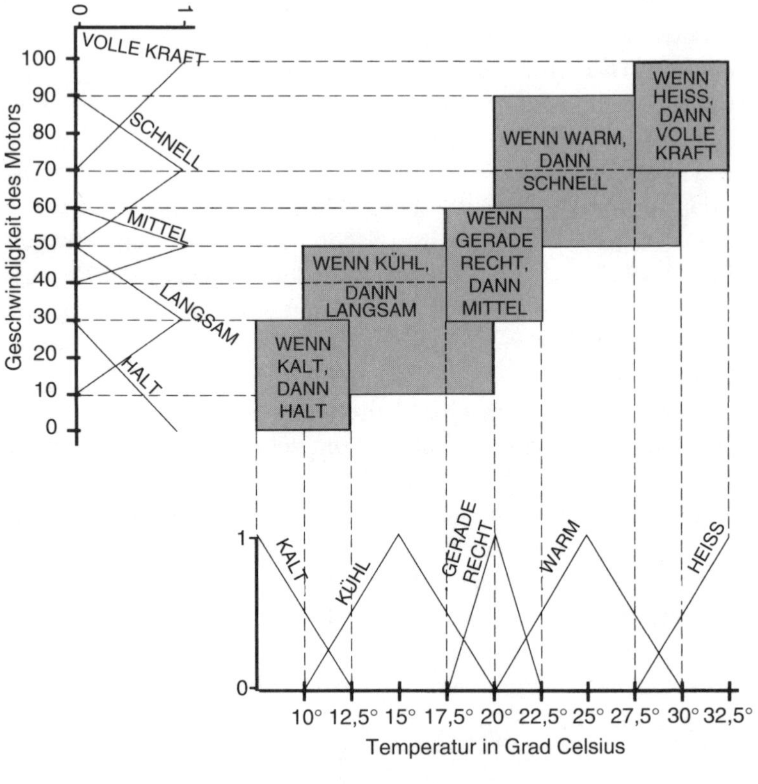

tur-Geschwindigkeits-Diagramm ein. Jemand öffnet die Tür, und heiße Luft strömt herein. Nach zwei Minuten ist die Temperatur auf 19 Grad gestiegen, und die Expertin stellt die Geschwindigkeit auf 46 ein. Wir tragen (19° – 46) in das Schaubild ein. Nach drei Minuten lesen wir 21 Grad, und sie stellt die Geschwindigkeit auf 54 ein. Wir tragen den Punkt (21° – 54) ein. So fahren wir stundenlang fort. Im Laufe der Zeit kann die Temperatur des Zimmers wieder fallen. Wolken ziehen auf, oder die Nacht bricht herein. Dann lesen wir vielleicht 16 Grad, und die Fachfrau stellt

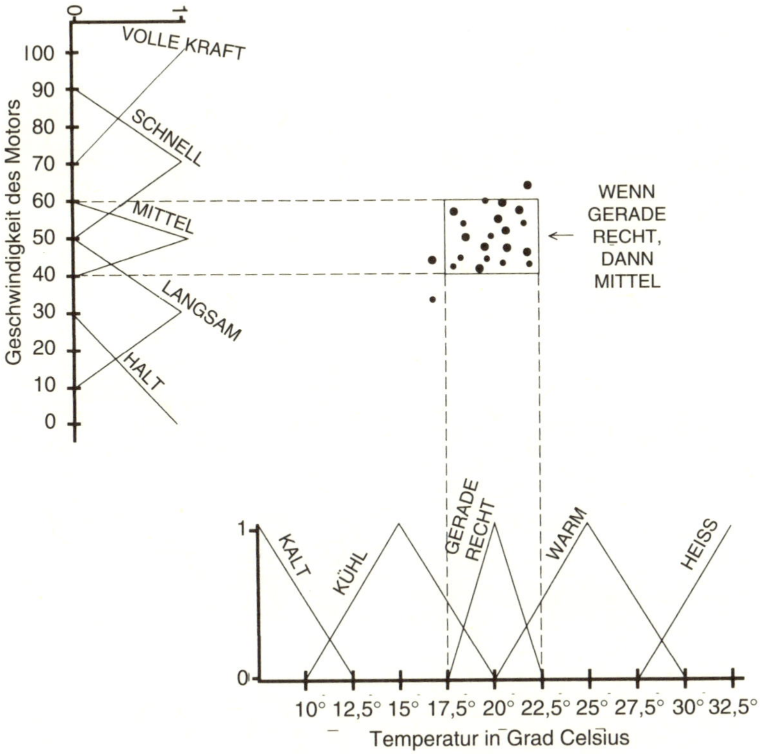

als Geschwindigkeit 34 ein. Nach ein paar Stunden haben wir das Schaubild mit einem Schwarm von Punkten gefüllt.

Der Schwarm ist eine Datenanhäufung. Er zeigt, wie Fachleute Fragen beantworten oder Outputs mit Inputs verknüpfen. Das definiert eine Regel und schaufelt einen tiefen Energiegraben in einem neuronalen Netz.

Mehr Daten führen zu mehr Haufen, zu mehr Energiegräben und weiteren Regeln. Ich bezeichne dieses Lernschema als *Produkt-Raum-Anhäufung* (»product space clustering«). Es bedeutet,

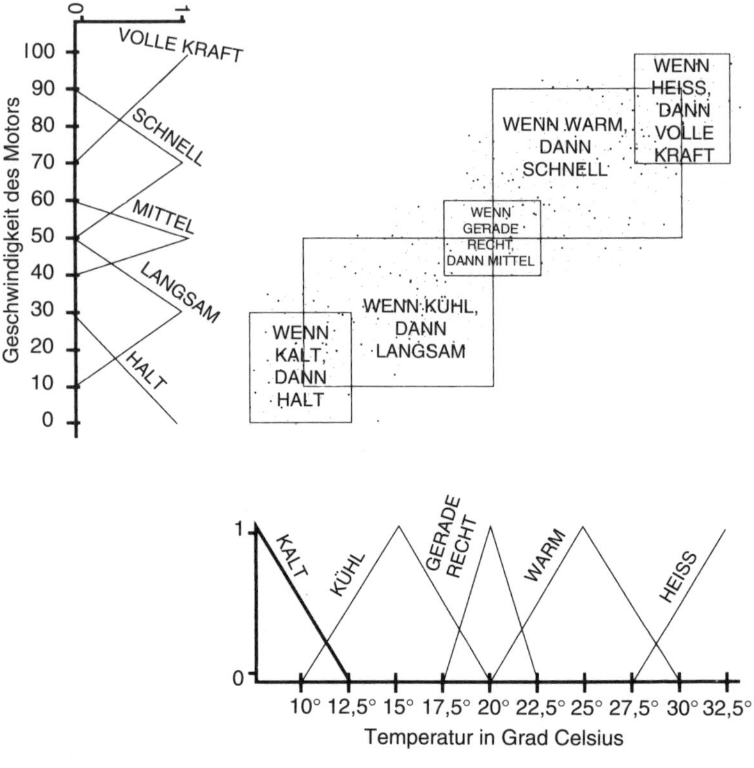

daß eine Regel eine Anhäufung in den Daten ist. Mehr Haufen, mehr Regeln. Wenn wir die Temperatur von 10 bis 32,5 Grad variieren, muß unsere Fachfrau zeigen, wie gut sie über viele Bereiche ist. Dies führt zu mehreren Anhäufungen in ihren Daten, die weitere Regeln ergeben. Reale Datenanhäufungen müssen nicht ordentlich auf die Flächen fallen, die durch die Dreiecke der unscharfen Mengen festliegen. In der Praxis müssen Ingenieure die Mengen verschieben und umbilden, um das System feiner abzustimmen und die Regelanhäufungen besser abzugrenzen. Oder wir können »Fehler«-Bereiche oder Ellipsoide um einige Datenpunkte legen, um die Flächengrenze zu definieren; damit würden die unscharfen Mengen an den Grund- und Seitenlinien bestimmt.

Neuronale Netze können Regeln ohne Hilfe von Energiegräben lernen. In gewisser Weise sind diese immer da, aber sie diktieren uns nicht, wie wir die neuronalen Netze entwerfen müssen. Diese Netze sind *adaptive Vektor-Quantifizierer* (AVQ).

Jedes Neuron hat sein eigenes Gewebe von Synapsen, das zu ihm hinkommt. Das Gewebe definiert einen Punkt – einen AVQ-Punkt – in der Geometrie oder dem »Raum« des Systems. Die Neuronen »streiten« sich, wenn einzelne neue Daten ankommen. Diese legen auch einen Punkt in der Geometrie fest. Ein Neuron »gewinnt«, wenn sein AVQ-Punkt am nächsten zu den Datenpunkten liegt. Dann kann es etwas lernen, indem es sein synaptisches Gewebe ein wenig verändert, so daß es mehr wie die Daten aussieht. Das heißt, der siegreiche AVQ-Punkt rückt ein wenig näher an den Datenpunkt heran. Der Vorgang wiederholt sich, wenn ein neuer Datenpunkt eintrifft. Suche den Gewinner heraus. Ändere ein Gewebe. Wiederhole den Vorgang.

Man quantisiert, wenn man abrundet oder ein Beispiel wählt. Denken wir an ein Sprachsystem für unser Auto. Es muß Wörter erkennen wie »offen«, »geschlossen«, »langsam«, »zu heiß« oder »zu laut«. Der Sprachchip speichert eine Schablone oder eine prototypische Betonung jedes Wortes. Man kann »offen« millionenmal verschieden aussprechen. Der Chip speichert nur eine Aussprache und mißt daran unsere gesprochenen Wörter. Das Wort, das er speichert, quantisiert oder repräsentiert alles, was »offen« sprachlich klassifiziert. Es sollte daher schon sehr gut sein.

Die Quantisierung komprimiert Information. Ein AVQ-Netz ändert das gespeicherte Wort »offen« langsam, wenn Sie oder andere Ihre Version von »offen« aussprechen. Langsam ändern heißt langsam lernen. Es heißt auch, sich langsam innerhalb der Geometrie des Systems zu *bewegen.* Für die Klimaanlage bedeutet das, eine Handvoll dicker schwarzer AVQ-Punkte zieht in dem Temperatur-Geschwindigkeits-Schaubild umher, um sich der Streuung der Datenpunkte anzunähern. In der Abbildung habe

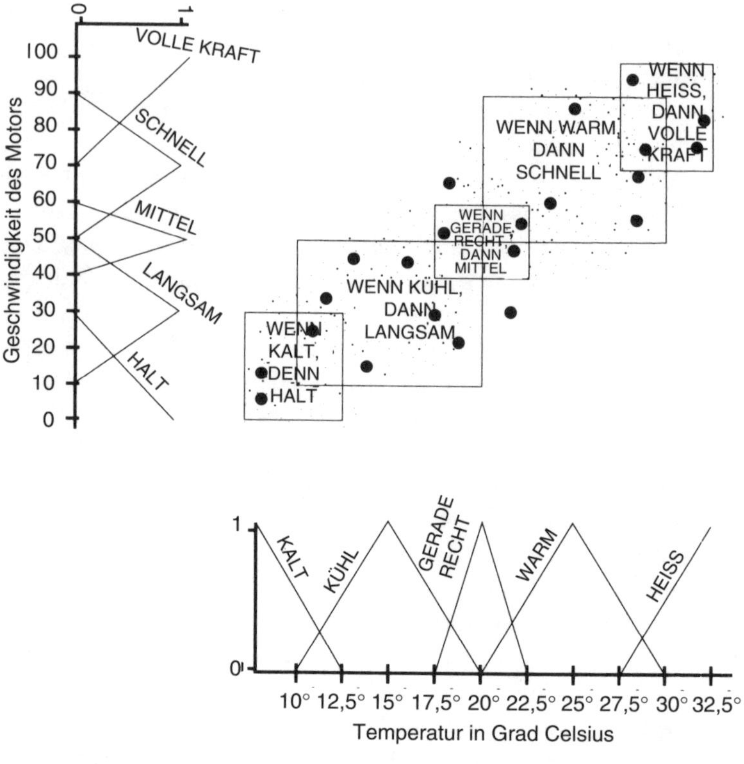

ich 22 AVQ-Punkte als 22 dicke schwarze Punkte eingetragen. In der Praxis gibt es sicher mehr, aber ihre Zahl steht jeweils fest.

Die Datenpunkte nehmen immer mehr an Zahl zu. Lernen ist nie zu Ende. Doch die Zahl der AVQ-Punkte bleibt unverändert. Sie ziehen umher, während neue Datenpunkte einlaufen. Die Abbildung zeigt den Schnappschuß einer AVQ-Aktion. Die dicken AVQ-Punkte neigen dazu, dort dicht beieinanderzustehen, wo sich die Datenpunkte häufen, und dort dünn gesät zu sein, wo es weniger Datenpunkte gibt. Das heißt, die AVQ-Punkte schätzen Datenanhäufungen, also fuzzy-logische Regeln, ab, denn Regeln sind Flecken und Haufen decken sie ab.

Wie aber lernt man Regeln mit einem AVQ-Netz? Man zählt einfach die dicken schwarzen Punkte in den Regel-Zellen. Wenn eine Zelle einen AVQ-Punkt enthält, fügt man die Regel dem System hinzu. Man kann die Regel auf diese Weise auch gewichten. Einige Zellen haben mehr AVQ-Punkte als andere. Das kann bedeuten, daß sie für Fachleute wichtiger sind, oder aber, daß sie sich in diesem Teil der Ebene gerne aufhalten. In der Praxis fordern wir oft zwei AVQ-Punkte pro Zelle, bevor wir eine Regel daraus machen. So vermeidet man schlechte Regeln, die durch verrauschte Daten oder durch seltene schlechte Beispiele zustande kommen. Selbst die besten Fachleute machen Fehler.

Jeder AVQ-Punkt liegt im Zentrum seines eigenen Fehler- oder Kovarianz-Ellipsoids. Dessen Größe hängt davon ab, wie groß die Region ist, für die der AVQ-Punkt steht bzw. die er quantisiert. Bereiche mit wenigen Daten ergeben große Ellipsoide, große Flecken, und also weniger zuverlässige Regeln. Dicht gehäufte Daten sorgen für kleinere Ellipsoide und liefern so zuverlässigere Regeln. Wir können die überlappenden Ellipsoide auf die Seitenlinien projizieren, um die erste der unscharfen Mengen zu finden und zu bestimmen. Diese Methode liefert Größe und Zahl der ersten Menge fuzzy-logischer Regeln.

Ein AVQ-Netz füllt die DIRO-Black-box: Daten rein, Regeln raus. Es »saugt« langsam das Gehirn der Expertin aus, während sie ihm ihre Daten eingibt. Zuerst verteilen sich die AVQ-Punkte nicht besonders gut. Das ergibt wenige und schlechte Regeln. Mit mehr Training verteilen sich die AVQ-Punkte besser, um mit den Daten mitzuhalten. Das liefert weitere und genauere Regeln. Noch mehr Daten verfeinern die Verteilung der AVQ-Punkte und verbessern die Regeln. Sie werden zum gleichen Verhalten führen. In der Praxis verfeinern wir die Regeln, indem wir mit der Größe und der Lage der unscharfen Mengen spielen oder sie durch ein »übergeordnetes« neuronales Netz abstimmen lassen. Zuletzt kann das abgestimmte fuzzy-logische System die Expertin übertreffen. Der Schüler besiegt den Lehrer.

Es gibt viele Wege, um fuzzy-logische Systeme aus Daten entstehen zu lassen. Sie alle gehen letztlich darauf zurück, Daten zu Regeln anzuhäufen. Ich habe mich deshalb darauf konzentriert und ein paar Dutzend andere Ansätze ignoriert, die letztlich genau das gleiche ergeben. So entsteht der neue Bereich der adaptiven fuzzy-logischen oder neuro-fuzzy-logischen oder fuzzy-logischen neuronalen Systeme. Die neuronalen Netze verwenden Daten, um Regeln zu finden oder abzustimmen. Die Regeln sind Flecken, die eine schlingernde Systemkurve in Übereinstimmung mit dem FAT-Theorem abdecken.

Doch gibt es ein fuzzy-logisches Netz, das sich von den FAT-Systemen unterscheidet. Es ist ebenso ein Gewebe von fuzzigen Regeln wie von neuronalen Synapsen. Man kann es benutzen, um Geschehnisse in Politik, Geschichte, Medizin oder bei der militärischen Planung zu modellieren. Es handelt sich um fuzzy-logische kognitive Karten oder FCMs (»fuzzy cognitive maps«).

Fuzzy-logische kognitive Karten: fuzzige Bilder der Welt

Eine *fuzzy-logische kognitive Karte* (FCM) zeichnet ein Kausalitätsbild. Sie bindet Tatsachen, Dinge und Vorgänge an Werte, Politik und Ziele. Und mit ihrer Hilfe läßt sich vorhersagen, wie komplexe Ereignisse miteinander in Wechselwirkung stehen und wie sie verlaufen.

Hinter jedem Kommentar und jeder politischen Rede steckt eine FCM. Hier ist eine der ersten und einfachsten FCMs, die ich jemals gezeichnet habe. Ich hatte einen Aufsatz von Henry Kissinger in der Sonntagsausgabe der *Los Angeles Times*)* gelesen und anschließend daraus eine FCM des Mittleren Ostens gemacht. Jeder Pfeil der folgenden Abbildung legt eine fuzzy-logische Regel fest. Er definiert eine kausale Verbindung. Ein Pluszeichen (+) bedeutet eine Zunahme, ein Minuszeichen (–) eine Abnahme an Kausalität. Die Plus-Regel in der darauf folgen-

* Aus dem Essay von Henry Kissinger »Starting Out in the Direction of Middle East Peace« (Aufbruch in Richtung Frieden im Mittleren Osten), in: *Los Angeles Times* 1982. Die FCM erschien in meinem Aufsatz »Fuzzy Cognitive Maps«, in: *International Journal of Man-Maschine Studies,* Bd. 24, Januar 1986, S. 65–75

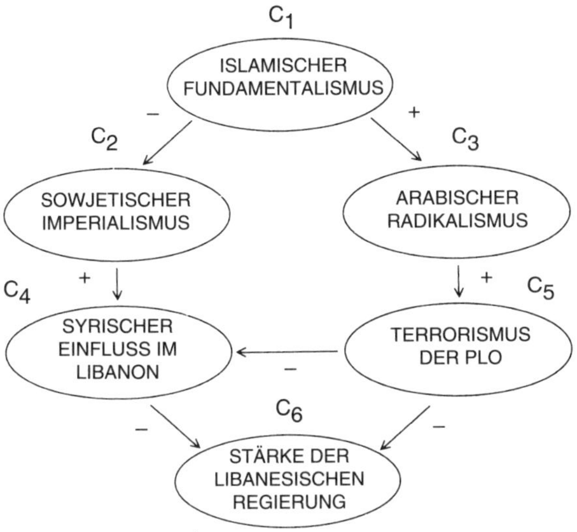
C1
ISLAMISCHER FUNDAMENTALISMUS
–
+
C2
C3
SOWJETISCHER IMPERIALISMUS
ARABISCHER RADIKALISMUS
+
C4
+
C5
SYRISCHER EINFLUSS IM LIBANON
TERRORISMUS DER PLO
–
C6
–
–
STÄRKE DER LIBANESISCHEN REGIERUNG

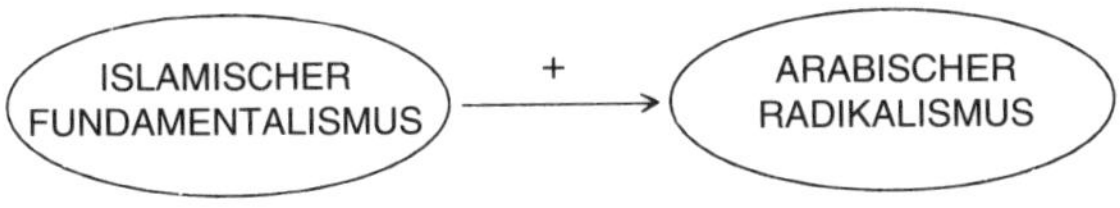
ISLAMISCHER FUNDAMENTALISMUS
+
ARABISCHER RADIKALISMUS

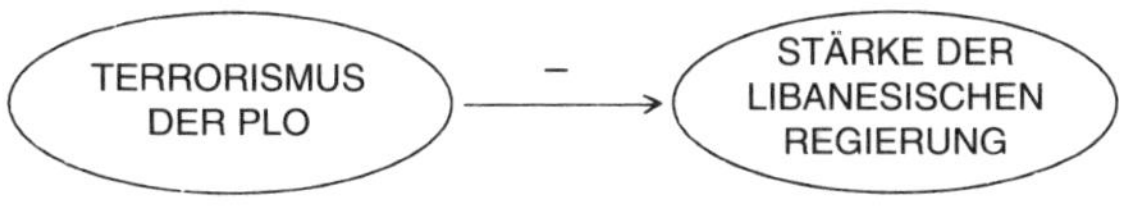
TERRORISMUS DER PLO
–
STÄRKE DER LIBANESISCHEN REGIERUNG

den Abbildung drückt aus, daß der arabische Radikalismus um einen gewissen Grad zunimmt, wenn der islamische Fundamentalismus wächst; nimmt aber der Fundamentalismus ab, geht auch der arabische Radikalismus graduell zurück. Die Minus-Regel der Abbildung (Seite 263 unten) besagt, daß die libanesische Regierung an Einfluß verliert, wenn der Terrorismus der PLO stärker wird; wenn aber der Terrorismus der PLO schwächer wird, dann nimmt auch der Einfluß der Regierung zu einem gewissen Grad zu. Man kann diese Regeln oder Pfeile mit irgendeiner Zahl zwischen 0 und 1 (oder –1 und +1) gewichten, oder man kann sprachliche Vergleichsformen wie »ein wenig« oder »etwas« oder »mehr oder weniger« verwenden. Das macht neben anderem eine FCM fuzzig.

Die Problemfelder sind ebenfalls fuzzig. Jedes kann zu einem bestimmten Grad zwischen 0 Prozent und 100 Prozent wirken und ist damit eine unscharfe Menge. Jedes Ereignis gehört zu einem gewissen Grad zu ihm, normalerweise zu 0 Grad. Im einfachsten Fall sind alle Felder an oder aus. Sie haben Auswirkungen, wenn es eine Aktion der PLO oder der islamischen Fundamentalisten gibt oder wenn genug Kausalkraft in sie strömt, um sie über die Schwelle zu bringen. In realen FCMs sind die Felder fuzzylogisch, und sie haben stärkere Auswirkungen, wenn mehr Ursachen sie bedrängen.

In der Kissinger-FCM ist ISLAMISCHER FUNDAMENTALISMUS ein politisches Problemfeld. Keine Ursache wirkt hinein. Gott oder eine Regierung kontrollieren es, schalten es ein oder aus oder lassen es ein wenig wirken. Es läßt »Was wäre, wenn«-Spielchen zu.

Was wäre, wenn der Fundamentalismus im Mittleren Osten zunimmt? Die FCM sagt, daß dann der arabische Radikalismus zunimmt und der sowjetische Imperialismus (wenn es ihn noch gäbe) abnimmt. Dies setzt zwei kausale Ketten in Gang. Zum einen wird mit dem Rückgang des Sowjetimperialismus zu einem gewissen Grad auch der syrische Einfluß im Libanon schwinden – das könnte daran liegen, daß die Sowjets geholfen haben, die syrische Armee auszubilden und auszurüsten. Doch ein Verschwinden der syrischen Kontrolle stärkt die libanesische Regierung. Zum zweiten bringt zunehmender arabischer Radikalismus verstärkten PLO-Terrorismus mit sich, und das hat zwei Auswirkungen. Es schwächt unmittelbar die libanesische Regierung. Es reduziert aber auch den syrischen Einfluß, was wiederum die libanesische Regierung mittelbar stärkt. Die beiden Wirkungen können sich möglicherweise aufheben. Es kann aber auch ein Effekt stärker als der andere sein. Das hängt von der fuzzy-logischen Gewichtung ab. Alle drei Kausalwege beginnen beim oberen Problemfeld. Zwei der drei Wege stärken die libanesische Regierung, und einer schwächt sie. Bei gleichen Gewichtungen würde die FCM vorhersagen, daß eine Zunahme des Fundamentalismus die libanesische Regierung stärken wird.

Man kann natürlich über die Art streiten, wie ich die FCM nach Kissingers Aufsatz gezeichnet habe. Man kann auch gegen die im Aufsatz geäußerte Meinung sein. Man kann andere Konzepte hinzufügen und dafür einige der gezeigten weglassen. Man kann andere Pfeile zeichnen, ihre Vorzeichen tauschen oder sie auf neue Weise gewichten. Das kann man alles machen. Eine FCM läßt das mit sich geschehen. Sie gibt jedem die Möglichkeit, seine eigene Weisheit und Unsinniges in das mathematische Bild von einem kleinen Teil der Welt einzutragen. Doch wenn es einmal darin enthalten ist, dann sagt die FCM Ergebnisse voraus, die man mit Daten vergleichen kann, um sie zu prüfen. Das Ergebnis von großen FCMs kann überraschen. Das Beste, das die meisten von uns tun können, besteht darin, über einzelne Pfeile zu streiten. Wir kommen schon weniger gut zurecht, wenn wir versuchen, mit einer großen Menge von miteinander verbundenen Dingen gedanklich umzugehen. Mit FCMs können wir einen Überblick gewinnen und Schlüsse daraus ziehen. Der größte Vorteil der FCM aber ist, daß ihr ein rein mathematisches Schema zugrunde liegt, mit dem Computer arbeiten können und um das wir uns nicht zu kümmern brauchen.*)

* Das mathematische Schema notiert den Zustand oder den Schnappschuß einer FCM in Form einer Zahlenliste, als Vektor. Der Bit-Vektor (0 1 1 0) gibt an, daß im Augenblick einer Messung in einer FCM mit vier Feldern nur das zweite und das dritte aktiviert waren. Bruchteile oder Fit-Werte messen den Grad, zu dem ein Feld an ist. Das mathematische Schema notiert die kausalen Verbindungen zwischen den Feldern als große quadratische Matrizen aus Zahlen. Wenn es nFelder in der FCM gibt, dann setzt sich die FCM-Matrix aus n^2 Zahlen zusammen.

Ich habe die FCMs 1983 eingeführt, um ein Problem zu lösen. Kognitive Karten der einen oder anderen Sorte hatte es schon seit etwa zehn Jahren in der Psychologie oder in den politischen Wissenschaften gegeben. Ich arbeitete damals an meiner Dissertation und verdiente meine Brötchen mit Aufträgen für die Luftfahrtindustrie. Näher bin ich dem militärischen Bereich nie gekommen, und das war schon zu nah für mich.

Ich suchte nach einem »schlauen« Weg, um den Zielwert einer Brücke in einer Schlacht zu modellieren. Die alten kognitiven Karten ließen weder fuzzy-logische Felder noch entsprechende Pfeile und Regeln zu. Und sie verboten auch jede Art von *Rückkopplung.* Die Pfeile konnten keinen geschlossenen Kreis bilden, wie sie es in der realen Welt tun. Wenn man einen Kausalitätsstrom von oben her in eine FCM einfließen ließ – wenn man ein oder zwei Felder aktivierte –, lief er glatt durch und unten wieder raus. Er konnte nicht herumwirbeln. Die FCM war kein *dynamisches* System. Konnte man überhaupt etwas Vernünftiges bei FCMs mit »Kreisen« oder geschlossenen Schleifen erwarten?

FCMs leben von der Rückkopplung. Das war der Punkt. Ich dagegen wollte mit FCMs so arbeiten, wie es KI-Experten mit Computern tun, nämlich mit langen Ketten von Wenn-dann-Regeln. Besser war es, diese Auffassung fallenzulassen und FCMs als neuronale Netze zu betrachten. Mach ein dynamisches System daraus. Laß es umhersausen und zurückwirken wie ein BAM. Es wird sich schon beruhigen und auf einen Punkt konvergieren. Es wird ins Gleichgewicht kommen. Die Abbildung auf Seite 267 zeigt eine der ersten FCMs mit Rückkopplung, die ich gezeichnet habe.

Diese FCM zeigt, welchen Einfluß schlechtes Wetter auf die Geschwindigkeit hat, mit der man auf einer kalifornischen Autobahn tagsüber fahren kann. Die Pfeile oder fuzzy-logischen Regeln tragen Wörter wie »gewöhnlich« und »ein wenig«. Die FCM hat zwei kleine Schleifen mit Rückkopplung. Es sind zwei kurze Kreisläufe. In der ersten Schleife sorgt der Autostau irgendwie für eine größere Zahl von Unfällen. Und Unfälle wiederum lassen weitere Staus entstehen. Das ist Rückkopplung: ein Hin- und Herfließen von Information und Einfluß, Kausalität im Gegenverkehr. In der zweiten Schleife sorgen diese Autounfälle

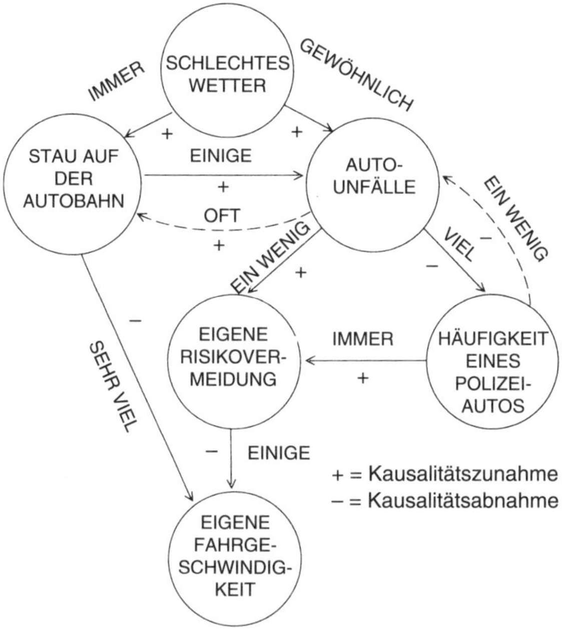

dafür, daß die Zahl der Streifenwagen auf der Landstraße abnimmt. Sie fahren nun alle auf der Autobahn und tragen dazu bei, daß hier die Zahl der Unfälle sinkt.

Rückkopplungsschleifen weiten sich aus, wenn man mehr Felder in eine FCM einbringt. Sehen wir uns dazu die FCM der Apartheidpolitik in Südafrika an. (Abb. auf Seite 268)

Was kann man mit all diesen geschlossenen Schleifen machen? Sie bilden jedenfalls keinen Baum (der keine geschlossenen Schleifen hat), an den die Kissinger-FCM erinnert. Dort bewegt man sich immer wieder nur und für alle Zeiten im Kreis. Man kann mit jeder Verbindung streiten. Vielleicht paßt Ihnen die Richtung eines Pfeils nicht, Sie wollen möglicherweise sein Vorzeichen ändern oder ihn ganz herausnehmen. Und selbst wenn Sie mit den FCM-Verbindungen einverstanden sind, was kann man dann damit machen? Rückkopplung und Genauigkeit scheinen sich auszuschließen. Aber präzise Bilder der Welt sind voller Rückkopplung. Doch wie geht man damit um?

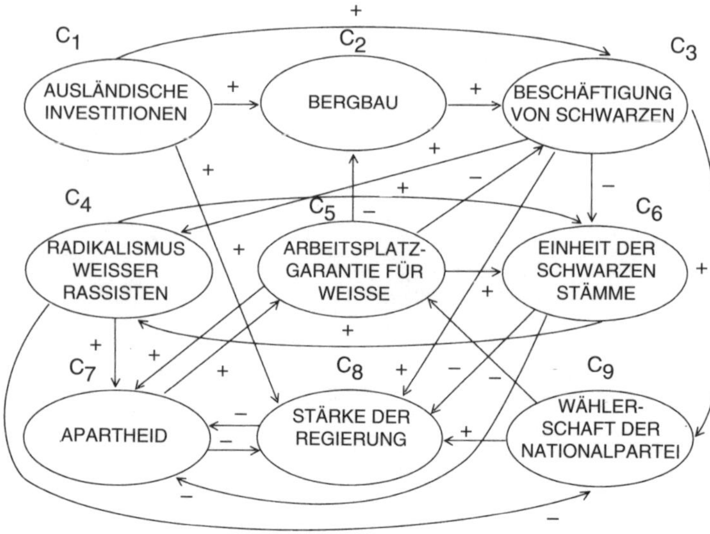

Man sucht nach *verborgenen Mustern* in den Linien der FCM. Man schaltet das FCM-Netz ein und läßt es treiben, läßt das dynamische System auf ein Gleichgewicht zusteuern. Ereignisse signalisieren »An« oder »Aus« oder wirken nur zu einem bestimmten Grad. Ein Konzept oder Ereignis geht wirbelnd in ein anderes über. Ein Anstieg des Bergbaus schafft mehr Arbeit für Schwarze. Damit geht die Einheit der Stämme zurück, aber es stärkt die weißen Rassisten und zugleich die Regierung. Zunehmender weißer Rassismus führt zu stärkeren Apartheidsgefühlen oder -gesetzen und festigt die Einigkeit der Stämme. Dies wiederum vermehrt den Rassismus der Weißen. Und alles dreht sich immer weiter, während das verborgene Muster zum Vorschein kommt.

Was ist ein verborgenes Muster? Es zeigt sich dort, wo der Strudel aufhört. Es ist ein Gleichgewicht. Sehen wir uns erneut das BAM-Energietuch an (Abb. auf Seite 250). Ein verborgenes Muster ist das, was schließlich am Grund des Energiegrabens ankommt. Im BAM-Fall rollt der Zustand des Systems wie ein Ball auf einem Tuch in die nächste Vertiefung und bleibt dort liegen. Dieser Graben ist ein *Attraktorbecken.* So nennen es jedenfalls die Theoretiker dynamischer Systeme. Der Ruhepunkt am Boden ist der *Attraktor.* Er zieht den Systemball gewissermaßen an (lat. attractio = das Anziehen). BAMs kommen immer am Boden einer Vertiefung, eines Grabens, zum Stillstand. Das bedeutet, der Attraktor ist ein *Fixpunkt.* Das BAM kommt mit dem fixierten S-E Paar zur Resonanz. In anderen dynamischen Systemen kann es passieren, daß der Ball gar nicht zu rollen aufhört. Er dreht sich immer und immer weiter im Graben umher. Das heißt, der Attraktor ist ein *Grenzzyklus.* In den komplexesten Fällen bewegt sich der Ball im Graben ohne Muster oder Periode. Das nennt man »Chaos«, und der Attraktor ist *chaotisch.*

FCM-Bälle bleiben liegen oder rollen immer weiter in einem Grenzzyklus. Wenn man sich die FCM-Felder als Glühbirnen vorstellt, dann könnte der Grenzkreis wie eine blinkende Lichterbotschaft auf dem Strip in Las Vegas aussehen. Ein erster Schnappschuß könnte ein N formen oder blinken, der nächste ein E, dann ein U, der nächste könnte zu N zurückkommen und die Serie wiederholen. Das ergibt NEU. Doch der Grenzzyklus drückt tatsächlich NEUNEUNEUNEUNEUNEUNEU . . . aus. Er bleibt in dem verborgenen Muster NEU hängen. FCMs kühlen sich sehr schnell auf Grenzzyklen ab. Das ist ein Theorem. Sie brauchen ein paar Schritte, um dorthin zu gelangen, aber man kann beweisen, daß sie immer dort ankommen und so lange da bleiben, solange man die FCM nicht ändert.

Die südafrikanische FCM sieht zu verworren aus, um damit arbeiten zu können. Doch machen solche Verwicklungen das verborgene Muster reichhaltiger. Dadurch werden die FCM-Systeme noch dynamischer und erhalten noch mehr Attraktoren. Ich habe diese FCM auf der Grundlage eines Artikels des Wirtschaftswissenschaftlers Walter Williams gezeichnet, der 1986 aus Südafrika zurückgekehrt war. Damals forderten die meisten Zeitungen, daß die USA ihre Investitionen aus Südafrika zurückziehen sollten, um das Botha-Regime zu zwingen, die Apartheid aufzugeben. Das klang gut, doch Williams wies darauf hin, daß es gerade die Personen treffen würde, denen man helfen wollte. Die Armen

hätten weniger Arbeit, ihr Lebensstandard würde weiter sinken, und das würde das Land destabilisieren. Das leuchtete mir ein, und ich wollte sehen, ob eine FCM zum selben Ergebnis käme. Sollte das der Fall sein, dann hieß das nicht unbedingt, daß Williams recht hatte. Es würde nur seine Schlußfolgerung aus einzelnen Argumenten und Annahmen unterstützen. Er beschrieb die Gründe Satz für Satz – ein oder zwei Felder und eine Linie nach der anderen. All das bildet und verbirgt das umfassende Muster im System.
Ich zeichnete die FCM und ließ sie auf einem Computer laufen. Jedes Feld konnte an- oder abgeschaltet werden. Um die Behauptung zu prüfen, aktivierte ich das Feld AUSLÄNDISCHE INVESTITIONEN so lange, bis die FCM zur Ruhe kam und in einen Attraktor fiel. Das war das verborgene Muster, die FCM-Vorhersage, die Antwort auf die Frage: Was passiert, wenn das Ausland in Südafrika in großem Umfang investiert? Bei diesem Muster waren einige Felder an, der Rest war aus. Eingeschaltet waren AUSLÄNDISCHE INVESTITIONEN, BERGBAU, BESCHÄFTIGUNG VON SCHWARZEN, RADIKALISMUS WEISSER RASSISTEN, STÄRKE DER REGIERUNG und WÄHLERSCHAFT DER NATIONALPARTEI. Ausgeschaltet waren APARTHEID und ARBEITSPLATZGARANTIE FÜR WEISSE. Die Antwort ist qualitativ. Sie sagt ein Muster und keine Zahlen voraus. Bislang schien sie Williams Forderung zu unterstützen. Wenigstens führten fortgesetzte Investitionen nicht zu einem sozialen Chaos.

Was würde passieren, zöge das Ausland sein Kapital aus Südafrika zurück? Wie prüft man das auf einer FCM? Man beginnt nicht damit, das Feld AUSLÄNDISCHE INVESTITIONEN abzuschalten, hält es vielmehr eingeschaltet, wie ich es getan hatte. Erst wenn die FCM auf ihr verborgenes Muster konvergiert, schaltet man das Feld ab. AUSLÄNDISCHE INVESTITIONEN ist ein politisches Feld, auf das keine kausalen Einflüße einwirken. Wenn es einmal ausgeschaltet ist, dann bleibt es aus. Ich schaltete nun also die AUSLÄNDISCHEN INVESTITIONEN ab. Die FCM wirbelte durch viele Zustände und verfiel zuletzt in einen Grenzzyklus mit zwei Zuständen, zwischen denen sie hin- und herblinkte. In dem einen waren nur RADIKALISMUS WEISSER RASSISTEN und ARBEITSPLATZGARANTIE aktiv. Die Regierung war gestürzt. Der andere Zustand zeigte EINHEIT DER SCHWARZEN STÄMME und APARTHEID an. Dieses verborgene Muster sah ganz nach sozialem Chaos und Bürgerkrieg aus.

Der Test unterstützte die Thesen von Williams, bewies sie aber nicht, was FCMs auch gar nicht können. Sie können uns zeigen, wie sich das Ganze unserer Vorstellungen verhält. Sie offenbaren *umfassende* Muster. Wenn die FCM an Komplexität zunimmt, wird es schwieriger, die verborgenen Muster zu erkennen. Dann hilft nur noch eine mathematische Methode. Und die Resultate können einen überraschen oder irritieren. Diese FCM erregte bei einem Gutachter meiner Arbeit solchen Anstoß, daß er verlangte, der Herausgeber der Zeitung solle die Bezeichnungen APARTHEID, AUSLÄNDISCHE INVESTITIONEN und die der anderen Felder streichen. Da beide Williams politischen Standpunkt nicht teilten, wurde die komplizierte FCM mit Ziffern in den Feldern anstelle von Bezeichnungen gedruckt. Die Analyse über Feld 6 und 7 blieb unverständlich. So können unbewegliche Politik und die Suche nach Wahrheit manchmal enden.

Mir gefiel es, daß FCMs Leute verunsichern und Kausalitätsbilder von aktuellen Themen entwerfen können. Sie legen unsere Vorurteile, Annahmen und unser Verständnis von der Welt frei. Besonders hilfreich sind sie, wenn Werte aufeinanderprallen, die Herz und Kopf zusammenbringen. Ich habe festgestellt, daß Studenten ihre besten FCMs zeichnen, wenn sie den Streit von Regierungen, die Ausbreitung von Aids oder Themen zu modellieren versuchen, die mit Macht oder Sex zu tun haben.

Rod Taber von der Universität von Alabama in Huntsville hat FCMs zu medizinischen und sozialen Problemen publiziert, wie beispielsweise die Abbildung auf Seite 272, die eine FCM des Kokainmarktes zeigt.

Bei einer Wanderung durch die Mojave Desert in Kalifornien habe ich den großen und stämmigen Rod über die FCM ausgefragt. Ich erzähle davon, weil es zeigt, wie man eine FCM abstimmen kann, wie schwer das ist und wie gut es wäre, wenn das ein neuronales Netz erledigen könnte. Es war Winter, und der Wind blies uns die Eiskristalle ins Gesicht. Schwerbeladen stiegen wir die Providence Mountains hinab, um dem Sturm zu entkommen, bevor es Nacht wurde. Und das Gespräch lenkte uns von den Beschwernissen ab. Ich fragte Rod, ob nach seiner FCM

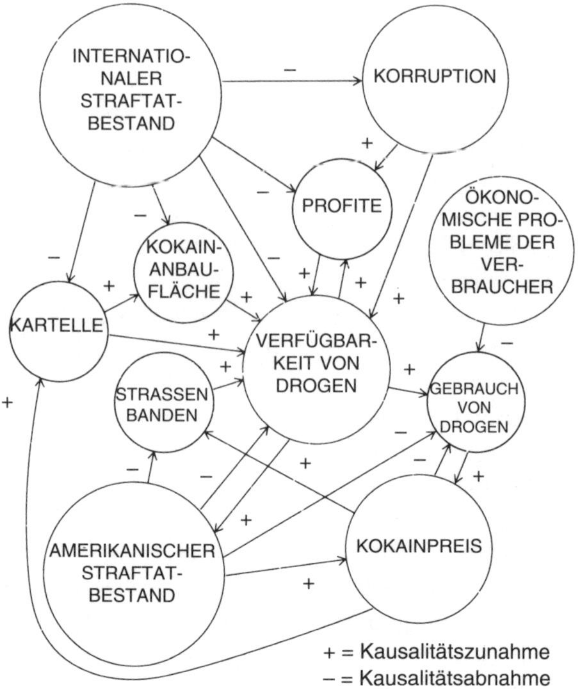

die Kokainlieferungen zurückgingen, wenn die USA ihren Kampf gegen die Drogen verstärkten. Ich fügte hinzu, daß das schon dabei herauskommen sollte, sonst müßte er noch ein paar richtig fuzzige Pfeile hinzufügen. Er hatte wenig Lust, noch etwas an seiner FCM zu ändern, da sie bereits gedruckt vorlag und jederzeit erscheinen konnte. Aber er würde sie natürlich modifizieren, wenn wir fehlende Verbindungen ausmachen könnten.

Als erstes wollten wir feststellen, ob der Kokainnachschub nachließ oder unterbrochen wurde, wenn man das Feld AMERIKANISCHER STRAFTATBESTAND eingeschaltet ließ. Wir hatten eine Kopie seiner Arbeit dabei, aber das war auch alles. Die Überprüfung der Behauptung konnte nur mit Hilfe der Matrixalgebra gelingen. Eine FCM-Matrix bestand aus 11 · 11 = 121 Zahlen. Wir mußten alles im Kopf berechnen, um zu wissen, ob ein Feld an- oder ausging. Jeder Rechenschritt war so etwas wie eine Multiplikation von 235 und 9478 im Kopf, während wir in einem Schneesturm einen Berg hinabrutschten. Mozart wäre das gewiß leichtgefallen, aber wir hatten damit so unsere Probleme. Als wir endlich in unseren Schlafsäcken lagen, stand fest, daß die FCM nicht die richtige Antwort geben würde. Der Kokainnachschub ging nicht zurück, wenn die US-Polizei dagegen vorging. Wir haben das Ergebnis später mit einem Computer überprüft, und er hat uns recht gegeben.

Als nächstes mußte eine sinnvolle Linie gefunden werden, die den Kokainnachschub senkte, wenn die Polizei mehr tat. Womit könnte man ihn stoppen oder einschränken? Mein Argument war, daß die Polizei allein den Nachschub zwar schwächen, aber nicht unterbrechen konnte. Denn schließlich stiegen die Schwarzmarktpreise und der Profit dermaßen, daß der erste Einknick aufgefangen würde. Und was noch schlimmer sei: Ökonomen wissen, daß Preise und Profite bei unveränderter Nachfrage unendlich steigen, wenn der Nachschub ausbleibt. Dann legen die Polizisten und Soldaten ihre Waffen weg und pflanzen selbst Kokainsträucher an. Das war natürlich ein extremer Wenn-dann-Fall. Kurzfristig können die USA den Nachschub eindämmen, wenn sie viele Polizisten einsetzen *und* wenn ihnen die anderen Länder helfen. Tabers FCM brauchte sowohl ein amerikanisches als auch ein internationales Verbot. Das würde den Nachschub senken.

Was fehlte also? Die FCM brauchte Feedback aus den USA, um die Herkunftsländer zur Mithilfe zu bewegen. Preise können gewichtige Rückkopplungssignale sein. Die FCM benötigte eine Plus-Verbindung vom KOKAINPREIS zu den südamerikanischen Kokain-KARTELLEN. Höhere Preise ergeben höhere Profite. Das hilft nur den Kartellen. Stärkere Kartelle heißt mehr Ärger in den Herkunftsländern und zunehmende Bitten der USA um Hilfe. Um die neue Plus-Verbindung einzufügen, mußte eine 0 durch eine +1 in der großen FCM-Matrix aus 121 Zahlen ersetzt werden. Dann kämpften wir erneut gegen den Schnee und die Dunkelheit an, um alles noch einmal durchzurechnen. Diesmal tat die FCM, was sie tun sollte. Der Kokainnachschub sank, wenn die US-Polizei ihre Bemühungen verstärkte. Auch das hat der Computer später bestätigt.

Eine Verbindung änderte den Output, ein Kausalitätspfeil das verborgene Muster. Rod und ich haben das zuerst nicht gesehen. Wir haben die FCM angeschaut, darüber gestritten und dabei viele Ideen und Tricks ausprobiert. Man könnte denken, daß man einen Computer einsetzen kann, um alle Möglichkeiten durchzuspielen. Man kann das auch mit einem Schachspiel versuchen. Es gibt zu viele Möglichkeiten. Es gibt viel mehr Schachpartien (über 10^{120}, eine 1 mit 120 Nullen) als Teilchen im bekannten Universum (etwa 10^{80}). Wir verlassen uns auf unser Glück und unser Gefühl, um auf neue Ideen zu kommen. Ein Computer verläßt sich auf seine Kapazität, wenn er Ast für Ast eines riesigen Entscheidungsbaums absucht. Beide Wege sind schwer, und sie erreichen ihre Grenze schnell.

In die kalte Wüstennacht brach ein Blizzard mit Stürmen von mehr als 100 Stundenkilometer Geschwindigkeit hinein. Es war zu kalt und noch zu früh, um in unseren eisigen Schlafsäcken den Schlaf zu suchen, und das Gespräch über die FCM war längst vorbei. Ab und zu döste ich ein, wurde wieder wach, wenn meine Zehen oder Finger zu erfrieren drohten oder der Sturm Schnee in meinen Schlafsack blies. Das ging etwa zwölf Stunden so. Erst in der Morgendämmerung ließ der Wind nach, und wir fanden ein wenig Schlaf. Als wir nach ein paar Stunden wieder aufwachten und schnell unsere Sachen packten, sahen wir – nur ein paar Meter von uns entfernt – eine trockene Höhle. Im Sturm am Abend zuvor hatten wir sie und den kurzen Weg zu ihr übersehen.

Neuronale Netze ermöglichen eine Abkürzung, wenn man eine FCM abstimmen will. Der Trick besteht darin, die fuzzigen Kausalfäden sich so ändern zu lassen, als ob sie Synapsen in einem neuronalen Netz wären. Sie können sich nicht nach denselben mathematischen Gesetzen ändern, da FCM-Linien kausale Wirkungen darstellen und nicht Signalströme. Wir bombardieren die FCM-Felder mit echten Daten, die festlegen, welche Felder an oder aus sind und zu welchem Grad dies zu jedem Augenblick der Fall ist. Dann wachsen die Linien zwischen den Feldern. Als ich das zum erstenmal 1985 ausprobierte, ließ ich die Linien wie Synapsen wachsen. Diese verbinden neuronale Aktivitäten. Doch in einer FCM führt das zu flüchtigen Kausalverbindungen. Zwei

Konzepte haben nicht schon deshalb etwas miteinander zu tun, weil sie zur gleichen Zeit wirksam sind.

Also wandte ich mich erneut der brotlosen Kunst der Philosophie zu, um auf neue Ideen zu kommen. Philosophen haben viel über Ursache und Wirkung nachgedacht. Bis zu David Hume haben die meisten an den Kausalzusammenhang geglaubt. Nach David Hume haben sie nicht mehr daran geglaubt. Für Hume waren Ursachen Illusionen, etwas, das der Geist dem Strom der Ereignisse aufdrückt, ein Muster der Korrelation, eine »dauernde Konjunktion von Ereignissen«. Man könnte »Feuer verursacht Wärme« durch »Wenn Feuer, dann Wärme« ersetzen. Mir hat dieser Gebrauch der Korrelation nicht gefallen. Er war zu statisch. Kausalität hat mit Änderungen zu tun.

Dann beschäftigte ich mich mit dem Kausalitätsbegriff bei John Stuart Mill, Humes Nachfolger. In seinem *System der deduktiven und induktiven Logik* hat Mill geschrieben, daß Kausalität eine »begleitende Variation« ist. Wir stellen eine Kausalverbindung zwischen A und B her oder spüren sie doch, wenn sich beide zusammen verändern. A und B müssen auf dieselbe Weise in Bewegung sein. In neuronalen Netzen bedeutet die Humesche (korrelierende) Sicht, daß man A mit B multiplizieren muß, um den synaptischen Wert zwischen ihnen zu erhalten. Man nennt dies Hebbianisches Lernen, nach dem Neurobiologen Donald Hebb, der 1949 erstmals darüber geschrieben hat. Ich wollte aber die Änderung von A mit der Änderung von B multiplizieren. In der Integral- und Differentialrechnung mißt die Ableitung die Änderung einer Sache oder eines Vorgangs. Geschwindigkeit ist die Ableitung oder die Änderung der Position. Beschleunigung ist die Ableitung oder Änderung der Geschwindigkeit oder die Änderung der Änderung der Position. Man braucht nicht zu wissen, was eine Ableitung ist, um zu sehen, worauf ich hinauswill. Man muß nur wissen, daß eine Ableitung Änderungen mißt. 1985 multiplizierte ich also die Ableitung von A mit der Ableitung von B und nannte das Ganze *differenziertes Hebbianisches Lernen* (DHL). Ich schlug DHL als einen Weg für FCMs vor, aus Daten zu lernen. Ich dachte aber auch, daß das Verfahren sich auf reale Synapsen in wirklichen Gehirnen anwenden ließ, und einige Hirnforscher haben seitdem bestätigt, daß es geht. Zunächst will ich aber bei den FCMs bleiben und zeigen, wie DHL funktioniert.

A und B seien Felder einer FCM. A oder B können die Sozialpolitik, die Stärke einer Regierung oder der Zielwert einer Brücke sein. Angenommen, A wächst ein wenig. Dann ist die Differenz zwischen dem neuen und dem alten A positiv. Die Änderung von A ist positiv (+). Nehmen wir weiter an, daß auch B ein wenig größer wird. Dann ist auch die Änderung von B positiv (+). Nun ergibt plus mal plus wieder plus. Der Freund meines Freundes ist mein Freund. Man addiert also eine kleine Zahl zu der Linie von A nach B. Nun nehmen wir an, daß A abnimmt. Dann ist die Änderung negativ (−). Wenn B abnimmt, ist seine Änderung ebenfalls negativ (−). Wenn wir beide Änderungen multiplizieren, bekommen wir einen positiven Wert: Minus mal minus ist plus. Der Feind meines Feindes ist mein Freund. Wieder addiert man eine kleine Zahl zu der Linie. Wenn sich A und B zusammen ändern, vermuten wir, daß zwischen ihnen eine Kausalverbindung besteht.

Das Umgekehrte passiert, wenn sie sich in entgegengesetzte Richtungen ändern, wenn zum Beispiel A zunimmt und B abnimmt. Dann multipliziert man eine negative mit einer positiven Zahl und bekommt eine negative Zahl. Der Freund meines Feindes ist mein Feind. Dasselbe gilt, wenn A abnimmt und B zunimmt. Der Feind meines Freundes ist mein Feind. In beiden Fällen zieht man eine kleine Zahl von der Linie ab, die nun dazu tendiert, eine negative Verbindung zu werden. Wenn sich weder A noch B ändern, bekommt man Null und keine Änderung an der Linie. Dies gibt einen kleinen Hinweis darauf, was ein Computer tun kann, wenn er DHL oder ein anderes Gesetz des Lernens betreibt, um große FCMs hervorzubringen und abzustimmen, wenn Daten einlaufen. Jetzt wissen Sie auch, was man mit einem Studium der Philosophie erreichen kann. Man schlage daraus mathematisches Kapital.

Jedesmal, wenn man ein FCM ändert, lernt man etwas, denn Lernen ist Änderung. Ich habe ein Schema ausgearbeitet, das es erlaubt, eine FCM zu einer anderen zu addieren (und man kann dabei die relative Bedeutung jeder FCM gewichten). Man kann auch alle FCMs addieren. Plus-Linien heben Minus-Linien auf.

Es stellt sich heraus, daß man jedes Buch, jeden Aufsatz oder jede Rede als FCM zu Papier bringen und sie alle zu einer gigantischen FCM addieren kann. Damit fängt der Prozeß erst an. Es gibt nämlich inzwischen viele Wege, auf denen man seine FCM für sich alleine als wahrhaft adaptives fuzziges System lernen lassen kann.

Stellen wir uns diese gigantische FCM-Wolke mit dem vollständigen menschlichen Wissen vor, mit dem guten, dem schlechten und dem blöden Wissen. Sie könnte sich zwischen Tausenden von miteinander verbundenen Computern befinden. Oder sie könnte als winziger Chip im Laptop von morgen oder im Inneren eines Hirns stecken. Nachrichten über Ereignisse bringen die Felder zum Feuern. Die neuesten Gesetze des Lernens verwandeln die Felderfeuerei in neue Kausalverbindungen. Das ganze Ding kreist und kommt mit der neuesten Vorhersage zur Ruhe. Einige FCM-Felder feuern ganze Unter-FCMs. Systeme mit fuzzy-logischen Regeln feuern einige Felder oder Unter-FCMs. Einige Felder feuern Systeme mit fuzzy-logischen Regeln. Unter-FCMs brechen ab und widersprechen der großen FCM. Konkurrierende soziale Grüppchen könnten ihre Unter-FCM vorbringen, ihre Treffer bejubeln und ihre Fehler wegerklären. Das ist nur ein Scherz. Worauf es ankommt: Der FCM-Rahmen läßt eine solche Idee zu. Es ist ein neuer Weg, Wissen darzustellen.

Ich glaube, daß wir in Zukunft FCMs am Ende von Kommentaren in den Zeitungen sehen werden. Verzichte aufs Ich und laß die FCMs ran! Zuerst wird die FCM nur ein Zusatz sein, um Eindruck zu machen. Dann werden wir uns daran gewöhnen und sie lesen. Wir können bald die Aussagen des Artikels besser mit den Kausalverbindungen der FCM überprüfen. Der Text wird nur für die Felder und Linien der FCM sprechen. Allmählich werden wir gut damit umgehen können. Journalisten, Anwälte, Sozialwissenschaftler und Mama und Papa werden sich im Umgang damit sicher fühlen, und zwar noch in diesem Jahrhundert, wie wir es bereits heute mit Graphiken und Statistiken aus Wirtschaft und Medizin tun. Dann wird die FCM der Artikel sein, der Text wird in den Anhang wandern. Wir werden erleben, wie die FCMs neben den TV-Köpfen wachsen, die uns abends die Nachrichten verlesen.

Die fuzzige Zukunft wird viele neue Werkzeuge bringen. Fuzzy Logic und neuronale Netze werden Eingang finden in die Volkskultur und in den Informationsfluß. Sie werden sich von einer Bedrohung über Liebhaberei zum Werkzeug wandeln. Fuzzy Logic wird unsere Einstellung im Kleinen wie im Großen ändern. Sie wird uns näher an die Maschinen bringen und die Maschinen näher zu uns. Fuzzy Logic wird unsere Absolutheitsansprüche in Fragen der Moral durchlöchern. Sie wird helfen, einige Probleme zu lösen, und sie wird bei anderen viel Staub aufwirbeln.

Einsteins Theorie der Relativität gab der Behauptung »Alles ist relativ« neuen Aufschwung.* Fuzzy-Logic und die Maschinen, die sie verwenden, werden uns daran erinnern, daß gilt: »Grau ist in Ordnung«; und: »Alles ist eine Frage der Abstufung.« Es könnte sein, daß wir die Tage vermissen werden, in denen alles schwarz oder weiß war. Doch wie auch immer, diese Tage sind vorbei.

* Anm. des Übers.: Die Behauptung »Alles ist relativ«, wird nur von Leuten mit der Relativitätstheorie in Verbindung gebracht, die sie nicht verstehen. Als allzu einfaches populäres Schlagwort hat sich der Satz allerdings dem öffentlichen Bewußtsein eingeprägt. Einsteins Theorie fängt mit der Setzung an, daß die Geschwindigkeit des Lichtes konstant – also nicht relativ – ist.

DIE FUZZIGE ZUKUNFT

1 *Die Welt ist alles, was der Fall ist.*
6.362 *Was sich beschreiben läßt, das kann auch geschehen, und was das Kausalitätsgesetz ausschließen soll, das läßt sich auch nicht beschreiben.*
7 *Wovon man nicht sprechen kann, darüber muß man schweigen.*

Ludwig Wittgenstein
Tractatus logico-philosophicus

Die fuzzige Zukunft wird voller schlauer Geräte sein. Sie werden über eine hohe Maschinenintelligenz verfügen, und sie sehen wahrscheinlich ganz anders aus als die heutigen fuzzy-logischen Kameras, Rasierapparate oder Waschmaschinen. Einige werden höhere Intelligenzquotienten als unsere menschlichen Gehirne haben. Kleine und schnelle Computer werden unser Leben, unsere Arbeit und unsere Freizeit bestimmen. Und selbst große Systeme und Netzwerke werden schlau werden. Ein Satelliten-Kommunikationsverbund. Unterhaltungs- und Spielnetze. Gesundheits- und Kreditverbundsysteme. Auto-, Straßen- und Verkehrsverbundnetze. Waffen- und Spionageverbundnetze. Nachrichten- und Meinungsverbundnetze. Staatliche Überwachungsverbundnetze für Steuern, Befragungen, Strafen, Kredite, Schulden und Erziehung.

In diesem letzten Abschnitt möchte ich weder über die künftigen intelligenten Gerätschaften reden noch darüber, wie sie funktionieren. Dies gehört in Magazine oder Science-fiction-Romane. Auch habe ich über das Wie schon einiges berichtet. Maschinen werden mehr FAT bekommen (»FATter« werden). Sie werden kleiner werden, mehr Sensoren erhalten und besser Signale verarbeiten können. Sie werden mit neuronalen Netzen ihre eigenen fuzzigen Regeln aufstellen. Sie werden mit fuzzy-logischen kognitiven Karten Bilder der Welt entwerfen, und zwar in kleinem Maßstab, aber in großem Umfang und schnell.

Ich möchte darüber reden, wie das fuzzige Prinzip unsere Köpfe ändern könnte. Ich möchte darüber spekulieren, wie die

Fuzzy-Logik unsere Ansichten von Leben und Tod ändern könnte, Ethik, Rechtsstaat und die Frage, warum wir hier sind und wie Gott beschaffen ist, wenn es ihn gibt.

Von Wissenschaftlern wird nicht erwartet, daß sie über solche Dinge reden. Und die meisten Philosophen haben längst aufgehört, davon zu sprechen. So hat sich der logische Positivismus in der Welt des Geistes durchgesetzt. Alle Aussagen sind wahr oder falsch. Die Wissenschaft findet heraus, was stimmt. Man kann nicht mehr »Warum?« fragen. Wenn man etwas nicht mit Daten überprüfen oder mit Mathematik beweisen kann, dann kann man nicht darüber reden. Das ist es, wovon Wittgenstein gesagt hat, daß wir darüber nicht reden können. Ich werde aber trotzdem darüber sprechen, gerade so wie in den guten alten Tagen der Philosophie.

Früher war Philosophie anders. Man sagte alles, was man mit Wissenschaft und Mathematik sagen konnte, und danach versuchte man, mehr zu sehen und zu sagen. In den Tagen von Descartes, Locke oder Kant gab es nicht viel Mathematik und Wissenschaft. Heute gibt es sie aber, und ich habe Jahre damit zugebracht, ein kleines Bit oder Fit hinzuzufügen, und ich habe ein Gefühl dafür, wo die Grenzen liegen.

Ich möchte nun an den Grenzen der Wissenschaft nachdenken. Ich möchte über den Rand hinausgehen wie eine Leiter, die den festen Boden verläßt, der sie trägt. Ich werde dort beginnen, wo das Leben anfängt, und aufhören, wo das Leben enden könnte.

Leben und Tod

Sehen Sie dieses Ei? Damit können Sie alle theologischen Schulen und alle Kirchen dieser Welt über den Haufen werfen.

Denis Diderot

Die wütendsten Kontroversen werden über Fragen ausgetragen, bei denen es weder für die eine noch für die andere Seite gute Evidenz gibt.

Bertrand Russell

Ich habe über die Mauer geschaut und die Körper gesehen, die im Fluß trieben, und das wird auch mein Los sein.

Gilgamesch-Epos

Ob ihrer verkehrten Sinnesart sprechen sie zueinander: »Kurz und trübselig ist unser Leben; es gibt weder ein Heilmittel beim Ende des Menschen, noch ist der Retter aus dem Hades bekannt. Wir sind ja durch Zufall entstanden, und später werden wir sein, als wären wir nie gewesen. Ist doch nur Dunst der Hauch in unserer Nase und das Denken nur ein Funke beim Schlag unseres Herzens. Erlischt er, so wird der Leib zur Asche, und der Geist verflüchtigt sich wie dünne Luft. Selbst unser Name wird mit der Zeit vergessen, und niemand gedenkt mehr unserer Werke. Unser Leben geht vorüber wie die Spur einer Wolke und löst sich auf wie ein Nebel, der von den Strahlen der Sonne verscheucht und von ihrer Wärme zu Boden gedrückt wird. Denn das Vorüberhuschen eines Schattens ist unsere Lebenszeit, und unser Ende wiederholt sich nicht, weil es besiegelt ist und keiner wiederkehrt.«

Das Buch der Weisheit 2:1–5

Soweit ich sehe, sprechen die Prinzipien der Physik nicht gegen die Möglichkeit, Gegenstände Atom für Atom zu manövrieren.

Richard P. Feynman
»There's Plenty of Room at the Bottom«,
in: *Miniaturization*

Einige Leute möchten durch ihre Arbeit oder ihre Nachfahren Unsterblichkeit erlangen. Ich möchte Unsterblichkeit dadurch erreichen, daß ich nicht sterbe.

Woody Allen

Beginnt Leben mit der Empfängnis? Ermordet man einen Fötus, wenn man ihn abtreibt? Wo zieht man die Grenzlinie zwischen Nichtleben und Leben?

Leben fängt schon mit der Empfängnis an, und zwar deshalb, weil hier das Zellwachstum beginnt. Die Frage ist nur, zu welchem Grad gibt es hier Leben. Dies ist der Beitrag der Fuzzy-Logik zu dieser Debatte. Abstufungen.

Der Ausdruck »Leben« ist fuzzig. Er geht allmählich in »Nichtleben« und »Tod« über. Der Übergang ist eine Frage der Abstufung. Und die hängt von unserer Erfahrung ab. Wir und unsere neuronalen Netze lernen durch Beispiele, so auch, Leben und das Lebende zu erkennen. Wir lernen nicht, wie man beides definiert. Das Erkennen geht dem Definieren voraus.

Eltern und Lehrer, Bücher und Fernsehsendungen zeigen uns lebende und tote Viren, Zellen, Pflanzen, Bäume, Fische, Tiere und Menschen. Wir sehen junge und alte Menschen, Menschen in mittleren Jahren, Neugeborene und Frühgeburten. Wir versuchen alles als lebendig oder tot einzuordnen. Als Kinder bezeichnen wir das als Leben, was sich bewegt. Leben als Lebhaftigkeit. Fernsehfiguren und Cartoonhelden bewegen sich und bevölkern unsere Welt. Wenn wir heranwachsen, ziehen wir neue Grenzen zwischen Leben und Tod. Allmählich verstehen wir unter Leben – was? Einen Hirnzustand? Eine Menge von physikalischen Verhaltensweisen? Die Fähigkeit der Gene, sich selbst zu verdoppeln? Ein Bündel gesetzlicher Rechte? Die Grenzen sind verwischt, und dennoch runden wir auf oder ab und nennen es »lebendig« oder »tot«. Wir müssen jedes Ding »tot« oder »lebendig« nennen. Die Welt hat unsere Köpfe so konditioniert. Der Bivalenz-, der Entweder-Oder-Reflex. Er liegt der ganzen Debatte um die Abtreibung zugrunde.

Diese Debatte ist eine Auseinandersetzung zwischen schwarzweißer und grauer Sicht des Lebens. Oder sie wird es werden. Gegner und Befürworter der Abtreibung erwähnen nie einen Kampf zwischen Zweiwertigkeit und Vielwertigkeit. Vielleicht kommt es eines Tages dazu. Zur Zeit handelt die Debatte von den Rechten der Frauen und der Föten, von den Tatsachen im Labor und in der Klinik. Ich möchte mich an die Logik der Debatte halten, und die fängt mit der Logik von Linien an.

Lebenslinien

Fuzzige Mengen bilden neue Instrumente. Mengen und unscharfe Mengen können die vielen Ansichten in der Debatte modellieren. Wer glaubt, daß Leben mit der Empfängnis beginnt, und zwar hundertprozentig, der braucht keine fuzzige Menge. Ihm reicht eine schwarzweiße Menge. Die Abtreibungsgegner ziehen eine scharfe Linie zwischen Leben und Nichtleben. Sie teilt das Universum in Lebendes und Nichtlebendes auf. Das Nichtlebende liegt links von der Empfängnis, das Leben rechts davon.

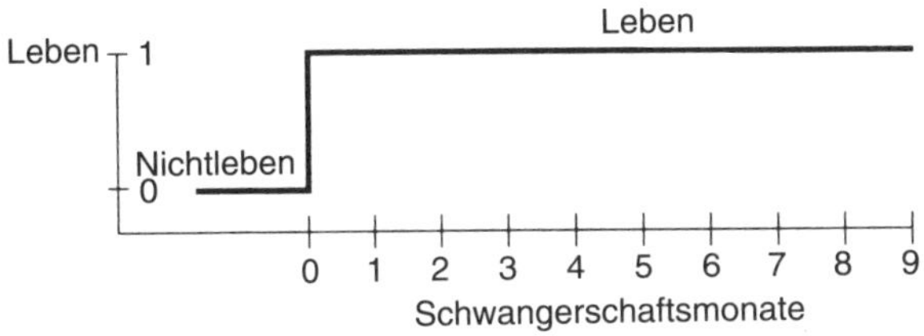

Diese Ansicht scheint gut definiert zu sein. Ihr liegt letztlich die alte Weisheit zugrunde, daß man nicht ein wenig schwanger sein kann. Die Eltern stellen jeweils ihre 23 Chromosomen zur Verfügung. Die Samenzelle (oder eine Nadel) bringt die 23 väterlichen Chromosomen in der Eizelle mit den mütterlichen 23 Chromosomen zusammen. Das Leben beginnt dann und nur dann, wenn die 46 Chromosomen fusionieren und eine Zygote (eine befruchtete Eizelle) entsteht. Die Verschmelzung ist ein langsamer und unsauber verlaufender molekularer Vorgang, den wir zu einem eindeutigen Ereignis abrunden. Danach lebt die Zygote, wenn sie sich richtig teilt. Wachstum. Bewegung. Leben.

Wenn man Leben als Wachsen definiert, dann hat das Leben jetzt angefangen. Doch das ist nur eine Frage der Definition. Wir können Wachsen genausogut »Tod« nennen und behaupten, der Tod fange mit der Empfängnis an. Damit würden wir den Ausdruck »Tod« auf eine neue Weise benutzen und den alten Gebrauch abwerten. Wir können immer mit Wörtern spielen und einige Beispiele oder Schlagworte aus abgelegenen Kulturen finden, um die Verbindung zwischen Tod und Wachsen zu verteidigen. Wer definiert, heftet ein Etikett an, gibt einen Namen, tut nichts. Wer sagt, daß Leben Wachsen ist? Wer sagt, daß Leben hundertprozentig so ist? Wer eine Linie zieht, muß sie nicht für gut halten. Sie liefert nur einen Fall, den man betrachten kann. Man kann die Linie irgendwo rechts von der Empfängnis ziehen. Die Abtreibungsbefürworter tun genau das.

Doch das Nichtleben liegt immer noch links von der Linie und das Leben rechts. Aber wo liegt die Linie? 1973 bestärkte der Fall »Roe gegen Wade« vor dem höchsten amerikanischen Bundesgericht die Ansicht, daß man einen Fötus nicht mehr nach den ersten drei Monaten abtreiben sollte. Damit würde die Linie bei drei Monaten liegen. Einige Abtreibungsbefürworter lehnen die Dreimonatsfrist ab. Sie ziehen die Linie bei sechs Monaten. Andere wollen die Abtreibung sogar bis kurz vor der Geburt zulassen. Sie ziehen die Lebenslinie bei neun Monaten.

Abtreibungsgegner lehnen diese vielen Linien als willkürlich und prinzipienlos ab. Ihre Linie ganz links ist gut begründet und hat mit dem Zellwachstum zu tun. Doch die Linie ganz rechts ist auch gut definiert und hat mit der Geburt zu tun. Zwischen den beiden Extremen gibt es genauso viele Linien, wie es Zahlen auf dem Zahlenstrahl gibt. Damit teilt sich die Abtreibungsdebatte in zwei Auseinandersetzungen. Einmal die Linie ganz links gegen alle anderen. Dann alle anderen Linien gegen alle anderen Linien – das Spektrum der Fristenlösungen.

Man glaube nur nicht, daß Mediziner oder gute Einfälle helfen könnten, die Linie zu ziehen. Sie machen alles nur noch fuzziger. Ein EEG mißt allmähliche Änderungen der Hirnaktivität. Ein EEG ist präzise, aber es hilft nicht weiter. Präzision führt nur zu mehr Fuzzigkeit. Man kann die Trennlinie zwischen Zellen und Nichtzellen überhaupt nicht mehr sehen, wenn das Mikroskop groß genug ist, durch das man schaut. Geh näher ran, und die Sache wird fuzziger. Daher klappt der Trick nicht, Tod als Hirntod und damit Leben als Nichthirntod zu definieren. Ein EEG liefert eine Kurve. An jeder Stelle, an der man eine Linie durch die Kurve legt, bekommt man Grenzfälle. Niemand will aufgrund einiger weniger elektrischer Impulse töten oder Anklage erheben.

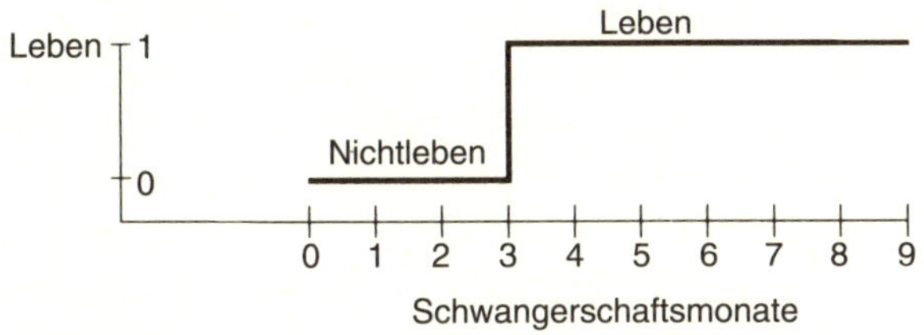

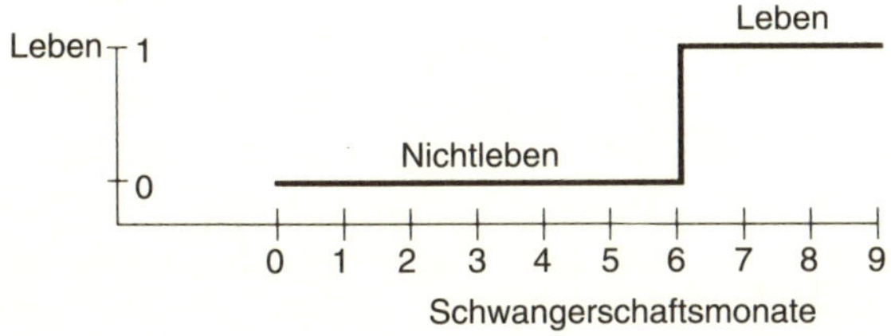

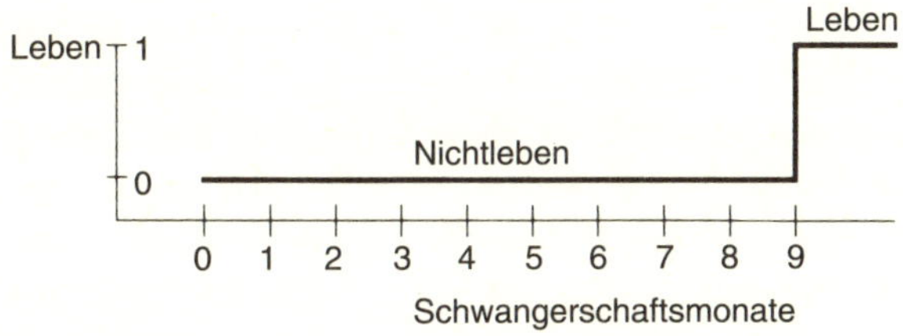

Die EEG-Kurven machen uns aber deutlich, daß auch der Tod grau ist. Einige Menschen fallen ins Koma. Ihre Familie, ihre Freunde, ihr Arzt und ihre Versicherung müssen darüber nachdenken, wo man die Linie zum Tod ziehen soll. Wenn der Tod grau ist, und wenn der Tod Nichtleben ist, dann ist auch das Leben grau. Leben ist fuzzig. Man kann Linien durch Fuzziges ziehen, so wie Papst Alexander VI. im Jahre 1494 eine Linie durch die Neue Welt zog, um sie unter Spanien und Portugal aufzuteilen. Unsere Linien werden ebenso willkürlich sein.

Linien sind bivalent. Das ist das Problem. Jeder spielt mit den Regeln des Aristoteles. Niemand kann eine Linie ziehen und die beiden Seiten zur Zustimmung bewegen. Jede Linie ist willkürlich, eine vorgetäuschte Spaltung zwischen Leben und Tod. Jede Linie bringt all die Probleme mit sich, die die Bivalenz in den letzten rund 3000 Jahren verursacht hat. Sie erzwingt Auf- und Abrundungen und Grenzfälle. Es gibt Gründe, warum wir Schülern eine 1– oder eine 3+ oder eine 4 geben und nicht nur zwischen »Durchgefallen« und »Bestanden« unterscheiden.

Lassen wir also Buddha eine Linie und eine Nichtlinie ziehen. *Zeichnen wir eine Kurve.* Leben und Tod oder Nichtleben sind eine Frage der Abstufung. Wir alle wissen, daß Leben langsam in Tod übergeht, wenn wir alt oder krank sind. Auf dieselbe Weise kann Nichtleben langsam in Leben übergehen. Die Übergänge sind grau. Leben springt nicht einfach von An nach Aus oder von Aus nach An, die Geschichte macht ja auch keinen Sprung am Ende eines Jahrhunderts. Leben entfaltet sich gemächlich von Nichtleben zu Tod.

Eine fuzzige Lebenskurve steigt in der Abbildung auf Seite 287 oben von links nach rechts an. Diese Kurve hat keine Grenzfälle wie eine Linie. Zu einem gewissen Grad ist kein Fall ein Grenzfall. Und zu einem gewissen Grad ist jeder Fall ein Grenzfall. Es gibt keinen plötzlichen Übergang von Nichtleben zu Leben. Eine Lebenskurve liefert eine Nichtlebenskurve, beide treffen sich am »Mittelpunkt«, bei einem Wert von 50 Prozent. (Abb. auf Seite 287 unten)

Fuzzige Kurven haben zwei große Probleme. Zunächst gibt es unendlich viele Kurven. Es gibt genau so viele Kurven wie Linien. Jeder kann seine eigene Kurve zeichnen, und nicht zwei von ihnen müssen gleich sein. Dann stellt sich die Frage, was man mit einer Kurve macht. Wir wissen, was man mit einer Linie macht. Wir bestrafen alle, die sie überschreiten. Wir können darüber streiten, wie man sie bestraft und wie wir feststellen, daß sie die Linie überschritten haben. Doch in der Theorie entscheidet die Linie den Fall für uns. Was gilt bei einer Kurve? Was tut sie?

Sie läßt uns mit dem Kopf nicken. Das ist das erste und das

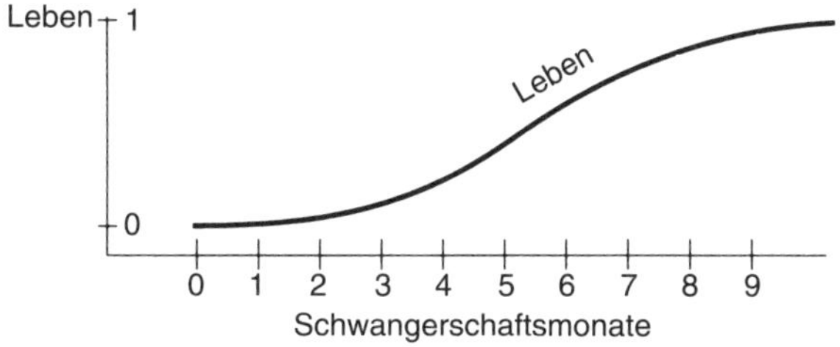

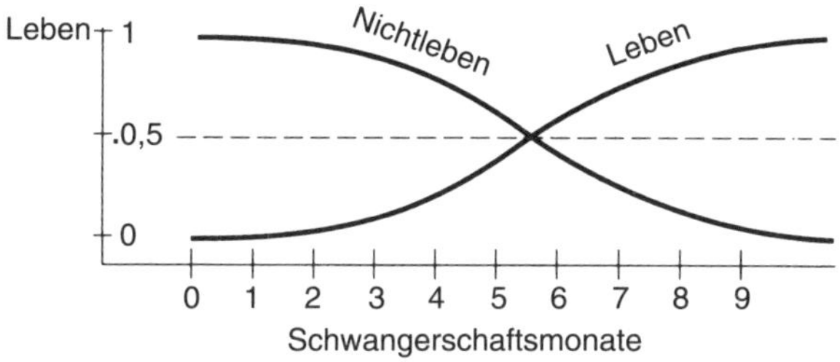

beste, was eine Kurve tut. Sie hilft uns zuzustimmen. Im Augenblick wollen wir nicht auf Nebenthemen achten. Angenommen, wir hätten die Wahl zwischen zwei Möglichkeiten. Einmal trennt eine Linie Leben und Tod, ein andermal eine Kurve. Wofür soll man sich entscheiden? Das läßt sich nicht ohne weiteres sagen. Niemand wird für eine schlechte Linie oder eine schlechte Kurve stimmen. Nehmen wir an, Linie und Kurve liegen eng beieinander. Die Kurve steigt dort steil an, wo die Linie liegt. Dann werden sich die meisten, so glaube ich, für die Kurve entscheiden. Sie gibt uns Deckung. Sie verschmiert den Sachverhalt und erleichtert die Entscheidung. Doch zunächst sollten wir eine fuzzige Lebenskurve finden.

Umfrageergebnisse

Wir können eine Lebenskurve aus Umfrageergebnissen entstehen lassen. Es gibt viele Möglichkeiten, um aus Daten Kurven unscharfer Mengen zu machen. Sie alle basieren auf Statistik und lassen die Kurve wie eine Treppe von links nach rechts ansteigen.

Ein demoskopisches Institut könnte Sie fragen, ob Sie mit der Abtreibung im ersten Schwangerschaftsmonat einverstanden sind. Sagen Sie nein, wird eine O für den ersten und die nächsten acht Monate notiert. Antworten Sie mit Ja, wird eine 1 für den ersten Monat gemacht. Dann werden Sie gefragt, ob Sie mit einer Abtreibung im zweiten Monat einverstanden sind. Sagen Sie nein, wird eine 0 für den zweiten und die weiteren sieben Monate aufgeschrieben. Wenn Sie bejahen, wird neben der 1 für den ersten Monat eine 1 für den zweiten Monat notiert. Und so weiter. Letztendlich bekommt man eine Liste von Nullen und Einsen und vielleicht einigen unklaren Antworten, die als ½ aufgeschrieben wurden. Alle Zahlen werden für jeden Monat addiert und durch die Anzahl der Menschen geteilt, die befragt worden sind. Dabei kommt eine neunstufige Treppe heraus, die sich einer stetigen Kurve nähert.

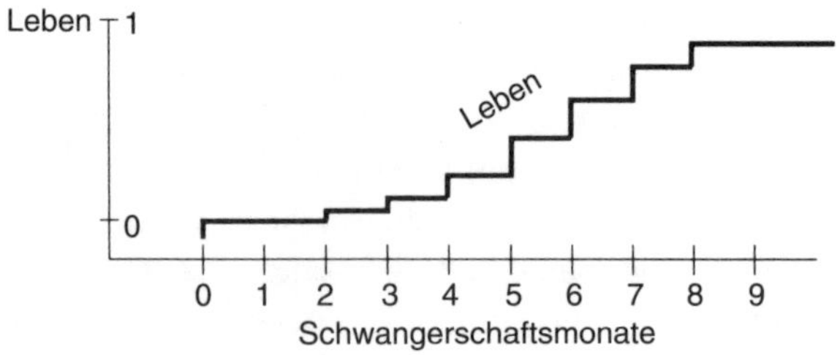

Es kann sein, daß sich jemand ärgert, wenn wir hier von Umfragen sprechen. Zu einem gewissen Grad bin ich auch verärgert. Ich bin nie befragt worden. Wie kann man einer Entscheidung trauen, die man nicht getroffen und zu der man nichts beigetragen hat? Ich habe Statistik studiert und weiß, daß die Mathematik stimmt, wenn man Tausende von Fällen sammelt, ob es nun

Glühbirnen, Reifen oder Menschen sind. Doch Umfragen scheinen uns zu entmenschlichen. Sie zeigen uns die Schattenseite der Demokratie. Formulierungen der Fragen und Umfragemethode können, selbst wenn man sich alle Mühe gibt, das Gegenteil erreichen. Man kann ein schiefes Bild mit falschen oder einseitigen Presseverlautbarungen oder mit abstoßenden Talkshows erzeugen. Und Presse und Politiker spielen mit Umfrageergebnissen im Namen der Wissenschaft. Die Presse hat aus der Wissenschaft der Umfrage eine Kunst gemacht. Die Presse tut so, als ob sie die älteste Frage der Ethik beantwortet hätte: Was ist richtig? Macht eine Umfrage, und findet es heraus!

Und genau das habe ich vorgeschlagen: Macht eine Umfrage, und findet es heraus! Viele Umfragen. Viele Umfragen in vielen Ländern unter vielen Berufen. Würden Sie nicht gerne den Verlauf der Lebenskurve in den USA sehen? Sie gibt es irgendwo da draußen, so wie es die Durchschnittsgröße eines männlichen Amerikaners im Alter von 5, 10, 15 und 20 Jahren gibt. Sie treibt sich als ein statistisches Absolutum in unseren Köpfen und Gehirnen herum. Wir müssen sie nur herausholen. Macht also eine Umfrage, und findet es heraus!

Mit der Zeit könnte jeder Staat eine fuzzige Lebenskurve veröffentlichen, ebenso medizinische Organisationen. Spezielle Ausschüsse und Institute könnten die vielen Lebenskurven mitteln und sie mit Populationszahlen gewichten. Jedes Jahr könnte der Ärzteverband unter seinen Mitgliedern eine Umfrage veranstalten oder von ihnen eine Kurve zeichnen lassen.

Lebenskurven unterstützen weder Gegner noch Befürworter der Abtreibung. Die meisten Kurven untermauern überhaupt keinen extremen Standpunkt. Dennoch sind sie eine Hilfe bei Entscheidungen, die auf mehr Information beruhen. Das paßt gut zur Verschiedenheit der Menschen.

Eine Lebenskurve liefert mehr Informationen als eine Lebenslinie. Sie zeichnet ein genaueres Bild. Sie hilft uns, über etwas einig zu werden. Doch sie leistet nicht, was wir tatsächlich von ihr erwarten. Sie gibt uns keine Linie, keine Entweder-Oder-Entscheidung. Eine Lebenskurve bietet nur einen begrenzten Fortschritt. Doch die Abtreibungsdebatte ist seit 1972 nicht vorangekommen, und wenn, dann nur durch gerichtliche Entscheidungen.

Angenommen, wir würden die amerikanische Lebenskurve kennen. Sie soll zu jeder Zeit eine »reale« und fixierte statistische Sache sein. Das Beste wäre, man hätte sich mit vielen Umfragen langsam an sie herangetastet. Egal, da ist sie also. Wir nehmen weiter an, die Kurve ist bald so bekannt, daß alle medizinischen Organisationen, Wissenschaften, Bürgergruppierungen und Gerichtshöfe sie zitieren, wenn es um die Abtreibungsfrage geht. Was würde passieren?

Ich glaube, dann würden wir die Lebenskurve nehmen und Lebenslinien in sie einzeichnen. Sie wären nicht mehr die alten Linien der Befürworter und Gegner der Abtreibung. Sie würden in einen »Ausschnitt« um den »Buckel« der Kurve herum fallen. Welcher Buckel? Ich weiß es nicht. Das hängt von der Kurve ab. Vielleicht würden sich die Linien um den Mittelpunkt oder die 50-Prozent-Marke häufen. Diese Linien würden für eine neue Debatte sorgen. Die auf der linken Seite würden den neuen Standpunkt der Abtreibungsgegner, die auf der rechten Seite den der Befürworter beschreiben. Berater und Ärzte könnten mit ihren Patienten über diesen »Lebensausschnitt« reden, ihn zur Richtschnur machen. Bei der Verabschiedung von Abtreibungsgesetzen spielte dieser Ausschnitt eine Rolle. Auf jeden Fall hätten wir mit den publizierten Lebenskurven neue Informationen zur Verfügung. Sie würden langsam unsere Einstellung zur Abtreibung ändern. Das könnte die Auseinandersetzung beruhigen.

Allmählicher Tod

Dann gibt es noch den Tod. Wenn Leben fuzzige Grenzen hat, dann gilt dies auch für den Tod. Die meisten von uns akzeptieren das. Jedes Jahr ändert sich die medizinische Definition von Tod ein wenig. Mehr Information, mehr Genauigkeit, mehr Fuzzigkeit. Jeden Tag retten Ärzte und ihre Helfer Männer und Frauen vor Herzinfarkten und anderen Unglücksfällen. Das Herz bleibt stehen und fängt wieder zu schlagen an. Die Hirnwellen flachen ab und erholen sich wieder.

Die Fuzzy-Logik könnte uns bei unserem Kampf gegen den Tod behilflich sein. Wenn man eine Hirnzelle nach der anderen töten kann, dann kann man sie auch wieder eine nach der anderen zum Leben erwecken, so wie man ein kaputtes Auto Stück für Stück repariert. Wann stirbt eine Zelle? Es gibt keine scharfe Trennlinie. Alle unsere Zellen leben und sterben zu einem gewissen Grad.

Stellen Sie sich Armeen von schlauen Maschinen im Blutkreislauf, im Gewebe und im Knochenmark vor. An dieser Front arbeitet die *Nanotechnologie,* und die intelligenten Maschinen sind winzige Roboter, die man daher auch »Nanoboter« nennen könnte.

»Nano« meint den milliardsten Teil von etwas, beispielsweise den milliardsten Teil eines Meters. Molekulare Maschinen bauen Teile Molekül für Molekül auf und zerstören sie Molekül für Molekül. Heute arbeiten unsere Computer mit Mikroprozessoren in der Größenordnung von einem Millionstel eines Meters. Sie haben mit großen Klümpchen von Molekülen zu tun, und sie können sie nicht Molekül für Molekül auf- oder abbauen. Die Chips von Mikroprozessoren haben ihr Quantenlimit erreicht. Die Schaltkreisdichte auf Chips hat sich seit den siebziger Jahren etwa alle zwei Jahre verdoppelt. Werden die Maßverhältnisse noch kleiner, müssen wir uns in die Nanowelt begeben.

Heute bauen amerikanische und japanische Forscher Nanoprozessoren und Computer aus Polymeren und Plastik. 1988 hat John Hopfield vom California Institute of Technology einen Speicherchip aus Polymeren entworfen. Er hat ihn noch nicht gebaut, aber er hat seinen Entwurf ausgearbeitet. Lichtpulse synchronisieren die »Uhr« des Chips und liefern Energie. Das Polymer ist eine lange Kette aus sich wiederholenden molekularen Einheiten. Der Polymerchip speichert einige Sachen und ruft sie ab, indem er chemische Botschaften so entlang der Kette sendet, wie Feuerwehrleute in einer Reihe Wasser eimerweise zum Brandherd schaffen. Andere Nanochips könnten mit molekularen Schlössern, Schlüsseln und Zahnrädern operieren.

Nun stellen Sie sich die Armeen aus Nanobotern vor, die Nachrichten weitergeben, mit winzigen fuzzigen Gehirnen nachdenken und sich gegebenenfalls wie Viren vermehren. Theoretisch können Nanoboter Aidsviren und Krebszellen töten, kranke und alte

Zellen und Gewebeteile reparieren und stärken, sie könnten vielleicht sogar unsere Augen schärfen, unsere Geschmacksknospen aktivieren und unsere Zähne putzen. Schwärme von Nanobotern könnten in der Luft Schmutzpartikel und sauren Regen vernichten und die Ozonschicht intakt halten. Ebenso könnten die verschmutzten Gewässer gereinigt werden. Das wird im nächsten Jahrzehnt noch nicht passieren, aber es wird kommen. Und es gibt auch einen Grund dafür.

Der Tod ist ein technisches Problem. Der Tod des Planeten. Der Tod eines Ökosystems. Der Tod eines Körpers. Es gibt keine Geister, Gespenster oder Seelen in der Nanowelt, und das ist gut so. Geister und Seelen gehorchen den Gesetzen der Physik nicht. Jedoch Moleküle. Das System stirbt, wenn seine Teile sterben. Die Teile sterben, wenn ihre Zellen sterben. Der menschliche Körper besteht aus Billionen von Zellen. Jede Zelle besteht aus Milliarden von Molekülen, die Muster bilden. Die Zellen ebenso, nach Anweisung der Gene. Wir können die Muster Molekül für Molekül und Zelle für Zelle nachbauen und sie allmählich verbessern. Molekulartechnik. Molekulare Maschinenintelligenz. Fuzzy-Logik in Nanobotern. Der Mensch als fuzzy-logische Maschine.

Die Molekulartechnik bricht kein physikalisches oder chemisches Gesetz. Der Nobelpreisträger Richard Feynman meinte in den frühen sechziger Jahren, daß es viel Platz am Grund der Dinge gibt. Er setzte sogar einen Preis aus: »Ich biete hiermit einen Preis von $ 1000 demjenigen, der die Information einer Buchseite auf einer Fläche unterbringen kann, die im linearen Maßstab auf 1:25 000 geschrumpft ist, und zwar so, daß sie mit einem Elektronenmikroskop gelesen werden kann.« Die meisten Wissenschaftler hielten das damals für witzig, aber tatsächlich für völlig unrealistisch. Doch 1990 konnte Don Eigler von IBM mit einem Elektronenmikroskop 35 Xenonatome so dirigieren, daß sie als IBM gelesen werden konnten. *Science, Nature* und die meisten Zeitungen brachten das Bild auf dem Titel oder auf der ersten Seite. Zum erstenmal hatten Menschen mit Atomen Informationen kodiert. Der erste Angriff auf die Tyrannei der Materie. Warum sollte man nicht eine Statue in einen Menschen verwandeln? Der französische Enzyklopädist des 18. Jahrhunderts, Denis Diderot, sah eine Möglichkeit: Zermahlt die Statue, laßt in deren Staub Bohnen, Erbsen und anderes Grünzeug wachsen, und eßt das Gemüse. Die Molekulartechnik schlägt einen einfacheren Weg vor: Man zerlege die Statuenmoleküle und setze sie als Menschenmoleküle neu zusammen. Auf diesem Weg bringt man das Tote zum Leben.

Die meisten von uns werden nicht mehr die schnelle und billige Molekulartechnik erleben. Die erste Generation, der das möglich ist, wird dann vielleicht sehr alt. Zukünftige Menschen werden dann nicht mehr durch Krankheit oder Zerfall sterben, allerdings durch Unglücksfälle – aber auch dann könnten sie die schlauen Nanoboter wieder auf die Beine bringen. Vielleicht stirbt man durch eigene Wahl. Das wird dann sicherlich legal sein.

Für uns gibt es nur einen bekannten Weg für eine Zeitreise in die Zukunft. Es ist kein guter Weg, aber es ist zur Zeit der einzige. Wir können unsere Körper oder nur unsere Gehirne bei sehr tiefen Temperaturen einfrieren lassen. Wir können die Zeit in eine Flasche mit flüssigem Stickstoff bei einer Temperatur von −180 Grad Celsius packen. Das ist so kalt, daß die meisten molekularen Änderungen zum Erliegen kommen, doch einige Quanten zerfallen weiter. Die extreme Kälte beansprucht das Fleisch so sehr, daß es in den Organen und im Gehirn zu Einrissen und Brüchen kommt. Wenn man aufgetaut wird, sieht man schlimmer als eine aufgetaute, matschige Erdbeere aus. Doch theoretisch könnten Nanoingenieure die Erdbeere Molekül für Molekül wieder hinkriegen. Und uns auch. Es dauert vielleicht ein paar Jahrhunderte, bis man wiederhergestellt wird. Währenddessen kann die Gesellschaftsordnung zusammenbrechen, der Staat verbietet vielleicht das Auftauen von Eingefrorenen, und die Jungs in den weißen Kitteln haben vergessen, flüssigen Stickstoff nachzufüllen, und sind insgesamt mehr daran interessiert, die finanziellen Mittel zu verwalten, die ihre Kunden eingezahlt haben und die mittlerweile exponentiell angestiegen sind. Selbst wenn alles gutgeht, könnte es sein, daß man mit Schmerzen, als Idiot oder als Staatssklave erwacht oder in einem Laden als Lebendgut angeboten wird. Vielleicht geht wirklich alles gut, man kehrt als Achtzehnjähriger auf die Welt zurück und muß die Blumen auf vielen alten Gräbern gießen.

Ich glaube nicht, daß es geschadet hätte, wenn man Einstein,

Gandhi und ein paar Dutzend andere eingefroren hätte. Wir hatten genügend Glyzerin und flüssigen Stickstoff. Einstein hat sein Gehirn der Wissenschaft auf die altmodische Weise zur Verfügung gestellt. Man hat es zerschnitten und inzwischen verloren. Die Physiker werden uns in ein paar hundert oder tausend Jahren vielleicht dafür verfluchen, daß wir Einsteins Hirn ruiniert haben. Sie könnten sagen, was die Einfrierspezialisten schon heute sagen, daß es schlimm ist, einen Geist zu verschwenden, zu begraben oder zu verbrennen.

Oder sehen wir uns das Ökosystem an, das wir zerstören. Jeden Tag verlieren wir ein paar Arten mehr, während wir den Planeten unter unsere Fittiche nehmen. Warum frieren wir nicht seltene Moose, Kräuter, Bäume ein? Oder Paare von Fischen, Affen, Vögeln, Insekten? Setzt sie in die Gefrierarche! Die Vereinten Nationen oder Ökogruppen können sich dann weiter um sie kümmern.

Warum frieren wir nicht einige der abgetriebenen Föten ein? Die meisten Abtreibungsverfahren töten den Fötus. Doch einmal wird das anders sein. Sehr frühe Abtreibungen können den Embryo erhalten. Wir präparieren schon längst Embryonen mit Konservierungsflüssigkeit oder frieren sie ein und setzen sie nach dem Auftauen in neue Gebärmütter ein, wo sie ganz normal heranwachsen. Vielleicht schiebt das die Abtreibungsdebatte auf. Die Kirche oder der Vatikan könnten Embryonen in ihren Kellern lagern und Pläne ausarbeiten, sie aufzutauen und großzuziehen. Sie würden natürlich nicht alle ins Leben zurückrufen können, aber es vermittelte den Abtreibungsgegnern ein besseres Gefühl.

Wer weder ein Einstein ist noch zu einer seltenen Art gehört, kann selbst das Geld aufbringen und sein Glück probieren. 1992 gab es erst 300 Menschen mit einem Einfrierkontrakt, und nur etwa 30, die schon in einer Tieftemperaturtruhe lagen. Meist sind dort nur die Köpfe gelagert. Eine Truhe mit Köpfen ist billiger und leichter zu warten als eine Truhe mit ganzen Körpern.

Ich gehöre zu den 300, die einen Vertrag unterzeichnet haben. Ich habe mich für die Einbringung des ganzen Körpers entschieden. Mir gefällt diese Vorstellung. Meine Freunde aber halten dies nur für ein sehr teures Begräbnis. Sollte es aber funktionieren, dann bezweifeln sie, daß ich mich an mich selbst erinnern werde. Wenn es große Erinnerungslücken geben sollte, dann kann ich sie vielleicht teilweise füllen, indem ich alte Zeitungen, Filme oder meine eigenen Werke studiere. Ich weiß nicht. Ich möchte die fuzzige Zukunft erleben, und ich sehe keinen anderen Weg zu ihr. Ich würde mein Leben nicht auf die Kryogenik verwetten. Aber ich setze dafür gerne meinen Tod ein.

Ethik und Gesetze

Der Mensch ist das Maß aller Dinge.

Protagoras

»Höre zu«, sagte Thrasymachos, »ich sage, daß Gerechtigkeit oder Recht bloß das ist, was im Interesse der stärkeren Partei liegt.«

Platon
Politeia

Gerechtigkeit ist keine abstrakte Größe. Es handelt sich bloß um einen Vertrag zwischen den Menschen mit ihren unterschiedlichen Beziehungen zueinander, so daß sie nicht verletzen und nicht verletzt werden können.

Epikur

Wenn ein Vertrag gemacht wird, dann ist es ungerecht, ihn zu brechen. Und die Definition der Ungerechtigkeit ist keine andere als die, einen Vertrag nicht zu erfüllen. Was aber nicht ungerecht ist, das ist gerecht.

Thomas Hobbes
Leviathan

Der Mensch ist frei geboren, und dennoch liegt er überall in Ketten. Wenn der Staat gegründet wird, liegt die Zustimmung im Wohnsitz. Wer in einem Territorium wohnt, unterwirft sich der Souveränität.

Jean-Jacques Rousseau
Über den Gesellschaftsvertrag

Da Wissenschaft auf Beobachtung beruht, kann sie so etwas wie eine Korrespondenztheorie der Wahrheit beanspruchen. Doch das Los der Ethik ist offensichtlich eine Kohärenztheorie.

Willard van Orman Quine
Theories and Things

Es gibt keine objektiven Werte.

J. L. Mackie
Ethics

Wissenschaft ist das Maß aller Dinge. Sie mißt das Universum und seine Teile mit Teleskopen, Mikroskopen, Tachometern, Spektrometern, Barometern, Elektrokardiogrammen, Elektroenzephalogrammen.

Und wir messen Ideen an der Wissenschaft. Wissenschaft favorisiert eine schlanke Diät, körperliche Übungen und das Händewaschen. Sie begünstigt keine Ideen, die nicht zur natürlichen Auswahl, zum Urknall oder dem zweiten Hauptsatz der Thermodynamik passen. Die Wissenschaft hat fast das Ende von Astrologie, Philosophie und Religion herbeigeführt. Sie existieren nur noch als Hüllen dessen, was sie einmal waren.

Wie steht es nun um die Ethik? Beseitigt Wissenschaft auch die Moral, das Gesetz und den Gesellschaftsvertrag, nach dem wir leben?

Ich glaube, die Antwort ist fuzzig: ja und nein. In gewisser Weise endet Vernunft immer im Zweifel. Jeden Tag strömen neue Tatsachen auf uns ein, und unsere Welt wird immer genauer vermessen. Ergebnisse verschwimmen, und unsere Sicht wird fuzziger. Jede Sache wirkt in gewisser Weise auf jede andere Sache ein. Tabakrauch, angebranntes Essen, Sonnenlicht, Asbest und Fernsehschirme verursachen zu einem gewissen Grad Krebs. Millionen Kräfte in der Wirtschaft tragen dazu bei, daß sich unser Planet erwärmt und seine dünne Atmosphäre verbraucht wird. Millionen Kräfte in unserem Gehirn, unserem Körper und unseren Genen formen unsere Gedanken, unsere Entscheidungen und unser Verhalten. Jeden Tag wird es schwieriger, eine Sache, eine Tat oder ein Ereignis als gut oder schlecht, als richtig oder falsch zu bezeichnen. Die Linien verwischen sich zu Kurven. Vernunft endet im Zweifel. Was schwarz und weiß anfängt, wird zuletzt grau.

Fuzzy-Logik ist ein Teil der Wissenschaft. Sie kam erst spät, aber sie kam. Was hat sie zur Ethik zu sagen? Es wird nicht jedem gefallen. In gewisser Weise hat sich Wissenschaft von der Ethik befreit. Wir haben keinen endgültigen Beweis, uns hilft nur Kraft gegen den jungen Mann in Dostojewskis Roman *Die Brüder Karamasow,* der die Maxime seines Bruders »Alles ist erlaubt!« in die Wirklichkeit umsetzt. Dazu verwischt noch Fuzzy-Logik die Ideen der Ethik. Jede Handlung ist zu einem gewissen Grad beabsichtigt und determiniert. Jedes Gesetz läßt Abstufungen und ein Spektrum von Ausnahmen zu. Aus der Nähe betrachtet, zieht sich der Gesellschaftsvertrag in einen Graubereich zurück, wo man ihn nach Gutdünken auslegen kann.

Die Wissenschaft nimmt der Ethik die Grundlage, da wir die Wissenschaft zum Maß aller Dinge erhoben haben. Wahrheit ist die Wahrheit der Wissenschaft. Wahrheit meint logische oder faktische Wahrheit. Sie bedeutet: mathematischer Beweis oder experimenteller Test. Wahrheit kann eine Frage der Abstufung sein. Doch damit ist der Ethik nicht gedient.

Die fuzzige Wahrheit der Ethik

Die Beweisführung beginnt so: Sind Aussagen der Ethik wahr oder falsch? Sehen wir uns eine an: »Morden ist falsch.« Stimmt das? Wir wissen, daß die soziologische Behauptung zutrifft: »Die meisten Menschen sind der Ansicht, daß Morden falsch ist.« Doch was gilt für die rein moralische Forderung? Ist Morden falsch? Wir wollen ja sagen, wir sagen ja, und wir stehen mit Nachdruck dahinter. Doch heißt das, daß Morden falsch ist?

Wissenschaftler suchen nach Wahrheit in der Mathematik und in Experimenten, in der Logik und in den Tatsachen. Fangen wir also mit der Logik an. Ist »Morden ist falsch« logisch wahr? Wenn dies der Fall ist, dann ist der Satz entweder durch eine Definition oder durch eine Ableitung richtig. Ist »Morden ist falsch« per Definition richtig? Wenn dies der Fall ist, dann ist der Satz trivial. Ebenso können wir sein Gegenteil definieren. Eine definierte Wahrheit ist keine Wahrheit, nur ein Name.

Können wir »Morden ist falsch« als ein Theorem wie den Satz des Pythagoras ableiten? Wir können den Satz aus anderen moralischen Setzungen wie »Unprovozierte Aggression ist falsch« und »Mord ist eine unprovozierte Aggression« ableiten. Doch damit verschieben wir das Problem nur auf die ersten moralischen Setzungen wie etwa »Unprovozierte Aggression ist falsch«.

Wir wollen ein *Sollen* aus einem *Sein* ableiten. Philosophen haben dies seit Jahrtausenden versucht. Niemand hat bislang Erfolg gehabt. Man bekommt nicht mehr aus einem Beweis heraus, als man hineingesteckt hat. Man beginnt mit Voraussetzungen und zieht daraus Schlußfolgerungen. Wenn Sie mit einem *Sollen* anfangen, können Sie zu einem *Sollen* gelangen. Doch damit umgeht man die eigentliche Frage und verlegt die Debatte auf die Ebene der Voraussetzungen.

Das ist die eine Hälfte von dem, was Quine ausdrücken wollte, als er sagte, das Los der Ethik sei eine Kohärenztheorie. Man kann ein moralisches Axiom wie das Prinzip der Nichtaggression einführen – wer immer als erster Gewalt anwendet oder damit droht, hat unrecht – und daraus einen Baum der Moral wachsen lassen. Die Logik führt Sie von den Baumwurzeln zu den Ästen und den Blättern. Der Saft der Moral fließt den Baum hinauf. Moralvorstellungen sind kohärent. Sie widersprechen sich nicht, und jede leitet sich aus einer anderen ab, mit Ausnahme der Axiome an der Wurzel. Sie entspringt einigen Annahmen. Kohärent sein heißt einfach »in sich konsistent« sein. Ein Märchen ist kohärent.

Moralprüfung

Die andere Hälfte der Behauptung Quines hat mit Tatsachen zu tun und der Frage, ob unsere Ethik zu Tatsachen paßt. Wir möchten, daß unser Moralbaum, seine Wurzeln und wenigstens einige Zweige oder Blätter tatsächlich wahr sind. Wir wollen, daß unsere Moralbegriffe etwas mit Tatsachen zu tun haben. Sie müssen mehr Wahrheit enthalten als Märchen. Logische Wahrheit ist leer. Zuletzt geht es dabei nur um das Herumschieben von Symbolen. Hier stehen wir wieder vor einer Fehlpassung zwischen der Logik und der grauen Welt, den Tatsachen. Die wirkliche Kraft kommt aus Aussagen, die mit Tatsachen zusammenpassen; zu ihnen passen keine Märchen.

Ist es denn nun eine Tatsache, daß Morden falsch ist? Wir wissen, daß es eine Tatsache ist, daß wir glauben, Morden sei falsch. Stimmt das überhaupt? Diese Behauptung ist schwächer, als es den Anschein hat. Sie stimmt nur zu einem gewissen Grad. Jedes ihrer Wörter ist unscharf, fuzzig. Wir wissen Sachen nur zu einem gewissen Grad. Wir glauben Sachen zu einem anderen Grad. Die Grenze zwischen Mord und Nichtmord ist nicht scharf, wie jeder Jurastudent lernt. Was wir mit »falsch« meinen, ist vage und fuzzig und kaum von »nicht falsch« zu unterscheiden.

Auf diese Weise bringt Fuzzy-Logik Ethik und Gesetz durcheinander. Die Paralyse der Analyse. Am sichersten können wir noch feststellen, daß wir zu einem hohen Grad glauben, Morden sei falsch. Das führt zu einigem Widerspruch, und wir hoffen, daß wir unsere Ausdrücke nicht vollständig definieren müssen. Doch lassen wir die Behauptung einmal zu. Lassen wir die fuzzige Tatsache gelten. Schließlich sind alle Tatsachen fuzzig. Dann wissen wir wenigstens, daß einige Aussagen *über* moralische Systeme tatsächlich bis zu einem gewissen Grad zutreffen. Was gilt aber für Aussagen *innerhalb* eines moralischen Systems? Ist Morden falsch?

Wie vergleicht man eine Tatsache mit einer Aussage? Alle Passungen sind fuzzig, da alle Tatsachen fuzzig sind, und alle Aussagen über Tatsachen ebenfalls. Doch lassen wir auch die Passung gelten. Wir dürfen das nur nicht vergessen. Man bekommt so eine schwarzweiße Logik.

Man vergleicht eine Tatsache mit einer Behauptung durch einen Versuch. Man macht ein Experiment. Man findet Daten oder gewinnt Erfahrung, die für oder gegen die Behauptung sprechen. Man öffnet die Tür zur Welt und läßt den Strom der Erfahrungen oder der Ereignisse einfließen. Dieser Strom ist ein Ausschnitt aus dem Raum-Zeit-Kontinuum. Ein Vergleich ist ein Versuch. Ein Versuch besteht darin, einen geeigneten Ausschnitt (Gegenstand) der Raumzeit zu finden.

Doch Wörter und Gegenstände unterstreichen sich. Die fehlende Verbindung in jeder Behauptung besteht darin, wie wir die Wörter oder die Mathematik der Behauptung mit dem Ausschnitt der Raumzeit verbinden, der sie testen soll. Die Wörter sind fuzzig, da jedes Substantiv wie »Baum«, »Atom« oder »Stern« für eine unscharfe Menge von Bäumen, Atomen oder Sternen steht. Jedes Verb wie »fließen«, »zunehmen«, »vorschlagen« oder »Zustand ändern« steht für unscharfe Mengen von Aktionen oder Zuständen. Jeder Ausdruck wie »üblich«, »gewöhnlich« oder »exponentiell« schrägt ein Verb zu einem gewissen Grad ab. Jedes Adjektiv wie »stabil« oder »vorübergehend« oder ein Prädikativum wie »ist statistisch relevant« legt die fuzzige Teilmenge einer Menge von Substantiven wie »Zustand« oder »Versuche« fest.

Jeden Tag erheben Wissenschaftler ihren liebsten fuzzigen Anspruch: »Die Daten *legen* das und das *nahe«,* und sie erklären dieses Gesetz der Vermutung nicht (vielleicht, weil sie es nicht können). Auch die Ausschnitte aus der Raumzeit sind fuzzig: die Elektronenwolke, das molekulare Gleichgewicht, der Lungenkrebs, das spanische Weltreich, die Schlacht bei Waterloo, die Wirtschaftskrise, die Versorgung mit Weizen, der Bedarf an Weizen, der Polarstrom, die Passatwinde, das Erdbeben, die Stratosphäre, die Ozonschicht, die Sonnenflecken, der Sonnenwind, der Ring des Saturn, die Milchstraße, das bekannte Universum. Wer Wörter an Ausschnitte bindet, verbindet unscharfe Mengen mit fuzzigen Klumpen.

Eine Behauptung ist wahr, wenn ihre Wörter zu den Tatsachen passen. »Gras ist grün« ist dann und nur dann wahr, wenn Gras grün *ist.* Gras ist eine unscharfe Menge. Die Menge der grünen Dinge ebenso. Grünes Gras ist ein fuzziger Klumpen in der Raumzeit. Man prüft »Gras ist grün«, indem man die Menge Gras und die Menge der grünen Dinge mit dem Klumpen aus grünem Gras verbindet. Wenn die Wörter mit dem Klumpen eine Verbindung eingehen, dann ist die Behauptung zu einem gewissen Grad wahr. Je fester die Verbindung ist, desto mehr trifft die Behauptung zu. Wie fest ist eine Verbindung? Niemand kann das beantworten. Wir nicken bei einigen Verbindungen und schütteln unseren Kopf bei anderen. Und dann wenden wir uns dem nächsten Thema zu.

Ein Wahrheitstest benötigt einen Ausschnitt aus der Raumzeit. Aber welche Raumzeit? Wir wollen antworten: »Die, in der wir leben«, aber wir können nicht sicher sein, daß es nur die eine gibt. Wir können über nichts sicher sein. »Sein« und »sicher sein« sind für uns Zustände von neuronalen Netzen in unseren Gehirnen. Das hat mit Elektrizität, Chemie, Hormonen und anderen Hirnbestandteilen zu tun. Das einzige, bei dem wir sicher sein können, sind logische Tautologien wie »Gras ist Gras« oder »2+2=4« und solche Aussagen, die – wie Einstein gesehen hat – keine Anwendung in der realen Welt finden. Wir könnten in mehr als einem Raum-Zeit-Kontinuum leben. Die neue Physik sagt, daß sich unentwegt winzige Löcher an unseren Fingerspitzen bilden – in dem 10^{-43}stel einer Sekunde – und zu einem neuen Urknall in einer neuen Raumzeit werden können. Wir können uns auch vorstellen, wie wir unsere Raumzeit durchmischen könnten, ohne die uns bekannten Gesetze der Physik zu brechen. Dies sind *physikalisch* mögliche Welten. In einigen von ihnen könnte der Satz »Gras ist blau« sehr wohl zu einem Haufen aus blauem Gras passen. In unserer Raumzeit ist »Gras ist blau« falsch, wenigstens zu einem gewissen Grad. Der Satz kann wahr sein an anderer Stelle. Es ist also eine *überprüfbare* Aussage. Das heißt, wir können uns einige mögliche Ausschnitte der Raumzeit vorstellen, an die wir die Behauptung knüpfen. Bei anderen ist das nicht möglich, so wie wir auch nie in der Lage sein werden zu überprüfen, wie sich vor 15 Milliarden Jahren der Urknall ereignet hat, wie sich winzige Löcher winden, wie das Universum in einem Gravitationskollaps endet oder den Hitzetod erleidet.

Zusammenfassend gilt, eine faktische Behauptung ist eine überprüfbare Behauptung. Sie erweist sich dabei als zu einem gewissen Grad richtig, wenn sie zum geeigneten Ausschnitt aus der Raumzeit paßt. Sie erweist sich als falsch, wenn dies nicht der Fall ist. Eine Behauptung ist überprüfbar, wenn sie zum Ausschnitt aus der Raumzeit passen »könnte«. Sie ist nicht überprüfbar, wenn sie »nicht« dazu passen »könnte«.

Können wir jetzt »Morden ist falsch« überprüfen? Wie geht das? Mit welchem Ausschnitt vergleichen? Was zählt als Evidenz dafür? Wir glauben, wir kennen die unscharfe Menge von Mordaktionen und die falscher Sachen. Doch woran binden wir den Strick fest? »Morden ist falsch« ist dann und nur dann wahr, wenn Morden falsch *ist.* Wir können Ausschnitte der Raumzeit finden, die Mordhandlungen sind. Wo aber finden wir Ausschnitte der Raumzeit, die falsch sind, die voller Verkehrtheit sind? Keine Tatsache, keine Daten, keine Beobachtung oder Erfahrung oder Messung läßt die Behauptung wahr erscheinen.

Dasselbe gilt für die Frage, ob der Satz »Morden ist falsch« falsch ist. Welche Daten würden die Behauptung über den Haufen schmeißen? Was würde sie falsifizieren? Jede Behauptung der Wissenschaft muß die Falsifizierbarkeit riskieren. Die Behauptung muß umfallen können, falls die Fakten ihr nicht entsprechen, wenn die Vorhersagen nicht eintreffen. Wer nichts wagt, kann in einem Test nichts gewinnen. Je mehr eine Behauptung in einem Test riskiert, desto tiefer ist ihre Wahrheit, wenn sie die Prüfung besteht. »Rot ist rot« riskiert nichts. Die Gleichung »$E = m \cdot c^2$« riskiert alles, wenn sie überprüft wird, und bislang hat die Formel ihre Proben bestanden. Das kann sich beim nächsten Mal ändern. Moralbegriffe sind anscheinend weder logische Gemeinplätze noch nachprüfbare Behauptungen über Tatsachen. Sie sind offenbar grundsätzlich nicht nachprüfbar. Und sie sind obendrein fuzzig.

Diese Behauptung über die Moral ist nachprüfbar. Um sie zurückzuweisen, braucht man bloß eine wahre *oder* eine falsche moralische Aussage. Bislang kennt man keine. Denken Sie einmal darüber nach. Jahrtausende menschlicher Kultur sind vergangen, und niemand hat etwas moralisch Richtiges oder Falsches gefunden. Die Menschen haben versucht, ihre Moral auf Gott zu gründen, auf die Philosophie, die Gesellschaft oder die Regierung – mit der Macht der Logik oder aus Angst vor der Polizei. Doch niemand hat auch nur eine Spur an Evidenz für oder gegen eine Moralhypothese entdeckt. In diesem Sinne wirft die Wissenschaft die Ethik über Bord. Die Wahrheit ist hier keine Frage der Abstufung, da sie gar nicht anwendbar ist. Die Wissenschaft wirft also auch die fuzzige Ethik über Bord.

Die Wissenschaft kann uns sagen, was wir für richtig halten, aber nicht, was richtig ist. Wissenschaft, so der Soziologe Max Weber, ist wie eine Landkarte. Sie zeigt uns, wie man von einem Ort zum anderen kommt, aber nicht, wohin man gehen muß, bestenfalls noch, wo man ist. Wir sagen, was sein sollte, und wir sagen es alleine. Wir sind frei, Richtiges von Falschem zu unterscheiden. Wenn ich sage, dies sei richtig, können Sie meinen, dies sei falsch.

Richtig und falsch: hui und pfui

Jetzt könnte man fragen, was diese moralischen Sätze überhaupt sind, die wir aufstellen. Wir tun so, als ob es sich um wahre Sätze handelte, und wir halten mit aller Macht an ihnen fest. Was bleibt, wenn wir diese Macht abziehen? Was sind ethische Forderungen, wenn sie keine wahren oder falschen Aussagen sind?

Die moderne Philosophie gibt eine Antwort: Buhrufe oder Hurragebrüll. Ausrufe oder Ermahnungen. Eine moralische Forderung könnte ausdrücken, wie wir uns fühlen, etwa wenn wir sagen: »Du müßtest bestraft werden«, »Gier ist gut«, »Gier ist schlecht«. Das sind Ausrufe. Wir schreien unsere Autobiographie hinaus. Oder wir ermahnen. Wir nennen, singen oder verkünden moralische Ansprüche, um Emotionen bei unseren Zuhörern auszulösen, um ihre zukünftigen Handlungen zu beeinflussen, etwa wenn wir sagen: »Du sollst nicht lügen«, »Stehlen ist falsch«, »Du mußt für uns stimmen«. Ausrufe oder Ermahnungen. Hui und pfui. Es gibt moralische Forderungen, die beides tun. Sie drücken Gefühle aus und bestärken zukünftiges Verhalten: »Das hast du richtig gemacht«, oder: »Du hast gesündigt«. Wir befehlen, während wir empfehlen. Beide Wörter unterscheiden sich bloß durch ein paar Buchstaben am Anfang.

Dreierlei rückt Moralvorstellungen in ein schiefes Licht. Zunächst sind sie durch und durch fuzzig. Wir alle meinen etwas anderes, wenn wir »lügen«, »fair« oder »richtig« sagen, und zu einem gewissen Grad ist jede Handlung falsch und richtig, fair und unfair, gerecht und ungerecht. Zum zweiten sind wir daran interessiert, zu lügen und uns in der Fuzzigkeit zu verstecken, wenn sich die moralische Forderung auf uns selbst bezieht. Gewinnen und verlieren. Reichtum, Eigentum und Freiheit. Wir buckeln, täuschen, schwindeln, weichen aus, übertreiben, lügen platt, beschwichtigen, schönen unsere Erinnerungen und frisieren Darstellungen, um uns und den Unsrigen Vorteile zu verschaffen. Drittens werden unsere Moralvorstellungen von unseren tiefsten Gefühlen getragen. Filme, Reden oder Bücher bewegen uns, indem sie auf Hypothalamus und limbisches System einwirken. Was man ethisch als richtig empfindet, hat eine lange evolutionäre Geschichte. Was man als falsch empfindet, hat eine zumindest genauso lange genetische Entwicklung hinter sich – was halten Sie von Inzest mit Kondom? Das verleiht unseren Moralbegriffen eine intuitiv gefühlte Selbstverständlichkeit und macht Selbsttäuschung möglich. Doch unsere Gefühle entscheiden nichts. Sie zeigen nur, daß unsere Hormondrüsen arbeiten.

Unser endokrines System hat sich nicht zusammen mit richtigem Verhalten entwickelt. Es ist unter dem Druck von Wettbewerb um Geschlechtspartner und Nahrungsquellen entstanden. Hunderte von Jahrmillionen wurde es von der Evolution der Wirbeltiere geformt, was unsere spezielle Mischung aus Hormonen und Nerven ergeben hat. Hormone regeln die meisten neuronalen Netze unseres Gehirns. Gefühl und Erkenntnis sind in unserem Computer aus Fleisch miteinander verwoben. Vieles von unserem Gefühlsmuster teilen wir mit Säugetieren, Reptilien und Fischen. Sie sind unsere Gefühlsverwandten. Nur daß wir unsere Gefühle in Worte und Symbole kleiden können. Dabei tritt die Fuzzigkeit in Erscheinung, der Schritt zur Erkenntnis, die dickere Großhirnrinde. Wenn Raben, Delphine oder Hunde reden könnten, dann wären ihre Ausführungen vielleicht mit ethischen Ausrufen und Ermahnungen durchsetzt. Bislang reden Hunde nur durch Bellen und Knurren. Knurren geht langsam in Gebell über. Hunde reden also fuzzig. Doch wer könnte sagen, ob ein Knurren wahr oder falsch ist?

Die Macht des Gesetzes

Die Vernunft endet im Zweifel. Die Wissenschaft wirft die Ethik über Bord, entkleidet die Moral der Logik und des Faktischen und reduziert sie auf Gefühlsäußerungen. Und doch müssen wir moralische Ansprüche erheben, für sie kämpfen und hin und wieder sogar in den Krieg ziehen. Wir müssen von unserer moralischen Freiheit Gebrauch machen, ob wir es wollen oder nicht. Dabei entstehen das Gesetz und, als dessen Grundlage, der Gesellschaftsvertrag.

Die Gesellschaft beruht auf dem Gesellschaftsvertrag, als dessen höchstes Ziel wir die Gesellschaftsordnung entwickeln. Wir stellen Regeln auf, verabschieden Gesetze und wählen Politiker, um Teile des Vertrages wieder zu ändern. Wer aber kann sagen, was er überhaupt ist? Ökonomen meinen, daß er das ausmacht, was wir als Gruppe tun und nicht alleine machen können. Doch diese geballte Ladung Fuzzigkeit bringt ihn nicht auf den Punkt. Auf dem Gesellschaftsvertrag lastet viel. Wenn die Wissenschaft keine Begründung der Ethik liefert, dann ruht die ganze Ethik auf dem Gesellschaftsvertrag. Wo ist er also? Wer hat ihn geschrieben? Ist er entstanden wie Sprache, Gelder und Preise oder wie ein Gesetz? Wer hat den Vertrag unterschrieben? Wie unterschreibt man ihn? Bleibt uns nur eine mündliche Vereinbarung?

Fangen wir mit dem Gesetz an. Das Gesetz ist die Menge ungenauer Moralvorstellungen, die eine Gesellschaft oder der Staat mit Gewalt durchsetzt. Der Satz »Morden ist falsch« hat keinerlei faktische, sondern legale »Wahrheit« oder Gültigkeit. Sie ist kohärent. Wir stimmen in einigen gesetzlichen Vorschriften und Prinzipien wie Vertragsfreiheit oder Unschuldsvermutung überein. Theoretisch packen wir die Grundnormen und Prinzipien in die Staatsverfassung. Danach wächst der Gesetzesbaum von der Wurzel über die Äste zu den Blättern. Ein oberster Gerichtshof deutet die Verfassungswurzeln. Seine Autorität geht auf Staaten, gesetzgebende Versammlungen, Exekutivorgane, Bürgermeister und Polizisten über. In der Praxis operieren wir mit mehr Regeln und Prinzipien, als wir aufgeschrieben haben. Alle sind ungenau, fuzzig, und müssen diskutiert werden. Es gibt so viel Fuzzigkeit, daß niemand lügt oder zugeben muß, daß er lügt, wenn man nur einen guten Anwalt hat.

Ich will nicht auf der Technik herumreiten, aber es könnte sein, daß wir in Zukunft eine gute Rechtsberatung per Chip bekommen. Wir werden vielleicht Rechtshilfen in einem handflächengroßen Computer mit zum Gericht nehmen. Heute arbeiten fuzzige Systeme mit den Regeln des gesunden Menschenverstandes. Morgen können sie vielleicht mit den Regeln des moralischen Menschenverstandes umgehen. Man hätte sie, neben den besten Anwälten, in einem kleinen Kasten dabei. Jedermann wird sie haben, und damit heben sie sich wieder auf. Ich meine moralische Ratschläge. Wir wissen, daß es zuviel verlangt ist, auf die Wahrheit der Moral zu bestehen. Aber um Rat können wir bitten. Intelligente fuzzige Systeme oder kognitive Karten können die Weisheit der Generationen speichern und aus ihr Schlüsse ziehen. Wir könnten Ratschläge von Buddha, Konfuzius, Aristoteles, Machiavelli, Kant, dem Papst, dem neuesten Guru oder Fernsehprediger einholen. Das Lesen der Klassiker heißt, daß man ihren Rat einholt. Warum sollte man ihre Weisheit nicht in fuzzige Regeln einbauen und damit einen Computer füttern? Damit klärt sich nicht die Fuzzigkeit der Ethik und des Gesetzes, aber wir hätten dabei ein besseres Gefühl. Wenn wir Anwälte und Buddhas auf einem Chip hätten, ergäbe sich ein stärker verknüpftes Netz der Gesetze. Alles scheint in diese Richtung zu drängen.

Das fuzzige Labyrinth des Gesetzes

Das Gesetz ist ein fuzziges Labyrinth. Ein Rechtssystem ist ein Haufen fuzziger Regeln und Prinzipien. Und alles ist dynamisch. Jeden Tag fügen Richter und die Legislative neue Verordnungen und Gesetze hinzu oder heben alte auf. Das ist weder Kunst noch Wissenschaft. Man spielt das Spiel nur, wenn man etwas zu verlieren oder zu gewinnen hat. Dann neigt man zur Lüge, zum Betrug, zur Täuschung, wenigstens zu einem gewissen Grad. Dabei kommen die fuzzy-logischen Prinzipien mehr zum Tragen als sonst in unserem Leben. Alles ist eine Frage der Abstufung. Rechtsbegriffe und Gesetzesgrenzen sind verschwommen, fuzzig. Versuchen Sie einmal eine Linie zwischen Selbstverteidigung und Nichtselbstverteidigung oder zwischen Vertragserfüllung und Vertragsbruch zu ziehen. Die Linien sind Kurven, und man muß sie für jeden einzelnen Fall neu ziehen. Jede Vorschrift, jedes Prinzip, jeder Vertrag kennt Ausnahmen. Täglich finden Richter, Anwälte und Geschworene neue Ausnahmen. Jede »Tatsache« in einem Gerichtsprozeß verflüchtigt sich, wenn man sie aus der Nähe betrachtet und den, der sie behauptet, einem Kreuzverhör unterzieht. Leben, Karrieren und Seelenheil hängen davon ab, wie wir die geballte Rechtsfuzzigkeit in A UND Nicht-A aufteilen, wie wir mit Schuld, Vorsatz, Vorbedacht, böser Absicht, Drohung, Nötigung, Gerechtigkeit, Fairneß, Vernünftigkeit, Ergebung, Pflicht, Zwang, Parteilichkeit, Interessenkonflikt, Schaden und Eigentumsrechten umgehen.

Das Labyrinth hat Gänge und Nebenlabyrinthe, mit denen es von Zeit zu Zeit in Verbindung steht. Bundesstaaten haben eigene

Verfassungen und Strafgesetze. Dieselbe Bundesverfassung rechtfertigt sie in einem umfassenden fuzzigen Sinn, doch in Nebensächlichkeiten finden sich Unterschiede. Unterschiede bestehen auch zwischen dem, was Gesetze besagen, und dem, wie Anwälte sie auslegen. Gesetze und Strafen variieren über Staatsgrenzen hinweg. Richter verkünden unterschiedliche Urteile und verschiedenes Strafmaß in ähnlich gelagerten Fällen. Täglich lassen neue Fälle die Labyrinthe ineinander überquellen, sich verfilzen und graben neue Gänge.

Die Wissenschaft schafft dabei keine Abhilfe. Sie gräbt weitere Tunnel ins Labyrinth. Zuerst entzieht sie der Ethik die Wahrheit. Dann liefert sie Werkzeuge, die die kleinen Dinge genauer, aber die großen fuzziger machen. In gerichtsmedizinischen Labors werden winzige Spuren von Blut, Dreck, Tabak oder Essensreste gesichert. Lügendetektoren und Geräte zur Sprachanalyse messen unmerkliche Veränderungen der Körperfunktion. Sie liefern weitere fuzzige Tatsachen, die gedeutet und an eine fuzzige Theorie angepaßt werden müssen. Größere Präzision erhöht die Fuzzigkeit.

Genetische Fingerabdrücke können verraten, wer am Tatort war, aber nicht, was er dort gemacht hat. Videoaufzeichnungen können zeigen, was er gemacht hat, aber nicht, warum er es getan hat. Mehr Fakten ergeben mehr Interpretationsmöglichkeiten. Ein Videofilm kann zeigen, daß Herr X Herrn Y erschossen, angefahren oder von einer Brücke gestoßen hat. Doch das Video kann die Linie zwischen Selbstverteidigung und Mord oder zwischen Mord und Unfall nicht ziehen. Sie hängt von den Plänen ab, die Herr X hatte, seinen Absichten und Zielen.

Mensch und Gott

Gott ist ein ewiger Geometer.

Platon

Wir beobachten nicht die Natur selbst, sondern nur die Natur, wenn sie unserer Methode der Befragung gegenübersteht.

Werner Heisenberg
Physik und Philosophie

Eine geringfügige Variation in den Axiomen an der Basis einer Theorie kann gewaltige Änderungen an ihrer Grenze haben.

Stanley P. Gudder
Quantum Probalility

Leere ist wie Wasser, Existenz ist wie Wellen.

Hsing Yun
Lectures on Three Buddhist Sutras

Ich sah diesmal nicht auf ein ungewöhnliches Blumenarrangement. Ich sah, was Adam am Morgen der Schöpfung gesehen hatte – das Wunder der nackten Existenz, Augenblick für Augenblick.

Aldous Huxley
The Doors of Perception

Die Lügen, die wir über unsere Pflicht und unsere Aufgaben erzählen, die bedeutungslosen Worte der Wissenschaft und der Philosophie, sind Wände, die vor einem verblüffend kleinen »Warum« niederstürzen.

John Steinbeck
The Sea of Cortez

Niemand ist vor seinem Tode glücklich zu preisen.

Solon

Leben ist Leiden.

Buddha

Die große Menge erweist sich als völllig sklavenartig, da sie das Leben des Viehs vorzieht.

Aristoteles
Die Nikomachische Ethik

Der Nichtgeist nichtdenkt Nichtgedanken über Nichtdinge.

Buddha

Der menschliche Körper ist eine Maschine, die sich selbst aufzieht. Alles hängt davon ab, wie sie läuft.

Julien de la Mettrie
Die Maschine Mensch

Die eigentliche Frage lautet nicht, ob Maschinen denken, sondern ob Menschen denken.

B. F. Skinner

Die Zivilisation entwickelt bloß die Fähigkeit des Menschen, eine größere Vielfalt von Empfindungen wahrzunehmen, und sonst absolut nichts.

Fjodor Dostojewski
Aufzeichnungen aus einem Totenhaus

Wir sagen uns, es wäre ja sehr schön, wenn es einen Gott gäbe als Weltenschöpfer und gütige Vorsehung, eine sittliche Weltordnung und ein jenseitiges Leben, aber es ist doch sehr auffällig, daß dies alles so ist, wie wir es uns wünschen müssen.

Sigmund Freud
Die Zukunft einer Illusion

Wenn der alte Gott abtritt, beten sie Fliegen und Flaschenhälse an. Die Zukunft gehört der Menge.

Don DeLillo
Mao II

Warum gibt es etwas und nicht nichts? Warum gibt es irgendwelches Zeug und nicht kein Zeug? Warum gibt es nicht nur die Leere?

Das ist die älteste Frage der Philosophie und eine der allerersten Philosophie. Metaphysik. Ontologie. Es ist die großartigste aller Warum-Fragen. Und die moderne Philosophie sagt, daß man sie nicht stellen kann. Es ist eine »Pseudofrage«. Sie sieht wie eine richtige Frage aus und klingt auch so. Aber – so die Behauptung – dies stimmt nicht, da man nicht weiß, was als Antwort darauf gelten würde. Das schreckt viele ab. Wenn man keine Menge von Antworten mit Bedeutung skizzieren kann, dann kann man nicht fragen.

Ich akzeptiere keine scharfe Linie zwischen dem, was als Antwort zählt, und dem, was nicht zählt. Das gleiche gilt für »bedeutungsvoll« und »bedeutungslos«. Scharfe Linien sind etwas für die Mathematik. Wer eine Frage hat, soll sie stellen. Steinbeck hat das verstanden. Früher oder später fragt jemand aus dem Publikum »Warum?« Und der Damm bricht.

Ich möchte wissen, warum es eher etwas als nichts gibt. Vielleicht werden es uns eines Tages Fremde aus einer fernen Galaxie oder ihre Roboter sagen, deren IQ 1000 überschreitet. Vielleicht können wir auch allein sinnvolle Antworten finden. Im letzten Kapitel möchte ich mit jener verbotenen Frage beginnen und sie ganz fuzzig beantworten, was Ihnen vielleicht nicht gefallen wird. Doch es gibt nicht viele Antworten darauf, wenn man von der Religion einmal absieht. Danach werde ich mich dem Kern der Religion, Gott, zuwenden und ein Bild von ihm entwerfen, das mir bei meiner Arbeit mit Fuzzy-Logik und neuronalen Netzen eingefallen ist. Auch das mag Ihnen nicht gefallen, doch es schadet auch nicht. Schließlich wende ich mich dem Ebenbild Gottes, dem Menschen, zu und untersuche, wie eine Steigerung der Maschinenintelligenz ihn und seine Welt verändern wird. Fuzzy-Logik macht Maschinen nur etwas intelligenter. Doch bald wird die Entwicklung rasant verlaufen. Wo wird sie enden?

Das anthropische Prinzip: Alles ist, wie es ist, damit ich bin

Warum ist denn nun etwas und nicht nichts da?

Die alte Antwort der Religion lautet, daß Gott die Welt geschaffen hat, und dann war ja etwas da. Nun aber stellt sich die Frage nach der Ursache der Wirkung. Ist Gott etwas oder nichts? Wenn Gott etwas ist, wer hat ihn geschaffen? Wenn es keine Antwort gibt, bringt uns das zur ersten Frage zurück. Wir können nämlich genausogut behaupten: »X hat die Welt gemacht«, solange wir X nicht definieren und sagen, woher er kommt. Und wenn Gott nichts ist, wie kann er dann aus nichts etwas gemacht haben? Wenn Gott nichts ist, dann ist er nur eine Fiktion, ein Vakuum, die leere Menge – Gott ist überall in dem Sinne, daß er nirgendwo ist.

Die griechischen Philosophen haben mit diesen Ideen gespielt, ebenso wohl auch frühere Denker in anderen alten Gesellschaften. Solche Überlegungen laufen alle auf die Gottesidee hinaus. Ohne sie gibt es kaum Antworten. Die meisten bewegen sich insofern im Kreis, als es nach ihnen etwas gibt, weil wir hier sind. Dann läuft eine Kette aus Ursache und Wirkung bis zum Urgrund zurück, und der kann nicht aus dem Nichts gekommen sein. So wird die Frage umgangen, und wir wundern uns einmal, warum es nun einen Untergrund statt keinen gegeben hat, und ein andermal, warum etwas nicht doch aus nichts gekommen sein kann.

Die neue Physik hat ihre eigene Antwort gegeben: das *anthropische Prinzip.* Stephen Hawking drückt es so aus: »Wir sehen das Universum so, wie es ist, weil wir nicht da wären, um es zu beobachten, wenn es anders wäre.« Das Universum ist deshalb so, wie es ist, damit wir hier sein können. Es gäbe uns nicht, wenn das Universum anders wäre. Nichts ist anders. Unser Fragen, unser Sein lassen das Universum gerade so sein, wie es ist. Es ist so, damit ich sein kann.

Diese Antwort liebäugelt ein wenig mit der Zirkularität, mit der Kreisförmigkeit. Doch ist es ganz lustig zu beobachten, wie die Physiker darüber reden und keine Notiz von den Philosophen nehmen, die sagen, sie können nicht darüber reden. Die Antwort ist schwach, da sie von einem vermutlich seltenen Ereignis im

Universum abhängt – nämlich davon, daß wir existieren und »Warum?« fragen können.

Selbst wenn das Universum nur für uns existierte, hätten wir es doch erst in den letzten paar Millionen Jahren betreten. Das Universum ist aus dem Urknall vor ungefähr 15 Milliarden Jahren erwachsen. Was wäre denn passiert, wenn irgendein dummes Ding oder irgendeine Kreatur die Frage »Warum gibt es etwas?« gestellt hätte, *bevor* wir aufgetreten sind. Vielleicht entfaltet sich das Universum nicht für uns, sondern für etwas, das sich erst noch im weiten Universum entwickeln wird.

Das anthropische Prinzip hat es nicht einfach mit den Billionen, Trillionen oder noch mehr Zweigen der kosmischen Evolution. Das Universum kann sich auf viele Weisen entfalten. Auf einer Linie kam die Welt vom Urknall bis hierher zu uns. Viele Wege können zu einem Leben wie dem unsrigen führen, weit mehr aber zu Formen intelligenten Lebens, die wir nicht erkennen würden, selbst wenn wir sie sähen, hörten oder fühlten. Sie brüllen uns vielleicht gerade an. Es kann sein, daß im Laufe der Zeit Leben in den meisten expandierenden Universen beginnt und daß es so blüht, wie Unkraut auf einem guten und feuchten Boden. Vielleicht ist Leben typisch für eine frühe Wachstumsphase eines Universums. In der Entwicklung der meisten Sterne gibt es eine bestimmte Zeit von einigen Milliarden Jahren, in denen umlaufende Planeten Wasser an der Oberfläche tragen könnten. Wie dem auch sei, nach der Mathematik könnte es eine riesige Zahl von Universen geben oder gegeben haben. In vielen davon könnte ein intelligentes Wesen die Warum-Frage stellen und das anthropische Prinzip als Antwort für sich in Anspruch nehmen. Dies würde alle möglichen Welten geradeso wie unsere in die Existenz rufen. Hier ist eine solche Welt: Das Universum, das unserem gleicht, das nur einen Menschen oder gar nur ein Molekül weniger hat. Warum nur eine Welt? Warum sollen wir soviel Glück gehabt haben?

Vielleicht haben wir gar nicht soviel Glück gehabt. Vielleicht befindet sich unser Universum in einem Metauniversum mit beliebig vielen anderen, und alle haben oder hatten intelligentes Leben hervorgebracht. Ich glaube, das anthropische Prinzip ist wie eine Tür, die sich für Schlaue öffnet und für Dumme geschlossen bleibt. Jede Weltlinie trägt entweder ein schlaues Wesen oder keines; die mit den schlauen fangen an zu sein, die ohne schaffen es nie. Das anthropische Prinzip filtert die Weltlinien und zwickt die dummen ab.

Das anthropische Prinzip öffnet die Büchse der Pandora, aus der intelligenztragende Welten kommen, und will doch nur eine einzige erklären. Und es macht noch immer nicht deutlich, warum durch eine Frage und ein Gehirn eine Weltlinie ausgezeichnet wird. Es liefert keinen Mechanismus dafür, eine Weltlinie auszuwählen oder zu eliminieren. Wir könnten genausogut sagen, die Welt ist hier, weil dieser oder jener Felsen oder Stern da ist, und sie wären nicht hier, wenn sich das Universum nicht so entwickelt hätte, daß sie da sind. Dieser Anspruch braucht weder Leben noch schlaue Sachen. Er braucht bloß Sachen. Die Welt entfaltet sich für die Dinge. Warum muß das sein? Aus demselben Grund, aus dem sie sich entwickeln muß, damit wir hier sein können. Warum? Weil wir hier sind. Und so weiter.

Eine fuzzige Antwort: Setze nichts voraus!

Ich habe eine fuzzige Antwort auf die Frage, warum es eher etwas als nichts gibt: Wenn nichts wäre, explodierte die Mathematik.

Die Antwort mag tiefgründig oder mathematisch trivial sein. Sie führt jedenfalls zu einer Weltsicht, die ich erkunden möchte. Sie hat mit Information zu tun und mit Entropie, der fuzzy-logischen Entropie.

Wie fuzzig ist das Universum? Die Antwort liegt zwischen 0 Prozent und 100 Prozent. Fuzzigkeit ist eine Frage der Abstufung. Somit lautet die Frage richtig, ob das Universum eine unscharfe Menge ist. Wenn es das nicht ist, dann wäre das Universum bloß eine Menge, die Fuzzigkeit gleich 0 Prozent. Anders wäre sie größer.

Die meisten von uns glauben, daß die Antwort 0 Prozent ist, daß also das Universum nicht fuzzig ist. Jedes Ding im Universum gehört hundertprozentig dazu. Etwas, das nicht dazugehört, gehört zu 0 Prozent dazu. Ein Ding existiert, oder es existiert nicht. Nichts dazwischen. Keine grauschattierte Existenz.

Das Universum ist die Menge seiner Gegenstände. Mehr als das: Das Universum ist die Menge aller Teilmengen des Universums. Wenn es alle Dinge enthält, dann enthält es auch alle Mengen aller Dinge. Und wir glauben, daß diese Stücke schwarz oder weiß sind. Etwas gehört zum Universum, oder es gehört nicht dazu. Mengen gehören ganz dazu oder gar nicht.

Vielleicht. Doch die Logik kann es uns nicht sagen. Es hängt von einem Test ab. Die Frage bezieht sich auf Tatsachen und Erfahrung. Mengen können zum Universum auch nur zu einem gewissen Grad gehören. Ich glaube, ein Elektron oder eine Elektronenwolke gehört nur zu einem gewissen Grad zu einer Raumregion. Doch das ist nicht der Punkt. Man muß nicht wissen, ob das Universum fuzzig ist, um die Frage zu beantworten, warum es eher etwas als nichts gibt. Man muß nur fragen, ob es fuzzig ist.

Ich habe mir diese Frage erstmals an einem Tag im Mai des Jahres 1991 gestellt, als ich beim Bogenschießen in einem großen Park in der Nähe meiner Wohnung war. Das Semester war vorbei, und ich hatte auf meinem Weg zur Universität haltgemacht, was ich manchmal tue, wenn starker Verkehr herrscht. Ich war dabei, sechs Pfeile rund 40 Meter weit auf einen hölzernen Elch zu schießen. Weit und breit kein Mensch. Es war heiß, trocken und staubig, und bald vergaß ich Verkehr und Universität. Wenn man allein ist, kann man sich auf das Bogenschießen ganz im Sinne des Zen einlassen. Man konzentriert sich nur auf die Aufgabe, und zwar derart, daß man die Aufgabe bald erledigt, ohne sich eigentlich darauf zu konzentrieren oder dies auch nur zu versuchen. Dann befreit sich der Geist und entspannt sich. Ab und zu erwischt man sich in diesem entspannten Zustand, man fängt an, darüber nachzudenken, und das hebt ihn auf. Diesmal erwischte ich mich bei der Frage, warum es etwas und nicht nichts gibt. Ich weiß nicht, warum sie mir gerade in diesem Moment einfiel. Ich war gerade vom Wandern und Angeln in den Bergen zurück, wo ich darüber nachzudenken begonnen hatte. Vielleicht hatte mein Kopf inzwischen die Lösung gefunden, und der entspannte Zustand im Park ließ sie aufsteigen. Da war sie dann direkt vor meinem geistigen Auge. Ich konnte die mathematischen Symbole hinter der Idee erkennen.

Die Idee war: Stellen wir uns vor, es gibt nichts, kein einziges Ding. Wie macht man das? Wenn man dabei nur mit Wörtern vorgeht, bleibt man hängen wie die alten Griechen mit ihren vagen Ideen, das etwas aus nichts gekommen ist und so weiter. Ich nahm ein Nichts im Sinne von Mengen an. Welche Menge ist nichts? Wir reden von der leeren Menge oder der Nullmenge und schreiben sie als $\emptyset$. Was ist also nichts? Von welchem Ding nahm ich an, daß es nichts sei? Von der Welt, dem Universum. Dem Raum aller Dinge. Wir notieren dies als X. Nichts anzunehmen heißt, daß der Raum X die leere Menge $\emptyset$ ist: $X = \emptyset$, mathematisch ausgedrückt. In dieser Form konnte ich sofort erkennen, wohin das führt, nämlich zu einer mathematischen Explosion.

Das Theorem der fuzzigen Entropie besagt dann, daß die Entropie, die Fuzzigkeit oder die Vagheit des Universums gleich null durch null oder % ist.* Der Ausdruck % ist nicht 0. Zwei Nullen heben sich nicht auf und ergeben keine 1. Der Ausdruck ist nicht definiert. Wir können nicht durch 0 teilen, oder die Mathematik explodiert als Singularität. Die Annahme, die zu dem Knall führt, ist die, daß es nichts gibt. Sie müssen wir zurückweisen. Also gibt es etwas. Das ist meine Antwort.

Man kann sich das mit fuzzigen Würfeln klarmachen. Wenn es nichts gibt, stößt Aristoteles mit Buddha zusammen. Die Ecken des Würfels implodieren auf den Mittelpunkt zu. Der Mittelpunkt explodiert auf die Ecken zu. Sehen wir uns den Fall an, wenn nur ein Gegenstand zurückgeblieben ist. Dann ist der fuzzige Würfel das Liniensegment.

* Das Theorem der fuzzigen Entropie besagt, daß die Fuzzigkeit von X ist: $E(X) = c\,(X \cap X^c)/c\,(X \cup X^c)$. Dabei zählt c(A) die Elemente oder Bits oder Fits in A. Das Gegenteil von alles ist nichts. Demnach gilt immer: $X^c = \emptyset$. Also gilt immer $X \cap X^c = \emptyset$. Nun nehmen wir an, es gibt nichts: $X = \emptyset$. Dann ist auch $X \cup X^c = \emptyset$. Also ist $E(X) = c(\emptyset)/(c(\emptyset) = 0/0$, was unmöglich ist. Damit ist $X \neq \emptyset$, das heißt, nicht nichts, sondern etwas. Was zu beweisen war.

Wenn man vom letzten Ding zu keinem Ding geht, von etwas zu nichts, kollabiert die Linie auf einen unendlich kleinen Punkt.

Dies ist ein fuzziger Würfel der Dimension 0. Die Ecken Aristoteles', an denen hundertprozentig A ODER Nicht-A gilt, fallen auf den Mittelpunkt Buddhas, in dem hundertprozentig A UND Nicht-A gilt. Die Yin-Yang-Gleichung ($A = A^c$) gilt. Doch sind A UND Nicht-A unterschieden im bivalenten Sinn. Die Materie reißt die Mathematik mit hinab.

Das ist seltsam. Der Weg von einem Ding zu keinem Ding ist etwas Physikalisches. Das Universum enthält ein letztes Atom – und dann nichts mehr. Das ist eine Tatsache.

Die Antwort mag nicht jedem passen. Doch ihre Mathematik ist einfach. Wenn es nichts gibt, explodiert die Mathematik. Ich weiß nicht, wie ernst man das nehmen muß. Doch mir gefällt, daß man nun darüber nachdenken wird, wie man die Behauptung überprüfen kann.

Theoretisch können wir sie testen. Wir müssen nur alle Materie aus dem Universum entfernen. Doch wohin damit? Und wohin mit uns, wenn wir die Behauptung prüfen wollen? Doch man kann es sich vorstellen. Ein Gedankenexperiment. Das letzte Atom oder Photon, der letzte Ball oder das letzte Stückchen hängt im leeren Raum herum und verschwindet oder implodiert ins Nichts. Vielleicht verschwindet es in einem Fadenloch und läßt das alte Universum leer zurück. Sie haben davon vielleicht schon einmal gehört. Ein Gravitationskollaps.

Bei einem Gravitationskollaps des Universums könnte die Behauptung überprüft werden. Nehmen wir an, das Universum besteht aus genügend »dunkler Materie« oder Neutrinos, die seine Expansion irgendwann aufhalten und es auf sich selbst zurückfallen lassen, bis es zum Gegenstück des Urknalls kommt, dem Endknall (Big Crunch). Das könnte passieren, was viele hoffen, die nicht wollen, daß sich das Weltall für alle Zeiten ausdehnt und sich im Hitzetod verliert. Man braucht nur drei Elektronen pro Kubikmeter Raum, um das Universum kollabieren zu lassen, oder etwa 100 geisterartige Neutrinos, die keine oder nur eine winzige Masse und sehr, sehr wenig Ladung haben.

Niemand weiß, was passiert, wenn das Universum sich auf den Endknall zubewegt. Die Gesetze der Physik brechen nahe dieser Singularität zusammen. Wir stehen also außerhalb der Wissenschaft, wenn wir darüber reden.

Es gibt noch die Ansicht, daß das Weltall oszilliert. Es kann sein, daß es den Endknall gibt oder daß er zu einem neuen Urknall führt, und alles entsteht wieder und wiederholt sich. Oder das Universumsbällchen verschwindet in seinem eigenen schwarzen Loch. Es könnte so klein werden, daß es durch ein Fadenloch in ein anderes Universum übergeht und sich hier als weißes Loch, als kleiner Urknall oder auf andere seltsame Weise bemerkbar macht. In diesem Fall würde das alte Weltall wenigstens in seinem letzten Augenblick von etwas zu nichts werden. Ich würde das als Versuchsanordnung anerkennen. Die Physiker behaupten, daß sich die gegenwärtige Expansion noch zehn Milliarden Jahre fortsetzt. Ein Zusammenbruch auf den Endknall hin würde weitere zehn Milliarden Jahre dauern. Nach 20 Milliarden Jahren könnte also die Behauptung überprüft werden.

Wir könnten auch einen Vakuumtest durchführen. Das Vakuum ist nicht leer. Es ist aktiv und steckt voller Quantenmöglichkeiten. Vielleicht können wir einen Teil davon entfernen und ein Stück freischaufeln, um eine abgeschlossene Region von Nichts zu erhalten. Wer weiß? Oder wir isolieren ein schwarzes Loch und verhindern für Jahrtausende, daß es Materie verschlingt.

Die Frage ist, wie das alles aussehen würde, wenn es die Mathematik nicht so gäbe, wie wir sie kennen. Wir könnten nicht addieren und multiplizieren. Die Zahl 2 wäre gleich 3. Der Begriff »Zahl« würde verschwinden. Physikern zufolge gelten die Gesetze der Physik weder beim Endknall noch in einem schwarzen Loch. Die fuzzige Behauptung besagt, daß dann auch die Mathematik nicht mehr gelten kann. Das ist eine seltsame Behauptung. Und sie legt einen noch seltsameren Gedanken nahe, nämlich, daß die Logik sich vielleicht nicht vom Dinglichen unterscheidet. Vielleicht hängen sie zusammen. Das möchte ich erkunden. Logik *und* Wirklichkeit. Mathematik *und* Gegenstände. Verbunden.

Kosmische Chips und Gott

Treten wir einmal zurück. Warum gibt es eher etwas als nichts? Eine Antwort ist, daß wir sonst mathematische Schwierigkeiten bekämen. Ein Beispiel dafür ist die fuzzige Entropie, das mathematische Maß der Fuzzigkeit eines Ereignisses oder einer Menge. Na und? Was sollte es die Welt kümmern, wenn einige Symbole versagen oder nicht länger kohärent sind?

Der Grund liegt darin, daß die Welt der Mathematik zu folgen scheint. Sie muß es aber nicht. Man kann sich die ganze Mathematik als einen Busch vorstellen. Er wächst aus ein paar Wurzeln und bringt jeden Tag neue Zweige hervor. Man kann sich die ganze Wissenschaft, alle bekannten Tatsachen, ebenfalls als Busch vorstellen. Auch er wächst aus ein paar Hauptwurzeln, wie Gravitation, Licht und chemische Bindung, und bildet jeden Tag immer weitere Zweige, und zwar auch solche, die noch zu keinem anderen Tatsachenzweig passen.

Die beiden Büsche sind nicht identisch. Sie wachsen nach unterschiedlichen Gesetzen. Der mathematische Busch wächst allein durch Deduktion. Der Busch der Tatsachen wächst durch Versuche und Messungen in Fits, und er beginnt – mit Induktion. Wissenschaftler schneiden alte Zweige ab und lassen neue Zweige wachsen oder pfropfen sie auf. Neue Daten führen ihnen dabei die Hand. Doch sind die beiden Büsche ähnlich. Sie haben die gleiche grobe Form, wenigstens in einigen Büscheln aus Zweigen. Logisch gesehen, gibt es keinen Grund dafür. Die Logik bewegt sich in eine Richtung. Tatsachen können eine andere Richtung nehmen. Man weiß das nie im voraus. Daher ist jeder Versuch ein Glücksspiel.

Die Wissenschaft folgt der Mathematik. Die Induktion folgt der Deduktion. Im Laufe der Zeit sieht der Busch der Tatsachen immer mehr wie der Busch der Mathematik aus, Zweig für Zweig und Blatt für Blatt. Der Zeitunterschied macht deutlich, welcher Busch welchem nacheifert.

Sehen wir uns einige bedeutende Beispiele an. Im letzten Jahrhundert fand James Clerk Maxwell die vier berühmten Maxwell-Gleichungen für Elektrizität und Magnetismus. Versuche hatten sie oder Teile von ihnen bestätigt. Maxwell spielte ein wenig mit den Gleichungen, und dabei kam die Wellentheorie des Lichts heraus. Die Mathematik ergab, daß Licht eine Form des Elektromagnetismus war. Experimente haben später auch dies bestätigt. Ein paar Jahre danach spielte Einstein mit der Mathematik der Relativität, und das Ergebnis war die Beziehung zwischen Energie und Masse: $E = m \cdot c^2$. Später haben Versuche und die Atombombe das ebenfalls bestätigt. Es hätte auch anderes herauskommen können. Experimente hätten zeigen können, daß $E = m \cdot c^5$ oder daß $E = m^2 \cdot c$ ist. Doch so war es eben nicht. Die Versuche bestätigten den mathematischen Zweig.

Ein paar Jahre später stellte Einstein seine Mathematik der allgemeinen Relativität vor, nach der die Gravitation eine Illusion ist. Die Materie krümmt den Raum. Energie und Impuls krümmen das Raum-Zeit-Kontinuum. Der Planet zieht den Meteoriten nicht an. Der Meteorit fliegt vorbei und rollt durch die Raumkrümmung auf den Planeten zu. Es sieht nur wie eine Anziehung aus. Einsteins Krümmungsgleichungen führen wie Maxwells Gleichungen zu einer Wellengleichung. Seine Gleichungen laufen also auf elektromagnetische Wellen hinaus. Das heißt, es gibt Gravitationswellen, die sich mit Lichtgeschwindigkeit bewegen. Seit mehr als 70 Jahren haben die Physiker Hinweise auf solche Wellen gefunden, und zwar bei massiven Pulsaren und Neutronensternen. Kurz nachdem Einstein seine Arbeit über Gravitationstheorie und Raumkrümmung veröffentlicht hatte (1915), gab der Astronom Karl Schwarzschild eine Lösung für einen besonders symmetrischen Spezialfall an. Seine Berechnungen zeigen, daß bei zuviel Masse eine Gravitationsgleichung unendlich werden kann (ein Ausdruck wird durch 0 geteilt). Das führte zur Vorhersage schwarzer Löcher. Inzwischen gibt es Hinweise darauf, daß es schwarze Löcher wirklich gibt, und zwar in den Zentren dichter Galaxien, wozu auch unsere Milchstraße gehört.

Das sind vier bekannte Beispiele dafür, wie Tatsachen der Mathematik gefolgt sind. In geringerem Ausmaß sind Tatsachen der Mathematik jeden Tag auf allen Feldern der Wissenschaft unterworfen. Je mehr Mathematik wir lernen, desto mehr Natur sehen wir. Je mehr nichtlineare Mathematik wir betreiben, desto mehr scheint die Natur nichtlinear zu sein. Jahrhundertelang haben wir das Chaos und das Rauschen ignoriert. Erst kürzlich haben wir die Mathematik des Chaos begriffen und bald darauf Chaos im Wetter, beim Herzschlag und in molekularen Vibrationen gefunden. Je mehr wir die Zweige des mathematischen Busches entwirren, desto mehr Zusammenhänge können wir vorhersagen. Experimente werden sie im Laufe der Zeit bestätigen. Dies könnte jedesmal anders ausgehen, aber es passiert nicht. Es gibt Treffer und Fehlschläge, aber zumeist tanzt alles nach der Pfeife der Mathematik.

Und wo steckt der liebe Gott bei alledem? Wir schauen tiefer und tiefer in die Natur hinein und finden kein Zeichen von ihm. *Keine Evidenz.* Wir haben ihn weder mit dem Mikroskop noch mit dem Teleskop gesehen. Im beobachtbaren Universum jedenfalls ist er nicht. Keine Spur von ihm. Wir finden nur den glatten Verlauf der Ereignisse, die den physikalischen Gesetzen folgen. A fließt in Nicht-A, und Nicht-A fließt weiter in etwas anderes. Was wir mit Gott erklären können, können wir auch ohne ihn erklären.

Wieder einmal scheint die Vernunft im Zweifel zu enden. Nach wie vor gilt Hemingways Herausforderung aus dem Kapitel über die fuzzige Vergangenheit. Niemand hat bislang eine Tatsache geschaffen, die hundertprozentig wahr oder hundertprozentig falsch ist. Im letzten Kapitel haben wir das gleiche bei der Ethik gesehen. Niemand hat einen rein moralischen Anspruch erhoben, der wahr oder falsch ist. Moral und Gesellschaftsvertrag scheinen weder auf Logik noch auf Tatsachen zu beruhen, wie fuzzig die beiden auch sein mögen. Dementsprechend scheint es keinerlei Evidenz für Gott zu geben. Je mehr wir herausfinden, desto mehr scheint der Boden unter uns zu schwinden. Und bald stellt sich die Frage, warum wir uns abmühen, um weiterzuleben und unsere Gene und Ideen weiterzugeben. Alles scheint auf Nihilismus hinauszulaufen.

Und es mag auch im Nihilismus enden. Vielleicht hat die Welt keinen Sinn oder Zweck, zumindest keinen, den wir begreifen können. Unser Reden über Gott ist vielleicht nur ein sozialer Reflex (Pawlow), natürliche Ehrfurcht (Spinoza), Opium für das Volk (Marx), unser eigener vergöttlichter Vater (Freud) oder – wie die Soziobiologen behaupten – das Resultat einiger egoistischer Gene, die blinden Gehorsam einer Autorität gegenüber begünstigen.

Wir fühlen, daß wir Gott in der Welt oder in uns selbst erkennen, doch dies kann eine Illusion sein. Wir erkennen, können aber nicht definieren. Das können die neuronalen Netze in unserem Gehirn gut, die als Ergebnis einer langen Evolution schnell und pausenlos erkannte Muster mit gespeicherten Mustern vergleichen. Wir erkennen Gesichter, Musik und Gewürze und wissen doch kaum, wie wir sie definieren sollen. Wir können nicht erklären, wie wir uns an einen Namen erinnern, eine Frage beantworten oder eine neue Idee haben. Wir tun es einfach. Unsere neuronalen Netze tun es einfach. Und sie erkennen vielleicht ein Gottesmuster, wo gar keines ist. Es scheint in genetischer Hinsicht keinen Selektionsverfall für das Erkennen Gottes zu geben. Erleuchtung oder das Gefühl der Gotteserkenntnis sind vielleicht nur Ergänzungen oder Déjà-vu-Erlebnisse unserer neuronalen Netze. Wir glauben vielleicht, daß wir Gott erkennen, obwohl er gar nicht existiert, so wie wir auch das sogenannte Kanizsa-Quadrat erkennen, obwohl es gar nicht vorhanden ist:

Die neuronalen Netze in unseren Augen und Hirnen schaffen und erhalten die Illusion eines Quadrats mit falschen Grenzen und hellem Inneren. Es ist selbst gar nicht vorhanden. Es ist kein Ding an sich ohne die Hilfe unserer Sinne. Es ist »Erscheinung« nur in unseren Sinnen und in unserem Gehirn. Und unsere flüchtigen und ungenauen Eindrücke von Gott, seinem Schatten oder seinen Werken haben vielleicht alle denselben Status – eine Illusion im neuronalen Netz einer Kreatur, die sich erst vor kurzem entwickelt hat, auf einem Zufallsplaneten in einer Zufallsgalaxie in einem zufälligen Universum.

Ich komme zu einem anderen Schluß. *Das Universum ist Information.* Es ist so etwas wie ein großer Computerchip. Eines

Tages werden wir herausfinden, daß Energie mit Information verbunden ist. Es könnte Informationswellen oder -teilchen geben, *Infotons*. Die Information könnte gequantelt sein, in Form unendlich kleiner schlauer Partikel, wie eine der Leibnizschen Monaden.

Je mehr wir die Natur betrachten, desto mehr Informationen sehen wir in der Struktur. Sie ist die Information. Unsere DNA ist die Fleisch gewordene genetische Information. Die neuronalen Netze in unseren Gehirnen, im Rückenmark und in den Muskeln kodieren, speichern und dekodieren Informationen. Kultur und Wissenschaft sind gespeicherte und fließende Information. In den vierziger Jahren hat Claude Shannon von den Bell-Laboratorien die ersten Gesetze der Informationstheorie gefunden. Die Welt scheint ihnen zu folgen. Die Entropie der Thermodynamik ist gleich der Entropie der abstrakten Informationstheorie. Was wir als »Muster« bezeichnen – ein Gesicht, ein Stern, ein Galaxienhaufen –, scheint ein lokales Maximum an Information oder Minimum an Entropie zu sein. 1957 hat der Physiker E. T. Jaynes von der Stanford University gezeigt, daß das grundlegende Gesetz der statistischen Quantenmechanik (die Gibbsche Wahrscheinlichkeitsverteilung) aus der Maximierung der Entropie der Informationstheorie abzuleiten ist. Man braucht weder Daten noch Versuche, noch einen Niels Bohr dazu. Man braucht bloß die Informationstheorie.

Die Information haben wir bislang kaum beachtet. Angefangen hat es mit Bits. Die Fuzzy-Logik hat uns zu Fits geführt. Wir haben mit großen Würfeln gearbeitet und sind dabei von einer binären Ecke zur anderen gesprungen. Nun sagt uns die fuzzige Mathematik, daß es innerhalb des Würfels eine eigene Welt gibt. Zu der sind wir unterwegs. Wir können uns durch den Würfel hindurchwühlen, von einer schwarzweißen Ecke zur anderen. Fuzzige Mathematik. Fuzzige Physik. Fuzzige Maschinenintelligenz. Wir können Wahrscheinlichkeit und relative Häufigkeit durch Teilmengigkeit oder das Ganze im Teil ersetzen. Wir können immer größere neuronale Netze, Computer und verbundene Neurocomputer entwickeln, um mehr Mathematik zu sehen, mehr Strukturen zu finden und mehr Informationen zu bekommen. Und das wird nur der Anfang sein.

Damit stellt sich die nächste Frage: Ist Gott Information? Das mag nicht so seltsam sein, wie es klingt. Wir haben aus ihm fast alles andere gemacht: Liebe, Geist, Energie, Natur, höchste Wahrscheinlichkeit. Dennoch glaube ich nicht, daß Gott als Information richtig ist oder irgendeinen Sinn ergibt. Das Universum ist Information. Die physikalische Struktur ist Information. Das Universum ist für Gott, was das Auge für die Sicht ist.

Ich glaube, Gott hat mit dem zu tun, wie die Wissenschaft der Mathematik folgt, wenn sie es nicht tun muß. Da – so glaube ich – erkennen wir etwas, das wir nicht definieren können. Wir erkennen einen Entwurf. Mit jeder neuen mathematischen Einsicht und jeder fuzzigen Tatsache wägen wir einen Plan oder eine mathematische Struktur ab.

Das alles kann sich in der nächsten Sekunde ändern. Dann folgt der wissenschaftliche Busch nicht mehr dem mathematischen. Die Fakten sind nicht mehr der Logik unterworfen. Die Energie mag nicht mehr gleich dem Produkt aus Masse und dem Quadrat der Lichtgeschwindigkeit sein. Ozeanwellen bewegen sich nicht weiter nach den Gleichungen der Mechanik. Glühbirnen ändern ihre Intensität. Das ganze Gewebe aus Ursache und Wirkung kann schmelzen oder sich auflösen. Dann schmilzt auch diese These hin.

Doch angenommen, dies passiert nicht und die Wissenschaft folgt der Mathematik Hunderte, Tausende oder Millionen von Jahren. Die Entwurfshypothese wird an fuzziger Wahrheit zunehmen. Der Satz des Pythagoras und alle anderen Theoreme werden nach wie vor Befehle erteilen, und wir folgen ihnen. Der Sinn für den Schatten, die flüchtigen Blicke, die Muster, die wir erkennen, aber nicht definieren können, werden klarwerden: Es mag zwar keinen Gott geben, aber einen Macher der Mathematik, und die Wissenschaft ist sein Prophet.

Gott oder Göttin hat die Mathematik geschrieben. Oder war es Es? Oder das Nichts. The Mathmaker.

Der Mensch als fuzzige Maschine

Welche Qualität wird das Leben in der fuzzigen Zukunft haben? Der Mensch wird Äonen leben, bevor er dem Mathematikmacher etwas zu sagen hat. In der Zwischenzeit wird eine erhöhte Maschinenintelligenz unsere Art zu leben, zu denken und zu spielen ändern. Fuzzy-Logik hat uns den ersten Geschmack von raffinierteren Apparaturen gegeben, und er ist süß. Dies könnte sich eines Tages ändern.

Was wird aus dem Menschen und seiner Eigenart, wenn zukünftige hochintelligente Maschinensysteme (HMS) sein Gehirn ausbeuten? Was wird aus harter Arbeit, Hingebung und Mäßigung, wenn sie uns so produktiv machen, daß wir alle reich werden? Computer mit Sprachein- und ausgabe, wo auch immer man hinschaut. Fuzzige Chips mit Persönlichkeitsprofil in der persönlichen schlauen Antwortmaschine. Kleine Prothesen, wo immer man sie braucht. Schlangen von intelligenten Autos auf intelligenten Straßen. Maschinengesund, maschinenreich und maschinenschlau.

Wie wird das sein, wenn alles, was man tun, denken oder kreieren kann, von einer raffinierten Maschine nicht nur besser, sondern viel besser erledigt werden kann? Werden wir das ganze Jahr über Ferien machen? Werden wir verweichlichen? Wird jede Generation weniger Risiken auf sich nehmen, weniger Leute treffen, mehr auf den Staat und große Firmen bauen, mehr Zeit in einer virtuellen Realität verbringen? Wird der Mensch, das rationale Tier, als ultrahoch technisierte faule Kartoffel enden?

Ich glaube, die Sache wird gut ausgehen, da wir nicht alle auf einmal maschinenreich werden. Das Große Los in einer Lotterie kann einen ruinieren. Hätten denn mittelalterliche Herrscher die Auswirkungen von Autos, Computern, Flugzeugen, Fernsehen und Zahnärzten bei persönlicher Freiheit und gesichertem Einkommen vorhersagen können? Wenn wir mehr verdienen, anstatt das Große Los zu gewinnen, wissen wir damit etwas anzufangen. Wir werden langsam in die Welt der hohen Maschinenintelligenz hineinwachsen. Ganz aufschlußreich sind beispielsweise die gesellschaftlichen Auswirkungen von raffinierten Arzneimitteln und intelligenten Waffen.

Was wird wohl passieren, wenn die erste Hochintelligenzpille (HIP) auf den Markt kommt? Zunächst wird sie verboten werden, da ihre Langzeitwirkungen unbekannt sind. Dennoch wird das ihre Verbreitung nicht verhindern. Dadurch steigt nur ihr

Preis, was wiederum den Nachschub sichert. Chemiker, Studenten und Teenager werden ermutigt, die Intelligenzpille herzustellen und auf dem Schwarzmarkt zu vertreiben. Irgendwann wird HIP legal. Unabhängig davon wird sie die Gesellschaft verändern. Niemand möchte vom Rennen um hohe IQ-Werte ausgeschlossen sein. Jeder möchte HIP konsumieren: Studenten, um Prüfungen zu bestehen oder um die Zeit aufzuholen, in der sie gespielt statt gelernt haben; Arbeiter, um Fristen einzuhalten, um vor Versammlungen sprechen zu können, um Vorschläge machen zu können, um Gehaltserhöhungen zu bekommen, vor allem aber, um mit denen mithalten zu können, die ebenfalls die Pille nehmen; Verliebte, um voreinander Eindruck zu machen; Künstler, um neue Werke zu schaffen; Wissenschaftler, um auf neue Ideen zu kommen und alte abschießen zu können; Soldaten, um ihre Überlebenschancen zu verbessern; Ärzte, um bessere Diagnosen zu stellen. Kurz, gescheite Leute werden HIP nehmen, um gescheit zu bleiben. Weniger intelligente Menschen werden HIP nehmen, um klüger zu werden. Wir werden uns an HIP gewöhnen, wie wir uns an Autos, Telefone, Fernsehapparate und Gefrierkühlkost gewöhnt haben. Eine Gesellschaft mit höherem IQ wird nicht vorwärts taumeln. Sie wird allmählich Fortschritte machen.

Hochintelligente Waffen (HIW) werden die Welt stabilisieren und destabilisieren. Unsere ersten Erfahrungen mit HIW im Golfkrieg von 1991 waren gemischt bis positiv. Die Maschinenintelligenz der damals eingesetzten Raketen und Geschosse war noch niedrig. Die Entwicklung intelligenterer Waffen erhielt gewissermaßen über Nacht höchste Priorität. Die Gefahr besteht darin, daß jemand solche Waffen zuerst entwickelt und damit einen großen Vorsprung hat. Das 21. Jahrhundert wird viele HIW sehen. Wenn die Maschinenintelligenz der Waffen nur allmählich steigen würde, hätte unsere Welt eine größere Chance, denn sie könnten vielleicht sogar große Kriege verhindern.

Wie dem auch sei, ich glaube, daß größerer Maschinenreichtum von größtem Nutzen sein wird. *Maschinenreichtum wird unser Leben vom Zwang befreien können.* Zwang. Verminderte Fähigkeit. Erzwungene Entscheidungen. Wir trauen einem Geständnis nicht, wenn die Polizei es aus einem Verdächtigen herausgeprügelt hat. Gewalt oder Androhung von Gewalt und die meisten Umwelteinflüsse steigern den Zwang. Da könnte Maschinenreichtum etwas Gutes bewirken. Natürlich führt auch Armut zu Zwang. Die wenigsten würden arbeiten oder stehlen, wenn sie es nicht tun müßten.

Doch auch eine kurze Lebensdauer bringt Zwang mit sich, vielleicht sogar den schlimmsten. Die tickende Uhr beschränkt alles, was wir sagen und tun. Man würde ganz anders handeln, wenn man wüßte, daß man tausend oder Millionen Jahre leben würde. Man würde sich mehr Zeit lassen, Kinder zu bekommen, falls man überhaupt welche will. Und wir würden den Planeten und das Sonnensystem weniger rasch verschmutzen. Ein längeres Leben führt zu einem größeren Interesse an der Gesellschaft, an der Erde und am Sonnensystem. Die Ausbeutung des Mars und seine Verwandlung in ein irdisches Paradies würden uns Sorgen bereiten.

Sexualität setzt uns unter Zwang. Jeder Mann weiß, daß er die Welt verschieden erlebt, je nachdem ob er gerade Sex hatte oder nicht. Und Frauen scheinen dieselbe Lücke zu spüren. Und wieder trägt daran die kurze Lebenszeit die Schuld. Zukünftige Entwicklungen der Robotertechnik, von Materialien und der Kosmetik werden eines Tages zweifellos zum Sexersatz führen, vielleicht sogar zu Sexrobotern, die nach den jeweils führenden Popstars modelliert sind. Die Nachfrage nach Sexersatz wird vielleicht die einzige sein, die die nach höheren Intelligenzquotienten und nach einem längeren Leben übertrifft. Und Aidsepidemien werden Nachfrage und Nachschub nur vergrößern. Eine Welt mit mehr Sex wird vielleicht eine bessere Welt sein, auf jeden Fall wird es in ihr mehr Spaß geben.

Was aber wird dann aus der romantischen Liebe, wenn jeder Mann und jede Frau einen Harem voller Roboter besitzt oder gemietet hat? Freier Sex bedeutet noch lange nicht freie Liebe, er könnte aber dazu führen. Was bleibt übrig, wenn wir Lust und Fortpflanzung von der Liebesromantik abziehen? Was bleibt übrig, wenn wir die feinen Schichten des Zwangs abziehen? Vielleicht nichts. Vielleicht aber wahre Liebe, die zu neuen Höhen aufsteigen und neue Formen annehmen kann, die wir uns heute noch nicht vorstellen können.

Der Maschinenreichtum wird eine Maschinenkultur hervorbringen, die wir uns auch nicht vorstellen können. Neue Künste und neue Wissenschaften werden entstehen und neue Türen zu neuen Wahrnehmungen und neuen Erkenntnisfähigkeiten öffnen.

Das gesamte Ergebnis von Kunst, Wissenschaft und Kultur wird die Grundlage dessen sein, was wie ein Korallenriff der Menschheit in den Kosmos wächst. In Tausenden, Millionen, vielleicht Milliarden Jahren werden unsere biologischen und maschinellen Nachfahren immer noch zu dem Riff beitragen, Schicht für Schicht, Kultur für Kultur, Wissenschaft für Wissenschaft. Unsere letzten Nachfahren werden dann auf dem Korallenriff stehen und andere Zivilisationen des Universums auf ihren Korallenriffen begrüßen. Wir könnten dazu an der Spitze stehen, oder die anderen schenken uns keine Beachtung.

Wir könnten auch allein sein, auf einem überflüssigen Maschinen-Babel, und das Universum nach einem Mathmaker absuchen, der keine Antwort gibt. Wenn er uns doch antwortet, kann es sein, daß uns seine Auskunft nicht gefällt. Vielleicht ist unser Universum nur ein großer Chip in der Leere, der Informationen für eine andere Kultur speichert und verarbeitet. Die Information kann die Änderung des Kosmos sein. Muster der kosmischen Expansion und Kontraktion können Informationen kodieren oder dekodieren, als ob unser Universum ein großes neuronales Netz, eine CD-Platte oder ein Speicherchip wäre und wir eine Viruskolonie auf einem der kalten Drähte der Schaltkreise.

Höhere Maschinenintelligenz öffnet die Tür zu diesen Welten. Fuzzy-Logik hat uns gezeigt, daß wir sie nur aufbrechen können, wenn wir dafür bezahlen. Wir mußten die alte Logik aufgeben und ihre Gesetze brechen, um sie zu überwinden. Als wir erstmals Maschinen gebaut haben, die so denken wie wir, haben wir uns bemüht, wie sie zu denken, wie einfache An-Aus-Maschinen. Das kulturelle Vermächtnis der Bivalenz ließ das natürlich und richtig erscheinen. Wir haben nach Präzision gesucht und sie beschafft, wenn wir sie nicht finden konnten.

Wenn wir die Tür noch weiter aufbrechen, müssen wir vielleicht auch die Fuzzy-Logik aufgeben, und zwar zugunsten eines allgemeineren Konzeptes oder Prozesses. Schließlich liefert sie nur eine geringfügig bessere Annäherung an die Wahrheit als die

Methode, mit der wir sie bislang gesucht haben. Unsere Wissenschaft und Mathematik sind eben erst geboren worden.

Die Zukunft des Menschen im Verein mit intelligenten Maschinen wird neue Variationen über das alte Thema »Herr und Knecht« liefern. In der Maschinenintelligenz werden sie uns überlegen sein, doch wir werden sie kontrollieren. Wir werden mit ihnen leben, mit ihnen kreativ sein, uns mit ihnen einrichten und uns vielleicht sogar mit ihnen reproduzieren. Wir werden ihre Fäden in der Hand halten und sie die unseren. Beide werden zugleich Herren und Knechte sein. Die Frage ist nur, zu welchem Grad.

ANHANG

Liste mit ausgewählten japanischen und südkoreanischen Fuzzy-Produkten (1992)

Produkt	Unternehmen	Fuzzy-logische Aufgabe
Aktienhandelssystem	Yamaichi	Verwaltet Portofolios japanischer Aktien aufgrund makroökonomischer und mikroökonomischer Daten
Antiblockiersystem (ABS)	Nissan	Steuert Bremsen in gefährlichen Situationen, die von der Wagen- oder Radgeschwindigkeit bzw. deren Beschleunigung abhängen, so daß ein Blockieren der Räder verhindert wird
Aufzug	Fujitec Mitsubishi Electric Toshiba	Verkürzt Wartezeit je nach Personenzahl
Automatikgetriebe	Honda Nissan Subaru	Wählt Gänge nach Maschinenbelastung, Fahrstil und Straßenverhältnissen
Automotor	NOK/Nissan	Steuert Benzineinspritzung und Zündung unter Berücksichtigung von Drosselklappenstellung, Temperatur, Drehzahl,

		Benzinmenge, Winkel der Kurbelwelle, Klopfen und Saugrohrdruck
Betriebssteuerungssystem	Omron	Plant Aufgaben und Fließbandfertigung
Brennkontrollsystem	Mitsubishi Chemicals	Mischt Zement
Camcorder	Canon Sanyo	Stellt Autofokus und Beleuchtung ein
	Matsushita	Gleicht haltungsbedingtes Wackeln aus und stellt Autofokus ein
Chemiemixer	Fuji Electric	Mischt Chemikalien wie in einem Chemiewerk
Dusche	Matsushita	Unterdrückt Schwankungen in der Wassertemperatur
Fahrtkontrollsystem	Isuzu Nissan Mitsubishi	Reguliert Drosselklappen je nach Geschwindigkeit und Beschleunigung des Wagens
Fernsehgerät	Goldstar (Südkorea) Samsung Sony	Regelt Farbe und Auflösung eines jeden Bildes und hält die Lautstärke konstant je nach Akustik des Zimmers, in dem der Zuschauer sitzt
Gesundheitskontrollsystem	Omron	Über 500 fuzzy-logische Regeln messen und

		bewerten Gesundheit und Leistungsfähigkeit von Angestellten
Golfdiagnose-system	Maruman Golf	Wählt Golfschläger je nach physischer Konstitution und der Schlagtechnik des Spielers aus
Kamera	Canon Minolta	Erkennt Objekte überall im Rahmen, stellt Autofokus ein
Klimaanlagen	Hitachi Matsushita Mitsubishi Sharp	Verhindert Über- oder Unterschreiten der Temperatur und verbraucht weniger Energie
Kopiergerät	Canon	Reguliert die Trommelspannung je nach Bilddichte, Temperatur und Feuchtigkeit
Kühlschrank	Sharp	Legt Entfrostung und Kühlzeit je nach Gebrauch fest; ein neuronales Netzwerk lernt die Gewohnheiten des Benutzers und stimmt die fuzzy-logischen Regeln entsprechend ab
Luftbefeuchter	Casio	Paßt die Luftfeuchtigkeit den Raumbedingungen an

Mikrowellenherd	Hitachi Sanyo Sharp Toshiba	Reguliert die Erwärmung je nachdem, ob Speisen aufgetaut, erhitzt, gegart oder gegrillt werden sollen
Palmtop	Sony	Erkennt handgeschriebene Zeichen
Plasmaätzgerät	Mitsubishi Electric	Bestimmt Ätzzeit und Verfahren
Reiskocher	Matsushita Sanyo	Reguliert Kochdauer und Verlauf, basierend auf Dampf, Temperatur und Reismenge
Spülmaschine	Matsushita	Paßt das Reinigungsprogramm der Menge des Geschirrs und der Art der Speisereste an
Stahlwerkkontrollsystem	Nippon Steel	Mischt Eingaben und setzt Temperatur und Zeit fest
Staubsauger	Hitachi Matsushita Toshiba	Wählt Saugart je nach Staubmenge und Bodenart
Toaster	Sony	Stellt je nach Brotsorte Toastzeit und Erwärmungsverlauf ein
Übersetzungscomputer	Epson	Erkennt und übersetzt handgeschriebene Wörter

Wäschetrockner	Matsushita	Wäschemenge, Gewebeart und Heißluftstrom beeinflussen Zeit und Art des Trocknens
Waschmaschine	Daewoo (Südkorea) Goldstar Hitachi Matsushita Samsung Sanyo Sharp	Stellt Waschprogramm je nach erfaßtem Schmutzpegel, Gewebeart, Wäschemenge und Wasserstand ein. Einige Modelle verwenden neuronale Systeme, um die Regeln auf die Eigenarten des Benutzers einzustimmen

Bibliographie

Abraham, R. H. und C. D. Shaw *Dynamics. The Geometry of Behavior.* Teil 3: *Global Behavior.* Santa Cruz, Calif., 1984

Anderson, B. D. O., und J. B. Moore *Optimal Filtering.* Englewood Cliffs, N. J., 1979

Anderson, J. A. und E. Rosenfeld *Neurocomputing. Foundations of Research.* Cambridge, Mass., 1988

Ayer, A. J. *Language, Truth, and Logic.* London 1936
– *The Problem of Knowledge.* New York 1956
– *Logical Positivism.* New York 1959
– *Freedom and Morality and Other Essays.* Oxford 1984

Axelrod, R. *Structure of Decision. The Cognitive Maps of Political Elites.* Princeton 1976
– *The Evolution of Cooperation.* New York 1984

Birkhoff, G. und J. von Neumann »The Logic of Quantum Mechanics«, in: *Annals of Mathematics 37* (Oktober 1936), S. 823–843

Black, M. »Vagueness. An Exercise in Logical Analysis«, in: *Philosophy of Science 4* (1937), S. 427–455

Born, M. und E. Wolf, *Principles of Optics.* 5. Aufl. New York 1975

Buchanan, J. M. und G. Tullock. *The Calculus of Consent. Logical Foundations of Constitutional Democracy.* Ann Arbor 1965

Carnap, R. »Testability and Meaning«, in: *Philosophy of Science* 3 (1936)
– *Meaning and Necessity.* Chicago 1947
– *Logical Foundations of Probalility.* Chicago 1950
– *Der logische Aufbau der Welt.* Hamburg 1974
– *Two Essays on Entropy.* Berkeley 1977

Carnap, R. und M. Gardner *An Introduction to the Philosophy of Science.* New York 1966

Cheeseman, P. »In Defense of Probalitiy«, in: *Proceedings of the International Joint Conference on Artificial Intelligence* (August 1985), S. 1002–1009

Choquet, G. »Theory of Capacities«, in: *Ann. Institut Fourier 5* (1953), S. 131–295
Chung, K. L. A *Course in Probalility Theory.* Orlando, Fla., 1974
Churchland, P. M. *A Neurocomputational Perspective. The Nature of Mind and the Structure of Science.* Cambridge, Mass., 1989
Cohen-Tannoudji, C., B. Diu und F. Laloe *Quantum Mechanics.* Bd. I. New York 1977
Comte, A. *Early Essays on Social Philosophy.* London 1911
Cox, R. T. »Probalility, Frequency, and Reasonable Expectations«, in: *American Journal of Physics* 14 (Januar 1946), S. 1–13
Creved, M. van *Technology and War.* New York 1989
Crick, F. »Function of the Thalamic Reticular Complex. The Searchlight Hypothesis«, in: *Proceedings of the National Academy of Sciences* 81 (1984), S. 4586–4590

Daugman, J. G. »Uncertainty Relation for Resolution in Space, Spatial Frequency, and Orientation Optimized by Two-Dimensional Visual Cortical Filters, in: *Journal of the Optical Society of America* 2 (Juli 1985)
Davidson, D. »The Structure and Content of Truth«, in: *Journal of Philosophy 87* (Juni 1990), S. 279–328
Dixon, R. C. *Spread Spectrum Systems.* 2. Aufl. New York 1984
Dowling, J. E. *Neurons and Networks. An Introduction to Neuroscience.* Cambridge, Mass., 1992
Drexler, K. E. *Engines of Creation. The Coming Era of Nanotechnology.* New York 1986
Dunham, W. *Journey Through Genius. The Great Theorems of Mathematics.* New York 1990
Dworkin, R. M. »Is Law a System of Rules?« in: Ders. *Essays in Legal Philosophy.* Hg. v. R. S. Summers. New York 1968
– *Taking Rights Seriously.* Cambridge, Mass., 1977

Eddington, A. *The Philosophy of Physical Science.* Ann Arbor 1958

Einstein, A. *Relativitätstheorie. Die grundlegenden Arbeiten.* Braunschweig 1990

Feyerabend, P. *Wider den Methodenzwang.* Frankfurt/Main 1977
Fraassen, B. van C. *The Scientific Image.* Oxford 1980
– *Quantum Mechanics. An Empiricist View.* Oxford 1991
Fukunaga, K. *Statistical Pattern Recognition.* 2. Aufl. New York 1990

Gabor, D. »Theory of Communication«, in: *Journal of the Institution of Electrical Engineers* 93 (1946), S. 429–457
Gaines, B. R. »Foundations of Fuzzy Reasoning«, in: *International Journal of Man-Machine Studies* 8 (1976), S. 623–688
Gardner, M. *Science. Good, Bad and Bogus.* Oxford 1982
Gettier, E. »Is Justified True Belief Knowledge?«, in: *Analysis* 23 (Juni 1963) S. 121 ff
Gibbins, P. *Particles and Paradoxes. The Limits of Quantum Logic.* Cambridge 1987
Gibbons, G. W., S. W. Hawking und S. T. C. Siklos *The Very Early Universe.* Cambridge 1983
Gibson, W. *Neuromancer.* New York 1984
Gilmore, R. *Catastrophe Theory for Scientists and Engineers.* New York 1981
Goleman, D. *The Meditative Mind. The Varieties of Meditative Experience.* New York 1988
Gotoh, K., J. Murakami, T. Yamaguchi und Y. Yamanaka »Application of Fuzzy Cognitive Maps, to Support Plant Control« (japanisch), in: *SICE Joint Symposium of the 15th Syst. Symp. and 10th Knowledge Engineering Symposium.* 1989, S. 99–104
Gould, S. J. »Is a New and General Theory of Evolution Emerging?«, in: *Paleobiology* 6, Nr. 1 (1980) S. 119–130
Gray, R. M. und L. D. Davisson *Random Processes. A Mathematical Approach for Engineers.* Englewood Cliffs, N. J., 1986
Grice, H. P. »Meaning«, in: *Philosophical Review* 66 (1957), S. 377–388
Grossberg, S. *Studies of Mind and Brain.* Boston 1982
Grover, D. »Truth and Language-World Connections«, in: *Journal of Philosophy 87* (Dezember 1990)

Gudder, S. P. *Quantum Probalility.* New York 1988
Hamming, R. W. *Digital Filters.* 2. Aufl. Englewood Cliffs, N. J., 1983
– *Coding and Information Theory.* 2. Aufl. Englewood Cliffs, N. J., 1986
Hart, H. L. A. *The Concept of Law.* New York 1961
Hartley, R. V. L. »Transmission of Information«, in: *The Bell Systems Technical Journal* 7 (1928), S. 535–563
Hawking, S. W. *Eine kurze Geschichte der Zeit. Die Suche nach der Urkraft des Universums.* Reinbek bei Hamburg 1988
Hawking, S. W. und G. F. R. Ellis *The Large-Scale Structure of Space-Time.* Cambridge 1973
Hayek, F. A. *The Counter-Revolution of Science. Studies on the Abuse of Reason.* Glencoe, Ill., 1952
Hebb, D. O. *The Organization of Behavior.* New York 1949
Heidegger, M. *Einführung in die Metaphysik.* 5. Aufl. Tübingen 1987
Heisenberg, W. *Physikalische Prinzipien der Quantentheorie.* Mannheim 1958
– *Physik und Philosophie.* 5. Aufl. Stuttgart 1990
Hempel, C. G. *Scientific Explanation. Essays in the Philosophy of Science.* New York 1965
Henderson, J. M. und R. E. Quandt *Microeconomic Theory. A Mathematical Approach.* 3. Aufl. New York 1980
Herrigel, *E. Zen in the Art of Archery.* New York 1953
Hopfield, J. J. »Neural Networks and Physical Systems with Emergent Collective Computational Abilities«, in: *Proceedings of the National Academy of Sciences* 79 (1982), S. 2554–2558
Hopfield, J. J., J. N. Onuchic und D. N. Beratan »A Molecular Shift Register Based on Electron Transfer«, in: *Science* 241 (12. August 1988), S. 817–820
Hornik, K., M. Stinchcombe und H. White »Multilayer Feedforward Networks are Universal Approximators«, in: *Neural Networks* 2 (1989), S. 359–366
Hsing, Yun *Lectures on Three Buddhist Sutras.* Taiwan 1987
Huang, K. *Quarks, Leptons & Gauge Fields.* Singapore 1982
Hunter, G. *Metalogic.* Berkeley 1973

Jain, A. K. »Image Data Compression. A Review«, in: *Proceedings of the IEEE* 69 (März 1981), S. 349–389
Jamakawa s. Yamakawa
Jaynes, E. T. »Where Do We Stand on Maximum Entropy?«, in: Ders. *The Maximum Entropy Formalism.* Hg. v. Levine und Tribus. Cambridge, Mass., 1979
Johnson, P. *Modern Times. The World From the Twenties to the Eighties.* New York 1983

Kac, M. *Probalility and Related Topics in Physical Sciences. Lectures in Applied Mathematics.* Bd. 1 New York 1959
– *Statistical Independence in Probalility Analysis and Number Theory.* The Mathematical Society of America 1959
Kailath, T. *Linear Systems.* Englewood Cliffs, N. J., 1980
Kalman, R. E. »A New Approach to Linear Filtering and Prediction Problems«, in: *Transactions ASME Journal Basic Engineering Series D* 82 (1960), S. 35–46
Kanizsa, G. »Subjective Contours« in: *Scientific American* 243 (1976), S. 48–52
Kelsen, H. *General Theory of Law and State.* Cambridge, Mass., 1954
Kinser, J. M., H. J. Caulfield und J. Shamir »Design for a Massive All-Optical Bidirectional Associative Memory. The Big BAM«, in: *Applied Optics* 27, Nr. 16 (15. August 1988) S. 3442 f
Kline, M. *Mathematics. The Loss of Certainty.* New York 1980
Kong, S. und B. Kosko »Adaptive Fuzzy Systems for Backing up a Truck-and-Trailer, in: *IEEE Transactions on Neural Networks* 3, Nr. 2 (März 1992)
Kosko, B. »Fuzzy Cognitive Maps«, in: *International Journal of Man-Machine Studies* 24 (Januar 1986), S. 65–75
– »Differential Hebbian Learning«, in: *Proceedings American Institute of Physics. Neural Networks for Computing* (April 1986), S. 277–282
– »Fuzzy Entropy and Conditioning«, in: *Information Sciences* 40 (1986), S. 165–174
– »Counting with Fuzzy Sets«, in: *IEEE Transactions on Pattern Analysis and Machine Intelligence* 8 (Juli 1986), S. 556 f

– »Fuzzy Knowledge Combination«, in: *International Journal of Intelligent Systems* 1, Nr. 4 (Winter 1986), S. 293–320
– »Adaptive Bidirectional Associative Memories«, in: *Applied Optics* 26, Nr. 23 (1987), S. 4947–4960
– *Foundations of Fuzzy Estimation Theory.* Ann Arbor 1987
– »Bidirectional Associative Memories«, in: *IEEE Transactions on Systems, Man, and Cybernetics* 18 (1988), S. 49–60
– »Hidden Patterns in Combined and Adaptive Knowledge Networks«, in: *International Journal of Approximate Reasoning* 2, Nr. 4 (Oktober 1988), S. 377–393
– »In Defense of God«, in: *IEEE Expert* 5, Nr. 1 (Februar 1990), S. 74 ff
– »Unsupervised Learning in Noise«, in: *IEEE Transactions on Neural Networks* 1, Nr. 1 (März 1990), S. 44–57
– »Fuzziness vs. Probalitlity«, in: *International Journal of General Systems* 17, Nr. 2 (1990), S. 211–240
– »Equilibrium in Local Marijuana Games«, in: *Journal of Social and Biological Structures* 14, Nr. 1 (1991), S. 51–65
– »Stochastic Competitive Learning«, in: *IEEE Transactions on Neural Networks* 2, Nr. 5 (September 1991), S. 522–529
– »Smarter Weapons, Harder Fights«, in: *Liberty 5,* Nr. 1 (September 1991), S. 37 f
– *Neural Networks and Fuzzy Systems. A Dynamical Systems Approach to Machine Intelligence.* Englewood Cliffs, N. J., 1992
– *Neural Networks for Signal Processing.* Englewood Cliffs, N. J. 1992
– »Fuzzy Systems as Universal Approximators«, in: *Proceedings of the 1992 IEEE Conference on Fuzzy Systems* (März 1992), S. 1153–1162
– »Invest in Higher Machine IQ.«, in: *Reason* (Oktober 1992), S. 42 ff
– »Addition as Fuzzy Mutual Entropy«, in: *Information Sciences* (1993)
– »The Probalility Monopoly«, in: *International Journal of Approximate Reasoning* (1993)
Kosko, B. und J. S. Limm »Vision as Causal Activation and Asso-

ciation«, in: *Proceedings SPIE. Intelligent Robots and Computer Vision* 579 (September 1985), S. 104–109
Kreuger, M. *Artificial Reality II.* 2. Aufl. Reading, Mass., 1991
Kuhn, T. *Die Struktur wissenschaftlicher Revolutionen.* Frankfurt/Main 1973
Kulikowski, J. J., S. Marcelja und O. P. Bishop »Theory of Spatial Position and Spatial Frequency Relations in the Receptive Fields of Simple Cells in the Visual Cortex«, in: *Biological Cybernetics* 43 (1982) S. 187–198

Lakoff, G. »Hedges. A Study in Meaning Criteria and the Logic of Fuzzy Concepts, in: *Journal of Philosophical Logic* 2 (1973), S. 458–508
Leggett, A. J. »Quantum Mechanics at the Macroscopic Level« in: Ders. *Chance and Matter.* Hg. v. F. Souletie, J. Vannimenus und R. Stora. Amsterdam, New York 1987, S. 395–506
Lerner, R. G. und G. L. Trigg *Encyclopedia of Physics.* 2. Aufl. Deerfield Beach, Fla., 1990
Lindley, D. V. »The Probalility Approach to the Treatment of Uncertainty in Artificial Intelligence and Expert Systems«, in: *Statistical Science* 2, Nr. 1 (Februar 1987), S. 17–24

Mamdani, E. H. »Application of Fuzzy Logic to Approximate Reasoning Using Linguistic Synthesis«, in: *IEEE Transactions on Computers* C-26 (Dezember 1977), S. 1182–1191
Marr, D. *Vision.* San Francisco 1985
Maynard-Smith, J. »The Theory of Games and the Evolution of Animal Conflicts«, in: *Journal of Theoretical Biology* 47 (1974), S. 209 ff
– *Evolution Now. A Century After Darwin.* San Francisco 1982
– *Evolution and the Theory of Games.* Cambridge 1982
Mead, C. *Analog VLSI and Neural Systems.* Reading, Mass., 1989
Mendelson, E. *Introduction to Mathematical Logic.* Princeton 1964
Mill, J. S. *A System of Logic.* 1843
– *Über Freiheit.* Frankfurt/Main 1987

Minsky, M. L. *Robotics.* New York 1985
– *The Society of Mind.* New York 1985
Minsky, M. L., and S. Papert. *Perceptrons. An Introduction to Computational Geometry.* Cambridge, Mass., 1988
Mises, R. von *Probalility, Statistics, and Truth.* London 1939
– *Positivism. A Study in Human Understanding.* Cambridge, Mass., 1951
Moore, A. W. *The Infinite.* New York 1990
Moore, G. E. *Principia Ethica.* Cambridge 1903
– *Philosophical Studies.* London 1922
Murphy, M. und S. Donovan *The Physical and Psychological Effects of Meditation.* San Rafael, Calif., 1988
Musashi, M. *A Book of Five Rings.* Woodstock, N. Y. 1974

Nadelmann, E. A. »Drug Prohibition in the United States. Costs, Consequences, and Alternatives«, in: *Science* 245 (1989), S. 939–947
Nagel, Ernest *The Structure of Science. Problems in the Logic of Scientific Explanation.* Hackett 1979
Needy, C. W. (Hg.) *Classics of Economics.* Oak Park, Ill., 1980
Nilsson, N. *Learning Machines.* New York 1965
Nyquist, H. »Certain Topics in Telegraph Transmission Theory«, in: *AIEE Transactions* (1928), S. 617–644

Oppenheim, A. V. und R. W. Schafer *Discrete-Time Signal Processing.* Englewood Cliffs, N. J., 1989
Owen, G. *Game Theory.* 2. Aufl. New York 1982

Pacini, P. J. und B. Kosko »Adaptive Fuzzy Systems for Target Tracking«, in: *Intelligent Systems Engineering* 1, Nr. 1 (1992)
Papineau, D. *Theory and Meaning.* Oxford 1979
Parker, T. S. und L. O. Chua. »Chaos. A Tutorial for Engineers«, in: *Proceedings of the IEEE* 75 (August 1987), S. 982–1008
Pauli, W. *Theory of Relativity.* New York 1958
Pauling, L. *Grundlagen der Chemie.* Weinheim 1973
Peirce, C. S. *Collected Papers,* Cambridge, Mass., 1932
Penrose, R. *Computerdenken. Des Kaisers neue Kleider.* Heidelberg 1991

Popper, K. R. *Logik der Forschung.* Tübingen 1969
Pratt, W. K. *Digital Image Processing.* New York 1978
Prestowitz, C. V. *Trading Places. How We Are Giving Our Future to Japan and How to Reclaim It.* New York 1989
Prigogine, I. *Vom Sein zum Werden.* München 1974

Quine, W. V. O. *Mathematical Logic.* Cambridge, Mass., 1940
– »Two Dogmas of Empiricism«, in: *Philosophical Review* 60 (1950), S. 20–43
– *Wort und Gegenstand.* Stuttgart 1980
– *From a Logical Point of View. Nine Logico-Philosophical Essays.* 2. Aufl. New York 1961
– *Set Theory and Its Logic.* Cambridge, Mass., 1963
– *Ontologische Relativität und andere Schriften.* Stuttgart 1975
– *Grundzüge der Logik.* Frankfurt/Main 1974
– *The Ways of Paradox and Other Essays.* 2. Aufl. Cambridge, Mass., 1976
– »What Price Bivalence?«, in: *Journal of Philosophy* 78 (Februar 1981), S. 90–95
– »States of Mind«, in: *Journal of Philosophy* 82 (Januar 1985), S. 5–8
– *Quiddities. An Intermittently Philosophical Dictionary.* Cambridge, Mass., 1987

Rawls, J. »Justice as Fairness«, in: *Philosophical Review* (1955), S. 164–194
– *Eine Theorie der Gerechtigkeit.* Frankfurt/Main 1975
Reichenbach, H. *Wahrscheinlichkeitslehre.* Wiesbaden 1991
– *Philosophie der Raum-Zeit-Lehre.* Wiesbaden 1977
Resher, N. *Many-Valued Logic.* New York 1969
Rosser, J. B. und A. R. Turquette *Many-Valued Logics.* New York 1952
Rudin, W. *Real and Compless Analysis.* 2. Aufl. New York 1974
Rumelhart, D. E. und J. L. McClelland *Parallel Distributed Processing.* Bd. 1 Cambridge, Mass., 1986
Russell, B. *Einführung in die mathematische Philosophie.* 1961
– »Vagueness«, in: *Australian Journal of Philosophy* I (1923)
– *Mystik und Logik.* 1952

– *Philosophie des Abendlandes.* 5. Aufl. Wien 1988
– *Das menschliche Wissen.* 1952
– *Probleme der Philosophie.* Frankfurt/Main 1973
– *The Basic Writings of Bertrand Russell.* Hg. v. Enger und Denonn. New York 1961
– *Philosophical Essays.* New York 1966
– *The Philosophy of Logical Atomism.* LaSalle, Ill., 1985

Schrödinger, E. *Die Struktur der Raum-Zeit.* Darmstadt 1987
Sellars, W. und J. Hospers *Readings in Ethical Theory.* 2. Aufl. Englewood Cliffs, N. J., 1970
Shafer, G. *A Mathematical Theory of Evidence.* Princeton 1976
Shannon, C. E. »The Mathematical Theory of Communication«, in: *The Bell System Technical Journal* 27 (1948), S. 379– 423
Shannon, C. E. und W. Weaver *The Mathematical Theory of Communication.* Urbana, Ill., 1949
Shepherd, F. M. *The Synaptic Organization of the Brain* 2. Aufl. New York 1979
Sidgwick, H. *The Methods of Ethics.* Chicago 1962
Skinner, B. F. *Wissenschaft und menschliches Verhalten.* 1973
Skyrms, B. »The Explication of ›X Knows That p,«‹ in: *Journal of Philosophy* 64 (Juni 1967), S. 373–389
Smuts, J. C. *Holism and Evolution.* London 1926
Snow, C. P. *Die zwei Kulturen.* Stuttgart 1967
Spooner, L. *No Treason. The Constitution of No Authority.* Colorado Springs, Col., 1973
Stark, H. und J. W. Woods *Probalility, Random Processes, and Estimation Theory for Engineers.* Englewood Cliffs, N. J., 1986
Strang, G. *Linear Algebra and Its Applications.* 3. Aufl. San Diego, Calif., 1988
Sugeno, M. »An Introductory Survey of Fuzzy Control«, in: *Information Sciences* 36 (1985), S. 59–83
Suzuzi, D. T. *Leben aus Zen. Eine Einführung in den Zen-Buddhismus.* München 1987
Suzuzi, S. *Zen Mind, Beginner's Mind.* New York 1970

Taber, W. R. »Knowledge Processing with Fuzzy Cognitive

Maps«, in: *Expert Systems with Applications* 2, Nr. I (1991), S. 83–87

Tarski, A. *Logic, Semantics, Metamathematics.* Oxford 1956

Thom, R. *Structural Stability and Morphogenesis.* Reading, Mass., 1975

Thompson, R. F. *The Brain. An Introduction to Neuroscience.* New York 1985

– »The Neurobiology of Learning and Memory«, in: *Science* (29. August 1986), S. 941–947

Togai, M. und H. Watanabe »Expert System on a Chip. An Angine for Realtime Approximate Reasoning«, in: *IEEE Expert* I, Nr. 3 (1986)

Tsypkin, Y. Z. *Foundations of the Theory of Learning Systems.* Orlando, Fla., 1973

Wald, R. M. *General Relativity.* Chicago 1984

Whitehead, A. N. und B. Russell *Principia Mathematica.* 2. Aufl. Cambridge 1927

Widrow, B. und S. D. Stearns *Adaptive Signal Processing.* Englewood Cliffs, N. J., 1985

Wiener, N. *Kybernetik.* Düsseldorf 1963

Williams, W. E. »South Africa Is Changing«, in: *San Diego Union* (August 1986)

Wilson, E. O. *Sociobiology. The New Synthesis.* Cambridge, Mass., 1975

Winston, P. H. *Artificial Intelligence.* 2. Aufl. Reading, Mass., 1984

Wittgenstein, L. *Tractatus logico-philosophicus.* 5. Aufl. Frankfurt/Main 1968

Wolferen, K. van *Vom Mythos der Unbesiegbaren. Anmerkungen zur Weltmacht Japan.* München 1989

Yamakawa, T. »A Simple Fuzzy Computer Hardware System Employing MIN & MAX Operations«, in: *Proceedings of the Second International Fuzzy Systems Association.* Tokio (Juli 1987), S. 827–830

– »Fuzzy Microprocessors – Rule Chip and Defuzzification Chip«, in: *Proceedings of the International Workshop on Fuzzy*

Systems Applications, Kyushu Institute of Technology (August 1988), S. 51 f

Zadeh, L. A. »Fuzzy Sets«, in: *Information and Control* 8 (1965), S. 338–353

– *Fuzzy Sets and Applications. Selected Papers.* Hg. v. Yager, Ovchnikov, Tong und Nguyen. New York 1987

Register

H.G. Schrey
40878 Ratingen
Schützenstr. 94